Deutschbuch

Differenzierende Ausgabe

Handreichungen für den Unterricht

5

Herausgegeben von
Markus Langner, Bernd Schurf
und Andrea Wagener

Erarbeitet von
Janine Bohlinger,
Julie Chatzistamatiou,
Friedrich Dick,
Marianna Lichtenstein,
Agnes Fulde,
Hans-Joachim Gauggel,
Frauke Hoffmann,
Dagmar Petig,
Toka-Lena Rusnok,
Frank Schneider und
Mechthild Stüber

Die Seite 201 wurde erarbeitet von Markus Langner.

Redaktion: Gerlinde Bauer, Regensburg

Illustration S. 85: Uta Bettzieche, Leipzig

Umschlaggestaltung: werkstatt für gebrauchsgrafik, Berlin (Foto: Thomas Schulz, Teupitz)

Technische Umsetzung: zweiband.media, Berlin

www.cornelsen.de

Die Links zu externen Webseiten Dritter, die in diesem Lehrwerk angegeben sind, wurden vor Drucklegung sorgfältig auf ihre Aktualität geprüft. Der Verlag übernimmt keine Gewähr für die Aktualität und den Inhalt dieser Seiten oder solcher, die mit ihnen verlinkt sind.

Dieses Werk berücksichtigt die Regeln der reformierten Rechtschreibung und Zeichensetzung. Bei den mit [R] gekennzeichneten Texten haben die Rechteinhaber einer Anpassung widersprochen.

1. Auflage, 3. Druck 2015

© 2012 Cornelsen Verlag, Berlin
© 2014 Cornelsen Schulverlag GmbH, Berlin

Das Werk und seine Teile sind urheberrechtlich geschützt.
Jede Nutzung in anderen als den gesetzlich zugelassenen Fällen bedarf
der vorherigen schriftlichen Einwilligung des Verlages.
Hinweis zu den §§ 46, 52a UrhG: Weder das Werk noch seine Teile dürfen ohne eine solche Einwilligung eingescannt und in ein Netzwerk eingestellt oder sonst öffentlich zugänglich gemacht werden.
Dies gilt auch für Intranets von Schulen und sonstigen Bildungseinrichtungen.
Die Kopiervorlagen dürfen für den eigenen Unterrichtsgebrauch
in der jeweils benötigten Anzahl vervielfältigt werden.

Druck: freiburger graphische betriebe

ISBN 978-3-06-062691-5

PEFC zertifiziert
Dieses Produkt stammt aus nachhaltig bewirtschafteten Wäldern und kontrollierten Quellen.
www.pefc.de

Inhaltsverzeichnis

	Vorwort	**10**
1	**In unserer neuen Schule – Erfahrungen austauschen**	**20**
	Konzeption des Kapitels	20
1.1	Unsere neue Klasse – Einander kennen lernen	22
1.2	„Ich will neben ihn!" – Eine Geschichte aus der Schule lesen	25
1.3	Fit in …! – Einen Brief schreiben	28
	Material zu diesem Kapitel	
	• Klassenarbeit – Einen Antwortbrief schreiben	30
	• Klassenarbeit – Aus der Sicht einer Figur einen Brief schreiben: *Edward van de Vendel: Was ich vergessen habe*	31
	• Fordern und fördern – Einen persönlichen Brief schreiben ●●● | ●○○	32
	• Fordern und fördern – Einen persönlichen Brief richtig aufbauen ○○○	35
	• Diagnose – Einen persönlichen Brief schreiben	37
2	**Ich bin der Meinung! – Erfolgreich zuhören und begründen**	**38**
	Konzeption des Kapitels	38
2.1	Gespräche führen – Meinungen begründen	40
2.2	Schriftlich überzeugen – Der richtige Aufbau	44
2.3	Fit in …! – Meinungen begründen	45
	Material zu diesem Kapitel	
	• Klassenarbeit – Meinungen vertreten: Eine neue Pausenregelung	47
	• Klassenarbeit – Meinungen vertreten: Eine neue Schule wählen	48
	• Fordern und fördern – Meinungen begründen ●●● | ●○○ | ○○○	49
	• Fordern und fördern – Verknüpfungswörter richtig verwenden ●●○ | ●○○	52
	• Fordern und fördern – Eine Begründungs-E-Mail aufbauen ●●○ | ●○○	54
	• Diagnose – Meinungen begründen	56
3	**Das glaubst du nicht! – Spannend erzählen**	**58**
	Konzeption des Kapitels	58
3.1	Abenteuer im Alltag – Erlebnisse spannend erzählen	60
3.2	Plötzlich … – Spannende Geschichten lesen, fortsetzen, ausgestalten	67
3.3	Fit in …! – Spannend erzählen	72
	Material zu diesem Kapitel	
	• Klassenarbeit – Eine spannende Reizwortgeschichte schreiben	74
	• Klassenarbeit – Zu Bildern eine spannende Erzählung schreiben	74
	• Fordern und fördern – Spannend erzählen: Einleitung und Spannungssteigerung ●●○ | ●○○	75
	• Fordern und fördern – Spannend erzählen: Den Höhepunkt gestalten ●●○ | ●○○	77
	• Fordern und fördern – Eine spannende Geschichte verstehen ○○○ *Jutta Richter: Im Gruselhaus*	79
	• Diagnose – Spannend erzählen	81

4	**Rund um Tiere – Beschreiben**	82
	Konzeption des Kapitels	82
4.1	„Wie sieht es denn aus?" – Tiere beschreiben	84
4.2	„Wie geht das?" – Vorgänge beschreiben	89
4.3	Fit in …! – Tiere beschreiben	92

Material zu diesem Kapitel
- Klassenarbeit – Eine Suchanzeige überarbeiten: Hund entlaufen! ... 94
- Klassenarbeit – Einen Vorgang beschreiben: Einen Meisenknödel herstellen ... 95
- Fordern und fördern – Einen Vorgang beschreiben: Eine Hummelhöhle bauen ●●● | ●○○ . 96
- Fordern und fördern – Treffende Adjektive verwenden: Hase zugelaufen! ○○○ ... 99
- Diagnose – Tiere beschreiben ... 100

5	**Leseratten und Bücherwürmer – Jugendbücher lesen und vorstellen**	102
	Konzeption des Kapitels	102
5.1	Jetzt wird geschmökert! – Fachbegriffe aus der Welt der Bücher	104
5.2	Die Welt der Bücher – Eine Bibliothek erkunden	110
5.3	Projekt – Ein Buch vorstellen	113

Material zu diesem Kapitel
- Klassenarbeit – Eine Figur aus einem Jugendbuch untersuchen
  Peter Härtling: Das war der Hirbel ... 114
- Test – Buchexperten gesucht! ... 116
- Fordern und fördern – Ein Buchcover untersuchen ●●○ | ●○○
  Peter Härtling: Ben liebt Anna ... 117
- Fordern und fördern – Ein Buchcover entwerfen ○○○ ... 119
- Fordern und fördern – Romanfiguren untersuchen: Opa Léon ●●○ | ●○○ ... 120
- Ein Buch vorstellen ... 122
- Diagnose – Jugendbücher lesen ... 123

6	**Von Streichen und Missverständnissen –** **Komische Geschichten lesen und verstehen**	124
	Konzeption des Kapitels	124
6.1	Eulenspiegel und Co. – Lustige Geschichten vorlesen, verstehen und nacherzählen	126
6.2	Geschichten verstehen – Lesetechniken anwenden	128
6.3	Fit in …! – Eine komische Geschichte untersuchen	130

Material zu diesem Kapitel
- Klassenarbeit – Eine komische Geschichte untersuchen
  Erich Kästner: Wie Eulenspiegel die Kürschner betrog ... 133
- Klassenarbeit – Eine komische Geschichte untersuchen
  Jeff Kinney: Gregs Tagebuch Nr. 5 ... 134
- Fordern und fördern – Eine komische Geschichte untersuchen ●●○ | ●○○
  Nasreddin Hodscha: Der Saft des Hasen ... 135
- Fordern und fördern – Eine komische Geschichte untersuchen ●●○ | ●○○
  Luigi Malerba: Schimpfwörter ... 138
- Fordern und fördern – Eine komische Geschichte untersuchen ○○○
  Leo Tolstoi: Der Bauer und die Gurken ... 142
- Diagnose – Komische Geschichten untersuchen ... 143

7	**Verzauberte Welt – Märchen lesen und erfinden**	**144**
	Konzeption des Kapitels	144
7.1	Von Prinzessinnen, Bösewichten und Wundern – Märchen lesen	146
7.2	Schreibwerkstatt – Märchen selbst erzählen	149
7.3	Fit in …! – Ein Märchen fortsetzen	152

Material zu diesem Kapitel
- Klassenarbeit – Ein Märchen weiterschreiben ... 154
- Klassenarbeit – Ein Märchen untersuchen:
  Rumpelstilzchen ... 155
- Fordern und fördern – Den Inhalt eines Märchens erschließen ●●● | ●○○
  Brüder Grimm: Die drei Faulen ... 157
- Fordern und fördern – Den Inhalt eines Märchens erschließen ○○○
  Der Dümmling ... 159
- Fordern und fördern – Märchensprache untersuchen ●●● | ●○○ ... 160
- Diagnose – Märchen und ihre Merkmale kennen ... 162

8	**Ein tierisches Vergnügen – Gedichte vortragen und gestalten**	**164**
	Konzeption des Kapitels	164
8.1	Das kribbelt und wibbelt – Gedichte vortragen	166
8.2	Schreibwerkstatt – Selbst dichten	170
8.3	Projekt – Rund um Gedichte	174

Material zu diesem Kapitel
Projekt – Gedichte am Computer gestalten:
Wilhelm Busch: Fink und Frosch ... 176
- Zusatzstation 1: Ein Gedicht verstehen
  Wilhelm Busch: Bewaffneter Friede ... 177
- Zusatzstation 2: Ein Gedicht wiederherstellen
  James Krüss: Wenn die Möpse Schnäpse trinken ... 178
- Zusatzstation 3: Ein Gedicht wiederherstellen und weiterschreiben
  Heinrich Seidel: Das Huhn und der Karpfen ... 179
- Zusatzstation 4: Die Wirkung von Vokalen untersuchen
  James Krüss: Der Uhu und die Unken ... 180
- Zusatzstation 5: Eine deutliche Aussprache einüben
  Hans Baumann: Die Tintenfliege ... 181
- Zusatzstation 6: Ein Gedicht im Chor vortragen
  Ernst Jandl: auf dem land ... 182

9	**Vorhang auf! – Theaterszenen spielen**	**184**
	Konzeption des Kapitels	184
9.1	Ein Mensch vor dem Gericht der Tiere – Einen Bühnentext erschließen	186
9.2	Proben wie die Profis – Sitzen, Stehen, Sprechen, Atmen	189
9.3	Projekt – Ein Puppenspiel gestalten	191

Material zu diesem Kapitel
- Fordern und fördern – Regieanweisungen entwerfen ●●● | ●○○ | ○○○
  Helen Gori: Ein Mensch vor dem Gericht der Tiere – Eine Maus wird als Zeugin gehört ... 194
- Fordern und fördern – Eine Szene weiterschreiben ●●● | ●○○
  Helen Gori: Ein Mensch vor dem Gericht der Tiere – Der Hund im Zeugenstand ... 199
- Diagnose – Einen Bühnentext verstehen ... 201

10 Was siehst du? – Fernsehsendungen untersuchen 202

Konzeption des Kapitels 202
10.1 Von den „Pfefferkörnern" bis „logo!" – TV-Sendungen bewusst sehen 204
10.2 „Da schaust du!" – Einen Sachtext mit der Fünf-Schritt-Lesemethode erschließen 207
10.3 Projekt – Mediengewohnheiten untersuchen 209

Material zu diesem Kapitel
- Test 1 – Ein Quiz veranstalten 211
- Test 2 – Ein Quiz veranstalten 213
- Fordern und fördern – Eine Fernsehserie untersuchen ●●○ | ●○○
  Die Pfefferkörner: Die Schuldenfalle 215
- Fordern und fördern – Sachtexte untersuchen ●●○ | ●○○
  Schloss Einstein: Ein typischer Drehtag 219
- Fordern und fördern – Einen Vorschautext verstehen ○○○
  Darios – Ringen ist mein Leben! 222
- Diagnose – Fernsehzeitschriften lesen 223

11 Grammatiktraining – Wortarten und Satzglieder unterscheiden 224

Konzeption des Kapitels 224
11.1 Auf Schatzsuche – Wortarten kennen lernen 226
11.2 Feuerstein und Co. – Satzglieder bestimmen 232
11.3 Fit in …! – Texte überarbeiten 236

Material zu diesem Kapitel
- Klassenarbeit – Einen Text überarbeiten
  Wildschwein „Fritz" 239
- Klassenarbeit – Einen Text überarbeiten
  Eine Tafel Schokolade 240
- Fordern und fördern – Rund um Wortarten ●●● | ●●○ | ●○○
  Otfried Preußler: Die kleine Hexe 241
- Fordern und fördern – Wortarten erkennen und verwenden ○○○ 247
- Fordern und fördern – Adjektive beziehen sich auf Nomen ●●● | ●○○ | ○○○ 248
- Fordern und fördern – Satzglieder erkennen und bestimmen ●●○ | ●○○ 251
- Fordern und fördern – Satzglieder erkennen und umstellen ○○○ 253
- Diagnose – Wortarten bestimmen 254
- Diagnose – Satzglieder bestimmen 255

12 Rechtschreibstrategien erarbeiten – Regeln finden 256

Konzeption des Kapitels 256
12.1 „Balltraining" – Rechtschreibstrategien einüben 260
12.2 Rechtschreibung erforschen – Regeln finden 272
12.3 Fit in …! – Rechtschreibung 278

Material zu diesem Kapitel
- Klassenarbeit – Schwingen und Verlängern
  Die Mücke, ein Plagegeist 284
- Klassenarbeit – Alle Rechtschreibstrategien anwenden
  Singvögel kündigen den Frühling an 286
- Fordern und fördern – Schwingen, Verlängern und Zerlegen ●●● | ●○○ 288
- Fordern und fördern – Wörter schwingen und Silben bestimmen ○○○ 290
- Fordern und fördern – Alle Rechtschreibstrategien anwenden ●●● | ●○○ | ○○○ 291

13	**Erfolgreich lernen! – Arbeitstechniken beherrschen**	**294**
	Konzeption des Kapitels	294
13.1	Alles im Griff? – Ordnen, planen, konzentrieren	296
13.2	Sachtexte verstehen – Lesetechniken anwenden	299
13.3	Informationen veranschaulichen – Arbeitsergebnisse präsentieren	301

Material zu diesem Kapitel
- Test – Einen Sachtext nach der Fünf-Schritt-Lesemethode bearbeiten
  Das rote Riesenkänguru 303
- Test – Einen Sachtext nach der Fünf-Schritt-Lesemethode bearbeiten
  Spielecke und Lernplatz im Kinderzimmer trennen 305
- Fordern und fördern – Einen Sachtext untersuchen ●●○ | ●○○
  Nicht ohne meinen Hund 307
- Fordern und fördern – Schultasche und Mäppchen auf dem Prüfstand ○○○ 309
- Diagnose – Arbeitstechniken beherrschen 310

Inhalt der DVD-ROM

Auf der dem Buch beiliegenden DVD-ROM finden sich sämtliche Seiten der „Handreichungen für den Unterricht" zum Ausdrucken als PDF-Datei und als editierbare Microsoft®-Word®-Datei.

Die Microsoft®-Word®-Dateien erlauben es, Musteraufsätze und Vorschläge für Tafelbilder zu den Inhalten des Schülerbands wie auch Klassenarbeiten, Tests und Kopiervorlagen problemlos den Anforderungen des Unterrichts anzupassen, indem einzelne Aspekte oder ganze Aufgaben geändert, zusätzliche Lernschritte eingefügt oder Teilaufgaben gestrafft werden und so das Anschauungs- und Übungsmaterial passgenau auf die Lerngruppe zugeschnitten wird.

Bewertungsbögen zu den Klassenarbeiten und Tests mit detaillierten Punkterastern

Lösungshinweise und Förderempfehlungen zu den Diagnosebögen

Lösungshinweise zu den Kopiervorlagen, mit denen sich die Arbeitsblätter auch zum selbstständigen Wiederholen und Üben einsetzen lassen, sowie Beobachtungsbögen und zusätzliches Übungsmaterial, wie am Ende des Kapitel-Kommentars angeführt.

**PowerPoint-Folien mit Bildern, Grafiken und Übungseinheiten
für Whiteboard, Beamer oder Overheadprojektor:**
- Die Merkmale eines Briefes
- Der Briefumschlag
- Meinungen überzeugend vertreten
- Ein grünes Klassenzimmer?
- Wer bezahlt den Schaden?
- Antwortmail an Daniel
- Die Lesefieberkurve – Geschichten erzählen
- Ein Ausflug mit dem Boot – Nach Bildern erzählen
- Wirkungsvoll vorlesen – Ein Roboter reißt aus
- Eine spannende Geschichte erzählen
- Eine Suchanzeige schreiben
- Eine Vogeltränke bauen
- Ein Pferd putzen
- Einen Katzen-Kratzbaum herstellen
- Einen Tukan beschreiben
- Eine Bibliothek erkunden
- Ausdrucksvoll vorlesen – Till Eulenspiegel
- Der Joghurt-Baum – Nach Bildern erzählen
- Eine komische Geschichte untersuchen
- Märchenmerkmale erkennen
- Mündlich und schriftlich erzählen
- Ein Märchen fortsetzen
- Unser Dichterkoffer – Was wir über Gedichte wissen
- Ein Gedicht vortragen – Fink und Frosch
- Einen Gedichtvortrag bewerten
- Theaterszenen spielen
- Die Figuren und ihre Rollen
- Regieanweisungen – Die Sprechweise festlegen
- TV-Sendungen bewusst sehen
- Kameraeinstellungen unterscheiden
- Ein Diagramm untersuchen
- Wortarten – Rund um das Nomen
- Wortarten – Rund um das Verb
- Satzarten unterscheiden
- Satzglieder bestimmen

- Rechtschreibstrategien
- Im Wörterbuch nachschlagen
- Geordnete Arbeitsplätze
- Konzentrationsspiele
- Informationen in Wort und Bild

Hörtexte mit Arbeitsblättern:
- *Thomas C. Brezina: Ein Roboter reißt aus* (Kap. 3, SB S. 44–45)
  Gelesen von Denis Abrahams. Aus: Die Knickerbocker-Bande Junior. Abenteuer Nr. 13: Ein Roboter reißt aus. (2000 erschienen bei Ravensburger Buchverlag) © 2012 Story & Co. GmbH
- *Till kauft goldene Hufeisen* (Kap. 6, SB S. 88)
  Gelesen von Kim Pfeiffer. Nach: Till Eulenspiegel. Kinderbuchklassiker zum Vorlesen neu erzählt von Elke Lege. Arena Verlag, Würzburg 2006, S. 83 ff.
- *Jacob und Wilhelm Grimm: Der Wolf und die sieben jungen Geißlein* (Kap. 7, SB S. 104–106)
  Gelesen von Kim Pfeiffer. Aus: Brüder Grimm Kinder- und Hausmärchen. Hg. v. Hans-Jörg Uther. Diederich, München 1996, S. 7–8
- *Wilhelm Busch: Fink und Frosch* (Kap. 8, SB S. 119)
  Gelesen von Denis Abrahams. Aus: Sämtliche Werke, Bd. 2. Hg. v. Rolf Hochhuth. Bertelsmann, Gütersloh 1959, S. 509
- *Jessica Kirschbaum: Ohne Handy in der Tasche läuft nichts mehr* (Kap. 13)
  Gelesen von Kim Pfeiffer. Aus: http://www.general-anzeiger-bonn.de/print.php?k=dial&itemid=10362&detailid=722636 [13.9.2011]

Bundeslandspezifische Jahrespläne
mit einer detaillierten Gegenüberstellung der Teilkapitel im „Deutschbuch"
und der Kompetenzbereiche der jeweiligen Lehrpläne

Einen Arbeitsblattgenerator (Systemvoraussetzung: Microsoft Windows)

Verwendete Zeichen

S. 54	Verweis auf die Seitenzahl im Schülerband
1	Aufgabe / Aufgabe im Schülerband
●●●	Fordern und fördern: anspruchsvolles Niveau; selbstständig zu erarbeitende Aufgaben
●●○	Fordern und fördern: schwierigere Aufgaben mit, einfache Aufgaben ohne Hilfen
●○○	Fordern und fördern: einfache Aufgaben mit Starthilfen und Lösungsvorschlägen
○○○	Fordern und fördern / Inklusion: einfache Aufgaben zu *einem* Aspekt mit Hilfestellungen
🖥	Hinweis auf eine passende PowerPoint-Folie auf der DVD-ROM
🎧	Hinweis auf einen Hörtext auf der DVD-ROM / im Hörbuch „Deutschbuch 5/6" (Best.-Nr. 603776)

AH   Hinweis auf das „Deutschbuch 5 Arbeitsheft" (bei den Förderempfehlungen)
HRU   Hinweis auf die vorliegenden Handreichungen (bei den Förderempfehlungen)
SB   Hinweis auf den Schülerband (bei den Förderempfehlungen)

Vorwort

1 Zur Grundkonzeption des Lehrwerks

Das „Deutschbuch" ist ein **integratives Lehrwerk**. Es trennt den Deutschunterricht nicht in Sprach- und Literaturunterricht mit den traditionellen Leitmedien Sprachbuch und Lesebuch, sondern geht von der Erfahrung vieler Lehrerinnen und Lehrer aus, dass die Binnengliederung des Fachunterrichts in die Teildisziplinen „Sprache" und „Literatur" weder von den Gegenständen her gerechtfertigt ist noch dem pädagogischen Grundsatz entspricht, alles erfolgreiche Sprachlernen entwickle sich aus komplexen und realitätsnahen Lernsituationen heraus. Mündliche und schriftliche Mitteilungen, Gebrauchs- oder Sachtexte eröffnen die Möglichkeit, ihre sprachliche Verfasstheit zu thematisieren sowie die Bedingungen sprachlichen Handelns zu reflektieren. Literarische Texte weisen eine besondere sprachliche Komplexität auf, insofern sind sie besonders geeignete Objekte, um Sprachaufmerksamkeit zu erzeugen. Entsprechend ist die Integration von Sprache und Literatur im Fach Deutsch ein didaktisches Konzept, zu dem es eigentlich keine Alternative gibt. Die Bildungsstandards wie auch die neue Generation der Lehrpläne verlangen die Integration der Teilbereiche des Faches in der konkreten Planung von Lernprozessen.

Integration im „Deutschbuch" heißt **Integration von den Gegenstandsstrukturen her und Integration von den intendierten Lernprozessen her**.

Ausgangspunkte der dreizehn Kapitel, in die jeder Jahrgangsband gegliedert ist, sind im Sinne eines erfahrungsbezogenen Unterrichts Problemstellungen und Themen, die sich an der Alltagsrealität der Schülerinnen und Schüler orientieren. Sie erhalten ihre fachspezifische Ausprägung jeweils dadurch, dass in den auslösenden Lebens- und Lernsituationen Sprache und Kommunikation zum Problem werden oder literarische bzw. pragmatische Texte Erfahrungen anderer Menschen darlegen und zur Diskussion stellen.

Die konsequente Anknüpfung an die Lebenswelt der Schülerinnen und Schüler und an gesellschaftliche Schlüsselprobleme verlangt, dass das Integrationsprinzip an manchen Stellen auch die Bereiche des Faches Deutsch überschreitet und die Verbindung zu anderen Fächern herstellt. Dies gilt vor allem dann, wenn Unterricht handlungsorientiert (bis hin zum Projekt) angelegt werden soll und der zu erarbeitende oder zu erforschende Bereich nicht nur Sprache und Literatur umfasst.

1.1 Die Kompetenzbereiche und ihre Integration

Die neuen Bildungsstandards und Lehrpläne gliedern das Fach Deutsch in die Kompetenzbereiche „Sprechen und Zuhören", „Schreiben", „Lesen – Umgang mit Texten und Medien" und „Reflexion über Sprache". Darüber hinaus heben die curricularen Standards die besonderen Anforderungen an Methoden und Lernstrategien des fachlichen und fachübergreifenden Arbeitens hervor. Das „Deutschbuch" berücksichtigt **die Einteilung des Faches in Kompetenzbereiche** bei der Anordnung der einzelnen Kapitel. Die Kompetenzbereiche werden dabei in unterrichtspraktischer Hinsicht gebündelt und sowohl systematisch entfaltet als auch im Sinne des grundlegenden Integrationsprinzips miteinander verknüpft. Die thematisch orientierten Kapitel des Lehrwerks sind den drei zentralen Arbeitsbereichen **„Sprechen – Zuhören – Schreiben"**, **„Lesen – Umgang mit Texten und Medien"** sowie **„Nachdenken über Sprache"** zugeordnet. Den Abschluss bildet ein Kapitel, das methodisches Lernen zum Gegenstand hat.

Der Bereich **„Arbeitstechniken und Methoden"** ist im „Deutschbuch" besonders hervorgehoben. In den jeweils abschließenden Kapiteln der einzelnen Bände werden übergreifende Lernstrategien und -techniken an fachlichen Inhalten exemplarisch eingeübt, so z. B. basale Lese- und Verstehenskompetenzen, Textüberarbeitung, Teamarbeit, Recherchestrategien, Techniken des Visualisierens und Präsentierens, die adäquate Nutzung des PC. Darüber hinaus kommt das Methodenlernen in allen weiteren Kapiteln integriert zur Anwendung, beispielsweise das Führen eines Lern- oder Lesetagebuchs (Kapitel 1: „In unserer neuen Schule – Erfahrungen austauschen"; Kapitel 5: „Leseratten und Bücherwürmer – Jugendbücher lesen und vorstellen"), das Anwenden von Lesestrategien (die Teilkapitel 6.2

„Geschichten verstehen – Lesetechniken anwenden", 10.2 „‚Da schaust du!' – Einen Sachtext mit der Fünf-Schritt-Lesemethode erschließen" und 13.2 „Sachtexte verstehen – Lesetechniken anwenden"), das Einüben von Teamarbeit in der Schreibkonferenz (Teilkapitel 7.2 „Schreibwerkstatt – Märchen selbst erzählen") oder das Gestalten eines Informationsplakats (Teilkapitel 13.3 „Informationen veranschaulichen – Arbeitsergebnisse präsentieren").

Die Entscheidung für eine angemessene Berücksichtigung der Leitprinzipien „Schüler- und Wissenschaftsorientierung" ist nach dem Grundsatz getroffen: „So viel Situations- und Erfahrungsanbindung wie möglich, so viel Fachsystematik wie unbedingt nötig." Die Folge des durchgehend geforderten Prinzips **„Lernen in Zusammenhängen"** ist, dass das Lehrgangsprinzip im „Deutschbuch" nur noch dort Gültigkeit für die Organisation von Lernprozessen hat, wo fachlichem Klärungsbedarf anders nicht zu entsprechen ist, z. B. beim Aufbau einer grammatischen „Verkehrssprache" in Sachen Wortarten und Satzbau. Aber auch dort geht es nicht nur um das systematische Lernen von Regeln und Definitionen, sondern v. a. auch um operatives Erarbeiten und „(sprach-)entdeckendes" Lernen, das Sprachaufmerksamkeit fördert und kontinuierlich Sprachbewusstsein entwickelt. Einheiten des Rechtschreibunterrichts können sich z. B. im Gefolge eines Schreibvorhabens oder aber im Anschluss an eine Sprachreflexion ergeben. Natürlich wird man auch die Grammatik als thematisiertes Sprachbewusstsein wiederfinden: Warum und wie unterteilen wir Wörter nach ihrer Leistung im Satz und nach ihren Bildungsregeln in „Wortarten", warum lernen wir verschiedene Satzfunktionen kennen? Aber es gibt immer Angebote, die Sprachreflexion mit anderen Bereichen des Deutschunterrichts thematisch zu verklammern. Schreib- und Lesesituationen, kommunikative Anlässe oder auch Sprachspiele ermöglichen Einsichten in Bauformen, Funktionen und Leistungen der Sprache.

1.2 Das Prinzip der Integration in den einzelnen Kapiteln

Integration bedeutet im „Deutschbuch" nicht das Hintereinanderschalten von Arbeitsteilen aus den verschiedenen Sektoren des Deutschunterrichts, sondern vielmehr, dass traditionell unterschiedlich zugeordnete **fachspezifische Tätigkeiten der Schülerinnen und Schüler im Zusammenhang einer nachvollziehbaren Lernsituation** gemeinsam entwickelt werden. Aus dem Umgang mit literarischen Texten z. B. kann eine produktive Schreibaufgabe, eine analytische Operation, eine Rechtschreibübung oder eine Sprachbetrachtung erwachsen – je nach der konkreten Unterrichtskonstellation.

Die einzelnen Kapitel des „Deutschbuchs" sind nach dem **Prinzip des *Dreischritts*** aufgebaut:

1. Schritt: Basisteil
– Entfaltung des Hauptkompetenzbereichs, basale Operationen im Verstehens- und Produktionsbereich bei konsequenter Berücksichtigung eines heterogenen Leistungsniveaus durch Differenzierungsaufgaben
– Selbstdiagnose: „Teste dich!"

2. Schritt: Integration und Differenzierung
– Integration eines weiteren Kompetenzbereichs oder eines methodischen Schwerpunkts, wobei die im ersten Teilkapitel erworbenen Kompetenzen mit neuen Akzenten differenzierend angewendet und vertieft werden
– extra Differenzierungsseiten („Fordern und fördern") mit Aufgaben auf zwei bzw. drei Niveaustufen zur individuellen Förderung

3. Schritt: Klassenarbeitstraining oder Projekt
– „Fit in …!": Schritte des Schreibprozesses bei klassenarbeitsbezogenen Kapiteln oder
– Projekt bei eher teamorientierten, kreativ-produktiven Arbeitsprozessen

Ein Farbsystem informiert über das jeweilige Zusammenspiel von dominanten und zugeordneten Kompetenzbereichen. Die Arbeitsaufträge verknüpfen den dominanten Kompetenzbereich mit dem ergänzenden oder erweiternden Bereich. Der „Ausflug" über die Grenzen der Kompetenzbereiche hinaus erfolgt also nicht nur auf der Ebene der Materialien, sondern konkret auf der Ebene der einzelnen Tätigkeiten der Schülerinnen und Schüler. Ersatz- und Umstellproben etwa sind nicht nur Operationen des Grammatikunterrichts zur Bestimmung von Satzgliedern, sondern sie haben eine weitere Funktion beim Verbessern eigener Texte und beim Analysieren von Literatur.

Die im ersten Teilkapitel erworbenen basalen Fähigkeiten – in Gestalt differenzierender Lernarrangements – werden abschließend durch eine Selbstdiagnose evaluiert (z. B. in Form von Checklisten, geschlossenen Aufgabenformaten, Rätseln, Textüberarbeitungsangeboten, Lerntagebuch).

Im zweiten Teilkapitel wird das erworbene Wissen durch die Integration eines weiteren Kompetenzbereichs aufgegriffen. In der Anwendung auf neue Materialien können die Schülerinnen und Schüler das Gelernte intensiv üben. Ein Angebot zum individualisierten Lernen besteht in ausgewiesenen Seiten mit differenzierenden Aufgaben.

Das abschließende dritte Teilkapitel bietet den Schülerinnen und Schülern Möglichkeiten des selbstständigen Arbeitens. Einerseits üben sie die Schritte des Schreibprozesses in klassenarbeitsbezogenen Aufsatzformen, andererseits arbeiten sie in Projekten.

Die Entscheidung für die dreigliedrige Grundstruktur der Kapitel sichert eine Zentrierung auf wesentliche Aspekte. Die Transparenz der Schrittfolge ermöglicht nicht nur eine schnelle Orientierung für die Lehrerin/den Lehrer, sondern fördert im Besonderen den organischen Aufbau des Lernprozesses, sodass Schülerinnen und Schüler erhöhte Chancen der aktiven Teilnahme und des produktiven Verstehens erhalten.

Die Kapitel sind nicht darauf angelegt, vollständig erarbeitet zu werden. Je nach Lernsituation und vorgesehenem Zeitrahmen können einzelne Teilkapitel oder auch nur wenige Abschnitte in der gewünschten Schwerpunktsetzung behandelt werden. Der jeweilige Kompetenzschwerpunkt bzw. die Lehrplanvorgaben finden sich im Inhaltsverzeichnis neben dem Kapitelaufriss.

2   Didaktische Prinzipien in den Kompetenzbereichen

Innerhalb der drei Kompetenzbereiche haben sich in den letzten Jahren **fachdidaktisch begründete methodische Neuansätze** ergeben, die in den Bildungsstandards und auch in einem aktuellen Lehrwerk wie dem „Deutschbuch" ihren Niederschlag finden. Im Bereich „Sprechen – Zuhören – Schreiben" sind das die Integration des darstellenden Spiels in den Deutschunterricht und die Reform des Aufsatzunterrichts zur prozessorientierten Schreibdidaktik. Im Bereich „Lesen – Umgang mit Texten und Medien" sind es der erweiterte Textbegriff, speziell die Integration des Umgangs mit den elektronischen Medien, der Aufbau einer basalen Lese- und Verstehenskompetenz im Umgang mit Sachtexten und literarischen Texten sowie der produktive Ansatz im Literaturunterricht. Der Bereich „Nachdenken über Sprache" orientiert sich am integrativen, funktionalen und operativen Grammatikunterricht, der Sprachförderung und an den neuen Wegen im Rechtschreibunterricht.

2.1   Sprechen – Zuhören – Schreiben

Die didaktisch-methodischen Innovationen im Bereich des „Sprechens und Zuhörens" beziehen sich nicht nur auf den kommunikativen Grundansatz, der weiter ausgebaut wird, indem explizit Gesprächsregeln und bewusste Formen der Gesprächsführung angeboten und gelernt werden sollen, sondern auch auf die Berücksichtigung **rhetorischer und argumentativer Fähigkeiten**. Zu diesen gehören der freie Vortrag, die Präsentation von Texten, das szenische Lesen mit verteilten Rollen sowie neue Diskussionsformen. Damit hängt zusammen, dass nun auch dem **Zuhören** und den dafür notwendigen Fähigkeiten und Fertigkeiten erhöhte Aufmerksamkeit zuteilwird.

Durch die systematische Berücksichtigung methodischer Möglichkeiten des **darstellenden Spiels** bei den Aufgabenstellungen und bei den Vorschlägen zur Projektarbeit soll gewährleistet werden, dass die ästhetische Komponente in diesem Arbeitsbereich angemessen berücksichtigt wird.

Im Bereich „Schreiben" haben sich in der fachdidaktischen Diskussion erhebliche Veränderungen vollzogen. Nach der so genannten „kommunikativen Wende" in der Aufsatzdidaktik waren die traditionellen Aufsatzgattungen und deren Begründung als „Naturarten" der Schriftlichkeit stark in Zweifel gezogen worden. Die Einbeziehung des Adressaten, die Berücksichtigung der Schreibsituation und die Orientierung am Schreibziel beim Verfassen eigener Texte sind wesentliche Funktionen des Schreibvorgangs. Um den **Prozesscharakter des Schreibens** zu betonen, spricht das „Deutschbuch" vom **Erzählen,**

Berichten, Beschreiben, Erörtern usw. als Tätigkeiten. Die Schreibkompetenz der Schülerinnen und Schüler wird in ausgewiesenen Schritten der Planung, Ausführung und Überarbeitung differenziert gefördert.

Wie die aktuelle Schreibprozessforschung verdeutlicht, müssen besonders **mehrsprachige Lernende** im Schreiben unterstützt werden. Das „Deutschbuch" bietet z. B. für die Textplanung schreibvorbereitende und -begleitende Verfahren wie Satzanfänge als Starthilfen, Ideensterne zur Ideensammlung und -strukturierung sowie Wortfelder für die Erweiterung des Wortschatzes (vgl. z. B. Kap. 3, S. 38, 47).

Kreative Formen des Schreibens erhalten im „Deutschbuch" einen besonderen Stellenwert. Das Spektrum reicht vom **freien, spontanen, textungebundenen Schreiben** bis zum **produktiv-gestaltenden Schreiben im Anschluss an Textvorlagen**.

Wichtig und neu hinzukommend zu allen Formen des „Aufsatzschreibens" ist das **funktionale Schreiben**. Es handelt sich um Arbeitstechniken der Schriftlichkeit, die nicht zu in sich geschlossenen Texten führen, wohl aber im Alltag für die Bewältigung von Lernsituationen große Bedeutung besitzen. Dazu gehören nicht nur die bekannten „Notizzettel" und „Stichpunktsammlungen", sondern auch der schriftliche Entwurf von Argumentationsskizzen, die Mitschriften in Gesprächen und der Entwurf von Schreibplänen/Gliederungen für umfangreichere Ausführungen.

Eine besondere Art des funktionalen Schreibens ist die Verbesserung von Geschriebenem. Der Arbeitsschwerpunkt **Textüberarbeitung** (mit und ohne Einbezug computergestützter Schreibprogramme) besitzt ein großes Gewicht im gegenwärtigen Deutschunterricht. Unter dem Aspekt des Selbstkontrollierens und der eigenen Überprüfung des Lernfortschritts reicht dieses Verfahren bis zur Möglichkeit, Texte von Schülerinnen und Schülern erst nach der vorgenommenen Textverbesserung zu bewerten. Der Aufgabenschwerpunkt „Überarbeiten von Schülertexten" wird im „Deutschbuch" an zahlreichen Stellen integriert. Dabei ist es Aufgabe der Lehrkraft und der Lerngruppe, im Sinne einer inneren Differenzierung und Individualisierung die jeweiligen Hinweise im Schülerband, insbesondere auch zur Rechtschreibung, situativ angemessen zu nutzen.

2.2 Lesen – Umgang mit Texten und Medien

Besondere Aktualität kommt dem Bereich „Lesen – Umgang mit Texten und Medien" nicht zuletzt nach den PISA-Studien zu. Das **Lesen und Erfassen von Texten** gilt als eine **wesentliche Kompetenz** zum Erwerb von Wissen und ist damit eine wichtige Voraussetzung für die Teilhabe an unserer Kultur, für die Mitgestaltung gesellschaftlicher Entwicklungen sowie für die personale und berufliche Weiterentwicklung. Das „Deutschbuch" bietet eine große Auswahl unterschiedlicher Texte und vielfältige Anregungen zum Lesen.

Den Schülerinnen und Schülern begegnen Texte sowohl in **kontinuierlicher** schriftlicher Form – zum Beispiel als literarische und anwendungsbezogene Texte – als auch in Form von **diskontinuierlichen Texten** – etwa als Grafiken, Tabellen, Schaubilder und Diagramme. Darüber hinaus rezipieren sie Texte sowohl in gesprochener Form (z. B. Gedichtvortrag) als auch in audiovisuellem Format (z. B. Medientexte wie Film und Fernsehen).

Bei der Textauswahl für das „Deutschbuch" werden unterschiedliche Gattungen, historische Zusammenhänge, Autorinnen und Autoren der Vergangenheit und Gegenwart sowie insbesondere interkulturelle Themen berücksichtigt. Gleichfalls werden Texte aus dem Bereich der Kinder- und Jugendliteratur, Sachtexte und solche aus audiovisuellen Medien angeboten. Ausschnitte aus altersgemäßen Jugendbüchern und Lesetipps sollen zum Weiterlesen als Klassenlektüre oder zur individuellen Lektüre einladen.

Sach- und Gebrauchstexte werden vorwiegend unter dem Aspekt des Lesens, der Entnahme, Verknüpfung und Auswertung von Informationen angeboten. Entsprechende Aufgabenstellungen fördern das sinnerfassende Lesen und das Sichern, Reflektieren und Bewerten von Informationen. Dabei werden auch diskontinuierliche Texte und Bilder einbezogen.

Hinsichtlich des Lesens bedarf es neben der Lesemotivation geeigneter Methoden zur **Förderung von Lesetechnik und Leseverstehen**. Hierzu gehören texterschließende und textsichernde Methoden. Schwierigkeiten beim Lesen sind gerade bei den Lernenden zu erwarten, die mit geringen Leseerfahrungen in die Schule kommen.

Das „Deutschbuch" widmet dem **Umgang mit Medien** ein eigenes Kapitel (Kap. 10: „Was siehst du? – Fernsehsendungen untersuchen"). Dabei werden sowohl medienpädagogische Aspekte als auch filmanalytische und produktive Verstehens- und Handlungskompetenzen entwickelt. Über das Medienkapitel hinaus wird der Umgang mit Medien in weiteren Kapiteln integrativ und projektartig verortet. Da Filmtexte nicht ausführlich dokumentiert werden können, verweist das „Deutschbuch" in den Aufgabenstellungen auf einzubeziehendes Material (Webseiten oder DVDs).

Sowohl Medien- als auch Methodenkompetenzen können nur aufgebaut und erweitert werden, wenn Anwendungen im Zusammenhang mit entsprechenden Kompetenz- und Gegenstandsbereichen ermöglicht werden. Deshalb werden überall dort, wo der Lerngegenstand es erfordert oder sinnvoll erscheinen lässt, Aufgabenstellungen zum Umgang und zur Verwendung der modernen Informations- und Kommunikationsmedien integriert. So liefert das „Deutschbuch" fachspezifische methodische Grundlagen zur Nutzung des PC bei der Informationsbeschaffung sowie bei der Be- und Verarbeitung von Texten, z. B. im Teilkapitel 5.2 („Die Welt der Bücher – Eine Bibliothek erkunden") oder im Teilkapitel 10.1 („Von den ‚Pfefferkörnern' bis ‚logo!' – TV-Sendungen bewusst sehen").

Eine wichtige Form der Auseinandersetzung mit Texten ist **das kreative und produktiv-gestaltende Schreiben** im Literaturunterricht. Gemeint sind unterschiedliche Formen des Wechsels der Schülerinnen und Schüler aus der Rezipienten- in die Produzentenrolle. Das „Deutschbuch" entwickelt hier zahlreiche Vorschläge bis hin zur Einbeziehung produktiv-gestaltender Aufgabenstellungen in Klassenarbeiten. Der Sinn dieses didaktischen Ansatzes ist es, den Schülerinnen und Schülern das Recht auf subjektive Formen des Verstehens zu verschaffen und ihnen nahezubringen, dass das fantasievolle Weiterdenken und das experimentierende Eingreifen in Gegenstände der Lektüre nicht deren Zerstörung bedeutet, sondern einen Weg zu besserem Verstehen darstellen kann. Produktiv-gestaltende Arbeitsweisen beim Umgang mit Texten stellen eine wesentliche Ergänzung analytisch-hermeneutischer Methoden dar, die selbstverständlich ihre Berechtigung behalten.

2.3 Nachdenken über Sprache

Im Bereich „Nachdenken über Sprache" ergeben sich wesentliche Innovationen. Besonders wichtig ist der Schritt vom systematischen Grammatikunterricht hin zur situativen, funktionalen und integrativen Sprachbetrachtung. Es geht um die **Abkehr vom Regel- und Auswendiglernen hin zum operativen Lernen**. Ausgangspunkt sind spontan gebildete subjektive („innere") Regeln, über die die Schülerinnen und Schüler verfügen, Ziel ist die Schreibentscheidung des erwachsenen und kompetenten Schriftbenutzers. Dementsprechend sind die dem Kompetenzbereich „Nachdenken über Sprache" zugeordneten Kapitel des „Deutschbuchs" nach dem ressourcenorientierten, integrativen und themenorientierten Prinzip organisiert.

Der traditionelle und nachgewiesenermaßen für die Beherrschung der Muttersprache völlig wirkungslose Grammatikunterricht arbeitete an Definitionen von Wortarten und Satzformen. Er veranlasste die Kinder, aus Beispielsätzen unter der Leitung der Lehrerin/des Lehrers „Regeln" abzuleiten und mit deren Hilfe die eigene Benutzung der Schriftsprache zu verbessern, Fehler zu erkennen und zu vermeiden. In den seltensten Fällen konnten dadurch sprachliche Defizite behoben werden; genauso wenig kam es zu einer hinreichenden Sicherheit in der Benutzung der grammatischen Terminologie.

Deswegen wird im „Deutschbuch" in Anlehnung an neuere didaktische Konzepte ein anderer Weg beschritten. Angeknüpft wird dabei an die Sprachkompetenzen, welche die Schülerinnen und Schüler schon erworben haben. Lernprozesse sind immer dann besonders erfolgreich, wenn sie von vorhandenen Fähigkeiten ausgehen und somit das Vertrauen in die eigenen sprachlichen Fähigkeiten stärken.

Sprachliche Phänomene wie z. B. Wortarten werden nicht mehr über Definitionen gelernt, sondern **funktional** eingeführt. Dabei sind sowohl die grammatischen Merkmale wichtig als auch deren semantische, syntaktische, stilistische oder kommunikative Funktion. Entscheidend ist, dass es keine allumfassenden Definitionen mehr gibt, sondern Prototypenbeschreibungen: Kann man ein Wort mit einem Artikel versehen, kann man es deklinieren und bezeichnet es einen in der Wirklichkeit vorkommenden Gegenstand, Vorgang oder Gedanken, dann ist das ein Nomen. Die Schülerinnen und Schüler lernen mit solchen prototypischen Beschreibungen als Prüfinstrument umzugehen. Ihr deklaratives und operatives Sprachwissen hilft ihnen, Situationen zu bewältigen, die metasprachliche Kompetenzen erfordern.

Dies bezieht sich z. B. auf die Erschließung von Texten, das Thematisieren sprachlicher Alltagssituationen und das Bewältigen von Schreibaufgaben sowie auf die Beherrschung der Rechtschreibung. Demzufolge werden Aspekte der Sprachreflexion auch in die Kapitel der Bereiche „Sprechen – Zuhören – Schreiben" sowie „Lesen – Umgang mit Texten und Medien" integriert.

Damit ist zugleich für **die Integration des Rechtschreibunterrichts in die Sprachreflexion** das entscheidende Argument gefallen. Die deutsche Orthografie ist kein willkürliches Regelwerk mit vielen Ausnahmen, sondern eine auf wenigen und plausiblen Grundsätzen aufgebaute Abfolge von Entscheidungen. Die Prinzipien der phonemischen und der morphematischen Schreibung stehen im Zentrum. Ziel ist es, Sprachaufmerksamkeit, d. h. Fehlersensibilität bei Schülerinnen und Schülern zu wecken und eine sprachbewusste Lösungskompetenz zu vermitteln.

Die hier erwerbbaren zentralen Rechtschreibstrategien sind den traditionellen Fehlerschwerpunkten zugeordnet, bauen jedoch ein über den Phänomenen stehendes Strategiewissen auf und tragen so zur Verbesserung der Schreibkompetenz nachhaltig bei. Von diesen Strategien ausgehend können individuelle Fehleranalysen erstellt werden, an die sich wiederum Übungen anschließen, die darauf achten, dass Phänomene, die zwar systematisch gesehen zusammengehören, einander im Lernprozess aber hemmen, nicht zusammen gelernt werden.

Über das eigentliche Rechtschreibkapitel hinaus besteht in den übrigen Kapiteln des „Deutschbuchs" die Möglichkeit, Übungen zur Rechtschreibung integriert einzubringen. Dabei wird ein besonderer Schwerpunkt auf unterschiedliche Verfahren der Überarbeitung von Texten gelegt.

Sprachbewusstsein entwickelt sich auch durch den **Vergleich verschiedener Sprachen**. Das „Deutschbuch" nimmt die Tatsache ernst, dass immer mehr Kinder und Jugendliche mehrsprachig aufwachsen, in manchen Klassen stellen sie die Mehrheit. Indem die Schülerinnen und Schüler ihre muttersprachlichen Kenntnisse auf das Erlernen einer fremden Sprache beziehen, differenzieren und festigen sie ihre grammatische Sprachkompetenz. Die Kompetenzen in den Herkunftssprachen der Kinder werden aufgegriffen, wenn sie Sprachen im Vergleich betrachten (z. B. Begriffe, Artikel, Kasus in verschiedenen Sprachen). Das „Deutschbuch" wird somit dem Prinzip „Sprachen im Kontakt" gerecht, das in der neueren Sprachforschung eine zentrale Rolle spielt.

3 Methodische Entscheidungen

Die methodischen Entscheidungen kommen in besonderer Weise in den Aufgabenstellungen und den dort impliziten Tendenzen zum Ausdruck. Leitend sind die Prinzipien des thematischen, induktiven, kooperativen, selbst regulierten und individualisierten Lernens. Den Benutzern des „Deutschbuchs" wird dabei vor allem die Mischung aus kreativen, handlungsorientierten und analytischen Aufgabenstellungen auffallen. Im Rahmen **kooperativer Verfahren** wird sowohl auf die individuelle Einzelarbeit als auch auf den Austausch unter Partnern und im Team Wert gelegt. **Differenzierende Aufgabenstellungen** zu ausgewählten Materialien, deren individuelle Ergebnisse wieder zusammengeführt werden, fordern und fördern Schülerinnen und Schüler mit unterschiedlichen Leistungsstärken. Eine wesentliche Voraussetzung des **eigenverantwortlichen Lernens** ist die Fähigkeit, den eigenen Lernstand und Lernbedarf richtig einzuschätzen. Das „Deutschbuch" bietet vielfältige Möglichkeiten, das eigene Wissen und Können zu testen (**Selbstdiagnose** in den „Teste dich!"-Einheiten). Die metakognitiven Fähigkeiten der Schülerinnen und Schüler werden zu Beginn jedes Kapitels gefördert. Über die Aufgaben wird auf der Auftaktseite vorhandenes Vorwissen abgerufen; eine Zielvorstellung über die zu erwerbenden Kompetenzen macht Inhalte und Struktur des Lernprozesses schülergemäß transparent (**Advance Organizer**).

3.1 Aufgabenstellungen/Selbstständiges Lernen

Materialarrangement und Aufgaben sind so angelegt, dass eigenverantwortliche Entscheidungen von der Lerngruppe getroffen werden. Anregungen zur Anwendung **prozeduraler, metakognitiver und evaluierender Strategien** fördern den kommunikativen Aufbau des Lernprozesses, sodass Wissen im Zusammenhang verfügbar und Ergebnisse nicht beziehungslos nebeneinanderstehen. In wechselnder Akzentuierung erfüllen die Aufgaben Funktionen des **entdeckenden Lernens**, des operativen analytischen und produktiven Arbeitens sowie der transferorientierten Anwendung.

Eigenverantwortliches und handlungsorientiertes Arbeiten der Schülerinnen und Schüler fördert die Effizienz des Lernprozesses und stärkt die Selbstständigkeit. Diese Zielsetzung wurde bei der Formulierung der Aufgabenstellungen besonders berücksichtigt. Oftmals kann die Aufgabenstellung von der Lehrkraft je nach situativem Unterrichtskontext problemlos modifiziert werden; sie enthält Alternativen oder sie lädt ein, einen Versuch zu unternehmen, der nicht unbedingt zu einem vorzeigbaren „Ergebnis" kommen muss. Insgesamt ist der Prozess des Lernens wichtiger als das jeweils entstehende Produkt.

Aufgabenstellungen haben im „Deutschbuch" oft einladenden Charakter, sie enthalten häufig mehrere Vorschläge, von denen man sich nach eigenen Bedürfnissen eine Auswahl kombinieren kann. Darin liegt auch eine Aufforderung an die Schülerinnen und Schüler, selbst mitzuentscheiden, welche Variante der vorgeschlagenen Tätigkeiten sie für sich aussuchen. Besonders bei Vorschlägen für Gruppenarbeit und in den projektartig angelegten Teilen des Unterrichts ist es wünschenswert, dass die Lerngruppe aushandelt und selbst organisiert, welche Aufgabe von wem übernommen wird.

3.2 Individuelle Förderung/Differenzierung in heterogenen Lerngruppen

Das „Deutschbuch Differenzierende Ausgabe" ist als ein Lehrbuch konstruiert, das durch seine offene und individualisierende Struktur auch eine sehr gute Basis für den inklusiven Unterricht bietet. Schülerinnen und Schüler kommen nicht voraussetzungslos in die Schule; sie sind in Bezug auf ihren Hintergrund, ihre Lernleistung, ihre Interessen vor allem eines: unterschiedlich. Der wachsenden Heterogenität der Lerngruppen trägt das „Deutschbuch" in besonderem Maße gerade in den Klassen 5 und 6 Rechnung. Unterschiedlichkeit wahrzunehmen und zu würdigen bedeutet, Lernen als aktiven, selbstgesteuerten, konstruktiven, emotionalen, sozialen und situativen Prozess zu betrachten. Wissen wird damit vom Individuum nicht einfach rezeptiv übernommen, sondern kann je nach Vorwissen, Motivation und Einstellung des Einzelnen aktiv erworben werden. Hier setzt Differenzierung mit dem Ziel an, jede Schülerin und jeden Schüler mit unterschiedlichen, leicht umsetzbaren **Angeboten zur Differenzierung** individuell maximal zu fordern und zu fördern.

Das „Deutschbuch" enthält an vielen Stellen Wahlaufgaben. Der gestaffelte Anspruch dieser Aufgaben durch unterschiedliche Hilfe- oder Lösungsvorgaben oder die Variationen in der thematischen Ausrichtung führen die Schülerinnen und Schüler auf eigenständig gewählten, unterschiedlichen Lernwegen zum selben Lernziel. Besonders die ausgewiesenen Differenzierungsseiten „Fordern und fördern" bieten die Möglichkeit, den eigenen Lernvoraussetzungen und -interessen entsprechend über den Schwierigkeitsgrad der Aufgabenarrangements bzw. das Lerntempo selbst zu entscheiden (Aufgaben in zwei bis drei Niveaustufen). Hier können die Schülerinnen und Schüler selbstständig entscheiden, ob sie zu einem materialgestützten, progressiv angelegten Aufgabenangebot zusätzliche Hilfen in Anspruch nehmen wollen (wie etwa erste Lösungsansätze, Formulierungshilfen, Visualisierungen, Wortspeicher, informative Tipps). Außerdem finden sich an ausgewählten Stellen Zusatzaufgaben für schnelle/starke Schülerinnen und Schüler (qualitative und quantitative Differenzierung). Eine Möglichkeit zur Differenzierung nach Lerntempo und nach Neigung eröffnet das Lernen an Stationen (Teilkapitel 8.2 „Schreibwerkstatt – Selbst dichten").

Die Auftaktseiten knüpfen unmittelbar an den realen Alltag der Schülerinnen und Schüler an und ermöglichen es ihnen so, von ihren ganz konkreten persönlichen Erfahrungen ausgehend in den jeweiligen Kompetenzbereich einzusteigen. Die Wörterlisten am Ende der Kapitel erlauben die gezielte Förderung nicht muttersprachlicher Schülerinnen und Schüler im Förderschwerpunkt „Lernen" (**Inklusion**). Diese „Schreibwörter" umfassen Basiswörter, fehleranfällige Wörter sowie – in Maßen – grundlegende Fachbegriffe. Die Schreibwörter eignen sich für die Arbeit in den Bereichen Wortschatz/Semantik ebenso wie für einfache Rechtschreib- und Grammatikübungen. Auf Seite 212 im Schülerband findet sich eine Anleitung für die Schülerinnen und Schüler, wie die Schreibwörter zum selbstständigen Lernen genutzt werden können.

Für Lernende mit **Deutsch als Zweitsprache (DaZ)** stellen sich besondere Herausforderungen: Was Muttersprachlern als selbstverständlich und deshalb gar nicht eigens lernenswert erscheint, weil sie es im „Sprachbad" ihrer Entwicklung internalisiert haben, kann für Nichtmuttersprachler eine große Hürde darstellen. Dies gilt sowohl beim Textverstehen als auch in den Bereichen „Sprechen" und „Schreiben". Eine zentrale Rolle nehmen hier die Verben mit unregelmäßigen Flexionsformen („knifflige Verben") ein, denen deshalb eine eigene Doppelseite im Bucheinband hinten gewidmet ist. Diese Doppelseite ist gerade für Lernende mit Deutsch als Zweitsprache, aber auch für eher leistungsschwächere Schülerinnen und Schüler zum Nachschlagen und zur gezielten Wortschatzerweiterung geeignet.

Zu nutzen im Sinne der **Inklusion** sind die zusätzlichen Kopiervorlagen mit basalem Niveau (○○○), die sich in diesen Handreichungen finden und besonders Schülerinnen und Schüler mit dem Förderschwerpunkt „Lernen" motivieren, am gemeinsamen Lernprozess thematisch teilzuhaben und fundamentale Kenntnisse und Fertigkeiten auf- und auszubauen.

3.3 Lernen in Unterrichtsprojekten/Fachübergreifendes Lernen

Jeder Jahrgangsband enthält Projektvorschläge, die zwar einen fachspezifischen Ausgangspunkt haben, sich aber nicht auf das Fach Deutsch beschränken, sondern Aspekte anderer Fächer mit einbeziehen. Aus der Didaktik des Projektunterrichts entstanden die beiden wichtigsten pädagogischen **Prinzipien des handlungs- und erfahrungsorientierten Lernens** und **des selbst organisierten und selbsttätigen Arbeitens in Gruppen**. Aus der Fachdidaktik stammen die Prinzipien der besonderen Berücksichtigung des sprachlichen Anteils an den Lernprozessen. Dabei können unterschiedliche Texte, Schreib-, Lese- und Sprachverwendungssituationen zur Verständigung der Teilnehmer und zur Organisation der Arbeit dienen.

Der Anteil „Deutsch" ist weder zu unterteilen in „Sprechen – Zuhören – Schreiben" oder „Lesen – Umgang mit Texten und Medien" noch abzugrenzen gegenüber Fächern wie z.B. Religionslehre/Ethik, Geschichte oder Politik; je nach Thema auch nicht gegenüber Fächern wie Fremdsprachen, Geografie, Biologie, Physik, Musik oder Kunst.

Nicht nur in den projektorientierten Teilkapiteln ist fachübergreifendes Arbeiten sinnvoll. Auch in den übrigen Kapiteln finden sich Fachgrenzen überschreitende Arbeitsschritte. So sind z.B. in Kapitel 4 („Rund um Tiere – Beschreiben") die Fächer Deutsch und Biologie miteinander in Bezug gesetzt sowie in Kapitel 8 („Ein tierisches Vergnügen – Gedichte vortragen und gestalten") und in Kapitel 9 („Vorhang auf! – Theaterszenen spielen") die Fächer Deutsch und Kunst. Die fachübergreifenden Schritte sind so konzipiert, dass sie Absprachen zwischen den Fächern sinnvoll erscheinen lassen, dass sie aber auch von der Deutschlehrerin oder dem Deutschlehrer allein durchgeführt werden können.

3.4 Orientierungswissen (Informationen, Methoden)

Eine wichtige Rolle für das selbstständige Lernen – und dies gilt gleichermaßen für Leistungsstärkere wie Leistungsschwächere – spielt das Orientierungswissen. Dort, wo in den Kapiteln das von den Schülerinnen und Schülern erarbeitete Wissen gesichert werden muss, weil es die Grundlage für das weitere Vorgehen bildet, wird es zur Orientierung als „Information" oder auch „Methode" zusammenfassend dargestellt.

Auf diese Weise festigt sich auch die eingeführte Terminologie, sodass den Schülerinnen und Schülern die notwendigen Begriffe für ihre weiteren Lernaktivitäten zur Verfügung stehen. Das Orientierungswissen bietet eine überschaubare Zusammenfassung von informativem und methodischem Wissen. Daneben bieten Tipps Hilfen und Anregungen zur eigenständigen Problemlösung an. In keinem Fall beeinträchtigen die Orientierungshilfen das Prinzip des entdeckenden Lernens.

Entlastende Funktion kommt dem Anhang zu: Dort wird das Orientierungswissen im Überblick dargestellt, sodass die Schülerinnen und Schüler es selbstständig nachschlagen können, wenn sie sich nicht im Kapitelzusammenhang bewegen. Gleichzeitig verschafft das Orientierungswissen den Lernenden einen Überblick über die in den Bildungsstandards und Lehrplänen festgelegten Kompetenzen. Es bietet somit einen wichtigen Hinweis für Leistungsanforderungen bei Lernstandserhebungen, Tests und Klassenarbeiten.

3.5 Hinweise zur Arbeitsorganisation

Die Arbeitsorganisation bleibt in den Aufgabenstellungen weitgehend offen. Ob etwas als Gruppen- oder Partnerarbeit im kooperativen Lernen oder als Einzelaufgabe gelöst werden soll, ist zunächst einmal Angelegenheit der Lehrerin/des Lehrers und der Lerngruppe. Aber das „Deutschbuch" macht Vorschläge, die sinnvoll sein könnten und praxiserprobt sind.

Arbeitsschritte, Materialien und Aufgabenstellungen sind im „Deutschbuch" so organisiert, dass Lehrerinnen und Lehrer phasenweise eine stärker moderierende und prozessbegleitende Rolle einnehmen können. Diese Lehrmethoden erlauben den Schülerinnen und Schülern zunehmend ein selbsttätiges und mitverantwortliches Arbeiten, das ihre sozialen und kommunikativen Kompetenzen stärkt.

Die Kapitel des „Deutschbuchs" eröffnen vielfältige Möglichkeiten für eine situations- und lernergerechte Aufbereitung im Unterricht. Je nach Lernsituation und vorgesehenem Zeitrahmen können einzelne Teilkapitel oder auch nur wenige Abschnitte in der gewünschten Schwerpunktsetzung sinnvoll behandelt werden.

4 Zu diesen Handreichungen für den Unterricht

Die vorliegenden Handreichungen für den Unterricht bieten methodisch-didaktische Erläuterungen, Aufgabenlösungen mit Tafelbildern und Beispielaufsätze zu den Aufgabenstellungen des Schülerbands.

Außerdem stellen sie umfangreiches **Zusatzmaterial zu jedem Kapitel** zur Verfügung:
- Vorschläge für Klassenarbeiten, Tests und Projekte
- Kopiervorlagen auf drei Differenzierungsniveaus (Fordern und fördern), die in der Regel zu demselben Ergebnis führen:
    - ●●● Arbeitsblätter mit Aufgabenstellungen auf schwierigerem Niveau, d. h. ohne oder mit geringfügigen Hilfen
    - ●●○ Arbeitsblätter mit Hilfestellungen, wie Satzanfängen und Tipps
    - ●○○ Arbeitsblätter mit Aufgaben auf einfacherem Niveau mit intensiven Hilfestellungen
    - ○○○ Arbeitsblätter, die das basale Niveau üben und festigen und für besonders Lernschwache geeignet sind (**Inklusion**).
- Diagnosebögen mit Lösungshinweisen und Förderempfehlungen

Zusätzlich bietet die beiliegende DVD-ROM:
- Bewertungsbögen zu den Klassenarbeiten und Tests mit detaillierten Punkterastern
- Lösungshinweise zu den Kopiervorlagen, mit denen sich die Arbeitsblätter auch zum selbstständigen Wiederholen und Üben einsetzen lassen
- PowerPoint-Folien mit Bildern, Grafiken und Übungseinheiten für Whiteboard, Beamer oder Overheadprojektor
- Hörtexte zur Übung des Hörverstehens
- einen Arbeitsblattgenerator (Systemvoraussetzung: Microsoft Windows)
- je Bundesland einen Jahresplan mit einer detaillierten Gegenüberstellung der Teilkapitel im „Deutschbuch" und der Kompetenzbereiche der jeweiligen Lehrpläne

5 Begleitmaterial rund um das „Deutschbuch"

Neben den vorliegenden Handreichungen für den Unterricht bietet der Verlag weiteres Übungsmaterial zum „Deutschbuch" an:

Deutschbuch 5 Arbeitsheft: Das Arbeitsheft enthält methodisch abwechslungsreiche, oft spielerische Übungen, insbesondere zu den Schwerpunkten Schreibtraining, Grammatik und Rechtschreibung. Es stellt Differenzierungsseiten und Lernstandstests zur Verfügung. Mit zahlreichen Merkkästen und Tipps bietet es die Möglichkeit zur gezielten Wiederholung. Das Arbeitsheft, dem ein Lösungsheft beiliegt, eignet sich gleichermaßen für den Einsatz im Unterricht, für Hausaufgaben und Freiarbeit.

Deutschbuch 5 Arbeitsheft – Übungssoftware auf CD-ROM: Die CD-ROM bietet zu allen Arbeitsheftkapiteln insgesamt etwa 150 Übungen zur Differenzierung an. Jede Übung gibt es auf zwei Niveaustufen: einmal mit mehr und einmal mit weniger Hilfestellungen. Die Inhalte sind in beiden Niveaustufen nahezu identisch. Die Schülerinnen und Schüler können jederzeit zwischen den Niveaustufen wechseln. So lernen sie gemäß ihrem individuellen Leistungsvermögen und Lernfortschritt.

Deutschbuch 5 Förderheft: Das Förderheft dient der intensiven Einübung elementarer Kompetenzen im Fach Deutsch: Leseverständnis sichern, Schreibfertigkeit entwickeln, Rechtschreiben trainieren, Grammatik funktional einsetzen. Sorgfältig aufbereitetes Wort- und Textmaterial und spannende Themen unterstützen die Vermittlung der basalen Fertigkeiten. Das Förderheft ist auch für besonders lernschwache Schülerinnen und Schüler geeignet (Inklusion).

Materialien für den inklusiven Unterricht für Schülerinnen und Schüler mit erhöhtem Förderbedarf: Die Materialien bieten eine allgemeine Einführung, ca. 80 passgenaue Kopiervorlagen zu den zentralen Kompetenzen sowie konkrete Hinweise in tabellarischer Form, wie man das Lehrwerk und die Kopiervorlagen parallel im inklusiven Unterricht einsetzen kann.

Deutschbuch Onlinediagnose: Unter der Internetadresse www.deutschbuch.de/onlinediagnose stehen kostenlose Onlinetests zur Rechtschreibung und zum Leseverständnis zur Verfügung.

Ideen zur Jugendliteratur: Die Kopiervorlagenreihe enthält Arbeitsblätter zu aktuellen und schulerprobten Jugendromanen.

1 In unserer neuen Schule – Erfahrungen austauschen

Konzeption des Kapitels

Der Start in die 5. Klasse wird von vielen Kindern wie ein erneuter erster Schultag wahrgenommen: Sie lernen neue Mitschülerinnen und Mitschüler sowie Lehrerinnen und Lehrer kennen, bekommen einen neuen Klassenraum und müssen sich in einer neuen Schule zurechtfinden. In den ersten Wochen sind die meisten Kinder damit beschäftigt, ihren Platz in der Klassengemeinschaft zu finden und mit den veränderten Anforderungen der Unterrichtsfächer zurechtzukommen.

Viele Kinder sind es aus ihrer Grundschulzeit gewohnt, z. B. im Stuhl- oder Morgenkreis von ihren Erlebnissen zu berichten und andere über ihre Belange und Anliegen zu informieren. Hieran knüpft der Deutschunterricht in Klasse 5 an, um den Schülerinnen und Schülern in den ersten Tagen und Wochen an der neuen Schule ein „Forum" zu geben. Das deutliche Sprechen, das treffende Formulieren und das genaue Zuhören sind hier nicht nur in pädagogischer, sondern auch in fachlicher Hinsicht wichtig.

Das erste Teilkapitel (**„Unsere neue Klasse – Einander kennen lernen"**) bietet den Kindern verschiedene Möglichkeiten, sich besser kennen zu lernen. Hierbei verläuft der Weg „vom Ich zum Wir", von der Gestaltung eines persönlichen Wappens und dem Erstellen eines Steckbriefes hin zum Kennenlernspiel mit der ganzen Klasse. Mit Hilfe eines Interviews, das aus dem Klassenraum hinausführt, finden die Kinder mehr über ihre Schule heraus. Dass persönlich Erlebtes nicht nur mündlich, sondern auch schriftlich einem Gegenüber mitgeteilt werden kann, erfahren sie beim Schreiben eines persönlichen Briefes, das in diesem Kapitel angeleitet wird. Abschließend werden sie an die Arbeit mit einem Lerntagebuch herangeführt, das der Reflexion des Gelernten dient.

Im zweiten Teilkapitel geht es um eine Geschichte, in der sich zwei Schüler kennen lernen (**„‚Ich will neben ihn!' – Eine Geschichte aus der Schule lesen"**). Die Kinder setzen sich mit der dargestellten Situation und den literarischen Figuren auseinander und schreiben aus der Perspektive einer der Figuren einen persönlichen Brief. Weitere Aspekte des Textes werden in kreativen Sprech- und Schreibaufgaben bearbeitet. Die Aufgaben hierzu werden auf zwei Niveaustufen angeboten.

Das dritte Teilkapitel (**„Fit in …! – Einen Brief schreiben"**) leitet in vier Schritten zum Schreiben eines persönlichen Briefes im Rahmen einer Klassenarbeit an. Eine Checkliste bietet die Möglichkeit zur Selbstkontrolle und kann bei der Überarbeitung weiterer Brieftexte verwendet werden.

Literaturhinweise

- Diagnostizieren und Fördern. Stärken entdecken – Können entwickeln 14/2006 (Friedrich Jahresheft)
- *Diepold, Siega (Hg.):* Fundgrube Klassenlehrer. Cornelsen Scriptor, Berlin 2007
- *Paradies, Liane/Linser, Hans Jürgen:* Differenzieren im Unterricht. Cornelsen Scriptor, Berlin 2001 (zum Lerntagebuch S. 98 ff.)
- Schüler 2005. Wie sich Kinder und Jugendliche Wissen und Fähigkeiten aneignen. Friedrich, Seelze 2006
- www.deutschepost.de/dpag?tab=1&skin=hi&check=yes&lang=de_DE&xmlFile=link1015258_56484 [18.11.2011]

1 In unserer neuen Schule – Erfahrungen austauschen

Inhalte	Kompetenzen
	Die Schülerinnen und Schüler
S. 12 1.1 Unsere neue Klasse – Einander kennen lernen	
S. 12 Sich und andere vorstellen	– teilen ihre Wünsche und Befindlichkeiten verständlich und angemessen mit – stellen eine andere Person mit Hilfe eines Steckbriefes vor – hören aufmerksam zu und reagieren sach- und situationsbezogen
S. 13 Ein Interview führen	– beschaffen sich Informationen und geben diese adressatenbezogen weiter – geben wesentliche Aussagen eines Gesprächs sachlich richtig in angemessener Formulierung wieder
S. 13 Einen Brief schreiben	– schreiben einen persönlichen Brief und beachten dabei die äußere Form
S. 14 Ein Lerntagebuch führen	– reflektieren den eigenen Lernstand und Lernweg mit Hilfe eines Lerntagebuches
S. 15 1.2 „Ich will neben ihn!" – Eine Geschichte aus der Schule lesen	
S. 15 *Edward van de Vendel: Was ich vergessen habe*	– verstehen Inhalte von Jugendbuchauszügen zu altersspezifischen Problemen – stellen den Handlungsaufbau dar – kommentieren Handlungen, Figuren und Konflikte eines literarischen Textes – stellen Bezüge zu ihrer eigenen Erfahrungswelt her
S. 18 **Fordern und fördern –** Ich stelle dich vor, ich schreibe dir	– setzen ihre persönliche und die in einem literarischen Text dargestellte Wirklichkeit in Beziehung – wenden produktive Verfahren zur Auseinandersetzung mit literarischen Figuren an (hier: einen persönlichen Brief schreiben) – schreiben aus der Perspektive einer literarischen Figur einen persönlichen Brief zweckentsprechend, form- und adressatengerecht – bauen ihren Brief sinnvoll auf und strukturieren ihn durch Absätze
S. 20 1.3 Fit in …! – Einen Brief schreiben	
S. 20 Die Aufgabe richtig verstehen, planen, schreiben, überarbeiten	– wenden elementare Methoden der Textplanung, -formulierung und -überarbeitung an

1 In unserer neuen Schule – Erfahrungen austauschen

S. 11 Auftaktseite

Das Einstiegsfoto zeigt Schüler/-innen der 5. Klasse, die das Schulgebäude offensichtlich noch nicht kennen und sich wohl auf dem Weg zu ihrem Klassenzimmer befinden.
Im Unterricht kann dieser Bildimpuls für einen Austausch über die ersten Tage oder Wochen an der neuen Schule genutzt werden.

1 Indem die Schüler/-innen von ihren Erlebnissen erzählen, lernen sie sich besser kennen und stärken damit gleichzeitig die neue Klassengemeinschaft. Außerdem üben sie damit das deutliche Sprechen und das aufmerksame Zuhören. Mit dieser Aufgabe werden auch solche Kinder berücksichtigt, die sonst nicht zu Wort kommen (wollen).

2 a/b Die Partnerarbeit kann zurückhaltenden Kindern helfen, ausführlicher von sich zu erzählen. Durch die Weitergabe der Informationen werden das aktive Zuhören und das deutliche Sprechen vor dem Klassenplenum gefördert.

  c In einigen 5. Klassen gibt es Kinder, die nicht ausschließlich in Deutschland zur Schule gegangen sind und Erfahrungen in anderen Ländern sammeln konnten. Diese Erlebnisse haben die Schüler/-innen geprägt, weshalb es wichtig ist, dass sie darüber erzählen können. Davon profitieren auch die Mitschüler/-innen; Gemeinsamkeiten und Unterschiede der verschiedenen Schulen oder Schulsysteme können besprochen werden.

3 Persönliche Erlebnisse kann man einem Gegenüber sowohl mündlich als auch schriftlich übermitteln. Der persönliche Brief ist hierbei durchaus funktional; bietet er den Schülerinnen und Schülern doch die Möglichkeit, von sich und ihren schulischen Erfahrungen in aller Ausführlichkeit zu berichten sowie auf ihr Gegenüber einzugehen. Viele Kinder haben Brieffreunde oder -freundinnen und kennen das Briefeschreiben aus der Grundschule. Dieses Vorwissen kann hier aktiviert werden.

1.1 Unsere neue Klasse – Einander kennen lernen

S. 12 Sich und andere vorstellen

1 a/b Dieses Angebot kommt in der Regel den Kindern entgegen, die sprachlich weniger gewandt sind, sich aber gestalterisch überzeugend ausdrücken können. Hierbei kann das Wappen im Schülerband als Muster verwendet werden; die Lernenden sollten es aber weitgehend nach ihren Vorlieben gestalten können. Indem sie die Wappen im Klassenraum aushängen, erfahren sie mehr voneinander, entdecken Gemeinsamkeiten und können dies für einen weiteren Austausch nutzen. Die Wappen können abschließend zu einem Buch gebunden und in der Klassenbibliothek zur Verfügung gestellt werden.

Weitere Unterrichtsideen

- Die Schüler/-innen denken sich in Einzel- oder Partnerarbeit Fragen zu den Wappen aus, z. B.: „Wie viele Schülerinnen und Schüler spielen gerne Fußball?" – „Wer hat ein ganz ungewöhnliches Haustier?" Die Mitschüler/-innen geben mit Hilfe der Informationen aus den Wappen passende Antworten.
- Die Kinder stellen ihren Mitschülerinnen und Mitschülern weitere Fragen zu den Wappen, z. B.: „Auf deinem Wappen habe ich eine Gitarre gesehen. Spielst du vielleicht in einer Band?"

  c Die Herausforderung, einen Steckbrief zu verfassen, besteht in der Formulierung passender Stichwörter und darin, in einem knappen Überblick alle wichtigen Informationen zu einer Person aufzulisten. Um das gegenseitige Kennenlernen der Schüler/-innen zu fördern, sollten diese Steckbriefe zu solchen Kindern erstellen, die sie noch nicht so gut kennen. Durch ein Losverfahren kann die Lehrkraft hier Einfluss darauf nehmen, wer über wen schreibt.

1.1 Unsere neue Klasse – Einander kennen lernen

2 Spielerisch fortgeführt wird das gegenseitige Kennenlernen durch ein Kennenlernspiel, bei dem die Schüler/-innen Gemeinsamkeiten aneinander entdecken können. Das Spiel ist mit Bewegung verbunden, was Fünftklässlern entgegenkommt, die häufig Schwierigkeiten haben, eine Schulstunde lang still sitzen zu bleiben. Das Spiel kann zu Beginn oder am Ende einer Unterrichtsstunde zur Auflockerung durchgeführt werden.

Weitere Kennenlernspiele

Das Namen-Spiel
1. Die Schüler/-innen sitzen im Stuhlkreis. Der Spielleiter stellt sich vor, indem er seinen Namen mit einem Adjektiv verbindet, das denselben Anfangsbuchstaben besitzt, z. B.: „Ich bin der lustige Leon."
2. Das nächste Kind wiederholt den Namen der vorigen Schülerin/des vorigen Schülers. Anschließend wird der eigene Name mit einem Adjektiv ergänzt: „Das ist der lustige Leon. Ich bin die sportliche Selma."
3. Die Reihe wird fortgesetzt, sodass immer mehr Namen wiederholt werden müssen, bevor der eigene genannt werden kann. Die Schwierigkeit besteht darin, sich die Namen der neuen Mitschüler/-innen zu merken. Hierbei können die Adjektive helfen, auf den Vornamen zu kommen.

Variation: Der/Die Spielleiter/-in stellt sich zu Beginn vor, indem er/sie seinen/ihren Namen mit einer typischen Bewegung verbindet (z. B.: jemand, der gerne Musik hört, „setzt" sich Kopfhörer auf; jemand, der gerne Fußball spielt, „tritt" gegen einen Ball).

„Ich stell dich vor – du stellst mich vor" (auch zur Vorbereitung des Interviews geeignet)
1. Die Schüler/-innen interviewen sich in Partnerarbeit gegenseitig und formulieren Fragen wie: „Auf welche Schule bist du vorher gegangen?" – „Wie viele Geschwister hast du?" Die Antworten notieren sie in Stichworten.
2. Die Kinder stellen ihre Lernpartnerin/ihren Lernpartner mit Hilfe der Stichworte in der Klasse vor, z. B.: „Das ist Kenan. Er hat einen jüngeren Bruder, der ..." Diese Art der Vorstellung kommt schüchternen Schülerinnen und Schülern entgegen, die ungern über sich selbst sprechen bzw. denen es leichter fällt, über eine andere Person zu informieren.

S. 13 Ein Interview führen

1 Viele Schüler/-innen kennen bereits Interviews; hier kann an ihr Vorwissen angeknüpft werden. Zur Vorbereitung bespricht die Lehrkraft „Verhaltensregeln", z. B.: „Wie spreche ich eine fremde Person höflich an?" – „Wie stelle ich Nachfragen?" Um Leistungsschwächeren beim Sammeln passender Fragen zu helfen, können in einem Unterrichtsgespräch Stichworte zu verschiedenen Themen gesammelt und an der Tafel notiert werden. Jedes Kind schreibt die Fragen, die es persönlich interessieren, übersichtlich auf die linke Hälfte einer DIN-A4-Seite, sodass rechts genügend Platz bleibt für die Antworten. Mögliches Tafelbild:

Was uns interessiert	Interview am: ... Von: ...
– AGs	1. Wo kann man sich für die Pausen Fußbälle ausleihen?
– Ausbildung zum Streitschlichter	2. Welche Angebote für den Nachmittag gibt es?
– Unsere Paten	3. Wann hat die Schulbibliothek geöffnet?
– Was tun, wenn man krank wird?	4. Kann man in der Cafeteria auch vegetarisch essen?

2 a/b Bei der Vorstellung der Ergebnisse können die Schüler/-innen zu Themen, die für viele in der Klasse wichtig sind (z. B. Öffnungszeiten der Schulbibliothek, Sprechzeiten der Sozialpädagoginnen/Sozialpädagogen) Kurzinformationen verfassen und im Klassenraum aushängen.

1 In unserer neuen Schule – Erfahrungen austauschen

S. 13 Einen Brief schreiben

Siehe hierzu auch die **Folien** „Die Merkmale eines Briefes" und „Der Briefumschlag" auf der DVD-ROM.

1 Wie ein persönlicher Brief schrittweise sinnvoll geschrieben werden kann, wird im weiteren Kapitelverlauf noch erarbeitet. Der Brief von Franziska dient als Muster und Impuls für das eigene Schreiben. Eine genaue Analyse von Inhalt und Form ist hier noch nicht notwendig.

a Franziska schreibt über ihre Erlebnisse in der ersten Schulwoche. Sie erzählt, wie aufregend der erste Tag für sie war und wie Schüler der 6. Klasse etwas für die Fünftklässler aufgeführt haben. Außerdem erwähnt sie, dass Kira mit an ihre Schule gekommen ist und neben ihr sitzt. Zum Schluss fragt Franziska Asmen nach seinen Erlebnissen und schreibt ihm, dass sie ihn vermisst.

b Der Text ist ein Brief, weil er *Ort* und *Datum*, eine *Anrede*, einen *Abschiedsgruß* und eine *Unterschrift* enthält. Außerdem bezieht sich Franziska in dem Text auf Asmen, der Brief enthält Erfahrungen, Gefühle, Antworten und Fragen. Es wird also deutlich, dass sie den Text an eine bestimmte Person schreibt, was auch ein Merkmal eines Briefes ist.

2 Zur Vorbereitung können die Schüler/-innen ihre Ideen in einem Ideenstern sammeln.
Vorschlag für ein Tafelbild:

Die Schüler/-innen lesen ihre Briefe in Kleingruppen vor und geben sich gegenseitig eine Rückmeldung. In einem sich anschließenden Unterrichtsgespräch nennen sie die Aspekte, die ihnen gut gefallen haben, und diejenigen, die sie verbesserungswürdig finden.
An dieser Stelle kann thematisiert werden, dass jeder persönliche Brief bestimmte Merkmale enthalten und auf einen Adressaten zugeschnitten sein muss. Die Ausgestaltung aber sollte individuell sein. Die Vorlieben der Kinder als Briefeschreiber/-in oder -empfänger/-in können in weitere Briefe einfließen.

S. 14 Ein Lerntagebuch führen

Erfolgreich zu lernen bedeutet, Lernweg und Lernstand reflektieren zu können. Diese Lernreflexion kann in einem Lerntagebuch erfolgen, das die Schüler/-innen unterrichtsbegleitend führen. In diesem bereiten sie einzelne Unterrichtsstunden und -themen individuell nach, indem sie ihr Vorwissen und den momentanen Lernstand dokumentieren, den Lernweg beschreiben und weiteren Übungsbedarf feststellen. Ein Austausch im Stuhlkreis über die Stärken und Schwächen (z.B. in Bezug auf eine bestimmte Kompetenz, nach dem Vorstellen von Arbeitsergebnissen) kann die Arbeit am Lerntagebuch vorbereiten. Die Lehrkraft sollte zunächst das schon Erreichte in den Blick nehmen: „Was kannst du schon?" Anschließend wird der Lernbedarf festgestellt: „Wo bist du noch unsicher? Was solltest du üben?" Hilfreich kann es auch sein, wenn diese Einschätzung zu Beginn durch Mitschüler/-innen erfolgt. Hier sollte allerdings auf konstruktive und sachliche Kritik geachtet werden.

2/3 Der Austausch mit einer Lernpartnerin/einem Lernpartner erweitert die Reflexion im Lerntagebuch; Stärken und Schwächen können noch besser bewusst gemacht werden.

1.2 „Ich will neben ihn!" – Eine Geschichte aus der Schule lesen

S. 15 Edward van de Vendel
Was ich vergessen habe

Inhalt: Die Geschichte handelt von einer ungewöhnlichen Freundschaft. Soscha, laut, selbstbewusst und lebendig, wird die neue Mitschülerin von Elmer, einem stillen, zurückhaltenden und eher vorsichtigen Jungen. Vom ersten Tag an verstehen sich die beiden. Soscha hat eine polnische Mutter und wächst in einer großen Familie auf, von der ein Teil in Polen lebt. Elmers alleinerziehende Mutter ist Schuldirektorin; seinen Vater kennt er kaum. Soscha ermutigt Elmer, Kontakt zu seinem Großvater aufzunehmen, der im Altersheim lebt und kaum ansprechbar ist. Der Junge findet mehr und mehr über ihn heraus; mit Hilfe eines alten Fotos gelingt es Elmer, Kontakt zu seinem Großvater herzustellen.

Bezug zur Lerngruppe: Das Kinderbuch eignet sich für Fünftklässler, die – wie Soscha und Elmer – neu in einer Klasse zusammenkommen und neue Freunde finden (müssen). Da die Hauptfiguren männlich und weiblich sind, spricht die Geschichte Mädchen und Jungen an. Gleichzeitig werden Geschlechterstereotype vermieden: Während Soscha eher forsch und direkt ist, hält sich Elmer zurück. Beide sind aber auf ihre Weise „stark" und helfen sich dadurch gegenseitig. Die Tatsache, dass Soscha einen zweisprachigen Hintergrund hat, kann Schüler/-innen mit Migrationshintergrund zur Identifikation mit der weiblichen Hauptfigur einladen. Elmers familiäre Situation wiederum kann Kinder ansprechen, die bei Alleinerziehenden oder in Patchworkfamilien aufwachsen.

2 Vor der Auseinandersetzung mit dem Inhalt wird das Textverständnis gesichert.
Mögliche Lösung:
- Elmer sieht Soscha in der Tür stehen.
- Er ist überrascht.
- Die Lehrerin stellt Soscha vor und fragt sie, wo sie sitzen möchte.
- Soscha möchte neben Elmer sitzen.
- Sie spricht ihn sofort an.
- Elmer wird rot und antwortet.
- Die Lehrerin fordert Elmer auf, Soscha die Aufgaben zu erklären.
- Elmer beruhigt sich.
- Die anderen Kinder machen sich über Elmer lustig.
- Elmer kümmert sich den ganzen Tag um Soscha.
- Die anderen in der Klasse werden unruhig und stecken Soscha damit an.
- Elmer wird ständig rot und hilft Soscha damit, sich besser zu benehmen.
- Soscha bedankt sich bei Elmer.
- Elmer bemerkt, dass sich durch Soscha alles verändert hat.

3 a Eine erste Deutung der entstehenden Freundschaft zwischen Soscha und Elmer wird hier durch die Auswahl passender Aussagen realisiert. Dies erleichtert leistungsschwächeren Schülerinnen und Schülern die Bearbeitung.

b Die Kinder müssen Elmer aus der Perspektive von Soscha und Soscha aus der Perspektive von Elmer einschätzen (Perspektivenwechsel).

4 a/b Mit dieser Aufgabe werden die Schüler/-innen mit einem zweisprachigen Hintergrund berücksichtigt. In einer **Zusatzaufgabe** können die Kinder in Gruppenarbeit Lernplakate zu Wörtern in verschiedenen Sprachen erstellen, die im Alltag eine wichtige Rolle spielen (z. B. Begrüßung, Verabschiedung).

S. 17 Edward van de Vendel
Was ich vergessen habe (Fortsetzung)

In diesem Auszug beschreiben sich die beiden Hauptfiguren gegenseitig. Elmer stellt überwiegend sachlich und genau zusammen, was er über Soscha weiß, und offenbart am Ende seine Sympathie für das Mädchen. In Soschas Beschreibung wiederum überwiegen die Assoziationen zu Elmer, weil Soscha wenig über ihn weiß. Gleichzeitig stellt sie sich in den Vordergrund, indem sie am Ende über sich

1 In unserer neuen Schule – Erfahrungen austauschen

selbst schreibt und sich mit Elmer vergleicht. Auch sprachlich ist der Text des Mädchens ungewöhnlich, was ebenfalls zu ihr passt. Diese Unterschiede können nach der Lektüre in Partnerarbeit zusammengestellt werden. Mögliche Leitfragen:
- Soscha und Elmer bearbeiten die gleiche Aufgabe. Trotzdem sind ihre Texte inhaltlich und sprachlich sehr verschieden. Erklärt, warum.
- „Durchgefallen. Du schreibst über dich selbst", sagt Elmer zu Soscha, nachdem er ihren Text gelesen hat. Teilt ihr seine Einschätzung? Begründet eure Meinung.

1 Mögliches Tafelbild:

Steckbrief für Elmer	Steckbrief für Soscha
Name: Elmer Jonas de Jong **Alter:** 11 **Familie:** Mutter (Schuldirektorin), Tante (Anja), Vater ist fort, wenige Verwandte **Aussehen:** Sommersprossen, blaue Augen **Hobbys:** spielt Fußball (Mittelfeldspieler), mag Apparate **Eigenschaften:** redet nicht viel, hat wenig Freunde	**Name:** Soscha Londerseel **Alter:** ? **Familie:** Mutter (Polin), Bruder Ivar (19 J.), kleiner Bruder (Tomek), drei große Schwestern (leben nicht mehr zu Hause), Nichten, viele Tanten, Onkel, Vettern; Teil der Familie lebt in Polen, Vater heißt Wim **Hobbys:** mag alte Popstars, sammelt sie auf Briefmarken **Eigenschaften:** wird scheinbar nie für etwas bestraft, ist frech

2 a/b In einem anschließenden Vergleich von Zeichnung und Text kann das Textverstehen noch einmal überprüft werden. Die Beschäftigung mit der Semantik des Adjektivs „frech" dient der Sprachsensibilisierung. Als Hilfe kann das Wort in verschiedene Kontexte gestellt werden: Der Lehrer gibt einem frechen Schüler einen Verweis. Auf der Stuhllehne sitzt ein frecher Spatz. Je nach Leistungsfähigkeit kann nach Synonymen (ungezogen, unverschämt – vorwitzig) gesucht und ggf. auch von Kindern mit Migrationshintergrund nach einem entsprechenden Wort in der Muttersprache gesucht werden.

3 a Elmer und Soscha sind sehr verschieden; sie ergänzen und helfen sie sich gegenseitig. Gemeinsam ist den beiden Hauptfiguren, dass sie in ihrem Verhalten nicht den herkömmlichen Vorstellungen von Mädchen und Jungen entsprechen und einen familiären Hintergrund haben, der von anderen abweicht.

S. 18 Fordern und fördern – Ich stelle dich vor, ich schreibe dir

 1 a/b Mögliches Tafelbild:

1.2 „Ich will neben ihn!" – Eine Geschichte aus der Schule lesen

••• c Beispiellösung:
Sein Name ist Tim Richter. Er ist elf Jahre alt und wohnt in Berlin. Seine Eltern haben einen kleinen Buchladen, in dem beide arbeiten. Tim hat zwei Geschwister, einen jüngeren Bruder (Steffen) und eine ältere Schwester (Lea). Er ist im Stadtteil Schöneberg geboren und aufgewachsen, alle seine Freunde wohnen um die Ecke. Mit zwei Freunden, Siam und Ben, geht er jetzt zusammen in die 5. Klasse. Tim spielt gerne Schlagzeug und hat ein eigenes zu Hause im Keller stehen. Außerdem liest er gerne Science-Fiction-Bücher. Er macht nicht so gerne Sport, guckt aber gerne Basketball. Am liebsten ist Tim mit seiner Familie auf Reisen. Seine Lieblingsfächer sind Kunst und Mathe, außerdem ist Tim Klassensprecher. Im nächsten Jahr möchte er sich gerne zum Streitschlichter ausbilden lassen.

••○ c/d Mögliche Lösung (die Ergänzungen sind unterstrichen):
Sie heißt <u>Aylin Yüksel</u>. Sie hat einen älteren Bruder und noch eine jüngere Schwester. <u>Ihre Familie ist erst vor kurzer Zeit umgezogen und neu in der Stadt.</u> Sie spielt für ihr Leben gern Fußball. Das Wichtigste für <u>Aylin</u> war, einen neuen Fußballverein zu finden. Sie ist ein großer Fan von <u>Bayern München und fiebert bei jedem Spiel mit. Sie hat von allen jetzigen Spielern Autogramme und möchte eines Tages einen der Bayern-Stars kennen lernen. Später möchte Aylin Tierärztin werden.</u>

2 a/b Mit Hilfe des Ratespiels können die Schüler/-innen überprüfen, ob ihre Kurzbeschreibungen gelungen sind. Darüber hinaus erfahren die Kinder mehr über ihre Mitschüler/-innen, was die Klassengemeinschaft stärken kann.

3 a Merkmale eines Briefes:
 – Ort, Datum: Berlin, 14.10.12
 – Anrede: Lieber Marek!
 – Anlass für den Brief: Wie ich Soscha kennen lernte
 – Erfahrungen, Gefühle, Fragen, Antworten, die den Empfänger interessieren könnten:
   Freundschaft mit Soscha, Reaktion in der Kasse, Pläne für gemeinsames Fußballspiel
 – Abschiedsgruß: Alles Gute
 – Elmers Name (Unterschrift)

Zusätzlich können sich die Schüler/-innen Notizen machen über die Themen, die sie in ihrem Brief ansprechen wollen, z. B.:
 – Erlebnisse an der neuen Schule
 – Kennenlernen von Soscha
 – Antwort auf Mareks Fragen
 – Verabredung zum Fußballspiel

••• b Mögliche Lösung:

Amsterdam, den 14.10.2012

Lieber Marek!

Vielen Dank für deinen Brief. Du hast es gut, dass Leon mit an deine Schule gekommen ist. Meine alten Freunde sind alle auf andere Schulen gegangen. Dafür habe ich aber jemanden kennen gelernt: Soscha. Sie sitzt neben mir. Ein Mädchen! Kannst du dir das vorstellen? An ihrem ersten Tag hat sie auf mich gezeigt und wollte neben mir sitzen. Die Klasse hat sofort getuschelt und sich über mich lustig gemacht. Mir war das ziemlich peinlich! Ich musste Soscha alles erklären, wie wir in der Schule arbeiten usw. Sie ist echt nett, gar nicht so wie andere Mädchen. Mit ihr ist es total lustig, wir lachen die ganze Zeit. Inzwischen stört es mich gar nicht mehr, wenn die anderen über uns reden. Übrigens bin ich nicht in sie verliebt, falls du das denkst.
Spielst du denn noch Fußball? Ich bin ja immer noch Mittelfeldspieler und trainiere regelmäßig. Sollen wir uns mal zum Spielen treffen? Hast du Lust, am Wochenende vorbeizukommen? Wir könnten auf den Platz bei uns um die Ecke gehen.

Viele Grüße
dein Elmer

b/c Mögliche Lösung (die Ergänzungen sind unterstrichen):

Amsterdam, den 14.10.2012

Lieber Marek!

Vielen Dank für deinen Brief. Du hast es gut, dass Leon <u>mit dir an die neue Schule gegangen ist</u>. Neben mir sitzt übrigens ein Mädchen! Sie heißt Soscha und ist noch nicht so lange bei uns. An dem Tag, als sie in unsere Klasse kam, <u>wollte sie unbedingt neben mir sitzen. Mir war das zuerst total peinlich. Ich musste Soscha alles erklären und ihr bei der Arbeit helfen. Inzwischen habe ich mich mit ihr angefreundet, weil sie ziemlich nett und lustig ist. Und es ist mir egal, wenn die anderen hinter unserem Rücken tuscheln. Ich spiele übrigens noch Fußball, du auch?</u>

Bis bald
dein Elmer

c Zusätzlich zur Checkliste im Schülerband, S. 13, können ganz allgemein Tipps zur Überarbeitung von Texten in Partnerarbeit gegeben werden.

Mögliches Tafelbild:

Tipps zur Überarbeitung von Texten

1. Lest den Text eurer Lernpartnerin/eures Lernpartners aufmerksam durch.
2. Legt Korrekturschwerpunkte fest und lest den Text noch dreimal. Beachtet dabei jeweils einen Schwerpunkt, z. B.:
   1. Lesen: Inhalt und Aufbau
   2. Lesen: Merkmale eines Briefes
   3. Lesen: Rechtschreibung und Zeichensetzung
3. Unterstreicht Textstellen, die eurer Meinung nach überarbeitet werden müssen.
4. Notiert Hinweise und Verbesserungsvorschläge am Rand.
5. Besprecht den Text mit eurer Lernpartnerin/eurem Lernpartner: Sagt zunächst, was an dem Text gelungen ist. Stellt anschließend eure Verbesserungsvorschläge vor.

---

4 Siehe Beispiellösung zu Aufgabe 3b.

1.3 Fit in …! – Einen Brief schreiben

2 a Mögliches Tafelbild:

b Leistungsschwächeren kann folgender Plan vorgegeben werden:
- Ort, Datum: Berlin, 6.11.12
- Anrede: Liebe Kira,
- Anlass für den Brief: Erlebnisse in der ersten Schulwoche
- Erfahrungen, Gefühle, Fragen, Antworten, die den Empfänger interessieren könnten: erste Schulwoche, neuer Schüler, neuer Klassenraum, komische Sitzordnung, neue Lehrer, Lieblingsfach, Paten stellen sich vor, Schulrallye, Pläne für das Wochenende
- Abschiedsgruß: Bis bald
- Unterschrift: Mia

3 Mögliche Lösung:

Berlin, 6.11.2012

Liebe Kira,

danke für deinen Brief. Bei mir ist mindestens genauso viel passiert, wir bei dir! Die erste Woche an der neuen Schule war wirklich aufregend. In meiner neuen Klasse sind 26 Kinder und nur 5 davon kenne ich! Melek und Anna sind auch in meiner Klasse. Wir sitzen übrigens ganz anders als in der Grundschule, nämlich in der U-Form. Mir hat es besser gefallen, an Gruppentischen zu arbeiten. Unsere Lehrer sind ganz nett, vor allem der Kunstlehrer. Mein Lieblingsfach ist bisher Englisch.
Am Ende der Woche haben sich dann noch unsere Paten aus der 7. Klasse vorgestellt, Ellen und Patrick. Ich finde sie ganz o. k., aber Melek meint, dass sie so ernst waren und kaum gelacht haben. Mit ihr kann ich alles besprechen und ich bin froh, dass sie neben mir sitzt. Am besten war übrigens die Schulrallye! Wir sind zu zweit durch die Schule gelaufen, mussten Fragen beantworten und die Antworten danach in der Klasse vorstellen. Das war echt lustig!
Hast du Zeit, mich am Wochenende mal zu treffen?

Bis bald
Mia

Material zu diesem Kapitel

Klassenarbeit
- Einen Antwortbrief schreiben (mit Bewertungsbogen auf der DVD-ROM)
- Aus der Sicht einer Figur einen Brief schreiben: Edward van de Vendel: Was ich vergessen habe (mit Bewertungsbogen auf der DVD-ROM)

Fordern und fördern
- Einen persönlichen Brief schreiben (●●● / ●○○ mit Lösungshinweisen auf der DVD-ROM)
- Einen persönlichen Brief richtig aufbauen (○○○ mit Lösungshinweisen auf der DVD-ROM)

Diagnose
- Einen persönlichen Brief schreiben (mit Lösungshinweisen und Förderempfehlung auf der DVD-ROM)

PPT-Folien (auf der DVD-ROM)
- Die Merkmale eines Briefes
- Der Briefumschlag

1 In unserer neuen Schule – Erfahrungen austauschen

Deutschbuch

Klassenarbeit – Einen Antwortbrief schreiben

Aufgabenstellung

1. Stell dir vor, du erhältst einen Brief von einem nahen Verwandten, z. B. von deiner Großmutter oder von deinem Onkel.
   a Lies das unten abgedruckte Ende des Briefes aufmerksam durch.
   b Unterstreiche im Text, was die Schreiberin/der Schreiber von dir wissen will.

2. Schreibe einen Antwortbrief.
   – Plane den Aufbau deines Briefes.
   – Formuliere den Brief mit Hilfe deiner Planung.
   – Überarbeite deinen Brief. Achte hierbei auch auf Rechtschreibung und Zeichensetzung.

> … und ich habe erfahren, dass du jetzt in der 5. Klasse bist. Als ich so alt war wie du, gab es ziemlich viele Schüler in meiner Klasse. Wir haben in Reihen hintereinandergesessen und mussten dem Lehrer immer ganz aufmerksam zuhören. Besonders Spaß gemacht hat mir Biologie, da sind wir oft draußen gewesen und haben die Natur erforscht. Das hat mir besser gefallen als das ewige Rumhocken!
> Unser Pausenhof war übrigens ganz grau und eintönig – wie sieht es denn bei dir aus? Gibt es bei dir auch AGs oder Sportkurse?
>
> Ich freue mich, wenn ich bald von dir höre!
>
> Viele liebe Grüße
> dein/deine …

Kopiervorlage

Klassenarbeit – Aus der Sicht einer Figur einen Brief schreiben

Aufgabenstellung

1. Lies den Auszug aus dem Roman „Was ich vergessen habe".

2. Stell dir vor, Soscha und Elmer schreiben nach dem Erlebnis auf dem Bolzplatz einer Freundin/einem Freund einen Brief. Wähle eine der Figuren und schreibe den Brief aus ihrer Sicht.
   Darin …
   – erzählt sie/er kurz, was sie mit Elmer/er mit Soscha am Nachmittag/Abend erlebt hat,
   – beschreibt sie/er ihre/seine Gedanken und Gefühle in Bezug auf Elmer/Soscha.

   TIPPS:
   – Plane den Aufbau deines Briefs. Beachte, dass er zu dem Romanauszug passen muss.
   – Formuliere den Brief mit Hilfe deiner Planung.
   – Überarbeite deinen Brief. Achte hierbei auch auf Rechtschreibung und Zeichensetzung.

Edward van de Vendel
Was ich vergessen habe

Nach der Schule geht Elmer auf den Bolzplatz zum Fußballspielen. Allein kickt er lustlos vor sich hin, als plötzlich Soscha erscheint.

[…] „Eeeeeelmerboy!", ruft Soscha.
Ich schaue auf die Uhr. Nur anderthalb Stunden war sie zu Hause und schon ist sie hier. Ohne Verabredung. Trotzdem ist sie gekommen. Durch den Regen zu mir.
„Sag mal", sagt sie, „was macht ein Mittelfeldspieler, damit er seine Beine in Form hält?"
„In Form?", frage ich. „Tja, also, ich versuche manchmal, irgendwo vorbeizukommen. Auf verschiedene Weise."
„An Hindernissen?"
„Ja."
„Gut." Soscha rennt ein Stück von mir weg. „Dann versuch doch mal, an mir vorbeizukommen. Ich bin dein Hindernis." […]
Sie läuft von links nach rechts. Ich renne auf sie zu, bilde mir ein, sie würde mitten auf einer Kreuzung stehen, von der es nur nach rechts oder links abgeht. Den Ball halte ich mit kleinen Tritten an den Füßen. Als ich fast bei ihr bin, schreit sie: „Uaargh!" und stürzt nach vorn. Ich springe nach links und bin schon an ihr vorbei.
Soscha flucht und ich lache. „Klassischer Verteidigerfehler. Du schaust auf den Mann und nicht auf den Ball."

„Gut geraten", kichert Soscha.
Ich werde beinahe rot und habe einen Augenblick lang das Gefühl, als hätte ich mich doch festgerannt. Ich dribbele ein Stück von ihr fort.
„Weißt du", sagt Soscha, „du brauchst keine Angst haben. Geküsst wird erst, wenn du es willst."
Ich schreie: „Küssen? Wieso sollte ich das wollen?"
Ich bin froh, dass ich so weit weg stehe und gegen den Wind anbrüllen muss.
Aus dem Stand fegt Soscha auf mich zu und schreit: „Ist mir ein natürliches Bedürfnis!" […]
Wir bleiben den ganzen Nachmittag über auf dem Platz und es ist völlig dunkel, als uns einfällt, dass wir unsere Anfangsbuchstaben ins Gras rutschen könnten. Soscha zischt dreimal mit Anlauf: ein zickzackförmiges S. Und ich lege eine Bahn mit drei Querstreifen hin: E.
Sie sagt: „Verewigt."
Wir stehen auf und blasen uns beide einen Tropfen von der Nase.
Wir lachen: „Ja!", und „Gut, was? Tschüss denn und bis morgen!"

Edward van de Vendel: Was ich vergessen habe.
© der deutschen Ausgabe: Carlsen Verlag GmbH, Hamburg 2004

Einen persönlichen Brief schreiben

Stell dir vor, …

A deine beste Freundin/dein bester Freund zieht um und wohnt nach den Sommerferien in einer anderen Stadt. Damit ihr/sein Briefkasten nicht lange leer bleibt, schreibst du ihr/ihm einen Brief. Darin kannst du z. B. von einem Erlebnis in den Sommerferien oder von den ersten Tagen im neuen Schuljahr erzählen.

B du hast zum Start ins neue Schuljahr von einer/einem Verwandten ein Geschenk bekommen. Hierfür möchtest du dich in einem Brief bedanken. Bei dieser Gelegenheit erzählst du von einem persönlichen Erlebnis, z. B. von den ersten Tagen in der Schule nach den Sommerferien.

C du hast an einem der vergangenen Wochenenden etwas Besonderes erlebt (z. B. ein Ausflug mit der Familie oder eine Geburtstagsfeier). Darüber schreibst du deiner besten Freundin/deinem besten Freund einen Brief.

1 Wähle einen der Anlässe aus und schreibe dazu einen persönlichen Brief.

    a Plane deinen Brief. Notiere in einem Ideenstern erste Schreibideen.

Brief an: _____

    b Verfasse nun den Brief deiner Wahl.
- Schreibe von Dingen, die dir wichtig sind, gehe auf den Adressaten ein.
- Formuliere zum Schluss eine Frage oder einen Vorschlag, z. B.:
  Hättest du Lust …? / Nächstes Wochenende … / Was hältst du davon, wenn wir …?

    c Überarbeite deinen Brief. Denke dabei an die Bestandteile eines Briefes, aber auch an Rechtschreibung und Zeichensetzung.

Einen persönlichen Brief schreiben

Schreibe einen Brief zu einem der folgenden Anlässe:

A Du erzählst einer guten Freundin/einem guten Freund, was du in den ersten Tagen nach den Sommerferien in der Schule erlebt hast.

B Du hast zum Schulstart ein Geschenk von einer/einem Verwandten bekommen. In einem Brief bedankst du dich für das Geschenk und erzählst von den ersten Tagen an der Schule.

C Du hast am vergangenen Wochenende oder in den letzten Ferien etwas Besonderes erlebt und erzählst einer guten Freundin/einem guten Freund davon.

1 a Plane deinen Brief. Notiere in der Mitte des Ideensterns den Anlass (z. B. Ferien) und die Person, an die du schreiben willst. Schreibe deine Ideen stichwortartig auf.

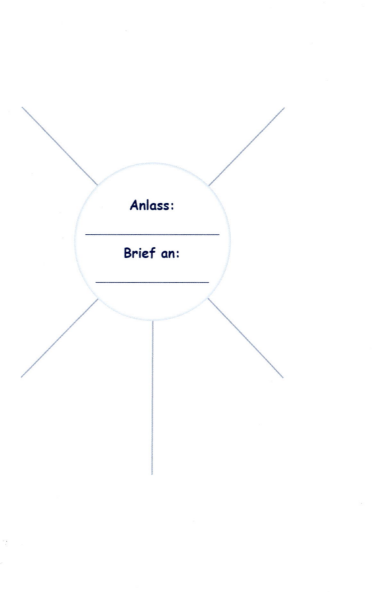

b Verfasse nun den Brief an deine beste Freundin/deinen besten Freund.
TIPP: Orientiere dich am Aufbau und an den Formulierungen in der Randspalte.

	Ort und Datum (rechts!) Berlin, den 20. September 2012 Berlin, 20.09.12
	Anrede: Liebe/Lieber …! Hallo!
	Einstieg in den Brief: – Ich wollte dir schreiben, weil … – Vielen Dank für … – Gestern habe ich deinen Brief bekommen, über den …
	Persönliche Erlebnisse, Gedanken und Gefühle, Fragen und Antworten: – Weißt du, was mir letzte Woche / am ersten Schultag nach den Ferien / in den Ferien passiert ist? – Den Brief wollte ich schon die ganze Zeit schreiben, weil ich dir unbedingt erzählen wollte … – Mir hat besonders gut/gar nicht gefallen, dass … / Es war ziemlich lustig, spannend … – Wie geht es dir denn in … – Was hast du in den Ferien / in den ersten Tagen an der Schule … erlebt?
	Abschiedsgruß: Viele Grüße, Bis bald, Alles Gute/Liebe
	Unterschrift: deine/dein …

c Überarbeite deinen Brief.
– Nutze die Randspalte als Checkliste: Hast du alle Merkmale eines Briefes beachtet?
– Prüfe, ob du auch auf deine Freundin/deinen Freund eingegangen bist.
– Lies den Brief aufmerksam Wort für Wort und prüfe Rechtschreibung und Zeichensetzung.

Einen persönlichen Brief richtig aufbauen

1 Lea schreibt ihrer besten Freundin Katharina einen Brief aus den Sommerferien.
  a Lies die Textteile auf dem Ausschneidebogen aufmerksam durch.
  b Schneide sie aus und klebe sie hier in der richtigen Reihenfolge auf.

2 Im Brief ist ein Satz unterstrichen, an dem man erkennt, dass Katharina Leas Freundin ist. Unterstreiche einen weiteren Satz, an dem deutlich wird, dass es sich um einen Brief an eine Freundin handelt.

3 Jeder persönliche Brief enthält folgende Merkmale:

- 1 Abschiedsgruß
- 2 Anrede
- 3 Unterschrift
- 4 Ort und Datum
- 5 Fragen, Antworten, Erfahrungen, Gefühle

Ordne diese dem Brief zu, indem du die Nummern neben die passende Stelle schreibst.

Ausschneidebogen

Viele Grüße
Liebe Katharina,
Danke, dass du mir französische Wörter beigebracht hast. Gestern habe ich Brot in der Bäckerei gekauft, ganz allein! Ich konnte sogar ein bisschen mit der Verkäuferin sprechen! So, jetzt hast du ein wenig von mir erfahren. Wie war es denn in der Türkei? Hast du Leon wiedergetroffen?
<u>du warst ja so gespannt auf Neuigkeiten und deswegen schreibe ich dir</u>. Seit ein paar Tagen sind wir auf einem Campingplatz in der Nähe von Nizza in Frankreich. Morgens und über die Mittagszeit können wir nur wenig unternehmen, weil es so heiß ist. Aber da es auf dem Campingplatz einen Pool gibt, ist es nicht so schlimm.
deine Lena
Nizza, den 5. August 2012
Am späten Nachmittag unternehmen wir meist etwas zusammen. Mama hat uns heute in eine Kirche mitgenommen, die sie unbedingt sehen wollte. Tim und ich fanden das ziemlich langweilig. Aber die Stadt, in der wir waren, ist wirklich schön. Schade, dass du nicht hier sein kannst.

Deutschbuch — 1 In unserer neuen Schule – Erfahrungen austauschen

Diagnose – Einen persönlichen Brief schreiben

Ben hat demnächst Geburtstag. Er hat bereits den Text für eine Einladungskarte entworfen.
Seinem besten Freund Mario will er aber einen kurzen persönlichen Brief schreiben.

> Ich möchte dich gerne einladen.
> Die Feier findet statt:
> – am 25.08.12
> – um 15:30
> – im Wiesenweg 7b, 12197 Berlin
> Bitte sag mir kurz Bescheid, ob du kommen kannst.

1 a Lies die Einladungskarte. Was muss Ben ergänzen, damit daraus ein persönlicher Brief wird?
Kreuze an: Ben sollte

☐ noch sagen, was Mario erwartet (zuerst Fußballspiel, dann Schnitzeljagd, zum Schluss Kino)
☐ mitteilen, wo und wann die Feier stattfindet
☐ Mario um eine Antwort bitten, ob er zur Feier kommt
☐ Mario bitten, seinen Fußball mitzubringen
☐ Mario mitteilen, um welche Feier es sich handelt.

---
der Abschiedsgruß, der Absender, die Unterschrift, der Adressat, die Anrede, Ort und Datum
---

b Im Wortspeicher stehen Merkmale, die ein persönlicher Brief enthalten muss.
Welche hat Ben vergessen? Umrahme sie.

2 a Schreibe Bens Brief.

_____
_____
_____
_____
_____
_____
_____

b Überprüfe anhand der Checkliste, ob der Brief vollständig ist.

☐ Ort und Datum genannt?   ☐ Eine passende Anrede formuliert?
☐ Abschiedsgruß vorhanden?   ☐ Ist der Brief unterschrieben?
☐ Ist Mario über alles Wichtige informiert?

Denke auch an Rechtschreibung und Zeichensetzung.

Kopiervorlage — KV 3, Seite 1

2 Ich bin der Meinung! – Erfolgreich zuhören und begründen

Konzeption des Kapitels

Das Kapitel lenkt die Aufmerksamkeit der Schülerinnen und Schüler auf das Gesprächsverhalten in der Klasse und wendet sich auf dieser Basis anschließend einer zentralen kommunikativen Fähigkeit zu: dem Argumentieren. Die Kompetenz, eine Meinung erfolgreich zu begründen, wird zunächst mündlich trainiert (Teilkapitel 2.1) und anschließend in schriftlichen Textformen geübt (Teilkapitel 2.2). Hierbei werden grundlegende Formen des kooperativen Lernens berücksichtigt und basale Formen des prozessorientierten Schreibens erprobt.

Im ersten Teilkapitel („**Gespräche führen – Meinungen begründen**") untersuchen die Schülerinnen und Schüler zunächst problematische Gesprächssituationen, formulieren daraufhin Gesprächsregeln für die eigene Klasse und kontrollieren die Einhaltung der Regeln durch Stopp-Sätze. Spielerische Übungen zum aktiven Zuhören ermöglichen begleitend, eigene Erfahrungen mit schlechtem Gesprächsverhalten zu machen, und können für die Erweiterung der Regeln nutzbar gemacht werden. Auf dieser Grundlage wird der Blick auf die für den Bereich „Sprechen und Zuhören" zentrale Kompetenz des Argumentierens fokussiert. Die Kinder lernen am Beispiel konkreter Situationen das einfache Argumentationsmuster „Meinung – Begründung" und wichtige Verknüpfungswörter kennen. Analytische Sichtung von Gesprächen und spielerische Erprobung eigener Argumentationen stellen zwei sich ergänzende Zugangsweisen dar, die in eine Einheit zum Kompromiss – als hoher Anforderung in Streitgesprächen – münden. Anschließend testen die Schülerinnen und Schüler ihr erworbenes Wissen und Können.

Mit dem zweiten Teilkapitel („**Schriftlich überzeugen – Der richtige Aufbau**") üben die Schülerinnen und Schüler grundlegende Fähigkeiten des schriftlichen Argumentierens. Eine kindgerechte Visualisierung (Begründungshand) kann genutzt werden, um die Grundfigur der Argumentation (Meinung – Begründung) zu verdeutlichen und das Schreiben einer Begründungs-E-Mail vorzubereiten. Differenziertes Hilfsmaterial für den dreischrittig angelegten Schreibprozess (Planen – Schreiben – Überarbeiten) unterstützt unterschiedlich starke Schreiberinnen und Schreiber im jeweils notwendigen Maß.

Die im zweiten Teilkapitel erworbenen Fähigkeiten werden im dritten Teilkapitel („**Fit in …! – Meinungen begründen**") in einem Trainingsprogramm vertieft, das die Schülerinnen und Schüler eigenständig erarbeiten können.

Literaturhinweise

- *Baurmann, Jürgen:* Schreiben – Überarbeiten – Beurteilen. Friedrich Verlag, Seelze ²2006
- *Becker-Mrotzek, Michael (Hg.):* Mündliche Kommunikation und Gesprächsdidaktik (= Handbuch zur Didaktik der deutschen Sprache und Literatur, Bd. 3. Hg. v. Winfried Ulrich). Schneider Verlag Hohengehren, Baltmannsweiler 2009
- *Büker, Petra:* „Ich bin dafür, dass …". Kinder gewinnen Standpunkte. In: Praxis Deutsch 211/2008, S. 14–18
- *Gorschlüter, Sabine:* Nicht nur mit halbem Ohr. Übungen zum Zuhören. In: Praxis Deutsch 174/2002, S. 24–28
- Meinungen bilden. Praxis Deutsch 211/2008
- *Schneider, Frank/Tetling, Klaus:* Zum Argumentieren motivieren. In: Deutschunterricht (Westermann) 3/2011, S. 44–47
- Schreibprozesse begleiten. Deutschunterricht (Westermann) 3/2010
- *Steinig, Wolfgang/Huneke, Hans-Werner:* Sprachdidaktik Deutsch. Erich Schmidt Verlag, Berlin ²2004
- Streit und Konflikt. Praxis Deutsch 174/2002
- *Winkler, Iris:* Argumentierendes Schreiben im Deutschunterricht. Theorie und Praxis. Peter Lang Verlag, Frankfurt a. M. 2003
- *Winkler, Iris/Heublein, Karoline/Theel, Stefanie:* Nicht immer auf das Ganze schauen. Teilkompetenzen beim argumentierenden Schreiben überprüfen und fördern. In: Praxis Deutsch 214/2009, S. 34–43

Inhalte	Kompetenzen
	Die Schülerinnen und Schüler

S. 22	**2.1 Gespräche führen – Meinungen begründen**	
S. 22	Gesprächsregeln einhalten	– erkennen problematisches und förderliches Gesprächsverhalten, vereinbaren Gesprächsregeln – nutzen „Stopp-Sätze" als Möglichkeit, unerwünschtes Gesprächsverhalten zu korrigieren
S. 23	Wie hört man gut zu?	– erfahren die Wirkung schlechten Zuhörens – formulieren Regeln für gutes Zuhören – kontrollieren das Einhalten von Gesprächsregeln
S. 24	Meinungen überzeugend vertreten	– erkennen die Überlegenheit des Argumentierens gegenüber machtdominierter Interaktion – erkennen die Grundfigur „Meinung – Begründung" und wenden sie an – analysieren ein Gespräch auf angemessene Argumentation – nutzen unterschiedliche Verknüpfungswörter zur Einleitung eines Arguments
S. 26	Übung: Meinungen vertreten und gut zuhören	– geben in einer Diskussion die Meinung und die Argumente der Gegenseite wieder und begründen selbst sachbezogen
S. 27	Sich streiten, sich einigen	– erkennen den Kompromiss als Möglichkeit des Interessenausgleichs
S. 28	Teste dich!	– überprüfen ihr Wissen und Können und erhöhen so die Fähigkeit zur Selbsteinschätzung
S. 29	**2.2 Schriftlich überzeugen – Der richtige Aufbau**	
S. 29	Die Begründungshand	– bilden sich in einer kontrovers diskutierten Frage eine Meinung und formulieren diese schriftlich – nutzen die Begründungshand zur Visualisierung – legen ihre Argumente schriftlich dar – einigen sich mit anderen auf gute Argumente
S. 31	In einer E-Mail begründen	– erkennen die Grundstruktur einer Überzeugungs-E-Mail
S. 32	**Fordern und fördern –** Eine schriftliche Begründung planen, schreiben, überarbeiten	– planen eine Begründungs-E-Mail anhand einer Strukturierungshilfe – schreiben eine erste Fassung und überprüfen sie mit einer Checkliste – überarbeiten ihre E-Mail anhand der Rückmeldungen von Mitschülern und Mitschülerinnen
S. 34	**2.3 Fit in …! – Meinungen begründen**	
S. 34	Die Aufgabe richtig verstehen, planen, schreiben, überarbeiten	– entscheiden aufgrund einer Aufgabenstellung über die erforderlichen Arbeitsschritte – planen, schreiben, überarbeiten einen appellativen Text für eine Klassenarbeit anhand von Strukturierungshilfen

2 Ich bin der Meinung! – Erfolgreich zuhören und begründen

S. 21 Auftaktseite

1 Das abgebildete Klassengespräch soll die Lerngruppe für die Notwendigkeit von Gesprächsregeln sensibilisieren und aus der Grundschule bekannte Regeln reaktivieren, etwa:
„Wir lassen andere ausreden", „Wir schauen den Redenden an", „Wir unterhalten uns nicht nebenbei", „Wir melden uns, wenn wir etwas sagen wollen".

2 Vorschlag für ein Tafelbild:

Von Kindern eingehaltene Regeln	Regelverletzungen
– Zwei Kinder melden sich, als sie etwas sagen wollen. – Eine Schülerin hört sehr aufmerksam zu.	– Ein Schüler beschäftigt sich mit anderen Dingen (Handy), statt zuzuhören. – Zwei Schülerinnen führen ein Nebengespräch. – Ein Schüler meldet sich nicht, sondern ruft dazwischen. – Ein Schüler stört den Unterricht, indem er auf einen Stuhl steigt. – Eine Schülerin hält sich die Ohren zu, hört also nicht zu (Grund: Lärm in der Klasse).

2.1 Gespräche führen – Meinungen begründen

S. 22 Gesprächsregeln einhalten

1 Das Gespräch kann mit verteilten Rollen gelesen oder auch vorgespielt werden.
Gründe für Deniz' Wut:
– Sarah und Max lassen ihn nicht ausreden.
– Max beleidigt ihn.

Mögliche Weiterführung: Ein Mitschüler/Eine Mitschülerin tritt hinzu und greift so ein, dass Deniz nicht wütend geht.
Hinweis zu szenischen Spielformen: Im Auswertungsgespräch sollte zum Schutz der spielenden Kinder darauf geachtet werden, dass nur die Figurennamen und nicht die Namen der jeweiligen Schüler/-innen genannt werden. Dies kann dadurch unterstützt werden, dass Sprecher/-innen Zettel mit den Figurennamen auf der Brust tragen.

2/3 Je nach Anzahl der Kinder in der Klasse muss das Schneeballverfahren variiert werden, indem statt zwei z. B. drei Gruppen zusammenarbeiten. Es ist ratsam, die Partner- und Vierergruppen ihre Regeln auf je separate Blätter schreiben zu lassen. Die Achtergruppen sollten ihre Regeln z. B. auf Folienschnipsel schreiben, damit man im Unterrichtsgespräch die Vorschläge sortieren kann, um zu drei Klassenregeln zu kommen.

Mögliche Gesprächsregeln:

> **Gesprächsregeln der Klasse 5 ...**
>
> 1. Wir lassen andere ausreden.
> 2. Wir beleidigen niemanden.
> 3. Wir sprechen im Klassengespräch nur, wenn wir dran sind.

Formulierungsalternativen: Ich lasse ..., Ich muss/darf ... oder auch Imperativ

Die Beschränkung auf drei Klassenregeln erscheint notwendig, weil das Plakat später erweitert wird (Schülerband, S. 23, Aufg. 2/Zuhören und S. 25, Aufg. 2/Begründen), sodass insgesamt eine überschaubare Zahl von fünf bis sechs Regeln erreicht wird.
Das fertige Plakat kann auf dem Rand von allen Kindern der Klasse unterschrieben werden und erhält so Vertragscharakter.

a/b Beispiellösungen für die Sprechblase:

„Stopp, Sarah, du hältst dich nicht an unsere Gesprächsregeln, denn du lässt **Deniz nicht ausreden** (… du redest dazwischen / … du hörst Deniz nicht zu)."

Mögliche Weiterführung: Das Training zu Stopp-Sätzen kann ausgeweitet werden, indem die Schüler/-innen in Zweiergruppen problematische Gesprächssituationen erfinden und vorspielen, die dann von einem dritten Kind per Stopp-Satz beendet werden.

S. 23 Wie hört man gut zu?

Vor der Bearbeitung der Aufgaben sollten in der Klasse die Erfahrungen aus dem Weghör-Experiment ausgetauscht werden:
- Was war besonders schlimm daran, dass mir nicht zugehört wurde?
- Hat es wirklich nur Spaß gemacht, nicht zuzuhören?
- Warum war Durcheinandersprechen keine Lösung?

Mögliche Antworten: Weghören wurde betont durch Sprechen mit einem anderen Mitschüler/einer anderen Mitschülerin, Schreiben einer SMS, Gähnen, Weggucken, Lachen …

b Beispiel für eine Ergänzung des Plakats:

> **Gesprächsregeln der Klasse 5 …**
>
> …
>
> 4. Beim Zuhören machen wir nichts anderes.
> 5. Wir schauen den Redenden an.

Hier ließe sich nachfragen, ob die Kinder Länder kennen, in denen es als unhöflich gilt, dem Sprechenden in die Augen zu schauen. (In manchen Kulturen gilt direkter Blickkontakt als unhöflich oder sogar als Zeichen von Aggressivität.)

Gesprächsbeobachter können eine Zeit lang in allen Deutschstunden eingesetzt werden. Ruft der Beobachter „Stopp", sollte er kurz die Regelverletzung nennen. Dann kann das Gespräch weitergehen. Wenn sich Regelverletzungen häufen, sollte ein Klassengespräch zur Klärung erfolgen.
Alternative: Mehrere Beobachter achten jeweils auf die Einhaltung einer Regel.

S. 24 Meinungen überzeugend vertreten

Siehe hierzu die als Inklusionsmaterial geeignete **Folie** „Meinungen überzeugend vertreten" auf der DVD-ROM.

Beispiel für einen Hefteintrag:

Thema: Meinungen überzeugend vertreten

a Meiner Meinung nach passt die Überschrift „Ich überzeuge einen anderen" am besten zu Bild **2**. Denn auf diesem Bild wird gezeigt, **wie in einem ruhigen Gespräch der Zuhörende über das Gesagte nachdenken kann.**

b Ich meine, die Überschrift „Ich überzeuge einen anderen von meiner Meinung" passt gar nicht zu Bild **1**, weil **Schreien kein Mittel ist, um jemanden zu überzeugen.**

2 Ich bin der Meinung! – Erfolgreich zuhören und begründen

2 b Als Gründe könnten genannt werden:
- Jemand findet seine Argumente zu schwach, um überzeugen zu können.
- Jemand setzt darauf, den anderen einschüchtern zu können.

S. 24 Ein grünes Klassenzimmer?

Siehe hierzu auch die **Folie** „Ein grünes Klassenzimmer?" auf der DVD-ROM.

3 Im Rollenspiel sollte deutlich werden, dass Jannick und Michelle eine besondere Schärfe in das Gespräch bringen. Dies kann sich etwa daran zeigen, dass sich ihre Aggressivität im Gesichtsausdruck spiegelt und die Lautstärke zunimmt. Siehe hierzu auch den Hinweis zu szenischen Spielformen (Aufg. 1, S. 40 in diesen Handreichungen).

4 *Für* Blumen auf der Fensterbank sind Devin, Samira und Michelle;
gegen Blumen sind Halima und Jannick.

S. 25 Nicos Kritik

Siehe hierzu auch die **Folie** „Ein grünes Klassenzimmer?" auf der DVD-ROM.

1 a 1. Punkt: Manche begründen ihre Meinung gar nicht.
2. Punkt: Andere begründen ihre Meinung so, dass man sie nicht ernst nehmen kann.

b Samira begründet ihre Meinung gar nicht. Jannick und Michelle begründen sie unsachlich.

2 a Mögliche Lösung:
Die beste Begründung liefert **Halima**. Ihre Begründung ist gut, weil **sie sachlich ist und sich genau auf die Bedingungen in der Klasse bezieht**.

b Die Ergänzung des Klassenplakats kann durch ein Klassengespräch vorbereitet werden:
- Warum ist es wichtig, seine Meinung immer zu begründen?
  (Nur dann kann eine Meinung überzeugen.)
- Wann sind Begründungen für eine Meinung überzeugend?
  (Wenn sie sachlich sind, genau zum Thema passen, niemanden beleidigen ...)

Mögliche Ergänzung des Plakats:

> **Gesprächsregeln der Klasse 5 ...**
>
> ...
>
> 6. Wir nennen für unsere Meinung passende sachliche Begründungen.

3 Mögliche Lösung:
Ich meine, wir sollten Blumen in die Klasse stellen, weil der Raum dadurch viel freundlicher wird.

S. 26 Übung: Meinungen vertreten und gut zuhören

1 Weitere Beispiele können sein:
In einer kleinen Schule gibt es oft keine Mensa, in einer großen Schule dagegen meistens doch.
In einer kleinen Schule gibt es meist auch nur kleine Sporthallen, große Schulen haben dagegen oft große Hallen.
In einer kleinen Schule kann man sich meist gut zurechtfinden, in einer großen Schule ist das schwieriger.
Die Ergebnisse können in der Klasse oder gegenüber anderen Partnergruppen vorgestellt werden.

2 Das Echo-Gespräch sollte ausgewertet werden, z. B. mit folgenden Leitfragen:
- Frage an die Partner A und B: Was war schwierig daran, zunächst zu wiederholen, was der andere gesagt hat?
- Frage an die Schiedsrichter (Partner C): Was waren die häufigsten Gründe für euer Einschreiten?

2.1 Gespräche führen – Meinungen begründen

S. 27 Sich streiten, sich einigen

1/2 Der Schluss des Gesprächs legt bereits die Suche nach einem Kompromiss nahe. Die Lerngruppe sollte aufgefordert werden, möglichst viele Varianten zu finden.
Denkbare Kompromisse:
- Joshua und Tim wechseln von Tag zu Tag (von Woche zu Woche) den Platz.
- Tim darf zunächst für einige Wochen auf dem Fensterplatz sitzen, dann wechselt er mit Joshua.
- Tim darf am Fenster sitzen bleiben, dafür sitzt Joshua aber in allen Fachräumen am Fenster.

3 a/b Mit diesem Beispiel wird ein Streit präsentiert, der keine einfache Lösung bereithält.
Siehe hierzu auch die **Folie** „Wer bezahlt den Schaden?" auf der DVD-ROM.
Denkbare Kompromisse:
- Drittelung der Kosten
- Lediglich Michelle und Halima teilen sich die Kosten. (Michelle hatte die Federmappe risikohaft an den Rand des Tisches gelegt; Halima hätte besser aufpassen können; Jana konnte das Zerstören kaum vermeiden.)
- Halima trägt die Hälfte der Kosten, Michelle und Jana je ein Viertel (nach dem Grad der Schuld).

Mögliche Zusatzaufgabe
Die Arbeit an diesen Beispielen könnte um eine Situation ergänzt werden, in der es unsinnig wäre, einen Kompromiss zu finden, weil die Schuldfrage klar ist. Auf diese Weise kann der Eindruck vermieden werden, als müsse in jeder Situation jeder nachgeben.
- Nina hat unabsichtlich Leonies Uhr kaputt gemacht. Wer muss hier den Schaden bezahlen? Begründe deine Meinung.

Wenn eine Uhr nicht mehr läuft, nachdem sie geflogen ist
Drei Jahre lang war Leonies Uhr tadellos gelaufen – bis heute Morgen. Nach der Sportstunde hatte Nina die Uhr aus Leonies Tasche genommen und durch die Umkleidekabine geworfen: „Hol sie dir, Leonie!" Eine Sekunde später landete die Uhr auf dem Fußboden und ging zu Bruch. Nun will Leonie eine neue Uhr bezahlt bekommen. Nina verteidigt sich: „Es war doch nur Spaß!"

S. 28 Teste dich!

1 Mögliche Antworten:
a Arthur unterbricht Luca und beleidigt ihn.
   Lea ist unsachlich und persönlich verletzend.
b Jana, vermutlich auch Arthur (er sagt es aber nur indirekt) teilen Leas Meinung.
c Luca nennt als Grund *für* eine Bibliothek, dass dann alle kostenlos lesen können.
   Jana nennt als Grund *gegen* eine Bibliothek, dass Bücher gestohlen werden könnten.
d Alexander schlägt einen Kompromiss vor.
e Beispiel: Stopp, Lea, du verletzt die Gesprächsregeln, denn du begründest deine Meinung nicht sachlich, sondern beleidigst Benni.
f Beispiel: Ich sehe es wie du, Alexander: Es sollten zunächst nur einige Kinder Bücher spenden, denn dann würde keiner zu etwas gezwungen und wir könnten ausprobieren, wie es läuft.

2 Die vier Verknüpfungswörter lauten:
da – Außerdem – weil – denn (evtl. auch „also").

2.2 Schriftlich überzeugen – Der richtige Aufbau

S. 29 Die Begründungshand

1 a Mögliche Vorteile: Kleine werden beim Spielen nicht gestört – finden sofort Spielpartner gleichen Alters – stören die Großen nicht beim Reden …
Mögliche Nachteile: Kleine können nicht mit Größeren spielen – fühlen sich ausgeschlossen – können nicht den großen Schulhof für Laufspiele nutzen …

2 Hier sollte einführend das Prinzip der Differenzierung deutlich gemacht werden, dass also die Teilaufgaben ●●● c und ●●● d schwirig sind, weil dort keine Hilfen angeboten werden im Gegensatz zu den Teilaufgaben ●○○ e und ●○○ f auf der nächsten Seite (Schülerband, S. 30).

3 Mit einer Vorform des Placemat-Verfahrens sichten die Kinder ihre Vorschläge.
Ergänzend können die Schüler/-innen ihre Begründungshand um die Argumente ergänzen, die sie im Austausch kennen gelernt haben und überzeugend finden.

S. 31 In einer E-Mail begründen

1 a Daniels Gründe:
1. Der Lärm der Kleinen stört die Großen.
2. Das Herumrennen der Kleinen stört ebenfalls.
3. Die Großen möchten nicht von kleineren Geschwistern beobachtet werden.

2 Mögliches Tafelbild:

Aufbau von Daniels E-Mail			
Zeile 6/7:	**A** Einleitung:		Worum geht es?
Zeile 8–15:	**B** Hauptteil:		
		Z. 8–10:	Meinung (Das ist meine Meinung.)
		Z. 10–15:	Begründungen (Das sind die Gründe für meine Meinung.)
Zeile 16/17:	**C** Schlusssatz:		Das ist mein Wunsch, meine Aufforderung.
Und wie immer:			
Anfang: Anrede – Schluss: Grußformel + Name (als Unterschrift)			

Es sollte in der Klasse thematisiert werden, dass es Teile einer E-Mail gibt, die Daniel selbstverständlich nutzt, ohne darüber nachzudenken: Anrede und Gruß.

S. 32 Fordern und fördern – Eine schriftliche Begründung planen, schreiben, überarbeiten

Mit der differenzierenden Doppelseite erarbeiten die Schüler/-innen Schritt für Schritt eine schriftliche Begründung in Form einer E-Mail. Anhand der Checkliste können sie ihre Ergebnisse selbstständig überprüfen. Das Hilfsangebot im Schülerband, S. 33, kann dabei zunächst abgedeckt und nur bei Bedarf zu Hilfe genommen werden.

1–3 Der Schreibprozess wird zum Teil in Einzelarbeit, zum Teil (Überarbeiten) in Partnerarbeit gestaltet. Es empfiehlt sich, Planung und Überarbeitung im Unterricht vornehmen zu lassen, während die eigentliche Schreibarbeit auch zu Hause oder in Eigenarbeitsphasen während des Schultags erledigt werden kann.

Siehe zu Aufgabe 1 auch die **Folie „Antwortmail an Daniel"** auf der DVD-ROM. Die im Unterrichtsgespräch exemplarisch ausgefüllte Begründungshand kann von Leistungsschwächeren als Grundlage für ihre Antwortmail verwendet werden.
Hinweis zur Differenzierung: Das Hilfsangebot im Schülerband, S. 33, kann von den Kindern auch zunächst abgedeckt und nur bei Bedarf sichtbar gemacht werden.

Mögliche Lösung:

> Hallo Daniel,
>
> Sina hat mir deine Mail gezeigt, in der du erklärst, weshalb deiner Meinung nach jüngere Schüler einen eigenen kleinen Schulhof erhalten sollten.
> Ich sehe das aber anders als du. Nach meiner Meinung sollten alle Schüler den großen Schulhof benutzen dürfen. Denn für uns jüngere Schüler ist es wichtig, einen großen Schulhof zum Spielen zu haben, damit wir zum Beispiel Laufspiele machen können. Außerdem können wir nur auf einem gemeinsamen Schulhof auch mit Kindern aus höheren Klassen zusammen spielen.
> Ich hoffe, du verstehst, warum ich möchte, dass es keine getrennten Schulhöfe gibt.
>
> Viele Grüße
> ... aus der 5 ...

2.3 Fit in ...! – Meinungen begründen

S. 34 Die Aufgabe richtig verstehen

1 Die richtigen Lösungsbuchstaben lauten: M – A – R – P – I = PRIMA.

S. 35 Planen

2 a Mögliche Ergänzung:
Es geht um die Frage, ob für Kinder der Klassen **5 und 6 die Pausen verlängert werden sollten. Dann hätten wir aber erst später Schulschluss.**

b Gründe <u>für</u> eine Verlängerung der Pausen: mehr Zeit zum Spielen – Freunde in den Pausen treffen – bessere Konzentration nach längerer Pause – Zeit für längere Spiele – Zeit, in Ruhe etwas zu essen und trotzdem noch zu spielen – Zeit, in die Bibliothek zu gehen ...
Gründe <u>gegen</u> eine Verlängerung der Pausen: Man käme noch später nach Hause – Freunde trifft man vor allem am Nachmittag – Weniger Zeit für Sport, Musik, Treffen mit Freunden – Kinder, die keine Freunde haben, hätten Langeweile – Nach langem Spielen könnte man sich vielleicht schlechter auf den Unterricht konzentrieren ...

f Vorschlag für ein Tafelbild:

	Meine Stichworte (gegen längere Pausen)
Einleitung	..., ich habe nachgedacht, ob längere Pausen ...
Meine Meinung (Übertrage aus der Begründungshand)	Ich bin gegen längere Pausen.
Begründungen (Welche Einträge der Hand sollen in die Mail?)	– später nach Hause (weniger Zeit für Sport, Musik, Freunde) – da hätten nur Kinder Spaß, die in der Klasse/Schule viele Freunde haben – schwer, sich wieder auf Unterricht zu konzentrieren
Schlusssatz	Bitte setze dich dafür ein, dass die Pausen nicht verlängert werden.

S. 36 Schreiben

3 Anhand des Methodenkastens kann daran erinnert werden, dass neben den vier Teilen des Stichwortzettels noch Anrede und Gruß zur Mail gehören. Auch die Verknüpfungswörter können ggf. wiederholt werden (Informationskasten, Schülerband, S. 25).

2 Ich bin der Meinung! – Erfolgreich zuhören und begründen

 Überarbeiten

4   Mögliche Lösung (<u>gegen</u> längere Pausen):

> Hallo Sina,
> ich habe über die Frage nachgedacht, ob für Kinder der Klassen 5 und 6 die Pausen verlängert werden sollen und wir dafür auch erst später Schulschluss haben.
> Meiner Meinung nach sollen die Pausen nicht verlängert werden. Denn in den Pausen kann man schon einige Spiele machen, dafür reicht die kurze Zeit. Außerdem spiele ich nachmittags gern draußen und möchte auch deshalb nicht später Schulschluss haben. Ein wichtiger Grund ist ebenso, dass meine besten Freunde andere Schulen besuchen, sodass ich sie nur am Nachmittag sehen kann.
> Bitte setze dich in der Schülervertretung dafür ein, dass die Pausen so bleiben, wie sie sind.
> Viele Grüße
> …

Mögliche Lösung (<u>für</u> längere Pausen):

> Hallo Sina,
> ich habe über die Frage nachgedacht, ob für Kinder der Klassen 5 und 6 die Pausen verlängert werden sollen und wir dafür auch erst später Schulschluss haben.
> Ich bin für längere Pausen. Denn nur in den Pausen haben wir Kinder Zeit, miteinander zu spielen. Ein weiterer Grund ist, dass wir uns nach einer längeren Spielpause auch im Unterricht besser konzentrieren könnten. Und schließlich hätten wir bei längeren Pausen endlich genügend Zeit, zunächst etwas zu essen und anschließend noch lange zu spielen.
> Bitte setze dich in der Schülervertretung dafür ein, dass die Pausen verlängert werden.
> Viele Grüße
> …

Material zu diesem Kapitel

Klassenarbeit
– Meinungen vertreten: Eine neue Pausenregelung (mit Bewertungsbogen auf der DVD-ROM)
– Meinungen vertreten: Eine neue Schule wählen (mit Bewertungsbogen auf der DVD-ROM)

Fordern und fördern
– Meinungen begründen (●●●/●○○ und ○○○ mit Lösungshinweisen auf der DVD-ROM)
– Verknüpfungswörter richtig verwenden (●●○/●○○ mit Lösungshinweisen auf der DVD-ROM)
– Eine Begründungs-E-Mail aufbauen (●●○/●○○ mit Lösungshinweisen auf der DVD-ROM)

Diagnose
– Meinungen begründen (mit Lösungshinweisen und Förderempfehlung auf der DVD-ROM)

PPT-Folien (auf der DVD-ROM)
– Meinungen überzeugend vertreten
– Ein grünes Klassenzimmer?
– Wer bezahlt den Schaden?
– Antwortmail an Daniel

Deutschbuch Arbeitsheft 5
– Meinungen begründen – Fit in die Woche, S. 23–26
  Begründungen dagegen formulieren – Einen offiziellen Brief schreiben (●○○)
  Die eigene Meinung mitteilen – Einen Brief überarbeiten (●●●)
– Ich teste meinen Lernstand
  Test A2: Meinungen schriftlich begründen, S. 110
– Trainingsmöglichkeiten bietet auch die Übungssoftware auf CD-ROM zum „Deutschbuch Arbeitsheft".

Klassenarbeit – Meinungen vertreten

Eine neue Pausenregelung

Aufgabenstellung

Lies den Text aufmerksam. Nimm an, du wärst ein Schüler/eine Schülerin der Klasse 5g. Schreibe eine Antwortmail an Nico.

TIPP: Plane deine Mail zunächst in Stichworten, am besten in einer Tabelle. Fange zum Beispiel so an:

	Meine Stichworte
Einleitung	… du hast uns gefragt, ob wir dafür sind, dass …
Meine Meinung	
Begründungen	
Schlusssatz	

Eine Pausenregelung für die kalte Jahreszeit

Nico, der Pate der 5g, erzählt der Klasse Folgendes:

Ein Freund von mir geht in Nürnberg auf die Schule und dort gibt es im Winter eine ganz besondere Pausenregelung: Von November bis März bleiben alle Klassen in den Pausen in ihrem Raum. Es gibt dann Aufsichten durch die Lehrerinnen und Lehrer auf den Fluren. Auf den Hof darf in den Pausen niemand.

In der Schülervertretung überlegen wir gerade, ob das auch an unserer Schule eingeführt werden sollte. Und ich habe versprochen, dass ich mich bei den Fünftklässlern erkundige, was ihre Meinung dazu ist.

Daher bitte ich euch, mir doch mal kurz eine Mail zu schicken und mir zu sagen, was ihr davon haltet. Aber bitte begründet eure Meinung.

2 Ich bin der Meinung! – Erfolgreich zuhören und begründen

Klassenarbeit – Meinungen vertreten

Eine neue Schule wählen

Aufgabenstellung

Dein Freund Till wohnt in einer anderen Stadt und geht noch auf die Grundschule.
Er hat dir eine Mail geschrieben.
Beantworte seine Mail. Schreibe Till deine Meinung (= Ratschlag) und begründe sie.

TIPP: Plane deine Mail zunächst in Stichworten. Du kannst eine der folgenden Begründung verwenden:

> Man muss im Schulgebäude nicht so weit laufen. – Bei so vielen Lehrerinnen und Lehrern sind sicher auch besonders tolle dabei.

Fange deine Mail zum Beispiel so an:

Hallo Till,
du fragst in deiner Mail nach einem Rat, auf welche …

Die Mail deines Freundes Till:

An:
Cc:
Betreff: Schwere Entscheidung

Von: Till
Gesendet: Mittwoch, 14. April, 16:20 Uhr
An: …

Hallo …,

du weißt ja, dass ich nach der Grundschule auf eine weiterführende Schule komme. Allerdings gibt es in unserer Stadt zwei verschiedene Schulen, die von unserer Wohnung gleich weit weg sind.

Die eine Schule ist sehr groß, dort gibt es sechs verschiedene Klassen in jedem Jahrgang, mehr als 100 Lehrerinnen und Lehrer, zwei große Schulhöfe und eine riesige Sporthalle. Die Schule hat 1500 Schülerinnen und Schüler.
Die andere Schule ist sehr klein: Sie hat nur zwei Klassen pro Jahrgang und knapp 500 Schülerinnen und Schüler. Alles ist viel übersichtlicher, auch der Schulhof. Dort gibt es, glaube ich, nur 40 Lehrerinnen und Lehrer.

Beide Schulen gefallen mir gut, aber ich weiß nicht, welche besser für mich ist. Kannst du mir einen Rat geben?

Bis bald
Till

Meinungen begründen

1. Die sechs Kinder diskutieren darüber, ob in der Klasse Poster aufgehängt werden sollen.

   a Nimm an, du wärst in der Klasse: Wie ist deine Meinung? Kreuze an:

   ☐ Ich bin *dafür*, dass im Klassenraum Poster aufgehängt werden.
   ☐ Ich bin *dagegen*, dass Poster in der Klasse aufgehängt werden.

   b Welche Kinder sind deiner Meinung? Kreuze an:

   ☐ Arvin   ☐ Berenike   ☐ Calla   ☐ Dion   ☐ Elin   ☐ Falko

2. a Nun wird es schwieriger, denn du sollst untersuchen, wer seine Meinung gut (sachlich) begründet. Schreibe die Namen in die Spalten:

Kinder, die ihre Meinung *gar nicht* begründen	Kinder, die ihre Meinung *gut* begründen	Kinder, die ihre Meinung *nicht gut* begründen

   b Erkläre zu einem Kind, dessen Namen du in die rechte Spalte eingeordnet hast, was dich an seiner Begründung stört:

   _____ begründet seine/ihre Meinung nicht gut, denn _____

   _____

   c Formuliere Arvins Meinung und Begründung klarer. Nutze das Verknüpfungswort „weil":

   _____ , weil _____

   _____

3. Nenne eine Begründung für deine eigene Meinung zu Postern in der Klasse:

   _____

   _____

Meinungen begründen

1. Die sechs Kinder diskutieren darüber, ob in der Klasse Poster aufgehängt werden sollen.
   a Nimm an, du wärst in der Klasse: Wie ist deine Meinung? Kreuze an:
   ☐ Ich bin dafür, dass im Klassenraum Poster aufgehängt werden.
   ☐ Ich bin dagegen, dass Poster in der Klasse aufgehängt werden.

   b Welche Kinder sind deiner Meinung? Kreuze an:
   ☐ Arvin ☐ Berenike ☐ Calla ☐ Dion ☐ Elin ☐ Falko

2. Drei Kinder begründen ihre Meinung nicht.
   a Kreuze an, welche drei Kinder das sind:
   ☐ Arvin ☐ Berenike ☐ Calla ☐ Dion ☐ Elin ☐ Falko

   b Warum sollte man seine Meinung begründen?
   Wähle die passende Satzergänzung und trage sie ein:

   Man sollte seine Meinung immer begründen, weil _____

   … lange Sätze besser wirken.

   … man nur so überzeugen kann.

   … Erwachsene das auch so machen.

3. Nenne eine Begründung für deine eigene Meinung zu Postern in der Klasse:

   Ich bin _____, dass Poster in der Klasse aufgehängt werden, denn _____

Meinungen begründen

1 Sollen in der Klasse Poster aufgehängt werden?
Halima und Niklas sind dafür (+). Jan und Samira sind dagegen (–).
Lege den vier Kindern passende Sätze in den Mund. Schreibe sie in die Sprechblasen.

| Ich bin für Poster in der Klasse. | Meiner Meinung nach sollten wir Poster aufhängen. | Ich finde, wir sollten keine Poster aufhängen. |

| Ich meine, wir sollten Poster aufhängen. | Ich bin gegen Poster in der Klasse. | Meiner Meinung nach sollten wir keine Poster in der Klasse aufhängen. |

2 Halima und die anderen Kinder begründen ihre Meinungen nicht.
Zwei andere Kinder der Klasse nennen Begründungen. Welche sind es? Kreuze an:

			Das Kind nennt eine Begründung	Das Kind nennt keine Begründung
Falko:		Ich bin gegen Poster, weil sie uns im Unterricht nur ablenken.	☐	☐
Dion:		Ich bin aber für Poster.	☐	☐
Elin:		Ich meine, wir sollten keine Poster aufhängen.	☐	☐
Arvin:		Ich meine, wir sollten Poster aufhängen, denn dann fühlen wir uns in der Klasse etwas mehr zu Hause.	☐	☐

3 a Wie ist deine eigene Meinung? Kreuze an:
☐ Ich bin für Poster in der Klasse. ☐ Ich bin gegen Poster in der Klasse.

b Wähle zu deiner Meinung eine passende Begründung und kreuze sie an.
Unterstreiche dann das Verknüpfungswort.

☐ weil die Klasse dadurch schöner wird
☐ denn dann würde sich unser Klassenraum von den anderen unterscheiden
☐ weil wir dann keinen Platz mehr für Arbeitsergebnisse an der Wand hätten
☐ denn nicht alle finden dieselben Poster gut

Verknüpfungswörter richtig verwenden

1 Sören kennt sich nicht gut mit Verknüpfungswörtern aus. Die unterstrichenen Wörter müssten ersetzt werden. Kreuze das passende Verknüpfungswort an:

Sören hat geschrieben	Verknüpfungswörter		
Ich bin für Poster in der Klasse, <u>denn</u> Poster die Klasse bunter machen.	☐ weil	☐ daher	☐ nämlich
<u>Daher</u> würden Poster die Klasse ein bisschen wie unsere Kinderzimmer aussehen lassen.	☐ nämlich	☐ außerdem	☐ schließlich
Und <u>endlich</u> könnten wir sehen, wofür die anderen sich interessieren.	☐ nämlich	☐ weil	☐ schließlich

2 Setze passende Verknüpfungswörter ein.
Wenn du Hilfe brauchst, findest du unten eine Kiste mit Verknüpfungswörtern.

Ich bin dagegen, _____ wir Poster in der Klasse aufhängen, _____ dann würden wir ja ständig auf die Poster statt auf die Tafel schauen. _____ sind wir 30 Kinder, und _____ jeder auch nur ein Poster mitbringt, könnten gar nicht alle an den Wänden Platz finden. _____ finde ich es auch wichtig, dass wir an den Wänden noch Platz haben, _____ wir Arbeitsergebnisse aus dem Unterricht aufhängen können. _____ bin ich dafür, keine Poster aufzuhängen.

Achtung: Nicht alle Wörter der Kiste werden benötigt!

weil – daher – denn – endlich – außerdem – dass – wenn – schließlich – damit – auch

3 Sibel hat viele Argumente für ihre Meinung gefunden, weiß aber nicht, wie man sie aneinanderhängen kann. Kannst du ihr helfen? Suche drei Sätze aus und verbinde sie mit dem passenden Satzanfang.

„Ich bin der Meinung, dass wir Plakate aufhängen sollten."

Niemals	würde unsere Klasse bunter und freundlicher.
Und schließlich	für Plakate ist, dass jeder zeigen könnte, was ihm privat gefällt.
Auf diese Weise	
Auf keinen Fall	wäre das Plakataufhängen eine Sache, die unsere Klasse gemeinsam machen würde und bei der wir uns weiter kennen lernen könnten.
Ein weiterer Grund	
Dabei	könnten wir in der Klasse ausführlich darüber sprechen, welche Plakate allen gefallen.

Achtung: Nicht alle Satzanfänge werden benötigt.

Verknüpfungswörter richtig verwenden

1 Sören kennt sich nicht gut mit Verknüpfungswörtern aus. Die unterstrichenen Wörter müssten ersetzt werden. Kreuze das passende Verknüpfungswort an:

Sören hat geschrieben	Verknüpfungswörter		
Ich bin für Poster in der Klasse, <u>denn</u> Poster die Klasse bunter machen.	☐ weil	☐ daher	☐ nämlich
<u>Daher</u> würden Poster die Klasse ein bisschen wie unsere Kinderzimmer aussehen lassen.	☐ nämlich	☐ außerdem	☐ schließlich
Und <u>endlich</u> könnten wir sehen, wofür die anderen sich interessieren.	☐ nämlich	☐ weil	☐ schließlich

2 Von den fett gedruckten Verknüpfungswörtern passt immer nur eines. Ziehe einen Kreis um das passende Wort.

Ich bin dagegen,   **dass | weil**   wir Poster in der Klasse aufhängen,   **weil | denn**   dann würden wir ja ständig auf die Poster statt auf die Tafel schauen.   **Außerdem | Daher**   sind wir 30 Kinder, und   **wenn | weil**   jeder auch nur ein Poster mitbringt, könnten gar nicht alle an den Wänden Platz finden.   **Schließlich | Denn**   finde ich es auch wichtig, dass wir an den Wänden noch Platz haben,   **denn | damit**   wir Arbeitsergebnisse aus dem Unterricht aufhängen können.   **Daher | Außerdem**   bin ich dafür, keine Poster aufzuhängen.

3 Sibel hat viele Argumente für ihre Meinung gefunden, weiß aber nicht, wie man sie aneinanderhängen kann. Kannst du ihr helfen? Verbinde die drei Sätze jeweils durch eine Linie mit dem passenden Satzanfang.

„Ich bin der Meinung, dass wir Plakate aufhängen sollten."	
Und schließlich	würde unsere Klasse bunter und freundlicher.
Auf diese Weise	für Plakate ist, dass jeder zeigen könnte, was ihm privat gefällt.
Dabei	wäre das Plakataufhängen eine Sache, die unsere Klasse gemeinsam machen würde und bei der wir uns weiter kennen lernen könnten.
Ein weiterer Grund	könnten wir in der Klasse ausführlich darüber sprechen, welche Plakate allen gefallen.

Eine Begründungs-E-Mail aufbauen

Sina hat der Klasse erzählt, dass Daniel der Meinung ist, Schülerinnen und Schüler der Klassen 5 und 6 sollten im Schulbus ihre Sitzplätze für die älteren Schülerinnen und Schüler freimachen.
Davon hält Noah aus der 5g aber nicht sehr viel und er will Daniel eine Mail schreiben. In der Schule hatte er auf einem Zettel schon alle Teile der Mail notiert. Leider hat ihn sein Freund aus Versehen zerrissen. Kannst du ihn wieder zusammensetzen?

1 Trage die passenden Sätze in diese Tabelle ein.
Achtung: Es gibt auch Schnipsel, die nicht in die Mail sollten!

	Noahs Mail
1. Anrede	
2. Einleitung	
3. Meinung	
4. Erste Begründung	
5. Zweite Begründung	
6. Schluss	
7. Gruß und Name	

Schnipsel:

- Außerdem werden Kleinere im Stehen viel eher hin und her gestoßen als Größere.
- Ich bin da ganz anderer Ansicht als du. Meiner Meinung nach haben jüngere Schüler auch das Recht, im Bus zu sitzen.
- Ich würde mich freuen, wenn du die Sache auch mal aus der Sicht der Jüngeren betrachten würdest.
- Denn auch wir Jüngeren haben einen anstrengenden Schultag hinter uns, wenn wir in den Bus steigen.
- Wieso sollen wir für euch aufstehen?
- Ein weiterer Grund ist, dass ich keine Lust habe zu stehen.
- Sina hat uns von deiner hirnverbrannten Idee erzählt.
- Das kommt ja gar nicht in Frage, Alter.
- Sina hat uns erzählt, dass du meinst, jüngere Schüler sollten im Schulbus für ältere aufstehen.
- Also ist es doch klar, dass ich Recht habe und nicht du.
- Hallo Daniel,
- Viele Grüße dein

Eine Begründungs-E-Mail aufbauen

Sina hat der Klasse erzählt, dass Daniel der Meinung ist, Schülerinnen und Schüler der Klassen 5 und 6 sollten im Schulbus ihre Sitzplätze für die älteren Schülerinnen und Schüler freimachen. Davon hält Noah aus der 5g aber nicht sehr viel. Er will Daniel dazu eine Mail schreiben und hat auf einem Zettel für alle wichtigen Teile der Mail drei Varianten notiert.

1 Kreuze den Textbaustein an, der jeweils am besten passt.
TIPP: In deiner Lösung sollte angekreuzt sein: zweimal a, dreimal b, zweimal c.

	Textbausteine zu Noahs Mail		
1. Anrede	a) Sehr geehrter Daniel,	b) Hallo Daniel,	c) Hi Alter,
2. Einleitung	a) Sina hat uns von deiner hirnverbrannten Idee erzählt.	b) Wieso sollen wir für euch aufstehen?	c) Sina hat uns erzählt, dass du meinst, jüngere Schüler sollten im Schulbus für ältere aufstehen.
3. Meinung	a) Ich bin da ganz anderer Ansicht als du. Meiner Meinung nach haben jüngere Schüler auch das Recht, im Bus zu sitzen.	b) Ich finde nicht, dass das so sein soll.	c) Das kommt ja gar nicht in Frage.
4. Erste Begründung	a) Dafür spricht zum Beispiel, dass wir Jüngeren viel lieber sitzen als stehen.	b) Denn auch wir Jüngeren haben einen anstrengenden Schultag hinter uns, wenn wir in den Bus steigen.	c) Bedenke doch mal, dass im Bus nicht alle sitzen können.
5. Zweite Begründung	a) Ein weiterer Grund ist, dass ich keine Lust habe zu stehen.	b) Und ich finde außerdem, du kannst auch mal stehen.	c) Außerdem werden Kleinere im Stehen viel eher hin und her gestoßen als Größere.
6. Schluss	a) Noch Fragen?	b) Ich würde mich freuen, wenn du die Sache auch mal aus der Sicht der Jüngeren betrachten würdest.	c) Also ist es doch klar, dass ich Recht habe und nicht du.
7. Gruß und Name	a) Viele Grüße dein	b) Dein	c) Und Tschüss!

Diagnose – Meinungen begründen

1 Schätze dein Verhalten im Klassengespräch ein:

Mein Verhalten im Klassengespräch	Das gelingt mir immer ☺☺	Das gelingt mir meistens ☺	Das gelingt mir selten 😐	Das gelingt mir nie ☹
Ich lasse andere immer ausreden.				
Ich beleidige niemanden im Gespräch.				
Ich spreche im Unterricht nur, wenn ich dran bin.				
Wenn ein anderer redet, höre ich ihm zu.				
Wenn ich meine Meinung sage, nenne ich auch immer eine passende Begründung dafür.				

2 Kannst du Meinungen, Begründungen und Verknüpfungswörter erkennen? Untersuche das folgende Gespräch und schreibe in die rechte Spalte.

Dion: Wir sollten für die Klasse ein Kaninchen anschaffen.

Calla: Das ist doch nicht schön für das Tier, denn es wäre ab Nachmittag allein. In den Ferien haben wir auch niemanden, der für das Kaninchen sorgt.

Elin: Das ist dann das Problem des Kaninchens.

Calla: Außerdem sollten Kaninchen besser irgendwo in einem Garten leben.

A Wer begründet seine Meinung gar nicht?
_____

B Wer begründet seine Meinung nicht gut?
_____

C Was meint Calla?
_____

D Welche Gründe nennt sie?
1. _____
2. _____
3. _____

E Welche Verknüpfungswörter nutzt Calla?
1. _____ 2. _____ 3. _____

3 Weißt du, wie man eine Begründungs-E-Mail aufbaut?
  a Ergänze: Meinung, Begründung, Einleitung, Gruß und Unterschrift.

  Nachmittags erhält Calla die folgende Mail von Dion:

```
An:
Cc:
Betreff:

 1  Ich habe noch einmal über unser Gespräch
 2  nachgedacht. Vielleicht hast du Recht, dass ein
 3  Kaninchen ungünstig wäre.
 4  Aber ich bin dafür, dass wir ein Aquarium an-
 5  schaffen, denn dann könnten wir die Fische in
 6  den Pausen immer beobachten. Die Fische hät-
 7  ten es bei uns gut, weil sich immer jemand um
 8  sie kümmern würde. Und schließlich machen
 9  Fische keinen Dreck, sodass sie gut in einer
10  Klasse leben können.
11  Viele Grüße
12  Dion
```

Zeilen 1–3: Dies ist _____

Zeilen 4–10 (erster Teil): Dies ist _____

Zeilen 4–10 (zweiter Teil): Dies ist _____

Zeilen 11–12: Dies ist _____

  b Dion hat zwei Textteile vergessen:

  1. _____

  2. _____

3 Das glaubst du nicht! – Spannend erzählen

Konzeption des Kapitels

Die Freude am Erzählen, die Bereitschaft und Fähigkeit, die Realität mit Hilfe der Fantasie zu verlassen, ist bei Schülerinnen und Schülern der 5. Jahrgangsstufe noch sehr ausgeprägt. Deshalb ist es in der Regel nicht schwer, die Kinder zum Erzählen anzuregen. Schwieriger ist es allerdings, ihren Redefluss zu kanalisieren, sodass sie auch andere zu Wort kommen lassen und ihnen aufmerksam zuhören. Dieses Kapitel motiviert die Kinder, durch Erzählspiele und realitätsnahe Erzähl- und Schreibanlässe den Klassenkameraden eigene Geschichten aus ihrem Erfahrungsumfeld vorzustellen. Bei der Besprechung der Erzählungen lernen sie, ihre Kritik fair und sachlich vorzutragen.

Das erste Teilkapitel (**„Abenteuer im Alltag – Erlebnisse spannend erzählen"**) regt die Schülerinnen und Schüler dazu an, mit Hilfe von Schreibstrategien (Ideenstern, Stichwortzettel) und sprachlichen Gestaltungsmitteln schriftlich Geschichten zu realen und fiktiven Ereignissen zu erzählen. Dabei nutzen, ergänzen und vertiefen die Kinder ihre Kenntnisse aus der Grundschule über den Aufbau einer schriftlichen Erzählung. Tipps und Tricks helfen ihnen, in der Einleitung und im Hauptteil die Spannung aufzubauen, den Höhepunkt auszugestalten und schließlich die Geschichte sinnvoll aufzulösen. Mit einem abschließenden Test in Rätselform überprüfen sie ihr erworbenes Wissen und Können.

Im zweiten Teilkapitel (**„Plötzlich … – Spannende Geschichten lesen, fortsetzen, ausgestalten"**) gilt es, die Techniken des anschaulichen und spannenden Erzählens sowie die wichtigsten Strukturmerkmale einer Geschichte am Beispiel zweier literarischer Texte zu überprüfen und für die eigene Textproduktion nutzbar zu machen. Die Schülerinnen und Schüler lesen die Texte sinnverstehend, beschreiben und hinterfragen sie mit Hilfe von Textbelegen und schreiben sie kreativ weiter bzw. um.

Das dritte Teilkapitel (**„Fit in …! – Spannend erzählen"**) bietet eine Übung für eine Klassenarbeit an. In ihr werden die in den ersten beiden Teilkapiteln gewonnenen Kenntnisse und Fähigkeiten umgesetzt. Nach der Klärung der Aufgabenstellung und der Planung der Erzählung schreiben die Kinder eine spannende Geschichte. Ein Feedback-Bogen bietet ihnen abschließend ein verlässliches Instrument zur gegenseitigen Diagnose der selbst verfassten Erzählungen.

Literaturhinweise

- *Anders, Petra:* Ein Text ist nur so gut wie seine Kritik – Wirkung beurteilen und Machart von Schülertexten bewerten. In: Deutsch. Unterrichtspraxis für die Klassen 5–10. Heft 20/2009, S. 4 f.
- *Becker, Susanne:* „Mir fällt was ein!" – Freie Schreibzeiten motivieren zum Fabulieren. In: Deutsch. Unterrichtspraxis für die Klassen 5–10. Heft 20/2009, S. 12 f.
- *Groeben, Annemarie von der:* Verschiedenheit nutzen – Besser lernen in heterogenen Gruppen. Cornelsen Scriptor, Berlin 2008
- *Dies.:* Zur Sprache bringen – Sprachkompetenzen fördern heißt anders unterrichten. In: Pädagogik 6/2010, S. 6–9
- *Scheffel, Michael:* Theorie und Praxis des Erzählens. In: Der Deutschunterricht 2/2005, S. 2–6
- *Schiemann, Elena:* Sprachkompetenz im biografischen Kontext – Schule erfasst oft nicht, was Kinder tatsächlich können. In: Pädagogik 6/2010, S. 10–13
- *Uetz, Gerd/Weyers, Willi:* Stärkung der Schülerkompetenzen und -persönlichkeit – Vortragen und Präsentieren als ein wesentliches Element der Unterrichtsentwicklung. In: Fremdsprache Deutsch 43/2010, S. 40–47
- *Zierau, Cornelia:* Ohne Deutsch kann man hier nichts machen. In: Deutschmagazin (Oldenbourg) 2/2009, S. 51–56

Inhalte	Kompetenzen
	Die Schülerinnen und Schüler

S. 38	**3.1 Abenteuer im Alltag – Erlebnisse spannend erzählen**	
S. 38	Geschichten mündlich erzählen	– gestalten und schreiben Texte nach unterschiedlichen Schreibanlässen – erzählen Alltagserlebnisse folgerichtig und anschaulich – wenden die Methoden „Ideenstern" und „Stichwortzettel" an – gliedern ihre Geschichten in Einleitung, Hauptteil, Schluss – untersuchen den Spannungsverlauf („Lesefieberkurve")
S. 40	Geschichten nach Reizwörtern schreiben	– untersuchen Einleitungen auf Mittel der Spannungssteigerung – verfassen eine Reizwortgeschichte
S. 41	Geschichten nach Bildern schreiben	– schreiben nach vorgegebenen Kriterien Einleitung, Hauptteil und Schluss – gestalten den Höhepunkt spannend
S. 43	Teste dich!	– überprüfen ihr Wissen zum spannenden Erzählen
S. 44	**3.2 Plötzlich … – Spannende Geschichten lesen, fortsetzen, ausgestalten**	
S. 44	*Thomas C. Brezina: Ein Roboter reißt aus*	– formulieren erste Leseeindrücke – untersuchen einen Erzählanfang und schreiben Zitate heraus – schreiben eine spannende Fortsetzung
S. 45	Geschichten wirkungsvoll vorlesen	– lesen Texte sinngestaltend vor – entnehmen Texten Informationen und reflektieren diese
S. 46	Abwechslungsreich und treffend erzählen	– untersuchen Gestaltungsmittel und Spannungselemente – erstellen ein Wortfeld zum Verb „sagen" – gestalten einen Erzählkern aus
S. 48	Erzähltricks einer Erzählerin aufspüren *Jutta Richter: Der Tag, als ich lernte, die Spinnen zu zähmen*	– untersuchen eine Einleitung auf Mittel der Spannungssteigerung – verfassen anhand von Zitaten eine spannende Geschichte – prüfen und sichern mit Hilfe von Fragen ihr Textverständnis
S. 51	**3.3 Fit in …! – Spannend erzählen**	
S. 51	Die Aufgabe richtig verstehen, planen schreiben, überarbeiten	– erschließen die Aufgabenstellung einer Klassenarbeit – planen und schreiben die Klassenarbeit – überprüfen und überarbeiten ihre Ergebnisse anhand eines Feedback-Bogens

3 Das glaubst du nicht! – Spannend erzählen

S. 37 Auftaktseite

Das Foto soll den Wunsch wecken, „hinter die Tür zu blicken", der Fantasie freien Lauf zu lassen sowie selbst eine Geschichte zu erfinden und zu erzählen. Die Schüler/-innen artikulieren deutlich ihre Gedanken und stellen sie anschaulich dar. Die Mitschüler/-innen üben das aktive Zuhören und geben ein Feedback.

1 Mit dieser Fragestellung wird eine gemeinsame Verstehensgrundlage hergestellt. Die Schüler/-innen artikulieren, was sie auf dem Foto wahrnehmen. Dabei kann es – vor allem hinsichtlich des Handlungsortes – zu unterschiedlichen Einschätzungen kommen.

2 a Wichtig ist, der Fantasie freien Lauf und möglichst alle zu Wort kommen zu lassen. Gerade in Klassen mit unterschiedlichem Erfahrungshintergrund oder hohem Migrationsanteil können alle von dieser Vorgehensweise profitieren, da jeder einen kleinen Einblick in das „Weltwissen" der anderen gewinnen kann.

b Um einen Handlungskern zu finden, können erste Ideen im Unterrichtsgespräch entwickelt, an der Tafel stichwortartig festgehalten und in einem Cluster weiterentwickelt werden.
Variante: Die Lehrkraft schreibt den Begriff auf ein DIN-A4-Blatt und legt es in die Mitte des Klassenzimmers; anschließend dürfen die Schüler/-innen den Cluster mit eigenen Vorschlägen auf beschrifteten Blättern ergänzen. Wenn genügend Vorschläge vorhanden sind, kann eine Geschichte vorstrukturiert werden, indem die Kinder Begriffe mit einer roten Schnur verbinden. Ein Kind kann sich nun an der Erzählung der Geschichte versuchen.
Auch die Verwendung von Stichwortzetteln (vgl. Schülerband, S. 39) erleichtert es ihnen, sich bei der Auswahl auf die wesentlichen Stichpunkte zu beschränken. Darüber hinaus ist durch die Anordnung der Zettel eine sinnvolle Reihenfolge des Erzählstoffs leicht herzustellen.

3 a/b Hier wird das aktive Zuhören trainiert. Durch die Fragestellung wird der Fokus lediglich auf die positiven Aspekte gelenkt. Die Schüler/-innen geben sich so ein zwar durchaus kritisches, aber doch positives und damit konstruktives Feedback. Zugleich aktivieren sie ihr Vorwissen und erkennen beim Vergleich mehrerer Erzählungen, dass sie durch den Einsatz bestimmter Mittel (Wortwahl, Satzbau, Erzählverzögerungen etc.) auf unterschiedliche Weise „gefesselt" wurden.

3.1 Abenteuer im Alltag – Erlebnisse spannend erzählen

S. 38 Geschichten mündlich erzählen

1 Diese Aufgabe greift die Ergebnisse aus Aufgabe 3 der Auftaktseite auf. Die Lehrkraft kann die Lerngruppe z. B. vor Beginn des Erzählspiels daran erinnern, anschauliche Adjektive (z. B. merkwürdig, sonderbar, stockdunkel, plötzlich), ausdrucksstarke Verben (z. B. knarren, rascheln, stöhnen, aufreißen), kurze aussagekräftige Sätze und Erzählverzögerungen (z. B. „Plötzlich hörte ich das Knarren der Tür. Mir stockte der Atem. Ich blieb zunächst reglos im Bett liegen.") zu verwenden oder die Art des Vortrags (Stimmmodulation, Lautstärke, Sprechgeschwindigkeit etc.) zu variieren.

Weitere Unterrichtsideen
– **Satz-für-Satz-Geschichte:** Jeder nimmt ein Blatt zur Hand und schreibt darauf eine Überschrift. Auf das Zeichen der Lehrerin/des Lehrers gibt jeder sein Blatt nach rechts weiter. Die Schüler/-innen lesen die Überschrift und notieren einen ersten Satz auf dem Blatt. Beim erneuten Zeichen der Lehrkraft werden die Blätter wieder nach rechts weitergegeben. Jeder liest die Überschrift und den ersten Satz durch und schreibt einen zweiten dazu etc. Man kann so lange weiterschreiben, bis jeder wieder sein erstes Blatt vorliegen hat. Wichtig bei diesem Spiel ist, dass die Kinder die Übung „ernsthaft" ausführen und jedes sauber und deutlich schreibt.

– Für Leistungsstärkere eignet sich die **Initialien-** oder **Alphabet-Geschichte:** Ein Kreis wird gebildet. Einer fängt mit der Geschichte an, indem er einen Satz sagt, der mit dem Anfangsbuchstaben seines Namens beginnt. Der Nächste setzt die Geschichte mit einem Satz fort, der mit dem ersten Buchstaben seines Namens beginnt. So wird reihum verfahren, bis jeder einmal dran war.
Variante: Der Erste beginnt die Geschichte, indem er einen Satz formuliert, der mit A beginnt. Der Nächste bildet einen Satz, der mit B anfängt. Dies wird reihum fortgesetzt, bis Sätze mit jedem Buchstaben des Alphabets gebildet wurden. Hierbei kann man vorher festlegen, dass Buchstaben wie Q, X, Y weggelassen werden.

2 a Möglicher Ideenstern als Tafelbild:

c Lösung anhand einer Beispielgeschichte:

Wer spielt in der Geschichte mit?	ein Kater und Opas Katze Mimi
Wo findet sie statt?	auf dem Bauernhof meines Opas
Wann spielt sie?	um Mitternacht
Was passiert?	Seltsame Geräusche (Fauchen, Schreie, Klirren, Schritte) wecken und erschrecken mich.
Wie passiert das Erzählte?	Opas Katze flüchtet vor einem fremden Kater, dabei richten die beiden allerlei Schaden in Küche und Wohnzimmer an.
Warum geschieht es?	Der Kater steigt durch das offene Küchenfenster ein, weil er hinter Mimi her ist.
Welche Folgen hat es?	zerbrochene Gläser und Tassen, Unordnung

3 Es ist hilfreich, die Stichwortzettel nach den Tipps im Schülerband zu nummerieren, sodass nichts vergessen wird. Für die Leistungsschwächeren kann die Lehrkraft die Anzahl der Zettel festlegen, damit sich die Schüler/-innen nicht in Einzelheiten verlieren. Die Handhabung der Stichwortzettel sollte aber auf jeden Fall dem Einzelnen überlassen werden.
Vorschlag für die Gestaltung eines Stichwortzettels anhand der Beispielgeschichte aus Aufgabe 2c:

1 Erzählanfang (Wann?/Wo?/Wer?)	2 Handlungsschritte
Mitternacht auf Opas Bauernhof; ich schlafen gelegt	a) Geräusche nebenan; ich erschrecke b) hole Taschenlampe, leise zur Tür
3 Spannendster Moment	**4 Schluss**
seltsame Schreie, Fauchen, Klirren, stoße Tür auf, Licht an, Mimi rennt	a) Kater flüchtet; Scherben am Boden; b) Mimi und ich erleichtert

3 Das glaubst du nicht! – Spannend erzählen

4 b Mögliches Tafelbild:

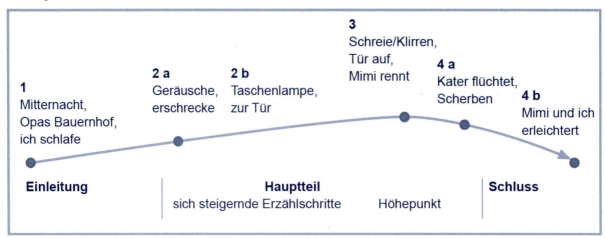

Siehe hierzu auch die **Folie** „Die Lesefieberkurve – Geschichten erzählen" auf der DVD-ROM.

Unterrichtsidee
Die Lesefieberkurve wird an die Tafel bzw. per OH-Projektor an die Wand übertragen. Die Schüler/-innen positionieren durch Ankleben/Anpinnen nach dem Erzählen ihre Stichwortzettel an die entsprechenden Stellen der Lesefieberkurve. Die Kinder erhalten so auch optisch einen Eindruck davon, ob sich die Erzählschritte steigern und inwiefern der Höhepunkt hinausgezögert wird. Das aktive Zuhören wird trainiert, die Mitschüler/-innen äußern sich zum Aufbau der Erzählung.
Alternativ können die Kinder die Fieberkurve auf ein Plakat zeichnen, ihre Stichwortkarten (drei Gruppen/drei Geschichten/drei Farben) dazukleben und im Klassenzimmer aushängen.

5 Beim Mund-zu-Mund-Erzählspiel wird den Schülerinnen und Schülern deutlich, dass jeder ein und dieselbe Geschichte anders erzählt, auch wenn die Unterschiede mitunter nur gering sind (unterschiedliche Wortwahl, Hinzufügen oder Weglassen von Erzählschritten, Unterschiede beim Vortrag etc.). Die Lehrkraft kann diese Erkenntnis im anschließenden Klassengespräch thematisieren.

S. 40 Geschichten nach Reizwörtern schreiben

1 Toms Einleitung ist besser gelungen, denn er beantwortet knapp die W-Fragen und macht durch Andeutungen den Zuhörer/Leser neugierig. Die Wortwahl (plötzlich, merkwürdiges Geräusch) unterstützt dies.
Lena hingegen nimmt das Höhepunktereignis und damit die Spannung in ihrer Einleitung vorweg.

2 b Tom legt Schlinge **B** aus: Er wendet eine harmlose Situation so um, dass sie auf einmal gefährlich erscheint.
Lena beachtet vor allem Tipp **A** nicht; sie verrät im zweiten Satz, wie die Geschichte ausgeht.

3 Zur Besprechung der Geschichten nach dem Vortragen empfiehlt es sich, eine Checkliste oder einen Feedbackbogen zu verwenden. Die Checkliste (siehe Schülerband, S. 52, z. B. auf OHP-Folie) eignet sich sicherlich besser für das Klassengespräch, während der Feedbackbogen eher bei einer kooperativen Lernform sinnvoll zum Einsatz kommt.

Möglicher Hefteintrag (Querformat):

Mein Feedback: Spannend erzählen	Ja	Nein	Anmerkung
Ist die Geschichte in Einleitung, Hauptteil und Schluss gegliedert?			
Wurden in der Einleitung die W-Fragen beantwortet?			
Wurden in der Einleitung Schlingen ausgelegt? Welche?			
Sind alle Reizwörter in die Geschichte eingebaut?			
Ist der Hauptteil nach der Lesefieberkurve spannend gestaltet?			
Wird im Hauptteil die Handlung schrittweise und logisch zum Höhepunkt geführt?			
Wird die Geschichte zum Schluss hin sinnvoll aufgelöst?			

Weitere Unterrichtsideen
- **Die Kinder legen selbst die Reizwörter fest:** Jedes Kind nimmt einen Zettel zur Hand und notiert ein Wort, das ihm gerade in den Sinn kommt. Danach werden die Zettel eingesammelt und drei bis fünf Reizwörter ausgelost, zu denen eine spannende Geschichte geschrieben wird.
- **W-Fragen-Mix-Geschichte:** In Kleingruppen oder im Klassenverband wird eine Tabelle mit jeweils sechs möglichen Antworten auf die W-Fragen ausgefüllt. Durch Würfeln bestimmen die Kinder nacheinander, <u>wer</u> in der Geschichte spielen soll, <u>wo</u> sie spielt, <u>wann</u> sie spielen soll – und beim vierten Wurf geht es schließlich darum, <u>was</u> die Handlung sein soll.
Beispiel für ein solches Spielfeld:

	1	2	3	4	5	6
Wer?	Polizist	Mädchen	Sportlehrer	drei Jungen	alte Frau	Klasse 5b
Wo?	Fußballplatz	Schule	Ferienlager	Bauernhof	Schloss	Wald
Wann?	Sommerferien	Mitternacht	vormittags	Montagmorgen	erste Schulwoche	am Abend
Was?	Arm gebrochen	komische Geräusche	grelles Licht	plötzlich verschwunden	bewusstlos	unerklärlicher Nebel

Geschichten nach Bildern schreiben

Siehe hierzu auch die **Folie** „Ein Ausflug mit dem Boot – Nach Bildern erzählen" auf der DVD-ROM.
Hinweis: Die Kinder können auch selbst Bildergeschichten zeichnen (max. sechs Bilder). Die Lehrkraft sammelt sie ein und verlost sie als Schreibanlässe für viele spannende Erzählungen.

1 a Das **erste Bild** zeigt ein Mädchen und einen Jungen, die sich auf einem See bei schönem Wetter im Schlauchboot treiben lassen. Während das Mädchen gemütlich paddelt, lässt der Junge entspannt einen Arm und ein Bein ins Wasser hängen.
Auf dem **zweiten Bild** ziehen Wolken auf, der Himmel verdunkelt sich, es beginnt zu regnen und es blitzt. Die Kinder erschrecken und sind angespannt.
Das **dritte Bild** zeigt hohe Wellen. Das Boot kentert, das Mädchen fällt ins Wasser, der Junge kniet im Boot und streckt die Arme nach dem Mädchen aus.

b Die Geschichte sollte ein gutes Ende haben. So könnte es dem Jungen gelingen, das Mädchen mit Hilfe des Paddels wieder ins Boot zurückzuholen, es könnte ein Motorboot oder die Wasserschutzpolizei zur Rettung vorbeikommen.

3 Das glaubst du nicht! – Spannend erzählen

c Zur Besprechung der Geschichten kann der Feedbackbogen „Spannend erzählen" verwendet werden (vgl. S. 63 oben in diesen HRU). Damit werden der Aufbau einer spannenden Erzählung und zugleich Kompetenzen wie Selbsteinschätzung und Kritikfähigkeit trainiert.

3 a Der ergänzte Text lautet:

Gleich zu Beginn der Sommerferien **fuhr** ich mit meinen Eltern in den Urlaub. Es **war** ein heißer Sonntagnachmittag, als wir am Südufer des Edersees **ankamen**. Dort **trafen** sich meine Eltern mit alten Freunden, deren Sohn in meinem Alter und sehr nett ist. Deshalb **freute** ich mich schon darauf, ihn wiederzusehen.
Schnell **überredeten** wir unsere Eltern, alleine mit dem Boot hinausfahren zu dürfen. Da die Sonne schien und Markus ein geübter Ruderer **war**, sollte das eigentlich überhaupt kein Problem werden.

4 Siehe hierzu die Liste mit W-Fragen bei Aufgabe 2c auf Seite 39 oben und den Methodenkasten auf Seite 40 im Schülerband.

S. 42 Den Hauptteil und den Schluss gestalten

Siehe hierzu auch die **Folie** „Ein Ausflug mit dem Boot – Nach Bildern erzählen" auf der DVD-ROM.

1 Das dritte Bild stellt den Höhepunkt dar.

2 a/b Zur Methode siehe Aufgabe 3, S. 39 im Schülerband und S. 61 in diesen HRU.
   Mögliche Lösung:
   Handlung **vor Bild 1**:   Die Kinder packen etwas zu trinken ein und gehen zum Bootssteg.
   Handlung **auf Bild 1**:   Sie lassen sich auf einem See bei schönem Wetter im Schlauchboot treiben, reden, albern herum.
   Handlung **nach Bild 1**:   Sie sind fröhlich, haben Spaß, vergessen die Zeit. Hinter ihnen ziehen Wolken auf, der Himmel verdunkelt sich.
   Handlung **auf Bild 2**:   Es beginnt zu regnen und es blitzt. Die Kinder erschrecken und sind angespannt.
   Handlung **nach Bild 2**:   Wind und Regen werden stärker, die Wellen schlagen hoch, die Kinder im Boot werden kräftig durchgeschüttelt.
   Handlung **auf Bild 3**:   Das Boot wird von einer hohen Welle erfasst, dabei fällt das Mädchen ins Wasser.
   Handlung **nach Bild 3**:   Der Junge ergreift das Paddel, streckt es dem Mädchen entgegen. Dann taucht ein Motorboot auf.
   Handlung **auf Bild 4**:   Eine Polizistin der Wasserschutzpolizei wirft ein Seil; die Kinder werden ins Motorboot gezogen und zurück ans Ufer gebracht.

3 a Mögliche Gedanken und Gefühle
   zu **Bild 2**:
   – Hoffentlich schaffen wir es noch rechtzeitig ans Ufer.
   – Was sollen wir nur tun? Ich habe solche Angst!
   – Wird das Boot kentern? Wird uns der Blitz erschlagen?
   – Hoffentlich kommt bald jemand zu Hilfe, sonst ertrinken wir.
   – Wenn wir nur früher umgekehrt wären!
   zu **Bild 3**:
   – Ich rutsche, hilf mir und halt mich fest!
   – Ich muss sie ins Boot zurückziehen.
   – Ich muss mich festhalten, dass ich nicht auch ins Wasser falle.
   – Werden wir ertrinken? Ich will nicht sterben!

b Mögliche Lösung:
Sie **sehen** die im Sturm schwankenden Bäume am Ufer, das Blinken der Sturmwarnleuchten, die Blitze, die hohen Wellen, den dunklen Himmel und den starken Regen.
Sie **hören** das Pfeifen des Windes, Donnergrollen, das Peitschen der Wellen, das Glucksen des bereits ins Boot geschwappten Wassers und das Jammern/Weinen des anderen.
Sie **riechen** den feuchten, frischen Wind.
Sie **spüren** den Regen im Gesicht, den kalten Wind auf der Haut, die kalte, nasse Kleidung, die am Körper klebt, und die Wellen, die auf das Boot stoßen.

c Mögliche Dialoge
zu **Bild 2**:
„Sieh nur, wie dunkel der Himmel geworden ist."
„Man sieht weit und breit kein anderes Boot mehr, wir sind ganz allein."
„Oje, ein Gewitter kommt auf!"
„Ich habe schon die ersten Tropfen abbekommen."
„Los, lass uns zurückrudern!"
„Ja, schnell!"
„Wenn wir noch schneller paddeln, dann schaffen wir es noch ans Ufer, bevor das Gewitter richtig losgeht."
zu **Bild 3**:
„Hilfe! Ich rutsche!"
„Halt dich fest!"
„Hilf mir, zieh mich raus!"
„Hier, halt das Paddel fest! Ich ziehe dich raus."

4 Vorschlag für den Hauptteil:
Plötzlich merkten wir, dass weit und breit kein einziges Boot mehr zu sehen war und wir inzwischen ziemlich weit vom Ufer entfernt waren. Schon fielen die ersten Tropfen vom Himmel, dicke Wolken zogen vorbei und ein Gewitter braute sich zusammen. „Oje, hoffentlich schaffen wir es noch ans Ufer, bevor das Gewitter richtig losgeht", dachte ich, als ich die pechschwarzen Wolken sah.
Nur wenige Minuten später wurden Wind und Regen stärker, sodass meine dünne Sommerjacke in kürzester Zeit durchnässt war.
„Los! Zurück!", brüllte mich Maria an. Fest umklammerten wir die Ruder, wendeten, so schnell wir konnten, das Boot und begannen mit aller Kraft zu rudern. Plötzlich zuckte ein greller Blitz aus den Wolken und kurz darauf ertönte ein ohrenbetäubender Donner. Maria zuckte zusammen, während sich meine schweißnassen Hände am Holz des Ruders festkrallten. Waren wir zu leichtsinnig gewesen? „Wären wir bloß schon früher umgekehrt!", schwirrte es mir durch den Kopf. Nach und nach wurde der Himmel immer dunkler und der Wind noch heftiger und ich spürte durch die nasse Kleidung hindurch den kalten Wind auf der Haut. „Lass uns noch schneller rudern!", befahl Maria mit zugekniffenen Augen, weil ihr der Regen direkt ins Gesicht peitschte. Verzweifelt versuchten wir, das Tempo zu steigern und gegen den Sturm anzurudern.
Unser Boot begann bedenklich zu schaukeln und schon schwappten die ersten Wellen herein. Deutlich hörte ich das Glucksen des bereits ins Boot geschwappten Wassers. „Wenn wir nun ertrinken?", dachte ich verzweifelt und spürte, wie mir die Tränen in die Augen stiegen. Plötzlich riss mich ein gellender Schrei aus meinen Gedanken. „Ich rutsche! Hilf mir!", brüllte Maria aus Leibeskräften und bevor ich reagieren konnte, klatschte sie schon ins Wasser. „Oh nein!", rief ich, packte mein Ruder und hielt es ihr entgegen: „Maria", rief ich, „halt dich fest!" Sie ergriff das Ruder, hustete kräftig und keuchte: „Wir, wir brauchen Hilfe!"

3 Das glaubst du nicht! – Spannend erzählen

5 Der Schluss ist gut gelungen, da die Spannung nach dem Höhepunkt schnell nachlässt und die Spannungskurve wieder sinkt. Durch die wörtliche Rede und die genaue Beschreibung der Situation wirkt der Schluss sehr anschaulich und lebendig. Außerdem hat die Geschichte ein „Happy End".

6 Beispiel für einen Feedbackbogen:

Mein Feedback: Schluss	Ja	Nein	Anmerkung
Passt der Schluss zur Geschichte?			
Lässt die Spannung schnell nach?			
Wird die Geschichte sinnvoll aufgelöst?			
Ist der Schluss anschaulich geschrieben (z. B. wörtliche Rede)?			
Ist er nicht zu ausführlich gestaltet?			
Kommt es zu einem guten Ende?			

7 a „In Seenot" und „Eine stürmische Bootstour" passen gut, da sie kurz, genau und einprägsam sind, aber noch nicht zu viel verraten und so auf die Geschichte neugierig machen.
„Ein Ferienerlebnis" ist zwar kurz, aber unspektakulär und so allgemein, dass sie beim Leser wenig Neugierde weckt.
„Als wir einen Ausflug mit dem Boot machten" ist zu lang und wirkt langweilig.
„Wie Thorben ins Wasser fiel und gerettet wurde" ist zu lang und nimmt bereits Höhepunktereignis und Schluss vorweg, die Spannung geht verloren.

b Beispiele: „Boot in Not", „Hilfe!"

S. 43 Teste dich!

1 a/b A: Schluss, B: Einleitung, C: Höhepunkt, D: riechen, E: Geschichten, F: Überschrift, G: steigert
Die Lösungswörter lauten:
SCHLUSS
EINLEITUNG
HOEHEPUNKT
RIECHEN
GESCHICHTEN
UEBERSCHRIFT
STEIGERT

2 Die Lösung lautet: SEHR GUT.

3.2 Plötzlich … – Spannende Geschichten lesen, fortsetzen, ausgestalten

S. 44 Thomas C. Brezina: **Ein Roboter reißt aus**

Der Textauszug bildet ein anschauliches Beispiel für spannendes Erzählen. Die Schüler/-innen finden in ihm Schlingen, er bietet Anreize zum erzählenden Schreiben sowie zum Ausgestalten und Erfinden einer Fortsetzung der Erzählung. Hierbei wenden die Kinder die im ersten Teilkapitel erlernten Tipps und Tricks an, werden aber auch angeregt, ihrer Fantasie freien Lauf zu lassen, selbst in die Rolle der Figuren zu schlüpfen und das Geheimnis des „mysteriösen Geräusches" zu lüften.

1 b Mögliches Tafelbild:

Textstelle	Spannend wodurch? Welche Schlinge?
Z. 6: „Da hörte er es zum ersten Mal."	Andeutung
Z. 7: „ein kurzes, lautes Zischen"	Eine harmlose Situation wirkt plötzlich gefährlich.
Z. 6 ff.: „Da … zum ersten Mal … wieder … noch einmal … noch einmal"	Wiederholung
Z. 9: „Erschrocken"	Wortwahl (anschaulich)
Z. 9: „Was war das?"	Frage; der Leser möchte die Antwort wissen.
Z. 10 f.: „zirpten Grillen … am dunklen Himmel … der Halbmond"	Falsche Fährten: Die Gefahr geht weder von den Grillen noch von der dunklen Nacht, sondern von einem seltsamen Geräusch aus. Wortwahl schafft eine unheimliche Atmosphäre.
Z. 12 „FAUCH"	Wortwahl und Druck in Großbuchstaben erzeugen eine unheimliche Atmosphäre.

2 Damit die Übung „ernsthaft" ausgeführt wird, sollte jeder, der ein Geräusch vormacht, seine Wahl begründen.
Alternative: Vor jedem Geräuschvortrag schließen alle Mitschüler/-innen die Augen und entscheiden danach, ob das Geräusch ihrer Vorstellung (einigermaßen) entsprach oder nicht. Wer mit seinem Vortrag den Vorstellungen der meisten Klassenkameraden entspricht, ist Sieger/-in.

3 b Beispiel für eine Fortsetzung der Geschichte:
- Roki erwacht, hört Geräusche.
- Er geht ans Fenster, sieht aufflackerndes Licht.
- Schatten bewegen sich, er hört immer wieder das Geräusch.
- Geräusch und Lichter kommen näher.
- Aus dem Geräusch wird eine Art Schrei, etwas springt auf ihn zu.
- Roki weicht zur Seite aus, etwas prallt im Zimmer auf.
- Er steht einem fauchenden Tiger gegenüber.
- Knall: Tiger sinkt betäubt zu Boden.
- Der Schütze im Fenster klärt Roki über den aus dem Zirkus Entlaufenen auf: Erleichterung.

Die Schüler/-innen übertragen die Lesefieberkurve in ihr Heft, nummerieren ihre Notizen und ordnen sie den fünf Punkten der Kurve zu. Anschließend verfassen sie auf dieser Grundlage den Hauptteil. Besonders Leistungsschwachen könnten als Hilfestellung folgende Stichworte auf einem Zettel vorgegeben werden: hört ein Geräusch – aus dem Nachbarhaus – alte, verfallene Villa – merkwürdig – eine Art Fauchen – ein Tier? – Schatten bewegen sich – grelles Licht blendet Roki – blinkendes blaues Licht – Polizeiautos, Feuerwehr – Roki steht auf, geht ans Fenster.

c Die Aufsätze können anhand vorgegebener Kriterien verglichen werden.
Vorschlag für einen Feedbackbogen:

Mein Feedback: Eine Geschichte fortsetzen	Ja	Nein	Anmerkung
Ist die Geschichte in Einleitung, Hauptteil und Schluss gegliedert?			
Passt die Fortsetzung zum vorgegebenen Erzählanfang?			
Wird im Präteritum erzählt?			
Ist der Hauptteil wie bei einer Lesefieberkurve spannend gestaltet?			
Wird im Hauptteil die Handlung schrittweise und logisch zum Höhepunkt geführt?			
Ist der Hauptteil spannend und anschaulich erzählt (wörtliche Rede, kurze Ausrufe, Fragen)?			
Werden treffende Verben und ausschmückende Adjektive verwendet?			
Wird beschrieben, was die Figuren denken, fühlen, sehen, hören oder riechen?			
Wird die Geschichte zum Schluss hin sinnvoll aufgelöst?			
Lässt die Spannung schnell nach?			
Ist der Schluss anschaulich geschrieben (z. B. wörtliche Rede)?			
Ist er nicht zu ausführlich gestaltet?			
Kommt es zu einem guten Ende?			

S. 45 Geschichten wirkungsvoll vorlesen

Thomas C. Brezina: **Ein Roboter reißt aus** (Fortsetzung)

Siehe hierzu die **Folie** „Wirkungsvoll vorlesen – Ein Roboter reißt aus" auf der DVD-ROM. Sie kann zur Vor- und Nachbereitung des Textauszuges (Schülerband, S. 45, Z. 1–18) verwendet werden, der zusätzlich als **Kopiervorlage** nur auf DVD-ROM angeboten wird (siehe HV1, Übung zum Hörtext) und sich – alternativ zur PPT-Folie – auch für die gemeinsame Bearbeitung am OH-Projektor eignet. Der im Klassenplenum oder in Gruppen für das Vorlesen aufbereitete Text wird den Markierungen entsprechend vorgelesen und kann anschließend mit dem professionellen Vortrag (Hörtext, siehe unten) verglichen werden.

Der im Schülerband, S. 44 f., abgedruckte Text „Ein Roboter reißt aus" wird auf der DVD-ROM als **Hörtext** angeboten.
Zur Einübung sinngestaltenden Vorlesens können zusätzlich die Textauszüge aus Gina Ruck-Pauquèts „Der Freund" und Michael Endes „Die unendliche Geschichte" herangezogen werden. Diese befinden sich auf dem **Deutschbuch Hörbuch 5/6**.

3.2 Plötzlich ... – Spannende Geschichten lesen, fortsetzen, ausgestalten

S. 46 Abwechslungsreich und treffend erzählen

1 a/b Mögliches Tafelbild:

Textstelle	Wörter und Sätze, die die Angst der beiden zeigen
Z. 1–2	Roki fröstelte. Er schlich auf Zehenspitzen zum Fenster.
Z. 5–6	... hielt schützend die Fäuste vor das Gesicht.
Z. 17	... flüsterte ...
Z. 19	Der große Herr Roki hat wohl Angst ...
Z. 28–29	„Da ... da ist wirklich was", flüsterte er. „Etwas Großes. Etwas ... Unheimliches!"
Z. 38–40	Roki blieb dicht hinter ihm. Sie ... hielten vor Anspannung die Luft an.
Z. 43–44	... erschrak und packte Chris' Arm ... krächzte er heiser.
Z. 45–53	Chris nickte stumm ... wisperte Roki ... mit Mühe ein heftiges Zittern unterdrücken.

2 a/b Die Redewendungen heißen:
– Die Haare stehen ihm zu Berge.
– Sie schlägt die Hände vors Gesicht.
– Das Wort bleibt ihr im Halse stecken.
– Der Schauer läuft ihr eiskalt den Rücken hinunter.
– Seine Augen sind starr vor Angst.
– Sie bekommt eine Gänsehaut.
– Ihre Kehle schnürt sich zusammen.
– Der kalte Schweiß bricht ihr aus.
– Vor Angst reißt sie den Mund weit auf.
– Das Herz rutscht ihr in die Hose.

c Mir schlottern die Knie. Der Magen krampft sich zusammen. Sie klappert mit den Zähnen. Sie bekommt weiche Knie. Er zittert wie Espenlaub. Mir gefriert das Blut in den Adern. Das Herz schlägt ihr bis zum Hals. Seine Stimme versagt. Er bekommt feuchte Hände. Mein Herz beginnt wild zu hämmern. Mir wird ganz schwindlig vor Angst. Er bleibt wie angewurzelt stehen. Sie traut ihren eigenen Augen kaum. Ihm steht der Schweiß auf der Stirn.

3 a Satzarten: Im Gespräch zwischen Roki und Chris überwiegen die Fragesätze (Z. 9, 11, 15 f., 34, 43 f., 49 f.), vor allem zu Beginn des Dialogs werden damit Unsicherheit und Angst zum Ausdruck gebracht. In vier Fällen (Z. 11, 15 f., 34) könnte anstelle des Fragezeichens auch ein Ausrufezeichen stehen (rhetorische Fragen); darauf könnten Leistungsstärkere evtl. aufmerksam gemacht werden. Die Ausrufesätze kommen größtenteils von Roki (Z. 21, 30, 48 f.), sie bringen seine Aufregung zum Ausdruck.
Satzlänge: Die Sätze sind eher kurz (Z. 11, 15, 17 f., 21, 30, 49 f.).
Besonders treffende Wörter und Redewendungen: „Wen hast du erwartet? Etwa den Weihnachtsmann?" (Z. 15 f.) oder „Der große Herr Roki hat wohl Angst, weil draußen eine Maus hustet" (Z. 19 f.) gehören sicherlich zu den Favoriten, weil sie den Humor der Kinder in diesem Alter treffen.

b Kurze Ausrufe oder Fragen sind:
Z. 11: „Ach, du bist das?"
Z. 15: „Wen hast du erwartet?"
Z. 21: „Baby, halt die Klappe!"
Z. 28 f.: „Etwas Großes. Etwas ... Unheimliches!"
Z. 30: „Sag ich ja die ganze Zeit!"
Z. 43 f.: „Hast du das gesehen?"
Z. 49: „Wieso brennt dort Licht?"

69

3 Das glaubst du nicht! – Spannend erzählen

4 a Wörter für „sagen": fragen (Z. 10), seufzen (Z. 11), knurren (Z. 16), flüstern (Z. 17, 28), spotten (Z. 20), zischen (Z. 21), hauchen (Z. 31), zurückschießen (Z. 34 f.), krächzen (Z. 44), wispern (Z. 49).

b/c Die Zuordnung ist nicht immer eindeutig, manche Verben können unter mehrere Rubriken platziert werden. Als kleine **Zusatzaufgabe** können die Kinder die Verben alphabetisch geordnet in ihr Heft übertragen oder auch auf ein Plakat, das im Klassenzimmer ausgehängt wird und als Wortschatzkiste beim Verfassen eigener Texte dient.
Im Folgenden sind die Verben aus der Wörterschlange unterstrichen.
Möglicher Hefteintrag:

Normal	Laut	Leise	Besonderes Gefühl
anführen	aufschreien	beruhigen	höhnen
antworten	brüllen	brummeln	jammern
auffordern	einwerfen	flüstern	jubeln
sich äußern	fauchen/fluchen	hauchen	losprusten
behaupten	grölen	keuchen	meckern
entgegnen	johlen	munkeln	prahlen
erzählen	krakeelen	murmeln	schimpfen
fragen	kreischen	raunen	seufzen
heraussprudeln	rufen	tuscheln	spotten
meinen	schreien	wispern	stammeln
plappern	wettern	zischeln	stottern
reden		zischen	trösten
sich unterhalten		zuflüstern	verkünden
zu verstehen geben			widersprechen
vorschlagen			zusprechen

5 a Die Schüler/-innen wenden die Verben aus dem Wortfeld „sagen" an. Es ist ratsam, die Rollenbesetzung nach Geschlecht (je zwei Mädchen und Jungen) vorzunehmen.

b Möglicher Anfang des Gesprächs:
Mit einem lauten „Aufstehen, Mädels!" weckte Roki die Mädchen Babs und Daffi. „Schnell, steht auf! Da draußen, da …" – „Ein megamerkwürdiges Geräusch kommt drüben aus dem Haus!", unterbrach ihn Chris. „Was? Deshalb weckt ihr uns mitten in der Nacht?", warf ihnen Daffi wütend entgegen. „Lass sie doch erzählen!", sprudelte es aus Babs heraus. „Drüben aus dem Nachbarhaus kommen sehr, sehr merkwürdige Geräusche", sprudelte Roki hervor. – „Worauf warten wir noch?", drängte Chris und kletterte als Erster über den Zaun des Nachbargrundstücks. „Seht mal", verkündete Daffi stolz, „dort steht ein Kellerfenster offen."– „Ich … ich hab das Geräusch gehört!", stammelte Babs. „Es … es kommt von da oben", und sie zeigte auf den ersten Stock des Hauses. „Tja, Babs, dann geh mal voran!", rief Chris ihr zu. „Pscht! Wir müssen leise sein", zischte Roki und sagte flüsternd, aber bestimmt: „Zur Seite, ihr Angsthasen, ich geh voran!" …

S. 48 Erzähltricks einer Erzählerin aufspüren

Jutta Richter: **Der Tag, als ich lernte, die Spinnen zu zähmen**

Der Romanauszug thematisiert die Mutprobe der Ich-Erzählerin, die im Gruselhaus über ihren eigenen Schatten springt und ihrem Freund Rainer zu Hilfe eilt. Neben der Auseinandersetzung mit dem Inhalt stehen auch hier die Mittel des spannenden Erzählens im Vordergrund.

3.2 Plötzlich ... – Spannende Geschichten lesen, fortsetzen, ausgestalten

1 b/c Mögliches Tafelbild:

Textstelle	Spannend wodurch? Welche Schlinge?
Z. 2/3: „Mir lief ein Schauer ... gefährliches Glitzern in den Augen."	Andeutung/Falsche Fährte: Gefahr geht nicht von Rainer aus.
Z. 15–19: „Hab ich die Kellerkatze verjagt ... Wilden Westen."	Andeutungen/Falsche Fährten durch Wortwahl: „Monsterspinne", „Lebendfallen"
Z. 37: „Gruselhaus"	Spannung durch Wortwahl
Z. 38–43: „Solange ich denken konnte ... Eigentümer!"	Harmlose Situation (baufälliges Haus mit Warnschild) erscheint gefährlich

2 a/b Die Schüler/-innen werden sicherlich vermuten, dass die Ich-Erzählerin Rainer trotz der Ratten ins Gruselhaus folgen wird. Sollten sie Anlaufschwierigkeiten bei der Fortsetzung der Geschichte haben, so kann man ihnen als Hilfe die Schlüsselwörter „Ratten" und „Gruselhaus" aus dem Text als Reizwörter an die Hand geben.

S. 50 Jutta Richter: **Der Tag, als ich lernte, die Spinnen zu zähmen** (Fortsetzung)

1 Die Ich-Erzählerin folgt Rainer trotz der Ratten ins Gruselhaus, da sie zum einen ihren Freund nicht verlieren und zum anderen nicht als „Feigling" oder „typisches Mädchen" gelten will (S. 48, Z. 9 ff.). Daran könnte sich eine Diskussion anschließen, die das Phänomen „Typisch Junge – typisch Mädchen" thematisiert. Dabei sollte mit Hinweis auf den Romanauszug das Thema „Mutprobe" bei Jungen/Mädchen angerissen werden. Da in dieser Szene das Mädchen ihrem Freund zu Hilfe kommt, um ihn aus der für ihn gefährlichen Situation zu befreien, können Klischees hinterfragt werden.

2 Mit dem Pronomen „sie" ist die Ratte gemeint. Durch die Verwendung des Pronomens wird die Fantasie des Lesers angeregt und Spannung erzeugt, zugleich wird die Ratte personalisiert, sodass sie als böse Person erscheint, was die unheilvolle Stimmung verstärkt.

3/4 Rainer will nicht zugeben, dass auch er Angst hatte. Sein Verhalten im Gruselhaus passt nicht zu dem für seine Begriffe typischen Jungenverhalten und so schiebt er sein Verhalten einer Krankheit, dem Asthma, zu. Auch die Tatsache, dass er von einem Mädchen gerettet wurde, kränkt seinen Stolz. Die Ich-Erzählerin ist enttäuscht, nicht zuletzt auch deshalb, weil er sie später (Z. 98) zwar als „mutig" anerkennt, aber nur eingeschränkt: „eigentlich wie ein Junge". An dieser Stelle könnte es zu einem Gespräch über die Freundschaft der beiden Hauptfiguren und zu einer Bewertung des Verhaltens von Rainer und der Ich-Erzählerin kommen unter Einbeziehung der Diskussionsergebnisse aus Aufgabe 1.

5 a Beispiele für Erzähltricks:
– Es wird beschrieben, was die Figuren
  • hören, aber noch nicht sehen: „Irgendwo im Haus raschelte es ... Trippeln ... Pfeifen." (Z. 19–24)
  • riechen: „Es roch modrig." (Z. 14)
  • sehen: „Überall waren Löcher ... Blumenmuster." (Z. 10–13)
  • spüren: „Und dann spürte ich plötzlich, dass mit Rainer etwas nicht stimmte." (Z. 53/54)
  • fühlen: „Mir war ganz schlecht vor Angst" (Z. 14/15); „Meine Hand ... war ganz schwitzig und mein Herz klopfte ... Fingerspitzen." (Z. 32–34)
  • denken: „... hoffte ich, er würde ohne mich ins Gruselhaus gehen ..." (Z. 3–5)
– Unheimliche Orte werden geschildert: „Wir ... standen in einem düsteren Zimmer. Überall waren Löcher ... Tapetenfetzen ..." (Z. 9–11)
– Zur Darstellung der Angst werden treffende Ausdrücke verwendet: „Mir war ganz schlecht vor Angst." (Z. 14/15) – „... mein Herz klopfte bis in die Fingerspitzen." (Z. 33/34)

3 Das glaubst du nicht! – Spannend erzählen

– Es wird gesagt, <u>wie</u> die Figuren sprechen (hier: flüsternd, in kurzen Sätzen): „‚Komm‘, flüsterte Rainer. ‚Wir gehen nach oben. Aber sei leise.'" (Z. 25/26)
Die Sprache ist anschaulich (wörtliche Rede, kurze Ausrufe, lautmalende Wörter, Fragen): „Komm schnell!"' (Z. 6) – „Ksch, ksch!" (Z. 18) – „Hörst du die Ratten?'" (Z. 20).

b Eine sinnvolle Zuordnung lautet: A + G, B + F, C + H auch C + I, D + J, E + I.

3.3 Fit in …! – Spannend erzählen

Siehe hierzu auch die **Folie** „Eine spannende Geschichte erzählen" auf der DVD-ROM.

S. 51 Die Aufgabe richtig verstehen

Die Klassenarbeit orientiert sich an den Aufgabentypen „Erzählen" und „produktionsorientiertes Gestalten von Erzählungen nach Vorgaben" (hier Bildergeschichte).

1 b Die Antworten in der richtigen Reihenfolge:
  H Ich betrachte die Bilder sorgfältig und überlege mir, was genau passiert.
  A Auf Stichwortzetteln notiere ich die Handlungen vor, auf und nach den Bildern.
  N Beim Schreiben der Einleitung achte ich darauf, Schlingen auszulegen.
  D Mit Hilfe der Lesefieberkurve und der Tricks zum lebendigen Erzählen steigere ich die Spannung.
  Y Zum Schluss runde ich meine Erzählung ab und finde eine treffende Überschrift.
  Das Lösungswort lautet **HANDY**.

S. 52 Planen

2 a/b Für das Verständnis der Bildergeschichte ist es notwendig, vor allem das letzte Bild zu betrachten, das die Auflösung der in den Bildern 3 und 4 scheinbaren Gewaltsituation darstellt. Dann ergibt sich folgende Geschichte:
  1. Bild: Ein Mädchen fährt abends in einem fast leeren Bus und telefoniert mit seinem Handy.
  2. Bild: Mit ihm steigen auch zwei Jungen aus, die beobachten, dass es sein Handy verliert.
  3. Bild: Die Jungen rufen und gestikulieren in Richtung des Mädchens, um es auf den Verlust des Handys aufmerksam zu machen, doch dieses missversteht die Situation und läuft ängstlich weiter.
  4. Bild: Dieses Bild stellt den **Höhepunkt** dar: Einer der Jungen berührt das Mädchen an der Schulter und jagt ihm damit einen Schrecken ein.
  5. Bild: Aufgelöst wird das Missverständnis schließlich, als die Jungen dem Mädchen das Handy zurückgeben und das Mädchen erleichtert aufatmet.

S. 52 Schreiben

4 Mögliche Ergänzungen sind fett gedruckt:
Auf einmal hörte ich Schritte hinter mir. Ich merkte, dass mir jemand folgte. Erschrocken drehte ich mich um und sah **zwei merkwürdige, dunkle Gestalten, die mich verfolgten und immer näher zu kommen schienen.** Automatisch wurden meine Schritte schneller, denn mich überkam plötzlich eine große Angst. Mein Herz **schlug bis zum Hals** und ich spürte, **wie sich mein Magen verkrampfte und ich weiche Knie bekam.** Gedanken wie **„Was wollen die bloß von mir? Was mache ich jetzt nur, so alleine hier, ohne Hilfe weit und breit? Bloß schnell weg, gleich haben sie mich eingeholt!"** schossen mir durch den Kopf.

3.3 Fit in ...! – Spannend erzählen

S. 52 Überarbeiten

5/6 Die Checkliste im Schülerband kann als Feedbackbogen (siehe S. 68 in diesen HRU) angelegt und für Leistungsschwächere mit folgenden Fragen ergänzt werden:
- Aufbau/Einleitung: Werden die W-Fragen beantwortet?
- Aufbau/Schluss: Wird die Geschichte sinnvoll aufgelöst?
- Aufbau/Schluss: Ist der Schluss nicht zu ausführlich gestaltet, lässt die Spannung schnell nach?
- Sprache: Werden wörtliche Rede, treffende Verben und anschauliche Adjektive verwendet?
- Sprache: Wird durchgängig im Präteritum erzählt?

Material zu diesem Kapitel

Klassenarbeit
- Eine spannende Reizwortgeschichte schreiben (mit Bewertungsbogen auf der DVD-ROM)
- Zu Bildern eine spannende Erzählung schreiben (mit Bewertungsbogen auf der DVD-ROM)

Fordern und fördern
- Spannend erzählen: Einleitung und Spannungssteigerung (●●○ und ●○○ mit Lösungshinweisen auf der DVD-ROM)
- Spannend erzählen: Den Höhepunkt gestalten (●●○ und ●○○ mit Lösungshinweisen auf der DVD-ROM)
- Eine spannende Geschichte verstehen: Jutta Richter: Im Gruselhaus (○○○ mit Lösungshinweisen auf der DVD-ROM)

Diagnose
- Spannend erzählen (mit Lösungshinweisen und Förderempfehlung auf der DVD-ROM)

PPT-Folien (auf der DVD-ROM)
- Die Lesefieberkurve – Geschichten erzählen
- Ein Ausflug mit dem Boot – Nach Bildern erzählen
- Wirkungsvoll vorlesen – Ein Roboter reißt aus
- Eine spannende Geschichte erzählen

Hörtext (auf der DVD-ROM)
- Thomas C. Brezina: Ein Roboter reißt aus

Deutschbuch Arbeitsheft 5
- Erzählen nach Bildern – Leos Abenteuer, S. 7–14
  Einleitung, Hauptteil, Schluss schreiben – Die Erzählung überarbeiten
  Leos Abenteuer – Traumberuf „Pilot"! (●○○)
  Leos Abenteuer – Die Gespensterpuppe (●●●)
- Erzähltexte lesen und verstehen – Gregs Tagebuch, S. 31–34
  Lustig erzählen – Handlungen richtig zuordnen (●○○)
  Die Sprache untersuchen – Wie kann man lustig erzählen? (●●●)
- Trainingsmöglichkeiten bietet auch die Übungssoftware auf der CD-ROM zum „Deutschbuch Arbeitsheft".

Deutschbuch Förderheft 5
- Erzähltexte lesen und verstehen, S. 12–18
  Steinar Sörrle: Die Nacht, als keiner schlief
- Erzählen zu einer Bildergeschichte, S. 19–28
  Einleitung – Hauptteil – Schluss
  Erzählen zu einer zweiten Bildergeschichte

Deutschbuch Hörbuch 5/6
- Gina Ruck-Pauquèt: Der Freund (Juliane Posch)
- Michael Ende: Die unendliche Geschichte (Michael Ende/Juliane Posch)

Klassenarbeit – Eine spannende Reizwortgeschichte schreiben

Aufgabenstellung

Verfasse aus den folgenden Reizwörtern eine spannende Geschichte.
Achte darauf, dass du alle drei Wörter verwendest. Die Reihenfolge kannst du selbst wählen.

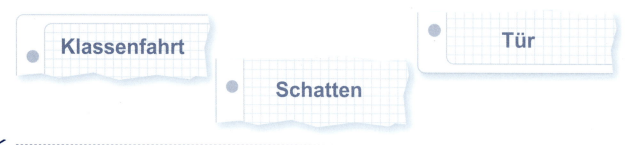

- Klassenfahrt
- Schatten
- Tür

Klassenarbeit – Zu Bildern eine spannende Erzählung schreiben

Aufgabenstellung

Schreibe zu der folgenden Bildergeschichte eine spannende Erzählung.
Beschreibe dabei nicht nur das, was du auf den Bildern siehst, sondern erzähle auch,
was vor und zwischen den Bildern passiert sein könnte.

Illustration: Christiane Grauert, Milwaukee (USA)

Spannend erzählen – Einleitung und Spannungssteigerung

Eine Erzählung spannend beginnen

1 a Schreibe eine Einleitung und verwende die Wörter aus dem Wortspeicher.

| erste Ferienwoche – Regen – Sandra und Jochen – Freibad – spät – Nachhauseweg – Waldweg – Tiergeräusch |

Das Präteritum
Regelmäßige Formen:
sich freuen   ich freute mich
zuhören   wir hörten zu

Unregelmäßige Formen:
kommen   du kamst
sein   es war
schlafen   ihr schlieft
antreffen   ich traf an

– Beantworte alle wichtigen W-Fragen.
– Beachte, dass bei schriftlichen Erzählungen vergangene Ereignisse im Präteritum stehen.
– Lege als „Schlinge" **eine falsche Fährte** aus.

_____
_____
_____
_____
_____
_____
_____
_____
_____

b Als Schlinge hast du **eine falsche Fährte** ausgelegt. Erkläre, inwiefern.

_____
_____
_____

Die Spannung langsam steigern

2 Schreibe als Fortsetzung der Geschichte einen Dialog zwischen Jochen und Sandra in dein Heft. Verwende Wörter und Redewendungen, welche die Angst der beiden verdeutlichen. Nutze den Wortspeicher.

| frösteln vor Angst – zittern – das Herz pocht bis zum Hals – eine Gänsehaut bekommen – mit zittriger Stimme sprechen – wie angewurzelt stehen bleiben |

Spannend erzählen – Einleitung und Spannungssteigerung

Eine Erzählung spannend beginnen

Sandra und Jochen _____ (haben) viel Spaß im Schwimmbad. In der ersten Ferienwoche _____ (regnen) es nur, doch nun _____ (scheinen) endlich Sommer zu sein und sie _____ (genießen) den sonnigen Tag mit Freunden und Freundinnen im städtischen Freibad.

Es _____ (sein) spät, als sie den Nachhauseweg auf dem dunklen Waldweg _____ (antreten), und Sandra _____ (befürchten), dass die Freunde aus ihrer Klasse sie wieder wie im letzten Jahr erschrecken würden. Beruhigt _____ (atmen) sie auf, als sie an der Waldbiegung _____ (ankommen), an der ihnen die anderen im Vorjahr aufgelauert hatten. Doch plötzlich _____ (hören) sie ein merkwürdiges Tiergeräusch …

1
a Setze die in Klammern angegebenen Verben in das Präteritum. Wenn du Schwierigkeiten hast, nimm den Kasten zu Hilfe.
b Als Schlinge wurde **eine falsche Fährte** ausgelegt. Erkläre, inwiefern.

_____
_____
_____

Das Präteritum
Regelmäßige Formen:
sich freuen ich freute mich
zuhören wir hörten zu

Unregelmäßige Formen:
kommen du kamst
sein es war
schlafen ihr schlieft
antreffen ich traf an

Die Spannung langsam steigern

2 Schreibe den folgenden Text in dein Heft und ergänze die Lücken mit Wörtern und Redewendungen, welche die Angst der beiden Kinder verdeutlichen. Nutze den Wortspeicher.

„Hast du das auch gehört?", fragte Jochen ❓. Er ❓ und ❓. „Ja", hauchte ihm Sandra zu, „war das ein Tier?" Die beiden ❓ und stellten mit Schrecken fest, dass das Geräusch immer lauter wurde; es kam näher. „Lass uns schnell wegrennen", schlug Sandra ❓ vor. „Nein, los, wir verstecken uns da hinter den Bäumen", zischte ihr Jochen entgegen. Sandras ❓ und sie ❓, aber jetzt musste schnell gehandelt werden …

> fröstelten vor Angst – ergriff ihre feuchte Hand – erschrocken – bekam eine Gänsehaut – Herz pochte bis zum Hals – mit zittriger Stimme – blieb wie angewurzelt stehen

Spannend erzählen – Den Höhepunkt gestalten

1 Ergänze die folgenden Wörter mit einem Verb aus dem Wortfeld „gehen":

(a) schnell _____

(b) blitzschnell _____

(c) im Gleichschritt _____

(d) in Einkaufslaune _____

(e) gelangweilt _____

(f) ängstlich _____

(g) vorsichtig, langsam _____

(h) mit verstauchtem Fuß _____

2 Ergänze in den folgenden Sätzen passende Verben aus dem Wortfeld „gehen":

(a) Die Museumsführerin forderte alle auf, ihr in den nächsten Saal zu _____. Brav _____ Bruno und Julia hinter ihr her.

(b) Im nächsten Moment erfüllte der Lärm einer schrillen Sirene den Raum. Wie von der Tarantel* gestochen _____ ich _____. Von Panik ergriffen _____ ich hinaus.

(c) Er _____ durch den Wald wie ein Blinder im Nebel. Doch als er den schwachen Lichtschein sah, packte ihn die Neugierde und er _____ auf Zehenspitzen auf ihn zu.

* Tarantel: giftige Spinne

3 Hier stimmt etwas nicht! Die *schräg* gedruckten Verben passen nicht zur Situation. Finde für jeden Satz ein treffendes Verb.

A   Mit schmerzverzerrtem Gesicht *bummelte* _____ sie die Straße entlang.

B   Arthur *tänzelte* _____ vorsichtig die Stufen zum Dachboden hinauf.

C   Klatschnass *stolzierten* _____ die Kinder über den matschigen Waldboden.

D   Das Brautpaar *schlenderte* _____ nach vorne zum Altar.

E   Wie auf einer Eisfläche *trödelte* _____ er auf dem rutschigen Boden dahin.

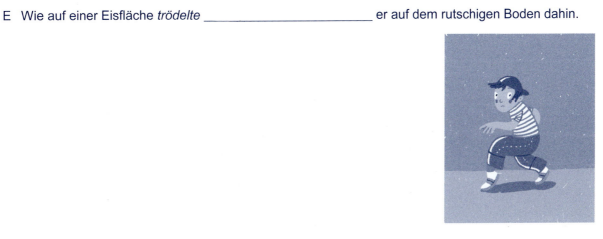

Spannend erzählen – Den Höhepunkt gestalten

1 Ergänze jeweils ein Verb aus dem Wortfeld „gehen" und nutze dazu den Wortspeicher:

(a) schnell _____ (b) blitzschnell _____

(c) im Gleichschritt _____ (d) in Einkaufslaune _____

(e) gelangweilt _____ (f) ängstlich _____

(g) vorsichtig, langsam _____ (h) mit verstauchtem Fuß _____

> marschieren – flüchten – rasen – hinterhertrotten – humpeln – schleichen – rennen – bummeln

2 Ergänze passende Verben aus dem Wortfeld „gehen" im Präteritum. Nutze den Wortspeicher.

(a) Die Museumsführerin forderte alle auf, ihr in den nächsten Saal zu

_____. Brav _____ Bruno und Julia hinter ihr her.

(b) Im nächsten Moment erfüllte der Lärm einer schrillen Sirene den Raum. Wie von der Tarantel*

gestochen _____ ich _____. Von Panik ergriffen _____ ich hinaus.

(c) Er _____ durch den Wald wie ein Blinder im Nebel. Doch als er den schwachen

Lichtschein sah, packte ihn die Neugierde und er _____ auf Zehenspitzen auf ihn zu.

* Tarantel: giftige Spinne

> trotten – tappen – aufspringen – folgen – laufen – stürzen

3 Hier stimmt etwas nicht! Die *schräg* gedruckten Verben passen nicht zur Situation. Finde für jeden Satz ein treffendes Verb und setze es ins Präteritum. Wenn du nicht weiterkommst, kann dir die Wörterschlange helfen.

A Mit schmerzverzerrtem Gesicht *bummelte* _____ sie die Straße entlang.

B Arthur *tänzelte* _____ vorsichtig die Stufen zum Dachboden hinauf.

C Klatschnass *stolzierten* _____ die Kinder über den matschigen Waldboden.

D Das Brautpaar *schlenderte* _____ nach vorne zum Altar.

E Wie auf einer Eisfläche *trödelte* _____ er auf dem rutschigen Boden dahin.

Eine spannende Geschichte verstehen

1 Lies den folgenden Text aufmerksam. Achte besonders auf die fett gedruckten Wörter. Diese **Schlüsselwörter** sind besonders wichtig.

Jutta Richter
Im Gruselhaus

*Schließlich entscheidet sich die **Erzählerin**, mit **Rainer** in das **Gruselhaus** zu gehen.*

„Bleib hier stehen", sagte Rainer, sah sich nach allen Seiten um und schlich bis zur Hausecke.

Die Straße war menschenleer. Einen Augenblick lang hoffte ich, er würde ohne mich ins Gruselhaus gehen, aber dann nickte er mir zu und rief: „Komm schnell!"
Er zog mich hinter das Haus und zeigte auf ein **offenes Fenster**. „Da rein! Los!"
Wir kletterten über die Fensterbank und standen in einem düsteren Zimmer. Überall waren **Löcher**: im Holzfußboden, in der Zimmerdecke. Und von den Wänden hingen Tapetenfetzen mit einem verblichenen Blumenmuster. Es roch **modrig** und es war **kühl**. Mir war ganz schlecht vor **Angst**.

Jutta Richter: Der Tag, als ich lernte, die Spinnen zu zähmen. Carl Hanser Verlag, München 2000

2 Entscheide bei den folgenden Sätzen, welche richtig und welche falsch sind. Kreuze an.

	Richtig	Falsch
Die Ich-Erzählerin sagt zu Rainer, er solle erst einmal stehen bleiben.	☐	☐
Rainer sieht sich zunächst das Gruselhaus von allen Seiten genau an.	☐	☐
Durch ein offenes Fenster klettern die beiden Kinder in das Gruselhaus.	☐	☐
Sie treten in ein hell erleuchtetes Zimmer ein.	☐	☐

3 Beantworte die folgenden Fragen:

Wie riecht es im Gruselhaus? _____

Was sehen die Kinder im Gruselhaus? _____

_____

Was spüren sie? _____

Wie fühlt sich die Ich-Erzählerin? _____

Illustration: Christiane Grauert, Milwaukee (USA)

4 Lies den folgenden Text aufmerksam. Achte besonders auf die Schlüsselwörter.

Jutta Richter
Im Gruselhaus (Fortsetzung)

Endlich, nach einer Ewigkeit, standen wir auf **dem oberen Treppenabsatz**.

Meine Augen hatten sich an das Dämmerlicht gewöhnt. So kam es, dass ich sie **zuerst** sah.

5 Ich drückte **Rainers Hand** und nickte mit dem Kopf in die Richtung.

Es war eine große graue **Ratte** mit einem dicken, unbehaarten Schwanz. Sie saß völlig reglos auf einer zerschlissenen Matratze und **schaute** uns
10 mit ihren glänzenden Knopfaugen aufmerksam an.

Ihre Schnauze und die Schnurrbarthaare zitterten leicht, sie schnupperte, sie **roch**, dass wir da waren.

Ich hatte noch nie so nah vor einer Ratte gestanden […].

*Jutta Richter: Der Tag, als ich lernte, die Spinnen zu zähmen.
Carl Hanser Verlag, München 2000*

5 Beantworte die folgenden Fragen. Die **Schlüsselwörter** helfen dir.

Wer sieht die Ratte zuerst? _____

Was macht die Ich-Erzählerin mit Rainers Hand? _____
_____

Wie sieht die Ratte aus? _____
_____

Was macht sie? _____

Was fühlt die Ich-Erzählerin wohl in diesem Moment? _____
_____

Diagnose – Spannend erzählen

1 Tamara erzählt ihren Freundinnen ein spannendes Erlebnis. Lies den Text und kreuze an, was ihr gut gelungen ist und was sie noch verbessern sollte:

> Schon ungefähr eine knappe Stunde <u>sind</u> wir auf dem feuchtmatschigen Waldweg durch den immer dichter und dunkler werdenden Wald <u>gestapft</u>. Langsam <u>hat</u> auf mich alles unheimlich <u>gewirkt</u> und mir <u>ist</u> etwas mulmig zumute <u>geworden</u>. Wie aus heiterem Himmel <u>ist</u> vor uns etwas mit einem dumpfen Schlag auf den Boden <u>geknallt</u>. Ich <u>bin</u> <u>erschrocken</u> und …

Sie verwendet …	Ja, gut gelungen	Beispiele (Zeile)	Nein, muss verbessert werden
treffende Adjektive			
passende Verben			
spannende Satzanfänge			
wörtliche Rede			
Ausdrücke, die Tamaras Gefühle beschreiben			
Ausdrücke, die die Angst der Figuren beschreiben			

2 Wandle Tamaras mündliche Erzählung in eine schriftliche um, indem du die unterstrichenen Verben in die richtige Zeitform setzt. Schreibe in dein Heft.

3 Setze die Erzählung ein Stück fort und führe sie zum Höhepunkt. Ergänze, was noch verbessert werden muss.

4 Überlege dir zu Tamaras Geschichte eine passende spannende Einleitung mit Schlinge.

4 Rund um Tiere – Beschreiben

Konzeption des Kapitels

Für die meisten Fünftklässler/-innen spielen Tiere, vor allem Haustiere, eine wichtige Rolle. An dieses Interesse knüpft das Kapitel mit seiner thematischen Klammer an. Ein Tier oder einen Vorgang zu beschreiben fordert zu produktiver Spracharbeit heraus. Damit dies gelingt, sollten die Schülerinnen und Schüler immer wieder erarbeiten, welche Funktion eine Beschreibung hat. So ist es z. B. sinnvoll, ein entlaufenes Tier genau zu beschreiben, weil es dadurch wiedergefunden werden kann. Entsprechend ist die genaue Beschreibung eines Vorgangs dann funktional, wenn er von einer anderen Person nachgemacht werden soll. Die Erfolgskontrolle geschieht über das Ergebnis.

Im ersten Teilkapitel (**"'Wie sieht es denn aus?' – Tiere beschreiben"**) geht es um das Verfassen einer Suchanzeige für ein vermisstes Tier. Dabei wird das Augenmerk auf einen sinnvollen Aufbau und auf passende und informative Formulierungen gelenkt. Hierauf baut das Schreiben einer Suchanzeige auf, zu dem die Schülerinnen und Schüler in diesem Kapitel schrittweise angeleitet werden. Abschließend erproben und festigen sie ihr neu erworbenes Wissen und Können, indem sie unter Anwendung elementarer Methoden der Textplanung, -formulierung und -überarbeitung eine Suchanzeige verfassen.

Im zweiten Teilkapitel (**"'Wie geht das?' – Vorgänge beschreiben"**) lernen die Schülerinnen und Schüler, wie man Vorgänge so detailliert und anschaulich wiedergibt, dass eine andere Person die Beschreibung als Anleitung verwenden kann. Thematisch geht es um kleinere Bastelarbeiten, z. B. um den Bau eines Vogelhäuschens, einer Vogeltränke und die Herstellung eines Katzen-Kratzbaumes. Die Kinder erarbeiten schrittweise den Aufbau und die sprachliche Gestaltung einer Bastelanleitung (Reihenfolge, richtiges Tempus, unterschiedliche Satzanfänge). Die eine oder andere Bastelarbeit können die Kinder ohne großen Aufwand selbst bewältigen, sodass die Ergebnisse als Erfolgskontrolle genutzt werden können und die Funktionalität einer Beschreibung sichtbar wird.

Das dritte Teilkapitel (**"Fit in …! – Tiere beschreiben"**) dient der Vorbereitung auf eine Klassenarbeit. Hierbei planen, schreiben und überarbeiten sie eine Suchanzeige über ein vermisstes Tier.

Literaturhinweise

- *Aladjidi, Virginie/Tchoukriel, Emmanuelle:* Käfer, Katze, Krokodil. 100 tolle Tiere. Gerstenberg, Heidelberg 2010
- *Baurmann, Jürgen:* Schreiben – Überarbeiten – Beurteilen. Ein Arbeitsbuch zur Schreibdidaktik. Kallmeyer'sche Verlagsbuchhandlung, Seelze 2002
- Beschreiben und Beschreibungen. Praxis Deutsch 182/2003
- *Boëtius, Henning/Hein, Christa:* Die ganze Welt in einem Satz. Sprach- und Schreibwerkstatt für junge Dichter. Beltz & Gelberg, Weinheim und Basel 2010 (v. a. die Kapitel „Im Reich der Wörter", S. 43 ff. und „Raumschiff Sprache", S. 121 ff.)
- *Knapp, Werner/Marquardt, Nina:* Bedienungsanleitungen schreiben. In: Deutschunterricht 6/2010, S. 32 f.
- *Schneider, Frank:* Fiktive und reale Tierbeschreibungen im Wikipedia-Stil. In: Deutschunterricht 3/2008, S. 34–42

Inhalte	Kompetenzen
	Die Schülerinnen und Schüler
S. 54 **4.1 „Wie sieht es denn aus?" – Tiere beschreiben**	
S. 54 Informationen für einen Steckbrief zusammentragen	– entnehmen Sachtexten zielgerichtet Informationen und machen sich Notizen – fassen Informationen in einem Steckbrief zusammen
S. 56 „Gesucht wird …" – Aufbau und Sprache einer Suchanzeige untersuchen	– untersuchen den Aufbau eines einfach strukturierten Sachtextes – entnehmen Bildern Informationen – beschreiben ein Tier – verwenden Wortarten (Adjektive) funktional – verwenden Zeitformen (Präsens) funktional
S. 58 Eine eigene Suchanzeige schreiben	– entnehmen Bildern Informationen – beschreiben ein Tier unter Nutzung elementarer Methoden der Textplanung, -formulierung und -überarbeitung – gestalten einen Text adressatengerecht
S. 60 Teste dich!	– bauen einen Text (eine Tierbeschreibung) sinnvoll und funktional auf
S. 61 **4.2 „Wie geht das?" – Vorgänge beschreiben**	
S. 61 Ein Vogelhäuschen basteln	– entnehmen einem Text und einem Bild Informationen – beschreiben einen Vorgang – variieren Sätze und formen sie um – verwenden Zeitformen (Präsens) funktional
S. 63 **Fordern und fördern –** Eine Vogeltränke bauen	– beschreiben einen Vorgang unter Nutzung elementarer Methoden der Textplanung, -formulierung und -überarbeitung
S. 65 Übung macht den Meister	– überarbeiten eine Vorgangsbeschreibung
S. 66 **4.3 Fit in …! – Tiere beschreiben**	
S. 66 Die Aufgabe richtig verstehen, planen, schreiben und überarbeiten	– entscheiden anhand der Aufgabenstellung über die erforderlichen Arbeitsschritte – planen, schreiben und überarbeiten eine Tierbeschreibung

4 Rund um Tiere – Beschreiben

S. 53 Auftaktseite

Das Foto macht deutlich, wie innig das Verhältnis zwischen Mensch und (Haus-)Tier sein kann. Viele Fünftklässler/-innen, die ein Haustier besitzen und für die Aufsicht und Pflege zuständig sind, verbringen viel Zeit mit ihrem Tier und nehmen es manchmal sogar als zusätzliches Familienmitglied wahr.

1 Durch den gegenseitigen Austausch kommen auch zurückhaltende Schüler/-innen zu Wort. Um die Ergebnisse der Partnerarbeit zu bündeln, können die Kinder anschließend Besonderheiten aus den Erzählungen ihrer Mitschüler/-innen im Plenum vorstellen, z. B.: „Clara hat mir erzählt, dass sie ein Nagetier hat, das ich gar nicht kannte: ein Chinchilla." – „Safar hat im Urlaub schon einmal sein Lieblingstier gesehen: einen Wal."

2 Hier lernen die Kinder spielerisch, die wesentlichen Merkmale eines Tieres zu beschreiben. Die Treffsicherheit und Genauigkeit ihrer Beschreibung lässt sich sofort an der Rückmeldung der Mitschüler/-innen überprüfen.

Ein weiteres Ratespiel
Wer ist so wie ich? – Tieren Eigenschaften zuordnen
1. Die Schüler/-innen spielen in Gruppen zu je 4 bis 5 Personen gegeneinander.
2. Die Lehrkraft notiert die Eigenschaft eines Tieres an die Tafel, z. B. „stachlig" oder „gefährlich". Die Gruppen schreiben innerhalb einer vorgegebenen Zeit (z. B. einer Minute) so viele Tiere wie möglich auf, die diese Eigenschaft besitzen (z. B. Igel, Stachelschwein oder Giftschlange, Skorpion).
3. Die Gruppe, die die meisten Tiere gefunden hat, erhält einen Punkt.

Variation: Jede Gruppe hat eine/einen Spielleiter/-in, die/der die Eigenschaften der gesuchten Tiere vorgibt.

3 Die Stichwörter können in Fragen umformuliert werden, z. B.: „Habe ich das Tier so beschrieben, dass es wiedergefunden werden kann?" – „Habe ich die Anzeige ansprechend gestaltet?" Die Fragen können auf einem Lernplakat notiert werden und als eine Art Checkliste dienen.

4.1 „Wie sieht es denn aus?" – Tiere beschreiben

S. 54 Informationen für einen Steckbrief zusammentragen

2 Die Stichwörter können anschließend an der Tafel gesammelt werden:

Informationen zu Tylor

1. <u>Aussehen:</u>
   - Border Collie, schwarz-weißes, glänzendes Fell
   - Schnauze und Blesse, Brust, vorderer Bauch, Beine, Schwanzspitze weiß, der Rest schwarz
   - muskulöser Körper, länglicher Kopf
   - wache Augen
   - 55 cm groß
   - 20 kg schwer
2. <u>Verhalten:</u>
   - sehr beweglich und geschickt
3. <u>Besonderheiten:</u>
   - kann durch die Luft „fliegen"
   - kommt beim Wettbewerb unter 60 Hunden auf Platz 6
   - kann einen Salto aus dem Stand vorführen

3 a Mögliche Lösung:

> **Steckbrief**
> Name: Tylor
> Rasse: Border Collie
> Alter/Größe/Gewicht: 4 Jahre, 55 cm, 20 kg
> Farbe: Schnauze und Blesse, Brust, vorderer Bauch, Beine und Schwanzspitze weiß, an rechtem Vorder- und Hinterbein und um beide Augen langer hellbrauner Fleck, der Rest schwarz
> Körperbau: muskulöser Körper, länglicher Kopf, spitze Schnauze
> Fell: glänzendes, längeres Haar
> Besondere Merkmale: weiße Schwanzspitze, weiße rechte Ohrenspitze
> Auffälligkeiten im Verhalten: erfolgreich in der Disziplin „Freiflug", kann einen Salto aus dem Stand

S. 56 „Gesucht wird ..." – Aufbau und Sprache einer Suchanzeige untersuchen

1 Die ersten fünf Zeilen der Suchanzeige für Lucy lassen sich im Prinzip allen drei abgebildeten Katzen zuordnen. Erst anhand der Besonderheit am Ende der Beschreibung (schwarzer, ovaler Fleck am linken Vorderbein) können die Schüler/-innen die Katzen auf den Fotos links und in der Mitte ausschließen.

2 Damit die Katze eindeutig erkannt werden kann, könnte der Verfasser einen weiteren schwarzen Fleck auf der Unterseite der Schnauze, auf der Innenseite des rechten Beines erwähnen oder auch, dass das schwarze Fell auf der rechten Seite zickzackförmig aussieht.

3 a Indem die Schüler/-innen den Aufbau von Texten untersuchen, erhalten sie Anregungen für das Verfassen eines Schreibplans, an dem sie sich beim Ausformulieren eines Textes orientieren können. Kinder, die einen anderen Vorschlag für die Strukturierung der Anzeige haben, können diesen im Plenum vorstellen und begründen. Es wäre z. B. möglich, die Besonderheiten an den Anfang zu stellen, damit die angesprochenen Personen sofort darauf achten. So wird für alle ersichtlich, dass die Struktur einer Beschreibung von der jeweiligen Funktion abhängt.

b Durch das Ordnen der angeführten Begriffe wird es Leistungsschwächeren erleichtert, die Struktur der Suchanzeige nachzuvollziehen. Die Reihenfolge der beschriebenen Merkmale:

1. die Tierart   4. das Fell   7. die Körperform
2. das Alter   5. die Größe   8. die Beine
3. der Name   6. der Kopf   9. besondere Kennzeichen

4 a/b Die Ergebnisse werden an der Tafel (oder mit Hilfe einer Folie für den OH-Projektor) verglichen:

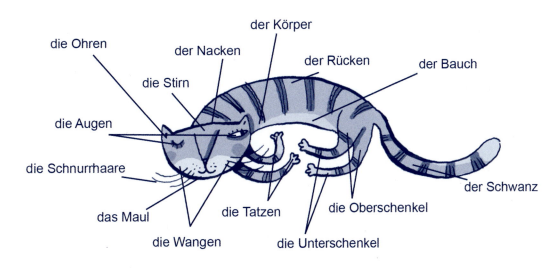

4 Rund um Tiere – Beschreiben

●●● **Zusatzaufgabe:** Leistungsstärkere können weitere Begriffe nennen, die im Schülerband nicht genannt werden (z. B. die Blesse, die Krallen).

5 Die Suchanzeige ist im Präsens verfasst.

6 a/b Mögliches Tafelbild (die Adjektive aus der Suchanzeige sind unterstrichen):

die Größe	das Gewicht	die Farbe	die Körperformen
mittelgroß, klein, winzig, riesig, zierlich, groß, zwergenhaft	schlank, dick, kräftig, dünn, massig, schwächlich, mager, füllig, dürr, rundlich, mollig, dicklich, knochig	schwarz, schwarz-weiß, braun, grau, rötlich, schwarz-braun, rotbraun, grau-braun, grau-schwarz, scheckig	lang, schmal, spitz, schmächtig, oval, gerade, rund, kurz, breit, muskulös, länglich

●●● **Zusatzaufgabe:** Leistungsstärkere Schüler/-innen können zusätzlich passende Adjektive sammeln, mit denen man das Fell beschreiben kann (z. B. struppig, lang, dicht, glänzend).

7 a Mögliche Überarbeitung:
Meine Katze ist drei Jahre alt und hört auf den Namen Lucy. Sie ist mittelgroß und hat ein schwarz-weißes, kurzes und glattes Fell. Die Blesse, der Hals, die Brust, der Bauch sowie die größten Teile der Beine sind weiß, der Rest ist schwarz. Auf der rechten Seite sieht das schwarze Fell auf dem Rücken zickzackförmig aus. Ihr Kopf ist schmal und spitz, sie hat eine kleine Schnauze mit schwarzer Unterseite sowie eine schwarze Nase. Lucys Schnurrhaare sind lang und weiß. Sie besitzt große, wache Augen. Ihre Ohren sind kurz und spitz; am linken Ohr fehlt ein Stück von der Ohrspitze. Ihr Körper ist schlank, die Beine sind dünn und lang und haben kleine weiße Tatzen mit kurzen Krallen.
Besonders auffällig ist ein schwarzer, ovaler Fleck am linken und rechten Vorderbein, die schwarze Nase sowie ein kleiner schwarzer Fleck auf der rechten Nasenseite, vor allem aber das linke Ohr mit der abgebissenen Spitze.

b Schwächeren Schülerinnen und Schülern kann es helfen, die im Methodenkasten genannten Punkte in Fragen umzuformulieren, z. B.: Habe ich am Anfang die Tierart genannt?

S. 58 Eine eigene Suchanzeige schreiben

Siehe hierzu auch die **Folie** „Eine Suchanzeige schreiben" auf der DVD-ROM.

1 a In der Regel werden Kinder das Tier auswählen, das sie selbst zu Hause besitzen oder bei Freunden und Verwandten kennen lernen konnten. Leistungsschwächere können die Beschreibung der Katze Lucy variieren und so das eben Erlernte festigen (Inklusion).

b/c Für die Liste können die Schüler/-innen die fett gedruckten Wörter des Methodenkastens im Schülerband, S. 57, übernehmen. Größe und Gewicht sollten als ungefähre Angaben angeführt werden; bei großer Unsicherheit sollte auf eine Gewichtsangabe in Gramm/Kilo verzichtet werden. Die Auflistung der Merkmale kann mit Hilfe der **Folie** „Stichwörter für eine Suchanzeige" (DVD-ROM) im Plenum vor- oder nachbereitet werden.

4.1 „Wie sieht es denn aus?" – Tiere beschreiben

Mögliche Lösung für alle vier Tiere:

1. Tierart: Dalmatiner
2. Name: Bruno
3. Alter: 3 Monate
4. Größe: ungefähr 50 cm
5. Gewicht: ungefähr 8 kg
6. Farbe: schwarz-weißes Fell
7. Kopfform: länglich, an der Stirn breiter
8. Körperform: schlank, aber muskulös, kräftige Brust, kurze, kräftige Beine
9. Einzelne Merkmale: breite Schlappohren, schwarze Nase, große, dunkle Augen
10. Besondere Kennzeichen: dünner, ganz weißer Schwanz, schwarze Punkte am linken Auge, schwarz-rotes Halsband mit silbernem Ring
11. Auffällige Verhaltensweisen: sehr zutraulich und verspielt

1. Tierart: Katze
2. Name: Mimi
3. Alter: 3 Monate
4. Größe: etwa 15 cm
5. Gewicht: ungefähr 1,8 kg
6. Farbe: weiß-grau-schwarz geflecktes Fell
7. Kopfform: schmal und spitz
8. Körperform: zart, schlank, lange und schlanke Beine, kräftiger, langer Schwanz
9. Einzelne Merkmale: Fell ist etwas länger und sehr weich, große, spitze Ohren, kleine rosafarbene Nase, wache grüne Augen, kräftige Tatzen
10. Besondere Kennzeichen: zwei schwarz-graue Flecken auf der rechten Seite
11. Auffällige Verhaltensweisen: verspielt, aber scheu

1. Tierart: Wellensittich
2. Name: Horst
3. Alter: 2 Jahre
4. Größe: ungefähr 15 cm
5. Gewicht: federleicht
6. Farbe: hellblaues und schwarz-weißes Gefieder
7. Kopfform: rund und klein
8. Körperform: schmal und zart, aber breite Brust
9. Einzelne Merkmale: glänzendes Gefieder, kurzer, gelber, stark gebogener Schnabel, kleine, kreisrunde Augen
10. Besondere Kennzeichen: blaue Nasenlöcher, kräftige Krallen
11. Auffällige Verhaltensweisen: kann „Hallo" und „Horst" sagen

1. Tierart: Hamster
2. Name: Fridolin
3. Alter: 8 Monate
4. Größe: klein, ungefähr 10 cm
5. Gewicht: leicht, etwa 100 g
6. Farbe: braun-beiges Fell, teilweise rosa und schwarz
7. Kopfform: klein und spitz
8. Körperform: rund, breit mit kurzen und dünnen Beinen, kurzer, dünner Schwanz
9. Einzelne Merkmale: flauschiges, weiches, gepflegtes Fell, kurze, abgerundete Ohren
10. Besondere Kennzeichen: schwarze Knopfaugen, lange Schnurrhaare
11. Auffällige Verhaltensweisen: versteckt sich gern

4 Rund um Tiere – Beschreiben

2 Mögliche Lösungen:

Hund entlaufen!
Seit Freitag (20.01.12) vermisse ich meinen kleinen Dalmatiner.
Bruno ist drei Monate alt, ungefähr 50 cm lang und etwa 8 Kilo schwer. Sein Fell ist schwarz-weiß gepunktet. Brunos länglicher Kopf wird an der Stirn breiter. Der Hund hat einen schlanken, aber muskulösen Körper mit einer kräftigen Brust und kurzen, kräftigen Beinen. Bruno hat breite Schlappohren, eine schwarze Nase und große, dunkle Augen. Besonders auffällig sind sein dünner weißer Schwanz und schwarze Punkte am linken Auge.
Außerdem trägt Bruno ein schwarz-rotes Halsband mit einem silbernen Ring. Er ist sehr zutraulich und verspielt.
Bitte melden bei ... Hauptstraße 7, Berlin, Tel. 030 123...
Vielen Dank!

Wer hat Mimi gesehen?
Seit Freitag (20.01.12) ist meine Katze entlaufen. Wer kann mir helfen?
Mimi ist drei Monate alt, ungefähr 15 cm lang und etwa 1,8 kg schwer. Die kleine Katze trägt ein weiß-grau-schwarz geflecktes Fell. Mimis Kopf ist schmal und spitz, ihr Körper ist zart und schlank mit langen, schlanken Beinen sowie einem kräftigen, langen Schwanz. Das Fell der Katze ist etwas länger und sehr weich. Sie hat große, spitze Ohren, eine kleine rosafarbene Nase, wache grüne Augen sowie kräftige Tatzen.
Mimi fällt besonders durch zwei schwarz-graue Flecke auf der rechten Seite auf. Sie ist sehr verspielt, aber scheu.
Bitte melden bei ... Hauptstraße 7, Berlin, Tel. 030 123...
Ich freue mich über jeden Tipp!

Wellensittich entflogen!
Seit Freitag (20.01.12) vermisse ich meinen Wellensittich.
Horst ist zwei Jahre alt, ungefähr 15 cm lang und federleicht. Das Gefieder ist überwiegend hellblau mit schwarz-weiß gepunktetem Schwanz und Kopf. Auch die Flügel haben diese Farbe. Horst hat einen kleinen, runden Kopf und einen schmalen und zarten Körper mit einer breiten Brust. Das Gefieder ist besonders glänzend, außerdem hat Horst einen gelben, stark gebogenen Schnabel und kleine Augen. Besonders auffällig sind seine blauen Nasenlöcher und seine kräftigen Krallen.
Der Wellensittich kann „Hallo" und „Horst" sagen.
Bitte melden bei ... Hauptstraße 7, Berlin, Tel. 030 123...
Ich bin für jeden Tipp dankbar!

Wer hat Fridolin gesehen?
Seit Freitag (20.01.12) ist mein Hamster entlaufen. Wer kann mir helfen?
Fridolin ist acht Monate alt, noch klein, erst 10 cm groß und leicht, er wiegt nur etwa 100 Gramm. Sein braun-beiges Fell wird am Bauch rosa, die Innenseiten seiner kurzen, abgerundeten Ohren sind dunkelgrau. Fridolin hat einen spitzen Kopf und einen runden, breiten Körper mit sehr kurzen, dünnen Beinchen. Das Fell des Hamsters ist besonders flauschig, weich und gepflegt. An Fridolin fallen besonders seine schwarzen Knopfaugen und seine langen Schnurrhaare auf. Der Hamster versteckt sich außerdem gern.
Bitte melden bei ... Hauptstraße 7, Berlin, Tel. 030 123...
Danke für Ihre Hilfe!

4.2 „Wie geht das?" – Vorgänge beschreiben

3 Die Checkliste hilft, bei der Überarbeitung Aufbau und Sprache gleichermaßen im Blick zu behalten. Um die Fünftklässler/-innen nicht zu überfordern, sollten zu den fett gedruckten Kriterien Beispiele im Plenum besprochen werden. Die Schüler/-innen sollten zunächst benennen, was gut gelungen ist. Erst danach weisen sie – in freundlichen Worten – auf Mängel hin und machen Vorschläge zur Verbesserung.

S. 60 Teste dich!

1 a/b Lösung:
M Kätzchen „Tiger" ist zweieinhalb Monate alt und wirkt noch relativ klein für sein Alter. **E** So wiegt es nur etwa 600 g und ist sehr schlank. **R** Auffällig ist sein schwarz-weiß-braun geflecktes Fell. **K** Auch am <u>Kopf</u> ist sein Fell schwarz-weiß-braun gefleckt. „Tigers" Gesicht allerdings ist überwiegend weiß. **M** Am <u>Rücken</u>, an den <u>Seiten</u> und am <u>Schwanz</u> ist „Tiger" schwarz-weiß-braun gefleckt, nur die <u>Brust</u>, die <u>Beine</u> und <u>Pfoten</u> sowie der <u>Bauch</u> sind weiß. **A** Der Kopf des Kätzchens ist klein, aber *breit*. **L** Außerdem hat es einen *schmalen* Körper mit kräftigen Beinen. **E** „Tiger" hat *hellgraue*, spitze Ohren, wache grüne Augen und eine kleine *rosafarbene* Nase mit kleinem Maul.
Zusatz: Besonders auffällig ist ein dunkler Fleck am vorderen linken Bein.

2 Das Lösungswort lautet: MERKMALE.

3 Beispiellösung siehe Aufgabe 1: Körperteile: unterstrichen, Formen und Farben: kursiv/unterstrichen.

4.2 „Wie geht das?" – Vorgänge beschreiben

S. 61 Ein Vogelhäuschen basteln

1 Die Aufgabe knüpft an das Vorwissen und die Vorerfahrungen der Kinder an. Für einen ersten Austausch im Plenum können diese Leitfragen sinnvoll sein: „Einige von euch haben sicher schon einmal etwas nach einer Bastelanleitung hergestellt. Was kann bei einer Bastelanleitung hilfreich sein, was ist eher hinderlich? Begründet." – „Habt ihr selbst schon einmal eine Anleitung geschrieben, z. B. für ein Spiel? Berichtet von euren Erfahrungen."

2 Aylin hätte in ihrer Beschreibung sagen müssen, dass eine Schnur durch das Loch des Milchkartons gezogen werden muss, damit das Vogelhäuschen an einem Ast aufgehängt werden kann.

3 Material und Werkzeug
1. Material: leere Milchtüte, ein Stück Schnur, Wandfarbe und Pinsel, Vogelfutter, eine Schere, ein Locher

Arbeitsschritte
2. Milchkarton sorgfältig ausspülen
3. In Vorder- und Rückseite des Milchkartons … Fensterklappe kurz schneiden
4. Vogelhäuschen mit Wandfarbe anmalen
5. In den oberen Rand des Milchkartons mit Locher Loch knipsen
6. Vogelfutter hineinlegen
7. Vogelhäuschen an Ast aufhängen

4 a/b Beispiel für eine Anleitung in ganzen Sätzen:
1. Für diese Vogelhäuschen braucht man eine leere Milchtüte, ein Stück Schnur, Wandfarbe und einen Pinsel, Vogelfutter, eine Schere und einen Locher.
2. Man spült den Milchkarton sorgfältig aus.
3. In die Vorder- und Rückseite des Milchkartons schneidet man ein großes Fenster. Dabei schneidet man nur die Seite und den oberen Rand ein, um das Fenster aufklappen zu können. Die Fensterklappe schneidet man kurz.
4. Man malt das Vogelhäuschen mit Wandfarbe an.
5. In den oberen Rand des Milchkartons knipst man mit einem Locher ein Loch.

4 Rund um Tiere – Beschreiben

6. Man zieht ein Stück Schnur durch das Loch und knotet es zusammen.
7. Dann füllt man das Vogelfutter hinein.
8. Man hängt das Vogelhäuschen an einen Ast.

5 Mögliches Tafelbild:

Anfang	Mitte	Schluss
Am Anfang, Zu Beginn, Anfangs, Als Erstes, Zunächst	Dann, Anschließend, Danach, Hinterher, Daraufhin	Zuletzt, Am Schluss, Am Ende, Schließlich, Abschließend

6 a/b Mögliche Lösung:

Ein Vogelhäuschen basteln
<u>Material und Werkzeug</u>
Für ein Vogelhäuschen braucht man eine leere Milchtüte, ein Stück Schnur, Wandfarbe und einen Pinsel, Vogelfutter, eine Schere und einen Locher.
<u>Arbeitsschritte</u>
Am Anfang spült man den Milchkarton sorgfältig aus. Anschließend schneidet man in die Vorder- und Rückseite des Milchkartons ein großes Fenster. Dabei schneidet man nur die Seite und den oberen Rand ein, um das Fester aufklappen zu können. Die Fensterklappe schneidet man kurz. Danach malt man das Vogelhäuschen mit Wandfarbe an. In den oberen Rand des Milchkartons knipst man nun mit einem Locher ein Loch. Daraufhin zieht man ein Stück Schnur durch das Loch und knotet es zusammen. Zum Schluss füllt man das Vogelfutter hinein und hängt das Vogelhäuschen an einen Ast.

S. 63 Fordern und fördern – Eine Vogeltränke bauen

Siehe hierzu auch die **Folie** „Eine Vogeltränke bauen" auf der DVD-ROM.

1 Mögliche Lösung:
<u>Material und Werkzeug</u>
ein Spaten, eine feste Folie, acht bis zehn Ziegelsteine, Sand, kleine und große Steine, verschiedene Pflanzen, Wasser
<u>Arbeitsschritte</u>
1. Schritt: Mit Spaten eine Vertiefung ausheben
2. Schritt: Mit fester Folie auslegen
3. Schritt: Acht bis zehn Ziegelsteine unter den Rand der Folie legen, sodass eine Wölbung entsteht
4. Schritt: Boden der Folie mit Sand bedecken
5. Schritt: Kleine und große Steine auf der Folie, die noch sichtbar ist, verteilen
6. Schritt: Überstehende Folie mit Erde bedecken
7. Schritt: Pflanzen rund um das Loch pflanzen
8. Schritt: Die Tränke mit Wasser auffüllen

2 Beispiel für eine Anleitung in ganzen Sätzen:

Eine Vogeltränke bauen
Um eine Vogeltränke zu bauen, benötigt man einen Spaten, eine feste Folie, acht bis zehn Ziegelsteine, Sand, kleine und große Steine, verschiedene Pflanzen und Wasser.
<u>Zu Beginn</u> hebt man im Garten mit dem Spaten eine Vertiefung aus. <u>Dann</u> legt man diese mit einer festen Folie aus. <u>Anschließend</u> legt man acht bis zehn Ziegelsteine unter den Rand der Folie, sodass eine Wölbung entsteht. <u>Danach</u> bedeckt man die Folie, die sich in dem Loch befindet, mit Sand. Auf der Folie, die jetzt noch sichtbar ist, verteilt man kleine und große Steine. Die überstehende Folie bedeckt man mit Erde. <u>Zum Schluss</u> pflanzt man verschiedene Pflanzen rund um das Loch und füllt die Tränke mit Wasser auf.

4.2 „Wie geht das?" – Vorgänge beschreiben

 Mit Hilfe der Checkliste im Schülerband, S. 64, können die Schüler/-innen jeden für eine Vorgangsbeschreibung wichtigen Punkt überprüfen.

Übung macht den Meister

 Es werden nicht alle **Materialien** genannt.
Der Vorgang wird nicht **vollständig** beschrieben.
Die **Reihenfolge** der Arbeitsschritte wird nicht eingehalten.
Es werden häufig dieselben **Satzanfänge** verwendet.
Im letzten Satz wird die **Zeitform** nicht eingehalten.

 b Mögliche Verbesserung:

Eine Vogeltränke bauen
Um eine Vogeltränke zu bauen, benötigt man einen Spaten, eine feste Folie, einige Ziegelsteine, Sand, kleine und große Steine, Pflanzen und Wasser.
Zu Beginn hebt man im Garten mit dem Spaten eine Vertiefung aus. Diese bedeckt man anschließend mit einer festen Folie. Dann verteilt man Ziegelsteine unter der Folie um die Vertiefung herum, sodass eine Wölbung entsteht. Nun bedeckt man die Folie, die sich in der Vertiefung befindet, mit Sand. Auf der Folie, die auf den Ziegelsteinen liegt, verteilt man kleine und große Steine. Die jetzt noch sichtbare Folie zwischen den Steinen bedeckt man mit Erde. Anschließend setzt man Pflanzen rund um die Tränke. Zum Schluss gießt man Wasser in die Grube.

Mögliche Lösungen:

Ein Pferd putzen
Um ein Pferd zu putzen, benötigt man eine Kardätsche, eine Wurzelbürste, einen Striegel, einen Hufkratzer, einen Schwamm, Huffett, ein Tuch, einen Lappen und einen Mähnenkamm.
Am Anfang beseitigt man vom Fell und von den Beinen den gröbsten Schmutz mit einer Wurzelbürste. Dann entfernt man mit einem Striegel in kreisenden Bewegungen den restlichen Schmutz aus dem Fell. Mit der Kardätsche bürstet man den Kopf, lässt aber Augen und Nüstern aus. Außerdem streift man am ganzen Körper das Fell glatt, indem man es in Wuchsrichtung bürstet. Mit einem weichen, feuchten Schwamm und einem sauberen Tuch reinigt man anschließend vorsichtig das Fell um die Augen herum und putzt die Nüstern. Danach kämmt man Mähne und Schopf mit einem Mähnenkamm und entwirrt den Schweif. Zum Schluss reinigt man die Hufsohle mit einem Hufkratzer und trägt nach Bedarf mit einem Lappen etwas Huffett auf, um sie vor dem Austrocknen zu schützen.

Einen Katzen-Kratzbaum herstellen
Dazu benötigt man ein viereckiges Holzbrett, ein Rundholz, einen flauschigen Teppichrest, ein dickes Band, Holzleim, eine Holzschraube, eine Schere, Leim, einen Schraubenzieher und einen Pinsel.
Als Erstes schneidet man von einem Teppichrest ein Stück ab, das etwas größer ist als das Holzbrett, damit man auch die Kanten damit bekleben kann. Danach bestreicht man eine Seite des Holzbretts sowie die Kanten mit Leim und klebt den Teppichrest daran fest. Anschließend umwickelt man das Rundholz mit einem dicken Band so dicht, dass man das Holz nicht mehr sehen kann. Die Enden befestigt man mit Leim am Holz. Zum Schluss dreht man mit einem Schraubenzieher eine lange Schraube durch die Mitte des Holzbretts in das Rundholz hinein und prüft, ob der Kratzbaum hält, wenn man an ihm zieht.

 Siehe hierzu auch die **Folien** „Ein Pferd putzen" und „Einen Katzen-Kratzbaum herstellen" auf der DVD-ROM. Damit kann die Beschreibung vor allem für Leistungsschwächere im Klassenplenum vorbereitet werden.

4.3 Fit in …! – Tiere beschreiben

Siehe hierzu die **Folie** „Einen Tukan beschreiben" auf der DVD-ROM.

S. 66 Die Aufgabe richtig verstehen / Planen

1 Die richtigen Aussagen sind: B und D.

2 b/c Richtige Zuordnung:

der Kopf: schwarz, weiß, türkisblau
der Körper: schwarz, grauschwarz, maisgelb, rot
die Krallen: grau, türkisblau
die Beine: schwarz
der Rücken: grauschwarz
der Bauch: schwarz
die Füße: grau, türkisblau
die Brust: weiß

der Schnabel: grauschwarz, türkisblau, schilfgrün, rotgelb
die Augen: schwarz
das Gefieder/die Federn: grauschwarz
der Flügel/die Flügel: grauschwarz
der Schwanz: grauschwarz

d Mögliche Lösung:
1. Tierart/Name: Tukan, hört auf den Namen „Abakus"
2. Alter: ca. zwei Jahre alt
3. Größe: etwas größer als ein Papagei
4. Farbe: grauschwarzes Gefieder, das teilweise maisgelb und weiß ist; weißer, schwarzer, türkisblauer Kopf, schilfgrüner, türkisblauer, grauschwarzer Schnabel
5. Kopfform: relativ groß und rund, großer, auffälliger, leicht gebogener Schnabel
6. Körperform: kräftig
7. Einzelne Merkmale: ein weißer Kopf mit schwarzem Hinterkopf und türkisfarbenem Ring um das Auge, ein grauschwarzer Schnabel mit schwarzem unterem Schnabel und hellgelber Spitze; am Schnabelanfang in Augenhöhe ein schilfgrüner Fleck, darunter türkisblaue Einfärbung, in der oberen Mitte ein rotgelber, schwacher Fleck, ein grauschwarzes Gefieder mit schwarzem Bauch und Beinen, maisgelbes und zum Teil rotes Rückenende, lange grauschwarze Schwanzfedern, graue, türkisblaue Füße und Krallen
8. Besondere Kennzeichen: bunter, großer Schnabel
9. Auffällige Verhaltensweisen: gibt laute Krächzlaute von sich

S. 67 Schreiben / Überarbeiten

3 Vorschlag für eine Suchanzeige:
[Überschrift] <u>Seltener Tukan entflogen!</u>
[Einleitung] Seit Donnerstag (04.04.12) vermissen wir Abakus, unseren Tukan.
[Beginn der Beschreibung] Der etwa acht Jahre alte Vogel ist etwas größer als ein Papagei. Sein Gefieder ist überwiegend grauschwarz, teilweise maisgelb, auch rot und weiß.
[Hauptteil] Der Kopf ist teilweise weiß, schwarz sowie türkisblau. Auffällig ist sein grauschwarzer Schnabel mit schilfgrünen und türkisblauen Flecken. Der Kopf des Tukans ist relativ groß und rund, während sein Körper kräftig ist. Sein großer, auffälliger Schnabel weist nah am weißen Kopf einen Ring auf, der oben schilfgrün, unten türkisblau ist. Die Spitze des Schnabels ist hellgelb, außerdem befindet sich auf der oberen Mitte des Schnabels ein roter Fleck. Abakus' grauschwarzes Gefieder wird am Bauch und an den Beinen schwarz. Am maisgelben, teilweise roten Rückenende befinden sich lange grauschwarze Schwanzfedern. Die Füße und Krallen des Vogels sind grau und türkisblau.
[Schluss] Besonders auffällig ist Abakus' bunter, großer Schnabel. Außerdem gibt er oft durchdringende Krächzlaute von sich.
[Kontaktadresse] Bitte melden bei … Unsere Telefonnummer …
[Dank] Vielen Dank für Ihre Hilfe. Wir sind für jeden Tipp dankbar.

Material zu diesem Kapitel

Klassenarbeit
- Eine Suchanzeige überarbeiten: Hund entlaufen! (mit Bewertungsbogen auf der DVD-ROM)
- Einen Vorgang beschreiben: Einen Meisenknödel herstellen (mit Bewertungsbogen auf der DVD-ROM)

Fordern und fördern
- Einen Vorgang beschreiben: Eine Hummelhöhle bauen (●●● und ●○○ mit Lösungshinweisen auf der DVD-ROM)
- Treffende Adjektive verwenden: Hase zugelaufen! (○○○ mit Lösungshinweisen auf der DVD-ROM)

Diagnose
- Tiere beschreiben (mit Lösungshinweisen und Förderempfehlung auf der DVD-ROM)

PPT-Folien (auf der DVD-ROM)
- Eine Suchanzeige schreiben
- Eine Vogeltränke bauen
- Ein Pferd putzen
- Einen Katzen-Kratzbaum herstellen
- Einen Tukan beschreiben

Deutschbuch 5 Arbeitsheft
- Ein Tier beschreiben – Ein Steckbrief für Murkerl, S. 15–18
  Murkerl ganz genau beschreiben (●○○)
  Eine Suchanzeige schreiben – Graupapagei entflogen (●●●)
- Vorgänge beschreiben – Eine Katzenangel basteln, S. 19–22
  Eine Bastelanleitung schreiben – Die Katzenrassel (●○○)
  Eine Bastelanleitung schreiben – Ein Papageienbonbon (●●●)
- Trainingsmöglichkeiten bietet auch die Übungssoftware auf der CD-ROM zum „Deutschbuch Arbeitsheft".

Deutschbuch 5 Förderheft
- Sachlich beschreiben, S. 29–32
  Informationen für einen Tiersteckbrief sammeln
  Einen Tiersteckbrief ausarbeiten

Klassenarbeit – Eine Suchanzeige überarbeiten

Hund entlaufen!

Seit gestern (05.9.12) vermisse ich Paul, meinen Hund. Der Mischlingshund ist total süß und lieb! Paul ist verspielt und ist meistens recht zutraulich. Man kann ihn an seinen großen, auffälligen Schlappohren sehr gut erkennen.

Bitte melden bei: Sabine Müller, Tel. 030/123...

Ich freue mich über jede Hilfe!

Vielen Dank!
Sabine

Sabine Müller, Tel. 030/123... | Sabine Müller, Tel. 030/123... | Sabine Müller, Tel. 030/123... | Sabine Müller, Tel. 030/123... | Sabine Müller, Tel. 030/123... | Sabine Müller, Tel. 030/123... | Sabine Müller, Tel. 030/123... | Sabine Müller, Tel. 030/123... | Sabine Müller, Tel. 030/123... | Sabine Müller, Tel. 030/123... | Sabine Müller, Tel. 030/123...

1 Sabine möchte ihren Hund mit Hilfe dieser Suchanzeige wiederfinden.
  a Vergleiche den Text mit dem Foto von Paul.
    Warum muss sie die Anzeige überarbeiten? Kreuze an:

© Martina Berg/fotolia.com

- ☐ Man weiß nicht, bei wem man sich melden soll, wenn man Paul gefunden hat.
- ☐ Die Anzeige ist nicht freundlich genug.
- ☐ Die Gegenwartsform wurde nicht eingehalten.

In Sabines Suchanzeige fehlen:
- ☐ die Überschrift
- ☐ der Einleitungssatz
- ☐ eine genaue Beschreibung von Paul
- ☐ der Schluss
- ☐ die Kontaktadresse
- ☐ der Dank

  b Überarbeite die Suchanzeige und schreibe sie neu.
    – Plane den Aufbau der Suchanzeige.
    – Formuliere die Suchanzeige mit Hilfe deiner Planung.
    – Überarbeite deinen Text. Achte hierbei auch auf die Rechtschreibung und Zeichensetzung.

Klassenarbeit – Einen Vorgang beschreiben

Einen Meisenknödel herstellen

1. Die Abbildungen zeigen dir, wie man einen Meisenknödel herstellt.
   Verfasse dazu eine Vorgangsbeschreibung.
   - Plane den Aufbau deiner Vorgangsbeschreibung. Der Wörterkasten hilft dir dabei.
   - Schreibe mit Hilfe deiner Planung einen zusammenhängenden Text.
   - Überarbeite deinen Text. Achte hierbei auch auf Rechtschreibung und Zeichensetzung.

   das Netzsäckchen – die Erdnussbutter – die Pfanne – der Löffel – der Talg –
   das Maismehl – die Haferflocken – die Schnur

   aufhängen – hineinlegen – formen – umrühren – erhitzen – abkühlen lassen –
   dazumischen – zubinden

Einen Vorgang beschreiben

Eine Hummelhöhle bauen

Viele Hummelarten, die im Garten Obst- und Gemüsesorten bestäuben, sind vom Aussterben bedroht. Mit einer Hummelhöhle kann man ihnen helfen. Die Abbildungen zeigen dir, wie sie hergestellt wird.

1 Notiere neben jedem Bild das verwendete Material und die notwendigen Tätigkeiten.

Bild 1: die Schaufel – graben

2 Beschreibe nun möglichst genau, wie eine Hummelhöhle hergestellt wird. Achte dabei auch auf unterschiedliche Satzanfänge und verwende treffende Verben. Schreibe in dein Heft.

Einen Vorgang beschreiben

Eine Hummelhöhle bauen

Viele Hummelarten, die im Garten Obst- und Gemüsesorten bestäuben, sind vom Aussterben bedroht. Mit einer Hummelhöhle kann man ihnen helfen. Die Bilder zeigen dir, wie sie hergestellt wird.

1. Schreibe neben jedes Bild, welche Materialien man benötigt und welche Tätigkeiten man ausführen muss. Nutze den Wörterkasten.

> die Schaufel – der Blumentopf – der faustgroße Stein – Tonkügelchen –
> das 50 cm lange Holzbrett – das Moos
>
> schütten – graben – bedecken – hineinstellen – auffüllen –
> darüberlegen – anheben – darunterschieben

2 Beschreibe nun möglichst genau, wie eine Hummelhöhle hergestellt wird. Mit den Wörtern im Wörterkasten kannst du die Reihenfolge abwechslungsreich ausdrücken.
– Orientiere dich an den Stichwörtern, die du jeweils neben ein Bild geschrieben hast.
– Der Schreibplan am Rand hilft dir, den Text sinnvoll zu gliedern.

> Zuerst – Am Anfang – danach – anschließend – dann – nun – schließlich – zum Schluss

Für die Herstellung einer Hummelhöhle benötigt man …	Materialliste
	1. Schritt
Am Anfang gräbt man mit einer Schaufel …	
	2. Schritt
	….
	letzter Schritt

Treffende Adjektive verwenden

1 Familie Schröder ist ein Hase zugelaufen. Sie möchte eine kurze Beschreibung aushängen, damit sich der Besitzer bei ihnen melden und das Tier abholen kann.

a Ordne den Körperteilen die passenden Adjektive zu.

~~flauschig~~ – schwarz-weiß – kräftig – lang – fein – kurz – groß – kurz – ~~wach~~ – zart – länglich

die Ohren: _____

_____

die Augen: _____

und _wach_____

der Schwanz:

_____

die Schnurrhaare:

_____

die Pfoten: _____

das Fell: _flauschig_

und _____

b Ergänze in dem folgenden Text passende Adjektive:

Hase zugelaufen!

Das Fell des Hasen ist ___flauschig___ und _____. Er hat einen schmalen

Körper und einen kleinen, ovalen Kopf. Die Pfoten sind _____.

Die Schnurrhaare sind _____ und _____, während die Augen besonders

_____ und _wach___ sind. Auffällig sind die Ohren, denn sie sind sehr _____.

Der Stummelschwanz des Hasen ist _____.

Besonders auffällig ist die Färbung des Fells. Während der vordere Teil des Kopfes und die vordere

Hälfte des Körpers _____ sind, ist die hintere Hälfte _____.

Auch das linke Ohr ist _____. Nur die hintere rechte Pfote ist wie der Kopf und die

vordere Hälfte des Körpers _____.

Der Besitzer kann sich bei Familie Schröder melden (Tel. 030/123 …).

Diagnose – Tiere beschreiben

1 Schreibe zu den einzelnen Körperteilen des Blauwals passende Adjektive auf.

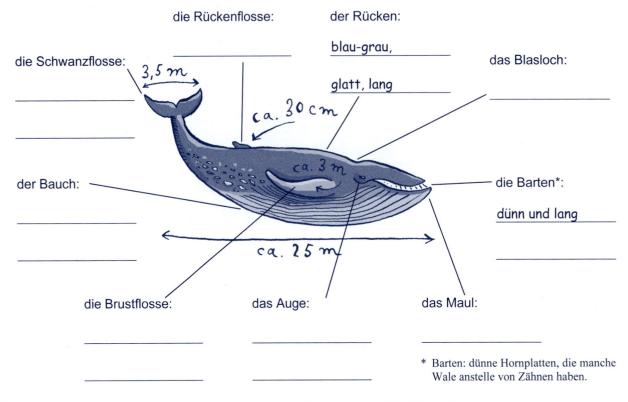

die Rückenflosse: _____

der Rücken: blau-grau, glatt, lang

die Schwanzflosse: _____

das Blasloch: _____

der Bauch: _____

die Barten*: dünn und lang

die Brustflosse: _____   das Auge: _____   das Maul: _____

* Barten: dünne Hornplatten, die manche Wale anstelle von Zähnen haben.

2 a Schreibe zu den einzelnen Körperteilen des Igels passende Adjektive auf.
Nutze dazu den Wörterkasten. Achtung: Fünf Adjektive passen nicht – streiche sie durch!

schön – klein – stachlig – fröhlich – wach – spitz – fein – winzig – krumm – schwer – kräftig – kurz – flauschig – mutig

b Lies nun den Steckbrief für den Igel und ergänze ihn.

Tierart/Rasse: Igel

Alter/Größe: ausgewachsen, ca. 25 cm lang

Gewicht: ca. 1 kg

Farbe: braun, schwarz, beige

Kopf: _____   **Körper:** rund

Augen: dunkel, groß   **Schnauze:** _____

Tasthaare: lang   **Ohren:** _____

Beine: kurz   **Pfoten:** _____

Stummelschwanz: kurz, kaum zu sehen

Besondere Merkmale: sehr lange Stacheln

Auffälligkeiten im Verhalten:
versteckt sich gern, kann sich zu einer Kugel zusammenrollen

3 Beschreibe eines der Tiere so genau wie möglich.

_____
_____
_____
_____
_____
_____
_____
_____

5 Leseratten und Bücherwürmer – Jugendbücher lesen und vorstellen

Konzeption des Kapitels

Lesen im Unterricht hat in den letzten Jahren – besonders nach PISA – die Diskussion bestimmt. Literarisches Lernen und der Erwerb von Lesekompetenz gewinnen an Bedeutung, weil damit Imagination, Kreativität und Fähigkeiten zum symbolischen Erfassen vermittelt werden können. Dabei ist der Umgang mit Sachbüchern oder Sachtexten nicht vom literarischen Lesen zu isolieren. Ein projektbezogenes Arbeiten an schulischen oder außerschulischen Lernorten (Klassen-, Schul-, Stadt- bzw. Kreisbibliotheken, Buchhandlungen etc.) stellt in diesem Zusammenhang eine wichtige fachspezifische Lernerfahrung dar und ist zugleich pädagogisch sinnvoll. In den meisten 5. Klassen wird man mit einem hohen Anteil an Viellesern rechnen können; an die bei diesen Schülerinnen und Schülern vorhandene Leselust sollte in dieser Unterrichtseinheit unbedingt angeknüpft werden.

Das erste Teilkapitel (**„Jetzt wird geschmökert! – Fachbegriffe aus der Welt der Bücher"**) macht die Schülerinnen und Schüler anhand von Auszügen schrittweise mit Anna Gavaldas Jugendroman „35 Kilo Hoffnung" bekannt und führt Grundbegriffe aus der Bücherfachsprache ein. David – die Hauptfigur des Romans – bietet den Kindern zahlreiche Identifikationsmöglichkeiten, viele Begebenheiten aus ihrer eigenen Lebensumwelt werden ihnen bekannt vorkommen. Die Analyse der Figuren und der Schauplätze bilden Schwerpunkte einer textimmanenten Arbeit. Produktionsorientierte Aufgabenstellungen – insbesondere das Führen eines Lesetagebuchs – ermöglichen den Schülerinnen und Schülern, ihre Fantasie einzubringen und dem eigenen Erzählbedürfnis nachzukommen.

Das zweite Teilkapitel (**„Die Welt der Bücher – Eine Bibliothek erkunden"**) führt in Ordnungssysteme von Bibliotheken und damit in deren Nutzung ein. Anhand konkreter Suchaufgaben lernen die Kinder, mit Hilfe des Onlinekatalogs einen Verfasser, einen Titel oder Bücher zu einem bestimmten Schlagwort oder Thema zu finden. Mit einem motivierenden Spiel überprüfen sie abschließend ihr in den ersten beiden Teilkapiteln erworbenes Wissen und Können.

Im dritten Teilkapitel (**„Projekt – Ein Buch vorstellen"**) lernen die Schülerinnen und Schüler, Bücher anschaulich zu präsentieren. Mit dem Erwerb dieser Kompetenz können sie z. B. ihre Lieblingsbücher vorstellen, eine Klassenbücherei einrichten oder eine Tauschbörse organisieren. Mit einer Checkliste erhalten die Kinder ein nützliches und verlässliches Instrument zur Selbstdiagnose einer gelungenen Buchvorstellung.

Literaturhinweise

- *Brenner, Gerd:* Ideen zur Lesekultur. In: Ders. (Hg.): Die Fundgrube für den Deutsch-Unterricht. Frankfurt/M. 1995, S. 36–85
- Bücher. Deutsch 5–10, 19/2009; hier: Bergmann, Katja: „35 Kilo Hoffnung" von Anna Gavalda. Nachdenken über sich und die Schule, S. 6–11
- Bücher vorstellen. Deutsch 5–10, 14/2008
- Kinder- und Jugendliteratur nach 2000. Praxis Deutsch 224/2010
- *Köllbichler, Margit:* Lieblingsbücher. Lesen im offenen Unterricht der 6. bis 8. Klassenstufe. Lernmaterialien. Linz 2002
- Leseförderung in der Welt von morgen: Modelle für die Partnerschaft von Bibliothek und Schule. Hg. v. d. Bertelsmann-Stiftung. Gütersloh 2000
- Lesekultur. Praxis Deutsch 231/2012
- Lesen, beobachten und fördern. Praxis Deutsch 194/2005
- Leseportfolio zum Roman. Deutsch 4–6, 19/2009: „Die Bibliothek" – Vom Umgang mit Büchern (Download unter: http://www.bloomsbury-verlag.com/media/downloads/Gavalda200206_2.pdf [5.6.2012])
- Literarisches Lernen. Praxis Deutsch 200/2006

5 Leseratten und Bücherwürmer – Jugendbücher lesen und vorstellen

	Inhalte	Kompetenzen
		Die Schülerinnen und Schüler
S. 70	**5.1 Jetzt wird geschmökert! – Fachbegriffe aus der Welt der Bücher**	
S. 71 S. 71 S. 74	Ein Jugendbuch lesen und verstehen *Anna Gavalda: 35 Kilo Hoffnung* *Anna Gavalda: 35 Kilo Hoffnung (Fortsetzung)*	– schätzen die Bedeutung von Büchern ein – setzen sich mit dem Inhalt von Erzähltexten auseinander – reflektieren eigene und fremde Leseerfahrungen – verwenden fachsprachliche Begriffe aus der Welt der Bücher – beschreiben Figuren aus einem Jugendbuch und nennen deren Eigenschaften und Gefühle – untersuchen die Bedeutung der Schauplätze der Handlung und setzen sie zu den Figuren in Beziehung – klären wichtige Textstellen
S. 79	Ein Lesetagebuch führen	– halten ihre Meinung zur Lektüre, die Ergebnisse von Textuntersuchungen und produktiver Verfahren in einem Lesetagebuch fest
S. 80	**5.2 Die Welt der Bücher – Eine Bibliothek erkunden**	
S. 81	Auf der Suche in der Bibliothek	– finden sich im Ordnungssystem einer Bibliothek zurecht – finden nach unterschiedlichen Kriterien ein Buch und andere Medien – beherrschen Ausleihmodalitäten
S. 82	Teste dich!	– überprüfen ihr Wissen und Können
S. 84	**5.3 Projekt – Ein Buch vorstellen**	
S. 84	Lesekiste und Stichwortkarten	– wenden verschiedene Möglichkeiten einer Buchvorstellung an – bewerten eine Buchvorstellung kriterienorientiert

5 Leseratten und Bücherwürmer – Jugendbücher lesen und vorstellen

S. 69 Auftaktseite

Die Leseerfahrungen der Schüler/-innen fallen oftmals sehr unterschiedlich aus. Einige lesen sehr viel, besuchen auch schon regelmäßig Bibliotheken, um Bücher auszuleihen, andere werden bis auf schulische Pflichtlektüren kein Buch in die Hand nehmen. Diesen Kindern fehlen meist positive Leseerfahrungen oder auch Lesestrategien.

Ausgehend von dem Foto, das eine Schülerin beim Zugriff auf ein Buch in einer Bibliothek zeigt, sollen die Schüler/-innen durch ein mögliches Partnerinterview gegenseitig ihrem Leseverhalten und ihren Leseerfahrungen auf die Spur kommen. Ein Fragebogenvorschlag liefert bereits Aspekte, die beim Partnerinterview im Mittelpunkt stehen könnten. Hierbei werden nicht nur Lieblingsthemen oder Buchinhalte thematisiert, sondern auch das rein technische Vorgehen beim Ausleihen eines Buches in einer (Stadt-/Kreis-)Bibliothek. Ziel ist es, eine Diskussion anzuregen, in der die Schüler/-innen ihre Erfahrungen einbringen und ihren Standpunkt zum Bücherlesen begründen. Bevor dies in der Großgruppe geschieht, bietet sich die Partnerarbeitsphase an, um Fragetechniken zu trainieren, begründete Antworten zu formulieren oder auch Kurzzusammenfassungen von Lieblingslektüren zu geben. Zudem üben die Schüler/-innen das aktive Zuhören, da sie gezielt auf Fragen Antworten erhalten und diese auch notieren; ferner schulen sie sich in der Fragetechnik.

1 a Die Schüler/-innen können den abgedruckten Fragebogen für das Interview nutzen. Er sollte gemeinsam durchgearbeitet werden, um eventuelle Verständnisschwierigkeiten zu klären. Die Liste der möglichen Fragen kann von den Bearbeitungspaaren individuell verändert oder ergänzt werden, z. B.: Welches Buch hast du zuletzt verschenkt? Kannst du mir ein Buch empfehlen?

b Fragen und Antworten sollten im Heft notiert werden, da sie für die spätere Diskussion in der Großgruppe behalten werden müssen. Gleichzeitig üben sich die Schüler/-innen noch einmal im Ausformulieren/Abschreiben von Fragesätzen sowie im Mitschreiben von (Kurz-)Antworten.

 In der Großgruppe können die gestellten Fragen und Antworten wiederholt und reflektiert werden. Gemeinsamkeiten und Unterschiede, Vorlieben und Abneigungen, typische Jungen- bzw. Mädchenlektüren lassen sich dabei deutlich machen. Schüler/-innen, die eher selten zu einem Buch greifen bzw. kaum/gar nicht eine Bibliothek aufsuchen, sollten motivierend unterstützt werden. Ein gemeinsamer Besuch in einer Bibliothek (auch der Schulbibliothek) könnte auf dem Plan stehen. Auch die Vergabe von Leseaufträgen, die Einbindung von Buchvorstellungsspezialisten oder die Organisation einer gemeinsamen Lesenacht wären an dieser Stelle bereits möglich.

5.1 Jetzt wird geschmökert! – Fachbegriffe aus der Welt der Bücher

S. 70
Informationen zur Buchautorin: Anna Gavalda wurde 1970 in Boulogne-Billancourt geboren. Sie studierte Literatur in Paris und arbeitete später als Französischlehrerin an einer Privatschule. Ihr erster großer Bucherfolg war „Ich wünsche mir, dass irgendwo jemand auf mich wartet". In Deutschland wurde Anna Gavalda besonders durch ihren Roman „Zusammen ist man weniger allein" bekannt, der auch verfilmt wurde. „35 Kilo Hoffnung" ist ihr erster Roman für Kinder, der 2005 für den Deutschen Jugendliteraturpreis nominiert worden ist. Anna Gavalda lebt in Paris.

Die Abbildung des Covers greift die Auftaktseite insofern wieder auf, als die Schülerin ein anonymes Buch aus dem Bücherregal in der Bibliothek gezogen hat, was hier konkretisiert dargeboten wird. Zudem gilt es, sich erstmalig mit der Fachsprache der Bücherwelt auseinanderzusetzen.

5.1 Jetzt wird geschmökert! – Fachbegriffe aus der Welt der Bücher

1 Das Titelbild dient als Anregung dazu, über den Inhalt des Buches Vermutungen anzustellen. Der dargestellte Junge kann somit als eine wichtige/die wichtigste Figur des Romans benannt und seine wesentlichen Merkmale können beschrieben werden: Haarfarbe, Blick, Minenspiel, Kleidung, Körperhaltung, vermutliches Alter …). Ein Bezug zum Titel fällt den Schülerinnen und Schülern eventuell schwer, da eine direkte Verbindung zum Körpergewicht des Jungen nicht unbedingt ohne Lektüre des Klappentextes erfolgen kann. Ein gemeinsamer Blick darauf kann erste Vermutungen bestätigen. Darüber hinaus trägt der Klappentext zur Lesemotivation bei.

2 a Die Schüler/-innen könnten bei der Zuordnung der Fachbegriffe aus der Welt der Bücher nach dem Ausschlussprinzip vorgehen. Möglicherweise bereiten ihnen die Begriffe Klappentext und Buchcover Verständnisprobleme.
Die korrekte Zuordnung muss lauten:
1: der Titel; 2: das Buchcover; 3: die Alter**s**klasse; 4: der Klappen**t**ext; 5: der Verlag;
6: der B**u**chrücken; 7: der Prei**s**; 8: die Autor**i**n.
b Das Lösungswort lautet **Leselust**.

3 Entweder erfinden die Kinder fantasievoll ein Buch oder sie entwerfen ein Cover zu einem ihnen bekannten Buch. In diesem Fall wäre ein Vergleich mit dem tatsächlichen Buchcover sicherlich interessant. Außerdem kann das Verständnis der neu gelernten Fachbegriffe überprüft werden.

S. 71 Ein Jugendbuch lesen und verstehen

Anna Gavalda: 35 Kilo Hoffnung

Der erste Textauszug aus Anna Gavaldas Roman ist der Buchanfang. Hier wird die tiefe Abneigung des Erzählers gegenüber der Schule sehr deutlich: Die glückliche Kindheit endet mit der Einschulung. David befindet sich in einer schlimmen Situation. Ein Ausweg eröffnet sich ihm mit seinen handwerklichen und technischen Fähigkeiten. Dabei wird David besonders von seinem Großvater gefördert.
Der Textauszug führt in die Handlung ein und stellt vor allem die zentrale Romanfigur David vor. Die Schüler/-innen lernen, Erzählfiguren mit deren Gefühlen, Gedanken, Handlungen und Äußerungen näher zu analysieren.

1 b Der Textauszug bietet den Kindern zahlreiche Identifikationsmöglichkeiten (schlechte Noten, nette Lehrer, strenge Eltern, Erfolgs-/Misserfolgserlebnisse etc.). Parallelen zum Elternhaus, Übereinstimmung mit Davids Gefühlen, Gemeinsamkeiten mit dem eigenen Erleben von Schule etc. können als Erklärungsansätze für die Wahl der Textstelle angeführt werden.

2 Beispiele für lange Wörter sind:
Bubibär-Videokassette (Z. 9/10)
Abenteuergeschichten (Z. 11)
Spezialmaschine (Z. 47)
Konzentrationsproblem (Z. 86),
Vorschulabschlusszeugnis (Z. 115).

3 Ein Steckbrief zu David könnte von den Schülerinnen und Schülern in Partnerarbeit folgendermaßen angelegt sein:
Name: David
Alter: 13 Jahre
Wohnort: Frankreich
Klasse: 6. Klasse; 2 x sitzengeblieben
Lieblingsbeschäftigungen: spielen, basteln, Dinge erfinden, zusammenbauen
Er mag: Abenteuergeschichten erfinden, etwas mit den Händen gestalten
Er mag nicht: in die Schule gehen
Die Schüler/-innen sollten dazu angehalten werden, bei der Erarbeitung des Steckbriefes die Textstellen, denen sie Informationen entnommen haben, genau anzugeben.

5 Leseratten und Bücherwürmer – Jugendbücher lesen und vorstellen

4 Die Zeilenangaben helfen den Schülerinnen und Schülern, gezielt aussagekräftige Textstellen anzusteuern und auf Gefühlsbeschreibungen hin zu untersuchen.

Davids Gefühle zu Hause	Davids Gefühle in der Schule
Er ist glücklich bis zum dritten Lebensjahr; er liebt es, in seinem Zimmer zu spielen, zu basteln, sich zu beschäftigen.	David ist in der Schule unzufrieden und sehr unglücklich; sie kommt ihm vor wie ein Albtraum.
Streit und Stress mit den Eltern machen ihn unglücklich.	Er zeigt keinerlei Interesse, außer wenn es ums Basteln geht.
Familiäre Konflikte belasten David; die Mutter schlägt ihn.	Er entwickelt wenig Selbstvertrauen.
Er kann dem Anforderungsdruck der Eltern nicht standhalten.	Seine Lehrerin Marie erkennt seine Qualitäten, was David stolz und zufrieden macht.
Er schweigt und zieht sich in sich zurück.	
Er mag keine Arztbesuche.	

5 Die Kinder können wählen, mit welcher Figur sie David einen Dialog führen lassen wollen. Der vorgegebene Dialog bietet Hilfestellung für ein mögliches Gespräch zwischen David und seiner Lehrerin Marie oder auch mit seiner Mutter. Der Vater wird zwar nur kurz erwähnt, für leistungsstärkere Schüler/-innen sollte dies aber kein Hindernis darstellen, kreativ einen Dialog zwischen Vater und Sohn zu schreiben.

a/b Bei der schriftlichen Fixierung der Gesprächsfortsetzung ist besonders darauf zu achten, dass die Schüler/-innen die Satzzeichen der wörtlichen Rede richtig setzen. Für das Vorspielen ihrer Dialoge vor der Klasse sind die Kinder vermutlich hoch motiviert, weshalb sie beim szenischen Spiel wahrscheinlich „improvisieren" werden.

Marie: „David, kommst du eigentlich gerne jeden Tag hierher?"
David: „Ich komme nur gerne, wenn wir basteln. Der Rest gefällt mir nicht."
Marie: „Was gefällt dir denn nicht an der Schule?"
David: „Ach, hier kommt mir alles komisch vor. Ich höre zwar zu, aber irgendwie höre ich doch nicht zu."
Marie: „Du kannst dich schlecht konzentrieren? Oder verstehst du nichts?"
David: „Doch, doch, ich versteh das schon, aber es interessiert mich einfach alles nicht."
Marie: „Du bist doch so geschickt mit deinen Händen."
David: „Meine Eltern hätten es aber lieber, ich wäre auch mit meinem Kopf so geschickt."

Mutter: „David, es ist höchste Zeit für die Schule. Bist du endlich fertig?"
David: „Hm, hm, … gleich."
Mutter: „Nun mach schon, sonst kommst du schon wieder zu spät."
David: „Egal. Dann kann ich ja auch gleich zu Hause bleiben."
Mutter *(brüllt)*: „Wie bitte? Ich glaube, ich höre nicht recht. Du gehst sofort los, sonst mache ich dir Beine."
David *(weint)*: „Grududu geht es auch nicht gut. Ich muss bei ihm bleiben und auf ihn aufpassen."
Mutter *(schubst ihn zur Tür raus)*: „Keine Widerrede. Abmarsch. Du kannst dich nach der Schule um Grududu kümmern."

Vater: „Da bist du ja endlich. Wie war es heute in der Schule?"
David: „Ich weiß nicht. Langweilig."
Vater: „Was hast du denn da mitgebracht?"
David: „Ach ja, das war das einzig Schöne heute. Wir haben mit unserer Lehrerin Papiertiere gefaltet. Hier, ein Springfrosch. Der kann richtig springen."
Vater: „Sehr schön! Stell ihn ins Regal zu den anderen Sachen, die du gebastelt hast, und fang sofort mit den Hausaufgaben an."
David: „Ja, gleich. Ich schau erst mal nach Grududu."
Vater *(15 Minuten später)*: „David, sitzt du jetzt an den Hausaufgaben? Soll ich sie mit dir zusammen machen?"
David: „Nein, ich schaff das schon. Lass mich in Ruhe."

S. 74 Anna Gavalda: **35 Kilo Hoffnung** (Fortsetzung)

Der zweite Textauszug stellt neben den Figuren den Schauplatz der Handlung in den Mittelpunkt. Es werden Wechselbeziehungen zwischen Figuren und Schauplätzen der Handlung deutlich.

1 Das Lesen des Textauszugs mit verteilten Rollen hilft, ihn inhaltlich genauer zu verstehen. Idealerweise legen die Schüler/-innen eine Folie über den Text und markieren Redeanteile der verschiedenen Figuren in unterschiedlichen Farben. Hierbei wird deutlich, dass dem Erzähler der größte Leseanteil zufällt, während David nur drei Sätze spricht.

2 a Idealerweise erfassen die Schüler/-innen die Textstellen mit Hilfe einer Tabelle:

Im Léonland	
Zeile 5	Schuppen; Bretterbude in Opa Léons Garten
Zeile 6/7	„mein Ein und Alles", „meine Räuberhöhle"
Zeile 11	Léonland = Zufluchtsort
Zeile 40–60	Schuppen = Ort, an dem David sich auf der Welt am glücklichsten fühlt; ganz hinten im Garten; aus Brettern mit gewellter Dachpappe; im Winter zu kalt, im Sommer zu heiß; viele Werkzeuge; ideal zum Basteln; ein Ort, der zu David passt; Geruch von Schmieröl, Fett, Eisen, Holzleim, Tabak verursacht sensationelles Glücksgefühl; ein Parfum würde „Léonwasser" heißen; es einatmen, wenn es David schlecht geht

b Die Illustration im Schülerbuch kann den Schülerinnen und Schülern eine Starthilfe für den Entwurf des Plakats sein. Beim Beschriften üben sie die Schreibweise von schwierigen Wörtern wie *Bretterbude, Schuppen, Räuberhöhle*. Mit Hilfe des Plakats können die Kinder über den Schauplatz der Handlung und seine Bedeutung für David und seinen Großvater diskutieren.

3 a Bei der Bearbeitung dieser Teilaufgabe mit Hilfestellung fügen die Schüler/-innen vorgegebene Satzbausteine zusammen und kommen so zu einer Beschreibung des „Léonlands". Die richtige Kombination der Satzbausteine: 1 C – 2 D – 3 E – 4 A – 5 B – 6 F

b Davids Schulaufsatz könnte folgendermaßen lauten:

Mein Lieblingsort ist der Schuppen von meinem Großvater Léon. Dies ist eine alte Bretterbude in seinem Garten. Ich habe den Ort nach Opas Vornamen „Léonland" getauft. Der Schuppen ist vollgestopft mit Werkzeug, Holzbrettern und vielen Dingen, die man zum Basteln braucht. Dort fühle ich mich entspannt und zufrieden.
Opa Léon liebt diesen Ort genauso wie ich. Er bastelt und gestaltet auch gerne mit den Händen. Wir zwei verstehen uns sehr gut. Allein der Geruch des Schuppens macht mich glücklich und zufrieden. Ich bin sehr gerne mit meinem Opa im Léonland.

4 Mit dieser Aufgabe stellen die Schüler/-innen einen Bezug zu ihrer eigenen Lebenswelt her: Ihren Lieblingsort können sie im direkten Austausch (mündlich) mit einem Lernpartner/einer Lernpartnerin oder (schriftlich) in Form einer Ortsbeschreibung, evtl. ergänzt durch eine zeichnerische Darstellung, beschreiben.

S. 76 Anna Gavalda: **35 Kilo Hoffnung** (Fortsetzung)

Der dritte Textauszug thematisiert Davids Initiative, in die Grandchamps-Schule aufgenommen zu werden, und die Erkrankung Opa Léons, seiner wichtigsten Bezugsperson.

1 Die Aufgabe überprüft das Textverständnis nach der gemeinsamen Lektüre des Textauszugs. Die beiden richtigen Antworten sind die Sätze A und D.

2 Auch diese Aufgabe gibt Aufschluss darüber, ob die Schüler/-innen den Textauszug verstanden haben und ihn in den Zusammenhang der Ganzschrift einordnen können.
Davids Eltern und sein Großvater haben entschieden, dass David auf ein Internat wechseln soll. Auf den Rat seines Großvaters Léon hin schreibt er einen Brief an die Schule, auf die er wirklich gehen möchte. Da aber sein Zeugnis schlecht ist, droht ihm eine Absage. Davids Brief ist also für seine Zukunft sehr wichtig.

3 Davids Bewerbungsschreiben kann in drei unterschiedlichen Niveaustufen erarbeitet werden.

a Die richtige Reihenfolge des Briefes sowie die korrekte Zuordnung der Begriffe lautet:

3	Sehr geehrter Herr Direktor der Grandchamps-Schule,	**Anrede**
4	ich würde sehr gerne in Ihrer Einrichtung aufgenommen werden, aber ich weiß, dass es unmöglich ist, weil mein Schulzeugnis zu schlecht ist.	**Einleitung**
2	Ich sah in Ihrem Schulprospekt, dass Sie Werkstätten haben, eine Schreinerei, Informatikklassen, ein Treibhaus und all das. Ich glaube, es zählen nicht nur Noten im Leben. Ich glaube, dass auch die Motivation wichtig ist. Ich würde gerne nach Grandchamps kommen, weil ich glaube, dass ich dort am glücklichsten wäre. Ich bin nicht sehr groß, aber ich wiege 35 Kilo Hoffnung.	**Hauptteil**
5	Auf Wiedersehen David Dubosc	**Schlussformel**
1	PS Nummer 1: Es ist das erste Mal, dass ich jemanden [...] bitte, in die Schule gehen zu dürfen. Ich frage mich, ob ich nicht krank bin. PS Nummer 2: Ich schicke Ihnen die Pläne einer Bananenschälmaschine, die ich erfunden habe, als ich sieben war.	**Postscriptum (PS)/Nachsatz**

Das Lösungswort lautet **Paris**.

b Mögliche Lösungssätze:

Mit Motivation ist gemeint, dass David wirklich Lust hat, an die Schule zu kommen, die genau das anbietet, was ihn interessiert.

David wiegt 35 Kilo, deshalb setzt er sein ganzes Körpergewicht in die Hoffnung, dort aufgenommen zu werden und dort auch erfolgreich sein zu können.

In der Schule zählen nicht nur Noten, sondern auch Eigenschaften wie Ausdauer, Durchhaltevermögen, Überzeugung und Einfallsreichtum.

Weil er an sich glaubt, geht David davon aus, dass er in der Grandchamps-Schule glücklich und erfolgreich werden kann.

c Mögliche Gründe:

Wahrscheinlich hat ihr gefallen, dass David
— sehr ehrlich in seinem Brief ist. Dies wird vor allem in seinen Nachsätzen deutlich, die er an den Brief angefügt hat.
— die Pläne für eine Bananenschälmaschine mitgeschickt hat. Sie zeigen, dass er ideen- und erfindungsreich ist. Außerdem beweisen sie, dass das technische Angebot der Schule genau zu ihm passt.
— selbst weiß, dass sein Zeugnis nicht überzeugend ist. Dies zeigt seine Fähigkeit, sich selbst einschätzen zu können.
— das Bewerbungsschreiben vollständig, höflich formuliert und sauber geschrieben ist.

4 Die kreative und selbstständig zu lösende Aufgabe fordert von den Schülerinnen und Schülern, über ihre persönlichen Stärken und Schwächen nachzudenken. Diese sollten sie analog zum Brief Davids ebenso ehrlich und überzeugend formulieren.
Anregung: Eine Kommission, bestehend aus drei bis vier Schülerinnen und Schülern, könnte über die Bewerbungen der Mitschüler/-innen entscheiden. Den Verfassern der Bewerbungsschreiben sollte die Kommission eine begründete Antwort geben (schriftlich oder mündlich), aus der hervorgeht, warum der Kandidat/die Kandidatin angenommen bzw. abgelehnt wird.

S.79 Ein Lesetagebuch führen

Tipps zur äußeren Gestaltung von Lesetagebüchern:
- Verwendet ein dickes DIN-A4-Heft oder eine Mappe.
- Entwerft einen Umschlag für das Lesetagebuch.
- Teilt es in sinnvolle Rubriken ein, z. B. Figurensteckbriefe, Zeichnungen/Bilder, Zitate aus dem Buch.
- Nummeriert die Seiten.
- Legt abschließend ein Inhaltsverzeichnis an.

1 Die beiden Beispiele eines Lesetagebuchs zeigen Umsetzungen, die
- sich mit der Autorin beschäftigen (Biografie, Veröffentlichungen) bzw.
- anhand eines fiktiven Zeitungsartikels über Davids Erfindung berichten. Die Bananenschälmaschine ist zudem in einer Illustration veranschaulicht.

2 a Mögliche Ideen für Seiten zu einem Lesetagebuch:

Mögliche Lesetagebuchseiten		
Vor dem Lesen des Buches	**Während des Lesens**	**Nach dem Lesen des Buches**
– Entwerft die ersten drei Sätze des Buches und vergleicht sie mit dem Original.	– Entwerft Figurensteckbriefe. – Illustriert einzelne Buchkapitel. – Fügt ein neues Kapitel in die Handlung ein. – „Telefoniert" mit dem Helden/der Heldin. – Wandelt Textpassagen in einen Comic um.	– Entwerft ein Rätsel zum Inhalt (Quizfragen, Kreuzworträtsel …). – Besorgt euch (wenn vorhanden) die Hör-CD zum Roman. – Vergleicht mögliche Verfilmungen mit der Textfassung.

Zu weiteren Ideen vergleiche das Leseportfolio zum Roman (siehe Literaturhinweise S. 102).

5.2 Die Welt der Bücher – Eine Bibliothek erkunden

S.80 Viele Schüler/-innen der 5. Klasse kennen ihre Stadtbücherei bereits, andere haben noch nichts von ihr gehört oder verwechseln sie mit Buchhandlungen. Moderne Bibliotheken holen Kunden mit Lesenächten und Autorentreffs in die Häuser; sie fördern die Kreativität der Kinder und Jugendlichen sowie deren Medienkompetenz und ermöglichen Freizeitspaß. Dies geschieht auch im Unterricht. Es werden Verbindungen zu attraktiven außerschulischen Lernorten hergestellt, um Lust auf Bücher zu wecken. Möglicherweise treffen in der Klasse Vielleser auf Nichtleser. Dies kann als Chance genutzt werden, Formen der Kooperation und des Voneinanderlernens auszuprobieren. So hat sich gerade hier die Bildung von Lerngruppen bewährt, in denen diejenigen, die bereits regelmäßig Bücher ausleihen, den anderen helfen, sich zurechtzufinden.

Siehe hierzu auch die **Folie** „Eine Bibliothek erkunden" auf der DVD-ROM.

5.2 Die Welt der Bücher – Eine Bibliothek erkunden

1 Mögliches Tafelbild:

2 Die Fotos können als Impuls zur Einführung in das Thema und zur Vorbereitung eines Gangs in die Stadt-/Schulbibliothek dienen. Dabei sollten die Schüler/-innen, die schon einmal ein Buch ausgeliehen haben, von ihren Erfahrungen berichten. Anhand der Fotos lassen sich wichtige Begriffe klären: Bibliothek, Bücherbus, Katalog etc.
Die abgebildeten Situationen zeigen:
- ein junges Mädchen, das in einer Bibliothek in einem Buch blättert
- einen Bücherbus, der durch Stadtteile oder über Land fährt und die Bücher zu den Lesern bringt
- Kinder, die am Bildschirm nach Büchern Ausschau halten / in einem digitalen Katalog recherchieren

3 Zunächst sollte – falls vorhanden – die schuleigene Bücherei avisiert werden: Öffnungszeiten, Ausleihpraxis, evtl. Absprache einer Führung.
Öffnungszeiten und Anfahrtswege einer städtischen Bücherei können die Schüler/-innen vor Ort, über die Homepage der Stadt oder telefonisch in Erfahrung bringen. Es ist auch möglich, anhand eines Stadtplans den Weg zur Bibliothek beschreiben zu lassen und Adresse, Öffnungszeiten etc. im Klassenzimmer auszuhängen.

4 a Es ist nicht ratsam, alle Schüler/-innen zur gleichen Zeit ohne Anmeldung in die Bücherei zu schicken. Der Besuch in der Stadtbücherei – im Klassenverband – sollte gut vorbereitet und mit dem dortigen Personal abgesprochen werden. Viele größere Büchereien beschäftigen (medien-)pädagogisch geschulte Mitarbeiter/-innen, die oftmals Konzeptionen für die Erkundung durch Schulklassen entwickelt haben. So führen beispielsweise viele Bibliotheken mit Kindern eine Rallye durch, in der zum einen das Angebot erkundet und zum anderen der Umgang mit dem elektronischen Katalog erlernt wird. So finden die Kinder spielerisch heraus, was man alles ausleihen kann.

b Die Schüler/-innen sollten möglichst selbstständig erkunden, wie man einen Benutzerausweis bekommt und unter welchen Bedingungen man Bücher ausleihen kann. Die Aufgabe könnte auch eine Schülergruppe übernehmen, die die Mitschüler/-innen informiert.

5 Exemplarisch könnte ein Ausweis an die Tafel gezeichnet oder, auf eine Folie kopiert, den Schülerinnen und Schülern erläutert werden.

6 Die Einrichtung einer Klassenbücherei ist für Schüler/-innen in der Regel sehr motivierend. Sie können beauftragt werden, von zu Hause Bücher mitzubringen, die nicht mehr benötigt werden. Doppelt vorhandene oder bereits gelesene Exemplare finden so einen geeigneten Aufenthaltsort. Auch könnten örtliche Buchläden oder bekannte Verlage postalisch angesprochen werden, um weitere Bücher für die Klassenbibliothek zu beschaffen.
In der Klasse ist zu überlegen, wie die Bücher sortiert werden sollen, ob sie eine Signatur bekommen und wie die Ausleihbedingungen sein könnten. Gibt es Verantwortliche für die Klassenbücherei? Wer betreut die Ausleihe? Legt die Klasse ein Register an? Sollen Kurzbeschreibungen der Bücher angefertigt werden? – Diese und ähnliche Fragen müssen vorab geklärt werden.

S. 81 Auf der Suche in der Bibliothek

1 Als Ausgangspunkt für die Suche in einer Bibliothek dienen zwei Ausrisse aus dem elektronischen Katalog, die Ergebnisse von zwei Suchaufträgen zu „Spinnen" und zur Verfilmung von „Ronja Räubertochter" festhalten. Damit können Suchstrategien thematisiert und entwickelt werden. Zudem wird der Umgang mit dem Computerkatalog erklärt.

a Zum Thema „Spinnen" gibt es drei Jugendbücher (Nr. 11, 12 und 13) und ein Buch für Ältere („Kreativ spinnen", Nr. 14).

b Bis auf die Nr. 13 („Insekten und Spinnen", 2006) – alle in der Bibliothek vorhandenen Exemplare sind entliehen – können alle anderen Bücher bestellt und ausgeliehen werden.

c Der Film ist der letzte Titel mit der Nr. 12 und der Signatur VJ RONJ.

2 a Mögliche Fragen für eine Bücherrallye:
- Wie viele Bücher von Cornelia Funke findet ihr im Bibliothekskatalog?
- Findet heraus, wer „Stadt des Grauens" geschrieben hat?
- Wie viele Bücher über Dinosaurier findet ihr?
- Wie viele Bücher von Andreas Steinhöfel könnt ihr finden?
- Was sind „fliegende Hunde"? Sucht ein Buch dazu.
- Was ist die „schwarze Witwe"? In welchem Buch könnt ihr etwas darüber lesen?
- Sucht eine Erzählung, die in der Ritterzeit spielt.
- Welche Bücher über Ritter könnt ihr finden?
- Sucht eine Grammatik für Schüler. Notiert die Signatur.
- Welche Signatur hat die Hörspielkassette „Das Sams in Gefahr"?
- Welche Signatur hat das Jugendbuch „Die Vorstadtkrokodile"?
- Welche Verfilmungen von Büchern Astrid Lindgrens könnt ihr ausleihen?
- Kann man auch Brettspiele in der Bibliothek ausleihen?

Es empfiehlt sich, die Fragen zu einer Bücherrallye auf Karteikarten schreiben zu lassen, damit die Schüler/-innen das Ergebnis ihrer Recherche hier mit notieren können.

Siehe hierzu auch die **Folie** „Eine Bibliothek erkunden" auf der DVD-ROM.

b Vor einer Recherche in der Schulbibliothek sollte geklärt sein, ob die gestellten Fragen auch beantwortet werden können. Generell müssen die Fragen auf die jeweilige Bibliothek zugeschnitten sein.

S. 82 Teste dich!

1 b Die Regeln für das Spiel sollten vorher festgelegt und schriftlich festgehalten werden:
- Wer beginnt?
- Gibt es einen Spielführer, der nur mit der Beachtung der Spielregeln/der Fragen und deren korrekten Beantwortung beauftragt ist?
- Was geschieht, wenn eine Frage richtig oder falsch beantwortet worden ist: noch einmal würfeln, einmal aussetzen, zurückgehen …?

5.3 Projekt – Ein Buch vorstellen

S. 84 Lesekiste und Stichwortkarten

1 a Pauls Lesekiste ist sowohl von außen als auch von innen beklebt. Er hat Klebezettel mit Wörtern und Zitaten aus dem Buch und auch Bilder (Buchcover) benutzt. Die Gegenstände in der Lesekiste – Radiergummi, blauer Filzstift und Notizblatt mit einer Skizze des Léonlands – verdeutlichen Davids Leidenschaft für das Basteln und Zeichnen.

b Die individuellen Schülerergebnisse können genutzt werden, um sie z. B. in der Schulbibliothek auszustellen. Die Schüler/-innen sollten bei der Vorstellung ihrer Lesekisten begründen, warum sie diese so gestaltet haben. Gegenstände oder Zitate können sie später beim Vortrag zeigen bzw. vorlesen.

Lesetipps:
Andreas Steinhöfel: Rico, Oskar und die Tieferschatten
Cornelia Funke: Drachenreiter
Deborah Ellis: Die Sonne im Gesicht
Henning Mankell: Der Hund, der unterwegs zu einem Stern war
Jürgen Banscherus: Davids Versprechen
Max von der Grün: Die Vorstadtkrokodile
Michael Ende: Momo
R. L. Stine: Stadt des Grauens
Roald Dahl: Charlie und die Schokoladenfabrik
Uwe Timm: Rennschwein Rudi Rüssel

2 a Die mittlere Karteikarte nutzt Paul für seinen Vortrag als erste, gefolgt von der rechten Stichwortkarte. Für den Abschluss seines Kurzvortrags verwendet Paul die linke Karte.

b Bei der Erstellung der Stichwortkarten ist darauf zu achten, dass auch wirklich nur Stichworte notiert wurden.

c Beim Einstudieren des Vortrags mit einem Lernpartner/einer Lernpartnerin sollte der jeweilige Partner überprüfen, ob die Checkliste für eine Buchvorstellung vollständig berücksichtigt wurde.

Material zu diesem Kapitel

Klassenarbeit/Test
– Eine Figur aus einem Jugendbuch untersuchen: Peter Härtling: Das war der Hirbel (mit Bewertungsbogen auf der DVD-ROM)
– Buchexperten gesucht! (mit Lösungshinweisen auf der DVD-ROM)

Fordern und fördern
– Ein Buchcover untersuchen: Peter Härtling: Ben liebt Anna (●●○ und ●○○ mit Lösungshinweisen auf der DVD-ROM)
– Ein Buchcover entwerfen (○○○)
– Romanfiguren untersuchen: Opa Léon (●●○ und ●○○ mit Lösungshinweisen auf der DVD-ROM)
– Ein Buch vorstellen (mit Beobachtungsbogen auf der DVD-ROM)
– In der Freizeit lesen (Fragebogen zum Leseverhalten; auf der DVD-ROM)

Diagnose
– Jugendbücher lesen (mit Lösungshinweisen und Förderempfehlung auf der DVD-ROM)

PPT-Folien (auf der DVD-ROM)
– Eine Bibliothek erkunden

Klassenarbeit –
Eine Figur aus einem Jugendbuch untersuchen

Aufgabenstellung

Lies den Auszug aus Peter Härtlings Jugendbuch „Das war der Hirbel" sorgfältig durch und bearbeite anschließend die einzelnen Aufgaben.

Peter Härtling
Das war der Hirbel

Der Hirbel ist der Schlimmste von allen, sagten die Kinder im Heim. Das war nicht wahr. Doch die Kinder verstanden den Hirbel nicht. Sie hielten sich ohnehin nie lange auf in dem Heim, einem Haus am Rande der Stadt, in das Kinder gebracht wurden, die herumstreunten, Kinder, mit denen ihre Eltern nicht mehr zurechtkamen, die von ihren Müttern verstoßen wurden, die bei Pflegeeltern waren und nicht „guttaten" [...]

Den Hirbel wollte niemand, deshalb war er schon Stammgast in dem Haus am Rande der Stadt. Er war neun Jahre alt und so groß wie ein Sechsjähriger. Er hatte einen dicken Kopf mit dünnen blonden Haaren, die er nie kämmte, und einen mageren Leib. Trotzdem fürchteten alle seine Kraft. Beim Raufen siegte er immer.

Der Hirbel hatte eine Krankheit, die niemand richtig verstand. Als er geboren wurde, musste der Arzt ihn mit einer Zange aus dem Leib der Mutter holen, und er hatte ihn dabei verletzt. Von da an hatte er Kopfschmerzen, und die Großen behaupteten, er sei nicht bei Vernunft. Seine Mutter wollte ihn nicht haben. Seinen Vater hatte er nie gesehen. Erst ist er bei Pflegeeltern gewesen, die ihn, das sagte er selber, sehr gern hatten. Aber bei denen konnte er nicht bleiben, weil die Nachbarn seine Streiche fürchteten. Er ist auch immer kränker geworden; sein Kopf tat ihm entsetzlich weh, und dann überfiel ihn eine große Wut, in der er sich nicht mehr kannte. Die Pflegeeltern brachten ihn in ein Krankenhaus, dort lag er eine Weile, bekam eine Menge Spritzen und Tabletten und wurde dann bei neuen Pflegeeltern untergebracht, die ihn nicht mochten und im Heim ablieferten. [...]

In dem Heim arbeiteten Fräulein Maier und Fräulein Müller. [...] Fräulein Maier hatte den Hirbel besonders gern. Der Hirbel mochte sie lange Zeit nicht. [...] Sie hatte entdeckt, dass er schön singen konnte, und wenn sie im Chor sangen, durfte er manchmal vor den anderen allein singen. Das ärgerte ihn auch wieder, weil die Jungen sagten, er habe eine Stimme wie ein Mädchen. Seine Stimme war hoch, ganz rein. Er konnte nicht lesen und nicht schreiben, aber wenn man ihm eine Melodie vorsang, merkte er sich die Melodie schon beim ersten Mal.

Peter Härtling: Das war der Hirbel. © 1973 Beltz & Gelberg in der Verlagsgruppe Beltz, Weinheim/Basel (Auszug)

Deutschbuch   5 Leseratten und Bücherwürmer – Jugendbücher lesen und vorstellen

1 Worum geht es in dem Jugendbuchauszug? Kreuze die richtige Aussage an:
- ☐ A In dem Text geht es um den Schafhirten Hirbel.
- ☐ B Der Text berichtet von einer Familie, die einen Hund aufnimmt und ihn Hirbel nennt.
- ☐ C In dem Text erfahren wir von Hirbel, einem Jungen, der krank ist und in ein Heim kommt.
- ☐ D Der Text erzählt von Fräulein Meiers Sohn Hirbel.

2 Lies den Text noch einmal genau und überlege, worum es in den einzelnen Abschnitten geht.
Verbinde die Zeilenangaben durch Pfeile mit den passenden Beschreibungen.

Zeile 1–9	a) Was Hirbel gut/nicht gut kann
Zeile 10–16	b) Wie Hirbel krank wurde und ins Heim kam
Zeile 17–35	c) Wo Hirbel lebt (Schauplatz)
Zeile 36–47	d) Hirbels Aussehen

3 Vervollständige den folgenden Steckbrief mit Informationen aus dem Text.

a)	Name der Hauptfigur:	
b)	Alter:	
c)	Aufenthaltsort/Wohnort:	
d)	Aussehen:	
e)	Besondere Fähigkeiten (was er gut/nicht so gut kann):	
f)	Besonderheiten:	

4 Stell dir vor, du hast Hirbel im Kinderheim kennen gelernt und beschreibst ihn einem Freund/einer Freundin in einem Brief. Nutze hierzu deine Vorarbeiten. Du kannst so beginnen:

Liebe/Lieber …!
Heute habe ich ein neues Kind im Heim kennen gelernt. Es ist ein Junge und er heißt …

_____

_____

_____

_____

5 Leseratten und Bücherwürmer – Jugendbücher lesen und vorstellen   Deutschbuch

Test

Buchexperten gesucht!

Aufgabenstellung

1. Im Rätsel sind 10 Begriffe rund um die Welt der Bücher senkrecht oder waagerecht versteckt. Finde die Begriffe und markiere sie.

2. Trage die gefundenen Begriffe anschließend in den unten stehenden Lückentext ein.

C	K	L	A	P	P	E	N	T	E	X	T	S	Y	K
S	O	B	R	G	T	M	Q	I	O	B	D	I	B	L
Z	C	S	T	U	R	V	K	T	L	T	C	L	A	I
G	H	K	M	V	S	B	M	E	N	R	H	L	J	Z
Y	B	R	R	E	H	B	L	L	Q	X	S	U	C	W
A	U	T	O	R	I	N						S	Q	Z
T	C	N	M	L	F	M						T	S	K
K	H	I	A	A	L	D						R	I	K
L	O	P	N	G	R	M						A	R	S
M	A	M	U	L	E	Q						T	T	O
P	A	L	D	W	T	C	O	V	E	R	S	O	T	I
M	B	I	B	L	I	O	T	H	E	K	W	R	I	L
V	W	T	U	P	D	H	L	C	N	G	O	L	E	C
V	B	D	S	U	Q	J	F	C	M	L	H	F	B	Z
E	T	B	U	C	H	H	A	N	D	L	U	N	G	E
B	F	G	D	S	I	O	R	F	N	I	G	S	L	D

a Bücher kann man in einer _____ kaufen.

b Lesen und Ausleihen kann man Bücher in der _____.

c Die Person, die Bilder für ein Buch malt, ist von Beruf _____.

d Ein dickes Buch, das nicht gereimt ist und eine lange Geschichte erzählt, ist ein _____.

e Wenn ich einen Kuchen backen will, schaue ich in einem _____ nach.

f Eine Frau, die ein Buch geschrieben hat, ist die _____ des Buches.

g Die Kurzinformation auf dem Buchrücken ist der _____.

h Der Umschlag eines Buches heißt mit dem englischen Wort _____.

i Jedes Buch hat einen _____.

j Eine Firma, die Bücher auf den Markt bringt, nennt man _____.

Ein Buchcover untersuchen

Was ein Buchumschlag so alles verrät

1. Schau die Vorder- und Rückseite des Buchumschlags genau an und trage in die Kästchen die passenden Fachbegriffe ein.

Manchmal sagen Erwachsene zu Kindern: Ihr könnt noch gar nicht wissen, was Liebe ist. Das weiß man erst, wenn man groß ist. Das ist nicht wahr. Auch Kinder kennen Liebe, und nicht nur die Liebe innerhalb der Familie. So ist es auch mit Ben. Er liebt Anna, das Aussiedlermädchen, das neu in die Klasse kommt. Und auch Anna hat Ben eine Weile sehr lieb gehabt. Das ist schön, aber auch schwer: Da gibt es Aufregung und Gekränktsein und Eifersucht, Streit mit Freunden und immer wieder die Angst, ausgelacht zu werden. Die Geschichte handelt aber auch von Eltern und Lehrern, die Verständnis haben – wie es eben sein sollte zwischen Kindern und Erwachsenen.

8–10 Jahre
90 Seiten
4,90 €

Peter Härtling: Ben liebt Anna. Beltz & Gelberg, Weinheim/Basel 1997

2. Lies noch einmal aufmerksam den Text durch und beantworte die nachfolgenden Fragen:

a Wie heißen die beiden Hauptfiguren des Romans? _____

b Warum ist das Mädchen neu in der Klasse? _____

c Welche Probleme tauchen zwischen den beiden Hauptfiguren auf? _____

d Welche weiteren Figuren spielen in der Handlung eine Rolle? _____

Ein Buchcover untersuchen

Was ein Buchumschlag so alles verrät

1. Schau die Vorder- und Rückseite des Buchumschlags genau an und ordne anschließend die Fachbegriffe den richtigen Kästchen zu:

> Titel – Autor – Klappentext – Verlag – Preis – Cover – Altersempfehlung

Peter Härtling: Ben liebt Anna. Beltz & Gelberg, Weinheim/Basel 1997

2. Lies noch einmal aufmerksam den Text durch und beantworte die nachfolgenden Fragen:
   a Wie heißen die beiden Hauptfiguren des Romans? Kreuze an:
   - ☐ Ben und Anna
   - ☐ Peter und Annika
   - ☐ Ben und Maria

   b Warum ist das Mädchen neu in der Klasse?
   - ☐ Es ist umgezogen.
   - ☐ Es hat eine Klasse übersprungen.
   - ☐ Es ist sitzengeblieben.

   c Welche Probleme tauchen zwischen den beiden Hauptfiguren auf?
   - ☐ Sie entdecken ein Geheimnis.
   - ☐ Sie streiten sich mit den Lehrern.
   - ☐ Sie streiten sich untereinander und mit Freunden, sind eifersüchtig und haben Angst, ausgelacht zu werden.

   d Welche weiteren Figuren spielen in der Handlung eine Rolle?
   - ☐ Verwandte
   - ☐ Eltern und Lehrer
   - ☐ Geschwister

Deutschbuch — 5 Leseratten und Bücherwürmer – Jugendbücher lesen und vorstellen

Ein Buchcover entwerfen

1 Lies dir den Klappentext durch und fülle die Lücken mit den nachfolgenden Wörtern:

Traum – Bett – Sonntag – Kater – Traumtagebuch

2 Überlege dir, wie ein passendes Titelbild aussehen könnte, und male ein Bild für den Buchdeckel.

Klappentext

Sonntags schlief Kati gerne länger. Geweckt wurde sie von ihrem _____ Kasimir, der ihr miauend eine Maus vor das _____ legte. Wie jeden Morgen hielt Kati ihre Träume in ihrem _____ fest, um sie nicht zu vergessen. Aber an diesem _____ geschah etwas Ungewöhnliches, als sich _____ und Wirklichkeit zu vermischen begannen …

8–10 Jahre
90 Seiten
4,90 €

Katis Tagebuch der Träume

Titel

119 — KV 2, Seite 1 — Kopiervorlage

Romanfiguren untersuchen

Opa Léon

1 Opa Léon und David verbringen den Nachmittag gemeinsam im Schuppen von Opa Léon. Male ein Bild.

2 Wie stellst du dir Opa Léon vor? Beschreibe in deinem Heft den Großvater. Du kannst so beginnen:

Davids Großvater ist … Seine Haare sind … Immer sucht er …

3 Opa Léon und David basteln nicht nur gerne, sie schreiben beide auch Tagebuch. Nach einem gemeinsamen Tag im Schuppen verfassen sie abends einen Eintrag. Wähle eine der beiden Figuren aus und schreibe aus ihrer Sicht einen Tagebucheintrag.

Opa Léon	David

Romanfiguren untersuchen

Opa Léon

1. Wie stellst du dir Davids Großvater Léon vor? Male ein Bild.

2. Davids Großeltern unterhalten sich über ihn. Setze das Gespräch fort und schreibe in dein Heft. Nutze die folgenden Ideen für deine Fortsetzung:

> schlechte Noten – keine Lust auf Schule – nur eine Lehrerin, die … – Eltern regen sich auf – durchhalten – nicht nur mit den Händen arbeiten

Oma: „Was habt ihr heute im Schuppen angestellt?"
Opa: „Wir haben einen Flugdrachen gebastelt. Hoffentlich weht der Wind morgen stärker. Wir wollen den Drachen natürlich ausprobieren."
Oma: „Habt ihr euch auch über die Schule unterhalten?"

Opa: „Ja, aber …"

Oma:

3. Übe anschließend das Gespräch mit einem Lernpartner/einer Lernpartnerin. Spielt es der Klasse vor.

Ein Buch vorstellen

1. Mache dir zunächst Notizen zu den folgenden Fragen:
   a Welches Buch stellst du vor? Wie heißt es und wer hat es geschrieben?

   b Um welche Art von Buch handelt es sich?

   c Stelle den Autor/die Autorin deines Buches kurz vor.

   d Stelle die Hauptpersonen vor und erzähle kurz, worum es in dem Buch geht.

   e Bewerte das Buch: Was hat dir gut gefallen, was hat dir nicht so gut gefallen? Warum sollten deine Mitschüler/-innen das Buch lesen?

   f Übe, deine Lieblingsstelle aus dem Buch (eineinhalb bis zwei Seiten) flüssig vorzulesen.

2. Schreibe dir einige Notizen für deine Buchvorstellung auf höchstens **drei** Karteikarten.

3. Übe die Buchvorstellung und halte sie probeweise vor deinen Geschwistern, deinen Eltern, einem Freund oder einer Freundin.

Diagnose – Jugendbücher lesen

Ein Buchcover untersuchen

1 Schau dir aufmerksam die Vorder- und Rückseite des Buchumschlags an. Trage die Nummern in die Kästchen vor den dazugehörigen Fachbegriffen ein.

- ☐ Autor ☐ Titel ☐ Cover
- ☐ Preis ☐ Klappentext
- ☐ Verlag ☐ Altersempfehlung

Romanfiguren unter die Lupe nehmen

2 Lies den Textauszug aus dem Jugendbuch genau durch.

Bei einem Ausflug der Heimkinder geht der Hirbel verloren und bleibt eine ganze Nacht verschwunden. Am nächsten Tag bringt ihn ein Schäfer zurück ins Heim. Er berichtet:

„Plötzlich wogte die Herde hin und her. […] Die Hunde bellten wie verrückt. Aber sie trauten sich nicht in die Herde hinein! […] Ich dachte zuerst, ein Fuchs ist in die Herde eingebrochen oder ein streunender Hund. Aber da hätten meine Hunde anders reagiert. […]
Am Morgen wollten wir weiterziehen. Ich pfiff den Hunden, sie trieben die Herde vor sich her. Da sah ich den Burschen. Mitten unter den Schafen! Mit einem großen, schwarzen Hut und einem zerfetzten Mantel […]. Eine wandernde Vogelscheuche. Ich packte den Kerl. […] Aber das Büble starrte mich selig an und sagte immer wieder: Lauter Löwen, lauter Löwen!"

Einige Tage später erzählt der Hirbel einem Mädchen aus dem Heim die Geschichte so:
Da bin ich fort. Immer runtergerannt. Da war hohes Gras. Und ein böser Mann. Vor dem habe ich Angst gehabt. Aber der hat nix getan. Er war aus Holz. Dem sein Hut habe ich geklaut. Dem seine Jacke auch. Und bin weg. Es war wie Afrika. Es war in Afrika. Und eine Wüste, wo die Löwen sind. Und die Löwen sind gekommen. Hundertmillionen. Alle zusammen. Mit Hunden. Auch ein Spitz. Die haben mich angeschnuppert. Die waren gut zu mir. Lauter gute Löwen. Es war richtig schön. […]

Peter Härtling: Das war der Hirbel. © 1973 Beltz & Gelberg in der Verlagsgruppe Beltz, Weinheim/Basel

a Kreuze die passende Antwort an:

Eine Vogelscheuche ist	☐ ein Tier	☐ eine Puppe	☐ ein Mensch
Ein Schäfer hütet	☐ Löwen	☐ wilde Hunde	☐ Schafe
Der Hirbel übernachtet	☐ bei den Schafen	☐ beim Schafhirten	☐ bei Löwen

b Markiere Stellen, an denen du etwas über die Figuren der Handlung erfährst. Wähle unterschiedliche Farben dafür, was sie sehen, hören, denken, fühlen, tun.

Das Lesetagebuch erklären

3 Was versteht man unter einem Lesetagebuch? Kreuze die richtige Erklärung an.

A	Ein Lesetagebuch ist ein Heft, das man begleitend zum Lesen eines Buches für Gedanken, Fragen oder Gefühle führen kann.	B	Ein Lesetagebuch ist ein Tagebuch, das man zum Einüben von Lesetechniken nutzt.

6 Von Streichen und Missverständnissen – Komische Geschichten lesen und verstehen

Konzeption des Kapitels

Schülerinnen und Schülern der Jahrgangsstufe 5 sind in der Regel lustige Geschichten vertraut, neben heute so populären Formen wie „Gregs Tagebüchern" bis hin zu den Klassikern „Pippi Langstrumpf" oder „Till Eulenspiegel". Komische Geschichten sind geeignet, das Leseverständnis zu steigern, die Sprachfertigkeiten weiterzuentwickeln und ganz allgemein die Motivation am Lesen zu fördern: Lachen regt die Kreativität und die Lernfähigkeit der Schülerinnen und Schüler an. Somit leistet das Kapitel einen Beitrag zur Entwicklung verschiedener Kompetenzen: Vorlesen, Nacherzählen und Verstehen literarischer Texte.

Das erste Teilkapitel (**„Eulenspiegel und Co. – Lustige Geschichten vorlesen, verstehen und nacherzählen"**) macht die Schülerinnen und Schüler schrittweise mit Auszügen aus Geschichten vertraut, die auf verschiedene Art komisch sind. Genaues, sinnerschließendes Lesen hilft ihnen, Inhalte besser zu erfassen, die Komik der jeweiligen Geschichte zu verstehen und diese kriteriensicher nacherzählen zu können. Ebenso vertieft lebendiges, ausdrucksstarkes Vorlesen das Verständnis literarischer Texte und ist Voraussetzung dafür, die Aufmerksamkeit eines Publikums zu fesseln und ihm einen Text zugänglich zu machen. Beim anschließenden Nacherzählen wird der Blick auf charakteristische Merkmale komischer Geschichten gelenkt und so die Untersuchung eines literarischen Textes (Teilkapitel 6.3) vorbereitet. Damit vertiefen die Schülerinnen und Schüler ihre Verstehenskompetenz literarischer Texte. Abschließend testen sie ihr erworbenes Wissen und Können.

Das zweite Teilkapitel (**„Geschichten verstehen – Lesetechniken anwenden"**) führt in differenzierter Herangehensweise zum Textverständnis. Die Schülerinnen und Schüler untersuchen den Aufbau, lernen die besonderen Merkmale komischer Geschichten kennen und üben verschiedene Techniken einer detailgetreuen und sprachlich abwechslungsreichen Nacherzählung ein, die mündlich vorgetragen, im Rollenspiel szenisch umgesetzt oder als Tagebucheintrag schriftlich festgehalten wird.

Das dritte Teilkapitel (**„Fit in …! – Eine komische Geschichte untersuchen"**) bietet eine Übung für eine Klassenarbeit an. Sie beginnt mit der Klärung der Aufgabenstellung und führt mit Hilfe der in den ersten beiden Teilkapiteln erlernten und trainierten Lese- und Untersuchungstechniken in wenigen Schritten zur Bewältigung der Arbeit.

Literaturhinweise

- *Bauer, Jutta/Kantelhardt, Arnhild:* Es war eine dunkle und stürmische Nacht. Vorleseklassiker. Gerstenberg, Hildesheim 2001
- *Bühler, Philipp:* Der kleine Nick. Filmheft mit Materialien für die schulische und außerschulische Bildung. Diogenes, Zürich 2010
- *Hannover, Heinrich:* Das Pferd Huppdiwupp und andere lustige Geschichten, Rowohlt, Reinbek b. Hamburg 2007
- *Hohler, Franz/Heidelbach, Nikolaus:* Das Grosse Buch. Geschichten für Kinder. Hanser, München 2009
- *Dies.:* Der große Zwerg und andere Geschichten. Hanser, München 2009
- *Jennings, Karen/Pierce, Mark:* Lustige Geschichten schreiben. Ein systematischer Kurs. Verlag an der Ruhr, Mülheim an der Ruhr 1999
- *Marzolph, Ulrich:* Nasreddin Hodscha. 666 wahre Geschichten. C. H. Beck, München 2006
- Wenn die Dinge lebendig werden. Die schönsten Dingmärchen von Andersen bis Lemony Snicket. Jacoby & Stuart, Berlin 2010
- *Wölfel, Ursula:* Achtundzwanzig Lachgeschichten. Thienemann, Stuttgart 2010
- *Dies.:* Siebenundzwanzig Suppengeschichten. Thienemann, Stuttgart 2010

Inhalte	Kompetenzen
	Die Schülerinnen und Schüler
S. 86 **6.1 Eulenspiegel und Co. – Lustige Geschichten vorlesen, verstehen und nacherzählen**	
S. 86 *Jean-Jacques Sempé, René Goscinny: Die Geheimzeichen* S. 88 *Till kauft goldene Hufeisen* S. 90 Streiche nacherzählen S. 90 *Nasreddin Hodscha und der Baum* S. 91 *Nasreddin Hodscha, der Schmuggler*	– erfassen den Handlungsverlauf und die Funktion der Figuren lustiger Geschichten – beachten Strategien des Vorlesens und Markierungszeichen für einen wirkungsvollen Lesevortrag – setzen sich mit dem Inhalt von Erzähltexten auseinander und erkennen deren Aufbau – erfassen und benennen wesentliche Merkmale lustiger Geschichten – beschreiben und untersuchen das Verhalten von Erzählfiguren – erzählen mündlich unter Anleitung kurze Geschichten wirkungsvoll nach – verwenden abwechslungsreiche Satzanfänge
S. 92 Teste dich!	– reproduzieren Gelerntes und übertragen es auf einen fremden Text – überprüfen das eigene Wissen und Können und erhöhen auf diese Weise die Fähigkeit zur Selbsteinschätzung
S. 93 **6.2 Geschichten verstehen – Lesetechniken anwenden**	
S. 93 *Hubert Schirneck: Der faule Toaster* S. 95 *Erich Kästner: Ein Krebs kommt vor Gericht – Die Schildbürger* S. 96 **Fordern und fördern**	– wenden Lesetechniken an, um einen lustigen Text inhaltlich zu erfassen – benennen Bestandteile des Aufbaus einer Erzählung und ordnen diese jeweils zu – fertigen durch Rekonstruktion von Inhaltsschritten eine Nacherzählung an – beschreiben unterschiedliche Elemente von lustigen Textpassagen und geben sie in eigenen Worten wieder
S. 98 **6.3 Fit in …! – Eine komische Geschichte untersuchen**	
S. 98 *Wie Eulenspiegel auf dem Seil tanzte und den Leuten die Schuhe abschwatzte* S. 99 Die Aufgabe richtig verstehen, planen, schreiben, überarbeiten	– untersuchen eine Erzählung auf ihre Handlungsschritte – beschreiben die Hauptfiguren und stellen sie in ihren wesentlichen Charakterzügen vor – begründen die Wirkung komischer Textstellen – überarbeiten eigene Texte anhand einer Checkliste

6 Von Streichen und Missverständnissen – Komische Geschichten lesen und verstehen

S. 85 Auftaktseite

1 a Richtige Zuordnung:

Pipi Langstrumpf	Till Eulenspiegel	Nasreddin Hodscha	Der kleine Nick
„Ich heiße Pippi Langstrumpf, bin ein freches neunjähriges Mädchen. Ich lebe ohne Eltern in der Villa Kunterbunt und kann tun und lassen, was ich möchte."	„Ich heiße Till Eulenspiegel. Ich nehme Gesagtes oft wörtlich und bringe damit die Leute zum Lachen. Meistens bin ich der Kluge, manchmal aber auch der Dumme."	„Mein Name ist Nasreddin Hodscha. Ich bin ein Spaßvogel aus der islamischen Welt und erzähle gerne Witze oder lustige Geschichten."	„Ich bin der kleine Nick, komme aus Frankreich und erlebe fast jeden Tag viele lustige Dinge."

b Quellen für weitere Geschichten siehe Literaturhinweise und z. B.:
Hermann Bote, Wasyl Bogdaschwili: Till Eulenspiegel. Coppenrath, Münster 2006
Erich Kästner erzählt: Till Eulenspiegel – Münchhausen – Don Quichotte – Gullivers Reisen – Die Schildbürger. Dressler, Hamburg 2010
Elke Leger: Till Eulenspiegel. Arena, Würzburg 2006
Astrid Lindgren: Pippi Langstrumpf. Gesamtausgabe in einem Band. 27. Aufl., Oetinger, Hamburg 1987
Jean-Jacques Sempé, René Goscinny: Der kleine Nick erlebt eine Überraschung. Diogenes, Zürich 2008
Dies.: Der kleine Nick und sein Luftballon. Diogenes, Zürich 2009

2 Mögliche Antworten:
Die Figuren sind lustig, weil sie …
– anderen Streiche spielen.
– sich außergewöhnlich oder merkwürdig verhalten.
– Gesagtes absichtlich missverstehen.
– lustig aussehen.
– Witze erzählen.

3 a Außerdem könnte(n) sich noch Figuren wie Pumuckl, Dick und Doof, Spongebob, Max und Moritz, die Simpsons, Käpt'n Blaubär, Greg (Gregs Tagebücher) und Bert (Berts Katastrophen) vorstellen.
b Siehe die Literaturhinweise zu Aufgabe 1b.

6.1 Eulenspiegel und Co. – Lustige Geschichten vorlesen, verstehen und nacherzählen

S. 86 Jean-Jacques Sempé, René Goscinny: **Die Geheimzeichen**

1 a/b Vermutlich werden folgende Textstellen genannt: Zeile 15–18, 42–45, 65–76 und 97/98. Die Komik der jeweiligen Textstelle kommt am besten zum Ausdruck, wenn der/die Vorlesende dabei nicht selbst lacht, sondern möglichst naiv-sachlich spricht.

2 Das Bild auf Seite 86 illustriert die Zeilen 22–29, das Bild auf Seite 87 die Zeilen 60–80.

3 Die Textstelle Zeile 47–52 (Georg: „Wenn wir in der Klasse sind, dann …") könnte z. B. **flüsternd** gelesen werden, weil hier eine geheime Absprache getroffen wird.

6.1 Eulenspiegel und Co. – Lustige Geschichten vorlesen, verstehen und nacherzählen

S. 88 Till kauft goldene Hufeisen

1 Das Lesen mit verteilten Rollen kann in Partner- oder Gruppenarbeit vorbereitet werden. Dazu legen die Kinder eine Folie auf die Textseite und unterstreichen die Rollen Tills, des Königs und des Dieners in verschiedenen Farben.

Siehe hierzu die **Folie** „Ausdrucksvoll vorlesen – Till Eulenspiegel" auf der DVD-ROM.

Hierzu wird auf der DVD-ROM der Lesetext als **Hörtext** angeboten.

2 a Das Pferd kommt mit „wertvollen Schuhen" nach Hause, weil Till dem Hufschmied befohlen hat, das Pferd mit goldenen Hufeisen zu beschlagen.

b Satz A erklärt, was mit „goldenen Hufeisen" gemeint ist: Tills Pferd hat keine normalen Hufeisen, sondern sehr teure Hufeisen aus Gold erhalten.

3 a Die Sätze A und D gehören zu dem Beruf des Goldschmieds, die Sätze B und C beschreiben den Beruf des Hufschmieds.

b Textstellen über Metalle: Zeile 23–35, 40/41, 47/48, 58–63

4 Satz B ist richtig. Begründung: Till nimmt das Gesagte wörtlich und missversteht absichtlich.

5 b Till Eulenspiegel ist ein *clevererer, ideenreicher* und *gerissener* Mann. Er *spielt anderen häufig einen Streich* und *nimmt Aussagen wörtlich*. Dadurch *missversteht* er *die Menschen* absichtlich, sodass lustige oder außergewöhnliche Situationen entstehen.

6 Bei dem Text vom „Kleinen Nick" handelt es sich um eine lustige Geschichte, weil …
– er in der Schule eine komische und witzige Situation erlebt, als sein Mitschüler eine Geheimsprache erfindet.
– die Mitschüler Georg nicht verstehen, als er ihnen mit den Geheimzeichen sagen will, dass sie ihn nicht angucken sollen.
– sich im Gegenteil alle zu Georg umdrehen und anstarren, sodass sogar die Lehrerin auf ihn aufmerksam wird.
Die Geschichte von „Till Eulenspiegel" ist lustig, weil er dem König einen Streich spielt, indem er ihn absichtlich missversteht. Till lässt das Pferd mit goldenen Hufeisen beschlagen und bringt den König dadurch zum Lachen.

S. 90 Streiche nacherzählen

S. 90 Nasreddin Hodscha und der Baum

Siehe hierzu auch die **Folie** „Der Joghurt-Baum – Nach Bildern erzählen" auf der DVD-ROM.

1 a Richtige Zuordnung der Abschnitte:
Satz A gehört zu Abschnitt 4.   Satz C gehört zu Abschnitt 1.
Satz B gehört zu Abschnitt 2.   Satz D gehört zu Abschnitt 3.

b Richtige Zuordnung der Bilder:
Absatz 1 gehört zu Bild 1.   Absatz 3 gehört zu Bild 2.
Absatz 2 gehört zu Bild 4.   Absatz 4 gehört zu Bild 3.

2 Nasreddin Hodscha nennt die Pappel einen Joghurt-Baum, weil der Vogelkot genauso weiß ist wie Joghurt und man annehmen könnte, aus dem Baum wäre Joghurt auf seinen Kopf getropft. In Wirklichkeit war es natürlich der Rabe, der ihm auf den Kopf gemacht hatte. Nasreddin Hodscha scherzt hier.

3 Mögliche Lösung:
Als Nasreddin Hodscha unter einem Baum saß, fragte man ihn nach dem Namen des Baumes. Daraufhin **sah er die Pappel genauer an. Während er dies tat, machte ein Rabe ihm genau auf den Kopf. Nun erklärte Nasreddin den Leuten, dass es sich bei dem Baum um einen Joghurt-Baum handle.**

6 Von Streichen und Missverständnissen – Komische Geschichten lesen und verstehen

S. 91 Nasreddin Hodscha, der Schmuggler

1 Richtige Reihenfolge: C – B – A

2 a Nasreddins Antwort ist lustig, weil er die Wachen an der Grenze über Jahre an der Nase herumgeführt hat. Sie erkannten nicht, dass Nasreddin Esel schmuggelte – diese Esel!

b Antwort: C …, dass er nichts anderes als Esel geschmuggelt hat; aber auch A … beleidigt den Grenzwächter. Er sagt ihm, dass dieser dumm ist.

3 Mögliche Nacherzählung:
Lange Zeit schmuggelte Nasreddin Hodscha etwas über die Grenze zwischen Persien und Griechenland, aber niemand wusste, was er schmuggelte. Stets hatte er zwei Körbe mit Stroh dabei, die aber auf seinem Rückweg nicht mehr vorhanden waren. Die Grenzsoldaten untersuchten Nasreddin jedes Mal auf Schmuggelware. Sie konnten aber niemals etwas bei ihm finden. „Was führst du denn mit dir?", fragten die Grenzsoldaten. „Ich bin ein Schmuggler", antwortete Nasreddin. Über viele Jahre, in denen Nasreddin immer wohlhabender wurde, machte er diese Grenzgänge. Als reicher Mann zog er schließlich nach Ägypten, wo er einem der Grenzwächter begegnete. Auf die Frage des Wächters, was er denn damals geschmuggelt hätte, antwortete Nasreddin: „Esel."

S. 92 Teste dich!

1 Falsch ist Aussage B: Am besten lese ich den ganzen Text laut vor.

2 Häufig erzählen lustige Geschichten von außergewöhnlichen, **komischen** oder witzigen Ereignissen. Die Figuren, wie z. B. der kleine Nick oder **Till Eulenspiegel**, sind lustige oder gewitzte Menschen – manchmal auch **Betrüger**. Man nennt sie auch **Schelme** oder Narren. Diese **Spaßvögel** spielen gerne **Streiche**, machen sich über ihre Mitmenschen lustig oder bringen sie zum **Lachen**.
Lösungswort: KOMISCH

3 Mögliche Nacherzählung:
Eines Nachts wachte Nasreddin Hodscha aufgeregt auf und bat seine Frau um seine Brille. Daraufhin suchte seine Frau die Brille und gab sie ihm. Sie wollte von ihm wissen, warum er die Brille so dringend haben wollte. Nasreddin setzte die Brille auf und erklärte, dass er einen wunderbaren Traum hatte, aber nicht immer alles genau erkennen konnte. Deshalb verlangte er nach seiner Brille, um noch einmal genau hinzusehen.

6.2 Geschichten verstehen – Lesetechniken anwenden

S. 93 Hubert Schirneck: **Der faule Toaster**

2 Die Aussagen B und D sind richtig, die anderen beiden falsch.

3 a Bereits markierte Schlüsselwörter: nicht mein Tag – alles schiefgeht – Zahnpasta alle – Toastbrot steckte sie in den Toaster / nach zwei Sekunden herausgeflogen – heute meinen freien Tag – Herdplatte blieb kalt
Weitere Schlüsselwörter können sein: wir streiken (Z. 47) – die Küchengeräte (Z. 49) – gleiches Recht für alle (Z. 56) – streike ich auch (Z. 62) – auf den Montag warten (Z. 63/64)

c Mögliche Ergänzungen:
Die Schlüsselwörter sagen mir, was besonders **wichtig ist**.
Schlüsselwörter tragen die für den Inhalt entscheidenden **Informationen**.
Schlüsselwörter geben dem Text **eine Struktur**.
Schlüsselwörter helfen, einen Text zusammenzufassen.

128

4 a Einleitung: Zeilen 1–10; Hauptteil: Zeilen 11–59; Schluss: Zeilen 60–64

c Mögliches Tafelbild (mit Zeilenangabe aus Teilaufgabe a):

Der faule Toaster	
Einleitung	Zeilen 1–10 An einem Sonntagmorgen steht der Erzähler auf und befürchtet, dass an diesem Tag alles schiefgehen wird.
Hauptteil	Zeilen 11–59 Im Badezimmer passiert noch nichts Ungewöhnliches. Der Toaster, der Herd und die Kaffeemaschine funktionieren nicht. Der Toaster erklärt, warum die Küchengeräte streiken.
Schluss	Zeilen 60–64 Der Erzähler streikt auch und legt sich wieder ins Bett.

S. 95 Erich Kästner: **Ein Krebs kommt vor Gericht – Die Schildbürger**

1 Mögliche Vermutungen:
– Es geht um eine Gerichtsverhandlung bei den Schildbürgern.
– Ein Krebs wird beschuldigt.

3 Mögliche Begründungen: Die Geschichte ist lustig, weil …
– die Schildbürger so unwissend sind und die „Scheren" wörtlich als Werkzeuge auffassen.
– den Krebs so übertrieben wichtig nehmen (Sturmglocken läuten, Bürgermeister wird geholt).
– ein Schildbürger seinen teuren Stoff aus Dummheit selbst zerschneidet.
– die Verurteilung zum Tod durch Ertränken die Rettung für den Krebs bedeutet.

S. 96 Fordern und fördern

4 a Richtige Zuordnungen:

1. „stürzten zu der Stelle"	Sie liefen schnell zu der Stelle.
2. „das kann ich […] nicht dulden"	Das kann ich nicht erlauben.
3. „Der Gerichtsdiener wird ihn ersäufen."	Der Gerichtsdiener wirft ihn ins Wasser, um ihn zu töten.

b Richtige Zuordnung und Ergänzung:

1. Abschnitt:	C Die Schildbürger wundern sich über den fremden Besucher in der Stadt.
2. Abschnitt:	A Der Krebs wird zuerst für einen Schneider und schließlich für einen Mörder gehalten.
3. Abschnitt:	B Das Gericht in Schilda verurteilt den Krebs zum Tode.
4. Abschnitt:	D Der Gerichtsdiener **wirft den Krebs ins Wasser, um ihn zu töten.**

c Der Krebs wird angeklagt wegen Sachbeschädigung (Z. 29 f.) – er hat angeblich den teuren Stoff ruiniert – und wegen versuchten Mordes (Z. 35), weil er einen Schildbürger mit seinen Scheren angreift.

5 **a** Die richtige Reihenfolge lautet:
– Ein Krebs kam nach Schilda. Die Bürger wunderten sich über den fremden Besucher.
– Die Schildbürger versuchten, den Beruf des Krebses zu erraten.
– Um das Schnittmuster für eine Jacke zu finden, ließen sie ihn über einen Stoff krabbeln.
– Der Stoff wurde zerschnitten, doch die Bürger waren über das Ergebnis enttäuscht.
– Der Krebs wurde wegen Sachbeschädigung angeklagt.
– Ein Bürger wurde vom Krebs gezwickt.
– Der Krebs kam vor Gericht und wurde zum Tod verurteilt.
– Der Gerichtsdiener warf den Krebs ins Wasser.

b Beispiel für eine Nacherzählung:
Ein Krebs kam einmal nach Schilda. Die Bewohner des Ortes wunderten sich sehr über ihn und fragten sich, was er wohl von Beruf sei. Der Bürgermeister vermutete, dass er vielleicht ein Schneider ist, weil er ja zwei Scheren hat. Also ließ man den Krebs über einen Stoff krabbeln. Man schnitt seinen Weg aus, aber es wurde daraus keine Jacke. Der Stoff war komplett zerschnitten.
Als ein Schildbürger den Krebs anfasste, zwickte dieser den Bürger mit seiner Schere. Die Schildbürger stellten den Krebs daraufhin vor Gericht und klagten ihn wegen Sachbeschädigung und versuchten Mordes an. Schließlich wurde der Krebs zum Tode durch Ertränken verurteilt. Nach dem Urteilsspruch warf ihn der Gerichtsdiener ins Wasser.

 6 **b/c** Hefteintrag:

Zeilenangabe	**Begründung:** Die Geschichte wirkt komisch, weil …
Z. 41–43	ein Tier vor Gericht angeklagt wird.
Z. 11–13	der Krebs wegen seiner Scheren für einen Schneider gehalten wird.
Z. 32–35	ein Zwicken dazu führt, dass der Krebs für einen Mörder gehalten wird.
Z. 50–52	die Bestrafung für einen Krebs, der im Wasser lebt, keine ist.

8 Beispiel für einen Tagebucheintrag:
Heute kam ein merkwürdiger Schneider in unser Dorf. Er hatte zwei große Scheren, aber vom Schneidern hatte er überhaupt keine Ahnung. Der Stoff für eine Jacke war komplett ruiniert und als einer von uns nach ihm griff, zwickte ihn der Krebs mit seinen Scheren. Das hat bestimmt ziemlich wehgetan. Unser Bürgermeister wurde daraufhin sehr wütend und entschied, dass der Krebs vor Gericht muss. Er wurde wegen Sachbeschädigung und versuchten Mordes angeklagt. Am Ende des Prozesses verurteilte das Gericht den Krebs zum Tode. Unser Gerichtsdiener brachte ihn zum See hinaus und ertränkte den Krebs. Wir waren alle sehr traurig, viele weinten.

6.3 Fit in …! – Eine komische Geschichte untersuchen

S. 99 Die Aufgabe richtig verstehen

 1 **a** Richtige Aussagen: Wir sollen …
– **S** wichtige Textstellen herausfinden.
– **C** erklären, was an der Geschichte lustig ist.
– **H** den Text mindestens zweimal sorgfältig lesen.
– **U** die Hauptfigur beschreiben.
– **H** beschreiben, worum es in der Geschichte geht.
– **E** die Reihenfolge der Ereignisse beibehalten, wenn wir die Handlung kurz wiedergeben.
Lösungswort: **SCHUHE**

b Falsche Aussagen: Wir sollen …
- T den Text nur ganz kurz überfliegen.
- I ein Bild zu dem Text malen.
- L einen Zeitungsartikel zu der Geschichte verfassen.
- L ein neues Ende zum Text formulieren.

Lösungswort: **TILL**

S. 99 Planen

Siehe hierzu auch die **Folie** „Eine komische Geschichte untersuchen" auf der DVD-ROM.

2 Auf den Notizzetteln könnte stehen:

Wer die Hauptfigur ist	Was in der Geschichte geschieht	Was an der Geschichte lustig ist
– Vater ist früh verstorben. – Till ist arm, will aber keinen Beruf lernen, – lebt bei seiner Mutter, – vertreibt sich die Zeit mit verrückten Dingen, – spielt den Dorfbewohnern einen Streich, – macht sich lustig über sie, – bringt sich aus Angst vor der Rache der Bewohner in Sicherheit.	– Till will Bürgern Kunststück auf dem Seil vorführen, – sammelt alle linken Schuhe ein, – balanciert mit den Schuhen auf einem Seil über dem Fluss, – wirft den Leuten die Schuhe von oben wieder zu. – Es entsteht ein Tumult. – Till macht sich aus dem Staub.	– Till spielt Leuten Streiche; etwas, womit niemand gerechnet hat, – fordert jeweils den linken Schuh, – sagt, dass sie staunen werden und dass sie ihre Schuhe zurückbekommen, – wirft ihnen die Schuhe von oben zu, sodass ein Tumult entsteht, – sagt, die Leute sollen aufpassen, dass sie ihre Schuhe nicht vertauschen. Dabei streiten und prügeln sich die Leute um die Schuhe. – Die Leute sind überrascht, aber anders, als sie sich gedacht haben.

S. 100 Schreiben

3 Mögliche Lösung:

Wer die Hauptfigur ist: Die Hauptfigur ist ein Schelm. Er heißt Till Eulenspiegel. Man erfährt über Till, dass sein Vater früh verstorben ist, dass er und seine Mutter in armen Verhältnissen leben. Till vertreibt sich die Zeit mit verrückten Dingen. Er überlegt sich ständig Streiche. So verlangt er in dieser Geschichte jeweils den linken Schuh der Dorfbewohner, um damit angeblich ein Kunststück auf einem Seil zu machen.

Was in der Geschichte geschieht: In der Einleitung der Geschichte erfahren wir, wo die Geschichte spielt und wer die Hauptfiguren sind. Zunächst verlangt Till Eulenspiegel von den Dorfbewohnern den linken Schuh. Er bindet sie aneinander und klettert auf ein Seil, das er quer über den Fluss gespannt hat. Nach kurzer Zeit warten die Leute auf Tills Kunststück. Er aber löst die Schuhe voneinander und wirft sie den Zuschauern von oben zu. Die Menschen streiten und prügeln sich um ihre Schuhe. Till amüsiert sich und macht sich aus Angst vor Rache schließlich aus dem Staub. Der Schluss zeigt, dass Till sich auf Kosten der Menschen vergnügt und sie nur an der Nase herumgeführt hat.

Was an der Geschichte lustig ist: An der Geschichte ist lustig, dass Till diese verrückte Idee hat. Man kann darüber lachen, wie sich die Leute um ihre Schuhe streiten und balgen. Witzig ist auch, dass Till die Menschen auffordert, ihre Schuhe bloß nicht zu vertauschen. Am lustigsten ist die Vorstellung von den zankenden und schreienden Menschen, die ihren fehlenden linken Schuh ergattern wollen, während Till lachend auf dem Seil sitzt. Er hat sein Versprechen gehalten: Die Leute staunen tatsächlich, aber anders, als sie sich das gedacht haben.

Material zu diesem Kapitel

Klassenarbeit
- Eine komische Geschichte untersuchen: Erich Kästner: Wie Eulenspiegel die Kürschner betrog (mit Bewertungsbogen auf der DVD-ROM)
- Eine komische Geschichte untersuchen: Jeff Kinney: Aus Gregs Tagebuch Nr. 5 (mit Bewertungsbogen auf der DVD-ROM)

Fordern und fördern
- Eine komische Geschichte untersuchen: Nasreddin Holscha: Der Saft des Hasen (●●○ und ●○○ mit Lösungshinweisen auf der DVD-ROM)
- Eine komische Geschichte untersuchen: Luigi Malerba: Schimpfwörter (●●○ und ●○○ mit Lösungshinweisen auf der DVD-ROM)
- Eine komische Geschichte untersuchen: Leo Tolstoi: Der Bauer und die Gurken (○○○)

Diagnose
- Komische Geschichten untersuchen (mit Lösungshinweisen und Förderempfehlung auf der DVD-ROM)

PPT-Folien (auf der DVD-ROM)
- Ausdrucksvoll vorlesen – Till Eulenspiegel
- Der Joghurt-Baum – Nach Bildern erzählen
- Eine komische Geschichte untersuchen

Hörtext (auf der DVD-ROM)
- Till kauft goldene Hufeisen

Deutschbuch Arbeitsheft 5
- Erzähltexte lesen und verstehen – Gregs Tagebuch, S. 31–34
  Lustig erzählen – Handlungen richtig zuordnen (●○○)
  Die Sprache untersuchen – Wie kann man lustig erzählen? (●●●)
- Trainingsmöglichkeiten bietet auch die Übungssoftware auf der CD-ROM zum „Deutschbuch Arbeitsheft" sowie www.deutschbuch.de/onlinediagnose.

Deutschbuch Förderheft 5
- Erzähltexte lesen und verstehen, S. 12–18
  Steinar Sörlle: Die Nacht, als keiner schlief

Deutschbuch Hörbuch 5/6
- Gottfried August Bürger: Münchhausens Reiterkunststücke (Udo Wachtveitl)
- Erich Kästner: Wie Eulenspiegel einem Esel das Lesen beibrachte (Juliane Posch)
- Unbekannter Autor: Eine unerfahrene Nachtigall; Der Wind tat es; Billige Esel (Udo Wachtveitl)

Klassenarbeit – Eine komische Geschichte untersuchen

Aufgabenstellung

Untersuche die Geschichte von Till Eulenspiegel. Gehe so vor:
1. Beschreibe kurz die Hauptfigur. Wer ist sie? Wie verhält sie sich?
2. Gib kurz wieder, was in der Geschichte geschieht.
3. Prüfe, ob der Text eine komische Geschichte ist, und begründe dein Ergebnis.

Wie Eulenspiegel die Kürschner betrog

Als er einmal, kurz vor Fastnacht, in Leipzig eintraf, gelang es ihm nicht, auch nur für ein paar Tage bei einem der vielen Leipziger Kürschner[1] Arbeit zu finden.

[…] Und weil sie ihm keine Arbeit gaben, nahm er sich vor, sie bei nächster Gelegenheit einmal gründlich zu ärgern.

Und diese Gelegenheit bot sich. Eulenspiegel erfuhr zufällig, dass die Kürschner zum Fastnachtstag an ihrem Stammtisch ein Hasenessen planten.

So klaute er in seinem Gasthof die Katze. Das war ein vollgefressenes Prachtexemplar. Dann bat er den Koch um ein Hasenfell. Und oben im Zimmer nähte er die Katze, sosehr sie auch strampelte und kratzte, in das Hasenfell hinein. Dann klebte er sich einen Schnurrbart unter die Nase, zog andere Kleider an und stellte sich, als ob er ein Bauer sei, vors Rathaus.

Als einer der Kürschner, die er kannte, vorbeikam, fragte er den, ob er keinen Hasen kaufen wolle. Der Kürschner dachte an das Fastnachtsessen, bezahlte Till das Tier, nahm es bei den Ohren und brachte es an den Stammtisch, wo die anderen Kürschner saßen und Bier tranken. Er zeigte ihnen den Hasen. Und sie waren von ihrem zappelnden Fastnachtsbraten hell begeistert.

Nun hatte aber einer der Kürschner einen Hund. Und sie trugen, nur so zum Spaß, ihren Hasen in den Garten hinaus und hetzten den Hund auf den Hasen.

Doch ehe sie sich's versahen, kletterte der Hase auf einen Baum und schrie kläglich: „Miau! Miau! Miau!"

Nun wurde es ihnen langsam klar, dass sie verkohlt worden waren. Und weil man eine Katze nicht gut als Hasenbraten verzehren kann, bekamen sie eine Mordswut und schworen, den Kerl, der ihnen die Katze angedreht hatte, totzuschlagen. Doch da sich Eulenspiegel, ganz gegen seine Gewohnheit, beim Verkauf der Katze verkleidet gehabt und danach wieder umgezogen hatte, kamen sie ihm nicht auf die Spur. Und Till blieb am Leben und ärgerte die Menschen weiter.

Erich Kästner: Till Eulenspiegel.
© Atrium Verlag, Zürich und Thomas Kästner

---

1 **Kürschner:** Handwerker, der aus Tierfellen Bekleidung herstellt

Klassenarbeit – Eine komische Geschichte untersuchen

Aufgabenstellung

Untersuche die Geschichte von Greg und seiner neuen Mathelehrerin. Gehe so vor:
1. Beschreibe die Hauptfiguren. Wer sind sie? Wie verhalten sie sich?
2. Gib kurz wieder, was in der Geschichte geschieht, und ordne dabei die beiden Abbildungen unten den passenden Textstellen durch Zeilenangaben zu.
3. Prüfe, ob der Text eine komische Geschichte ist, und begründe dein Ergebnis.

Gregs Tagebuch Nr. 5 „Geht's noch?"

Donnerstag

An unserer Schule haben wir eine neue Mathelehrerin, sie heißt Mrs. Mackelroy. Sie hat früher in der Vorschule unterrichtet, und ich glaube nicht, dass sie wirklich begeistert ist, jetzt mit 5 Mittelschülern zu tun zu haben.

Mathe haben wir gleich nach Sport, wenn wir also in Mrs. Mackelroys Stunde kommen, ist jeder noch ganz verschwitzt.

Mrs. Mackelroy hat sich beim Schulleiter be-10 schwert und gesagt, sie könne nicht unterrichten, wenn es im Klassenraum „stinkt wie im Affenhaus", und da hat der Rektor angeordnet, dass wir alle nach der Sportstunde duschen müssen.

Also mit der Entscheidung, das kann ich euch 15 sagen, sind die meisten Jungs meiner Klasse absolut nicht einverstanden.

Der Einzige, den es scheinbar nicht stört, ist Roger Townsend, aber der ist auch zweimal sitzengeblieben und praktisch schon ein Erwachsener.

Wir anderen haben beschlossen, dass wir nur so 20 tun werden, als ob. Nach der Sportstunde haben wir uns deshalb gestern alle nur die Haare kurz nass gemacht, damit es so AUSSAH, als hätten wir geduscht.

Ich weiß nicht, ob wir Mrs. Mackelroy wirklich 25 täuschen konnten, aber ich denke nicht, dass sie jemals in die Jungenumkleide kommt und nachsieht.

Jeff Kinney: Gregs Tagebuch Nr. 5: „Geht's noch?" – Donnerstag. Übers. v. D. Schmidt. © 2011 Baumhaus Verlag in der Bastei Lübbe GmbH & Co. KG, Köln DIARY OF A WIMPY KID®, WIMPY KID™, and the Greg Heffley design™ are trademarks of Wimpy Kid, Inc.

Bild 1: passt zu den Zeilen _____

Bild 2: passt zu den Zeilen _____

Eine komische Geschichte untersuchen (1)

Nasreddin Hodscha: **Der Saft des Hasen**

Eine Woche später klopfte ein anderer Unbekannter an die Tür. Auf Nasreddins Frage, wer er sei, antwortete er: „Ich bin ein Verwandter des Nachbarn des Jägers, der dir letzte Woche den Hasen geschenkt hat." Auch ihn lud der Hodscha zum Essen ein.

Ein paar Tage später klopfte es an der Tür. Als der Hodscha öffnete, sah er sich einem Fremden gegenüber und fragte: „Wer bist du und was willst du?"
Der Fremde antwortete: „Ich bin der Nachbar des Jägers, der dir neulich den Hasen gebracht hat."
Nasreddin Hodscha bat ihn herein und sie aßen gemeinsam zu Abend.

Ein Jäger brachte Nasreddin Hodscha einen Feldhasen als Geschenk. Nasreddin Hodschas Frau bereitete daraus ein schmackhaftes Gericht, das sie am Abend gemeinsam mit dem Jäger verspeisten.

Wieder verging eine Woche und wieder klopfte ein Unbekannter an Nasreddin Hodschas Tür. Kaum hatte der Hodscha die Tür geöffnet, begann der Fremde: „Ich bin ein Bekannter des Verwandten des Nachbarn des Jägers …"
„… der mir neulich den Hasen gebracht hat", ergänzte der Hodscha resigniert*. „Also bitte, tritt ein."

* resigniert: verzweifelt

Nasreddin Hodschas Frau brachte eine Suppentasse und setzte sie dem Gast vor. Der fing an zu löffeln, verzog aber gleich den Mund und beschwerte sich: „Das ist ja nur Wasser!"
Da erwiderte der Hodscha, dem die ungebetenen Besucher längst lästig waren: „Ja, mein Freund, das ist der Saft des Saftes des Saftes des Hasen!"

Ines Balcik: Dreißig und ein Tag. Mit Nasreddin Hodscha durch den Ramadan. Books on Demand, Norderstedt 2002

1 Lies die einzelnen Textabschnitte mehrmals aufmerksam durch.
  a Schneide sie aus und klebe sie in der richtigen Reihenfolge in dein Heft.
  b Tipp: Achte beim Zusammenbauen des Textes auf die Zeitangaben.
     Sie helfen dir, die richtige Reihenfolge herzustellen:
     ein paar Tage später – eine Woche später – wieder verging eine Woche.

2 Ordne den nachfolgenden Begriffen die richtigen Erklärungen zu:

A neulich　　　　　B resigniert　　　　　C ungebeten　　　　　D lästig
1 entmutigt, hoffnungslos　　2 störend, ungeliebt　　3 vor Kurzem　　4 nicht eingeladen

3 Kennst du alle Zeiten der Verben? Vervollständige die angelegte Tabelle.

Präteritum	Präsens	Infinitiv	Präteritum	Präsens	Infinitiv
es klopfte			er begann	er beginnt	beginnen
er bat herein			er ergänzte		
sie aßen			sie brachte		
er lud ein			es verging		

Eine komische Geschichte untersuchen (2)

4 Worum geht es in der Geschichte Nasreddin Hodschas? Formuliere den Satz zu Ende:

Die Geschichte handelt von _____

_____

5 Untersuche, was an der Geschichte lustig ist.

  a Trage in die Abbildung ein, wer sich bei Nasreddin zum Essen einlädt und was mit dem Bratensaft geschieht.

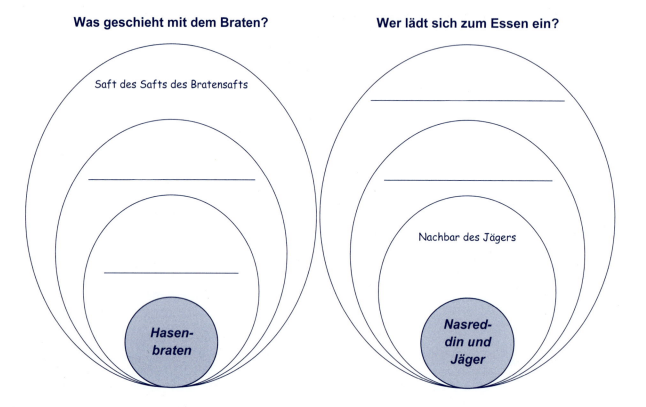

  b Beschreibe, was an der Geschichte komisch ist. Ergänze dazu die folgenden Sätze:

Die Geschichte ist lustig, weil …

A immer mehr ungebetene Leute _____

_____

B der Saft des Hasenbratens _____

C die Geduld und Gastfreundschaft Nasreddins _____

_____

D es durch einen Trick gelingt, _____

Eine komische Geschichte untersuchen (2)

4 Worum geht es in der Geschichte Nasreddin Hodschas? Kreuze die richtige Aussage an:
  a In der Geschichte schießt Nasreddin einen Hasen.
  b Die Geschichte handelt von einem Festessen im Hause Nasreddin Hodschas.
  c Nasreddin Hodscha lädt in der Geschichte alle seine Freunde nacheinander zum Essen ein.
  d Die Geschichte handelt von ungebetenen Gästen, die im Hause Nasreddin Hodschas essen wollen.

5 Untersuche, was an der Geschichte lustig ist.
  a Trage in die Abbildung ein, wer sich bei Nasreddin zum Essen einlädt und was mit dem Bratensaft geschieht. Nutze dazu folgende Begriffe:

  Wasser – Jäger – Saft des Bratensafts – Verwandter des Nachbarn des Jägers – Bratensaft

Was geschieht mit dem Braten?

Saft des Safts des Bratensafts

_____

_____

_____

Hasenbraten

Wer lädt sich zum Essen ein?

Bekannter des Verwandten des Nachbarn des Jägers

_____

Nachbar des Jägers

Nasreddin und Jäger

  b Ergänze die folgenden Sätze und nutze dabei die Begriffe:

  Trick – Hasenbraten – Gastfreundschaft – Saft

Die Geschichte ist lustig, weil …

A immer mehr ungebetene Leute nacheinander bei Nasreddin von dem _____ essen wollen.

B der _____ des Hasenbratens von Mal zu Mal dünner wird.

C die Geduld und _____ Nasreddins immer mehr strapaziert wird.

D es durch einen _____ gelingt, die ungebetenen Gäste fernzuhalten.

Eine komische Geschichte untersuchen (1)

Luigi Malerba: Schimpfwörter

Ottorino hatte die schlechte Angewohnheit, Schimpfwörter zu sagen. Er sagte sie bei Tisch, auf der Straße, in der Schule, morgens, nachmittags, abends, bei Regen, bei Sonne, am Meer, in den Bergen, und einmal ist ihm sogar in der Kirche eins entschlüpft, während der Priester
5 die Messe las. Immer wenn Ottorino ein neues Schimpfwort kennen lernte, schrieb er es in ein kleines Heft, um es nicht zu vergessen. Ich sammle sie, erklärte er seiner Mutter. Die anderen Kinder sammelten Abziehbildchen oder Briefmarken. Er sammelte Schimpfwörter.

Ottorinos Sammelleidenschaft

Ottorino war ein gutes, freundliches und fleißiges Kind. Er lernte eifrig
10 Geometrie, Geschichte und Geografie. Aber hie und da […] schob er ein Schimpfwort ein. […] Die Lehrer in der Schule ließen seine Mutter kommen und sagten, es könne so nicht weitergehen.

Eines Tages hatte Ottorino sogar am Ende des Weihnachtsgedichts ein Schimpfwort gesagt. Ottorinos Mama hatte es gründlich satt. „Du bist
15 ein Schmutzfink", sagte sie. Aber da fing das Kind an, auch noch nachts im Schlaf Schimpfwörter zu sagen. Ottorinos Mama überlegte, dass Wörter sich ja im Mund formen, und weil sich in Ottorinos Mund so viele schmutzige Wörter formten, beschloss sie, ihn auszuwaschen. Sie wusch ihm den Mund mit Kernseife. Zuerst füllte sie den ganzen
20 Mund mit Seifenschaum, dann schrubbte sie ihn und spülte ihn gründlich aus, und Ottorino heulte, und heulend schluckte er auch ein wenig Seifenschaum herunter. Am Schluss aber war der Mund blitzsauber. Von diesem Tag an sagte Ottorino keine schmutzigen Wörter mehr, aber er sagte auch die sauberen nicht mehr. Er sagte gar nichts mehr,
25 er sprach nicht mehr.

„Sprich doch, Ottorino, sag doch was", flehte ihn seine Mutter verzweifelt an. Aber das Kind schwieg und hörte nicht mehr auf zu schweigen, bei Tag und bei Nacht. Die arme Frau bereute es bitter, dass sie seinen Mund mit Seife gewaschen hatte, und fütterte ihn mit
30 Bonbons, Eis und süßen Speisen. Aber alles war umsonst. Sie erzählte ihm Märchen, um ihn zu unterhalten, aber Ottorino ließ sich unterhalten und fuhr fort zu schweigen.

Eines Abends vor dem Schlafengehen nahm Ottorinos Mutter das kleine Heft mit den Schimpfwörtern zur Hand und begann ihm daraus
35 vorzulesen. Viele Abende hintereinander las sie ihm die Schimpfwörter aus dem kleinen Heft vor und hörte immer erst auf, wenn Ottorino eingeschlafen war. Endlich, eines Abends, als ihm vor Müdigkeit die Augen zufielen, öffnete das Kind den Mund und sagte: „Pippimist!" Seine Mutter weinte vor Freude und rief am nächsten Tag alle Freunde
40 und Verwandten zusammen, und sie feierten, dass Ottorino wieder sprach.

Aus: Taschenabenteuer. Dreiundfünfzig Geschichten. © Verlag Klaus Wagenbach, Berlin 1985/1998

1 Lies die Geschichte mehrmals durch. Nutze die Randleiste für Notizen.

Eine komische Geschichte untersuchen (2)

2 Worum geht es in der Geschichte „Schimpfwörter"? Formuliere den Inhalt in einem kurzen Satz.

_____

_____

3 Wie könnte das, was im Text steht, anders formuliert werden? Erkläre mit eigenen Worten.

Text	Andere Formulierungen
„Aber hie und da schob er ein Schimpfwort ein." (Z. 10/11)	
„Ottorinos Mama hatte es gründlich satt." (Z. 14)	
„Die arme Frau bereute es bitter …" (Z. 28)	

4 a Ordne die folgenden Überschriften den passenden Textabschnitten zu. Trage den jeweiligen Großbuchstaben in das Kästchen neben dem Text ein.

b Ergänze für die restlichen Textabschnitte die Überschriften.

A _____

B _____

C Ottorino geht zu weit

D _____

E Ottorinos Sammelleidenschaft

5 a Bereite die Geschichte für eine Nacherzählung vor. Nutze die Randleiste und mache dir Notizen.

b Erzähle anschließend die Geschichte mit eigenen Worten nach. Verwende abwechslungsreiche Satzanfänge, z. B. Zeitangaben: anschließend, zuerst, danach, dann, schließlich …

6 Erläutere, an welchen Stellen die Geschichte komisch ist. Ergänze Zeilenangaben oder Begründungen.

Textstelle	Begründung: Die Geschichte wirkt komisch, weil …
Zeile …	Ottorino sogar in der Kirche seiner schlechten Angewohnheit nachgeht.
Zeile 8	
Zeile …	er eigentlich ein gutes und fleißiges Kind ist.
Zeile 19	
Zeile …	Ottorino keine schmutzigen, aber auch keine sauberen Wörter mehr sagt.
Zeile 38	

Eine komische Geschichte untersuchen (2)

2 a Worum geht es in der Geschichte „Schimpfwörter"? Vervollständige den nachfolgenden Satz.

In der Geschichte „Schimpfwörter" von Luigi Malerba geht es um einen Jungen namens Ottorino,

der _____

_____

b Überprüfe, ob du den Text genau verstanden hast, und beantworte die folgenden Fragen. Kreuze an:

	Trifft zu	Trifft nicht zu
Ottorino sammelt Briefmarken.	☐	☐
Ottorino beendet sein Weihnachtsgedicht mit einem Schimpfwort.	☐	☐
Seine Lehrer freuen sich, dass Ottorino ein ruhiger Schüler ist.	☐	☐
Die ganze Familie feiert, als Ottorino schließlich wieder spricht.	☐	☐

3 Wie könnte das, was im Text steht, anders formuliert werden? Wähle aus.

Text	Formulierungen zur Auswahl		
„Aber hie und da schob er ein Schimpfwort ein." (Z. 10/11)	Gelegentlich schob er ein Schimpfwort ein.	Er schrieb sie in sein Tagebuch.	Nur unterwegs sagte er Schimpfwörter.
„Ottorinos Mama hatte es gründlich satt." (Z. 14)	Ottorinos Mama hatte zu viel gegessen.	Ottorinos Mama hatte genug vom Kochen.	Ottorinos Mama konnte es nicht mehr ertragen.
„Die arme Frau bereute es bitter …" (Z. 28)	Die arme Frau freute es sehr.	Es tat ihr sehr leid.	Die arme Frau liebte bitteren Geschmack.

4 Ordne die folgenden Überschriften den passenden Textabschnitten zu. Trage dazu den jeweiligen Großbuchstaben in das Kästchen neben dem Text ein.

B Folgenreiches Vorlesen

A Kernseife und was daraus wird

D Ottorino schweigt

C Ottorino geht zu weit

E Ottorinos Sammelleidenschaft

5 Bereite die Geschichte für eine Nacherzählung vor. Trage dazu die Zahlen 1 bis 5 in die Kästchen vor die einzelnen Handlungsschritte ein.

- ☐ Der Schüler Ottorino fügt ständig Schimpfwörter in seine Sätze ein. Deshalb bestellen die Lehrer seine Mutter in die Schule.
- ☐ Tagelang liest Ottorinos Mutter ihrem Sohn aus dessen Schimpfwörterbüchlein vor und am Ende spricht ihr Sohn wieder.
- ☐ Ottorino sammelt Schimpfwörter bei jeder Gelegenheit.
- ☐ Nach der Behandlung mit der Kernseife spricht Ottorino überhaupt nicht mehr. Auch alle Versuche, ihn mit Süßigkeiten zum Sprechen zu bringen, scheitern.
- ☐ Doch Ottorino benutzt weiterhin Schimpfwörter. Schließlich ist es seine Mutter leid und sie wäscht ihrem Sohn den Mund mit Kernseife aus.

6 Erläutere, an welchen Stellen die Geschichte komisch ist. Ergänze Zeilenangaben oder Begründungen.

Textstelle	Begründung: Die Geschichte wirkt komisch, weil …
Zeile …	Ottorino sogar in der Kirche seiner schlechten Angewohnheit nachgeht.
Zeile 8	
Zeile …	Ottorino keine schmutzigen, aber auch keine sauberen Wörter mehr sagt.
Zeile 38	

Eine komische Geschichte untersuchen

Leo Tolstoi: **Der Bauer und die Gurken**

Ging einmal ein Bauer in ein Gemüsegärtchen, um Gurken zu stehlen. Kroch an die Gurken heran und dachte: „Angenommen, ich nehme einen Sack Gurken mit, den verkaufe ich. Für das Geld kaufe ich ein Hühnchen. Das Huhn legt mir Eier, brütet sie aus und zieht viele Küken groß. Ich füttere die Küken, verkaufe sie und kaufe ein Ferkelchen – das wird zur Sau. Die Sau wirft mir Ferkel. Ich verkaufe die Ferkel und kaufe eine Stute. Die Stute fohlt. Ich zieh die Fohlen groß und verkaufe sie; ich kaufe ein Haus und lege einen Gemüsegarten an. Ich lege einen Gemüsegarten an und setze Gurken; ich lasse nicht zu, dass sie gestohlen werden, und halte aufmerksam Wache. Ich stelle Wächter an, lasse sie die Gurken bewachen und gehe selber auf und ab und rufe: „Hej, ihr da, passt besser auf!" Der Bauer war ganz in Gedanken versunken und vergaß völlig, dass er in einem fremden Gemüsegarten war, und er fing an, aus voller Kehle zu schreien. Die Wächter hörten ihn, sprangen auf und verprügelten ihn.

Es war eine dunkle und stürmische Nacht. Vorleseklassiker. Hg. v. Arnhild Kantelhardt.
Mit Illustrationen v. Jutta Bauer. Gerstenberg, Hildesheim 2001, S. 20

1 Lies den Text laut vor oder lass ihn dir von einem Mitschüler/einer Mitschülerin vorlesen.

2 a Über dem Text siehst du die Geschichte in Bildern. Kennst du alles, was abgebildet ist?
  b Schreibe die folgenden Begriffe unter das passende Bild:

  Gurke – Huhn – Ei – Küken – Ferkelchen – Sau mit Ferkelchen – Stute – Fohlen – Haus – Gurke

3 a Wähle drei Begriffe aus Aufgabe 2b und male die Zeichnungen in verschiedenen Farben aus.
  b Suche jeweils die passende Stelle im Text und kennzeichne sie mit der gleichen Farbe.

Diagnose – Komische Geschichten untersuchen

1 Woran erkennt man lustige Geschichten? Kreuze an. **Tipp:** Es sind mehrere Lösungen möglich.

Lustige Geschichten …	Richtig	Falsch
A erzählen oft von komischen oder witzigen Ereignissen.	☐	☐
B haben z. B. Till Eulenspiegel, Käpt'n Blaubär oder Pippi Langstrumpf als Hauptfigur.	☐	☐
C handeln nie vom Betrügen oder Reinlegen anderer Menschen.	☐	☐
D sind durch die beschriebenen Streiche zum Lachen.	☐	☐
E beschreiben immer das Leben Erwachsener.	☐	☐
F erkennt man an den vielen Übertreibungen.	☐	☐
G werden bestimmt durch unlustige Menschen.	☐	☐
H haben stets den Aufbau Schluss – Einleitung – Hauptteil.	☐	☐

2 Komische Geschichten nacherzählen: Setze die folgenden Wörter in den Lückentext ein:

> anschließend – abwechslungsreich – Satzanfängen – Reihenfolge – Zeitform – eigenen

Beim Nacherzählen lustiger Geschichten muss die _____ der Ereignisse eingehalten werden. Die Wortwahl sollte passend sein und in _____ Worten erfolgen. Besonders bei den _____ ist darauf zu achten, dass sie _____ sind. Hierzu können z. B. die Wörter: zuerst, danach, _____ oder schließlich verwendet werden. Bei der Wahl der richtigen Zeit muss man darauf achten, dass die _____ der Textvorlage verwendet wird.

3 Lies die nachfolgende Geschichte aufmerksam durch.
  a Ziehe in roter Farbe einen Kreis um den Namen der Hauptfigur.
  b Kennzeichne Einleitung – Hauptteil – Schluss in drei unterschiedlichen Farben.
  c Unterstreiche die Stelle, die du am lustigsten findest. Erkläre, warum du darüber lachst.
  d Erzähle die Geschichte deinem Lernpartner/deiner Lernpartnerin, der/die überprüft, ob du sie nach den Vorgaben im Lückentext erzählen kannst.

Wo die Wassermelonen wachsen

An einem heißen Sommertag war der Hodscha mit seinem Esel unterwegs.
Mittags legte er sich zur Rast in den Schatten eines Walnussbaumes. Ganz in der Nähe sah er ein Feld voller reifer Wassermelonen. Nasreddin Hodscha dachte eine Weile nach, dann sagte er: „Wie eigenartig ist doch Gott, der die großen Wassermelonen so geschaffen hat, dass sie an einem kleinen Stängel wachsen, während die kleinen Walnüsse an einem riesiggroßen Baum wachsen." Genau in diesem Moment fiel eine Walnuss vom Baum und traf den Hodscha am Kopf. Nasreddin Hodscha rieb seinen schmerzenden Schädel und sagte sinnend: „Gott weiß es doch am besten, warum die Wassermelonen nicht auf Bäumen wachsen."

Ines Balcik: Dreißig und ein Tag. Mit Nasreddin Hodscha durch den Ramadan. Books on Demand, Norderstedt 2002

7 Verzauberte Welt – Märchen lesen und erfinden

Konzeption des Kapitels

Das Kapitel beschäftigt sich mit der Welt der Märchen. Die Schülerinnen und Schüler werden als Kenner der Textsorte ernst genommen und tragen bereits bekannte Märchen zusammen. Aufbauend auf ihrem Vorwissen aus der Grundschule werden Märchen analysiert und auf ihre typischen Merkmale hin untersucht. Die Kinder arbeiten dabei ebenso mit sprachanalytischen Methoden wie mit Methoden des kooperativen Lernens. Schließlich soll das erworbene Wissen auf eigene Schreibversuche angewendet werden. Die Schreibprozesse werden kleinschrittig angeleitet und in Schreibkonferenzen überarbeitet.

Im ersten Teilkapitel (**„Von Prinzessinnen, Bösewichten und Wundern – Märchen lesen"**) erschließen die Schülerinnen und Schüler ein kurzes Märchen inhaltlich und erarbeiten typische Märchenmerkmale. Hierbei können sie ihr Vorwissen einbringen, das sie anschließend auf ein längeres Märchen übertragen. Erste Schreibprozesse (kurze Stellungnahme) werden angeleitet. Im Abschnitt „Märchen spielerisch und sprachlich erschließen" wird das Nachspielen mit verteilten Rollen als eine alternative Herangehensweise an die inhaltliche Erschließung eines Märchens eingeübt. Die sprachliche Untersuchung beschränkt sich auf den Gebrauch des Präteritums. Im abschließenden Test überprüfen die Kinder ihr erworbenes Wissen über Märchen.

Das zweite Teilkapitel (**„Schreibwerkstatt – Märchen selbst erzählen"**) legt den Schwerpunkt auf produktionsorientierte Verfahren. Es leitet die Schülerinnen und Schüler dazu an, zu einem Märchen ein passendes Ende zu schreiben und mit Hilfe von Reizwörtern selbst ein Märchen zu verfassen. Die „Märchenbastelmaschine" motiviert die Kinder auf spielerische Art, mit selbst erwürfelten Märchenmerkmalen fantasievoll ein eigenes Märchen auszuformulieren. Flexionsübungen zum Gebrauch des Präteritums vertiefen das im ersten Teilkapitel bereits Gelernte.

Im dritten Teilkapitel (**„Fit in …! – Ein Märchen fortsetzen"**) üben die Schülerinnen und Schüler unter Klassenarbeitsbedingungen das Weiterschreiben eines Märchens. Ausgehend von einem genauen Verständnis der Aufgabenstellung planen und schreiben sie das Märchen, um es abschließend inhaltlich und sprachlich zu überarbeiten. Die Checkliste bietet ihnen dazu Hilfestellung.

Literaturhinweise

- *Berners, Rotraut Susanne:* Märchencomics. Jacoby und Stuart, Berlin 2008
- *Beste, Gisela (Hg.):* Deutsch-Methodik. Cornelsen Scriptor, Berlin 2007
- LIES – Mythen, Märchen, Mittelalter. Arbeitshilfen für Schulbibliotheken. Hg. v. Ministerium für Bildung, Wissenschaft, Jugend und Kultur des Landes Rheinland-Pfalz, Heft 21/2010
- *Müller, Frank:* Lesen und kreatives Schreiben. Die Freude am Wort wecken. Beltz & Gelberg, Weinheim/Basel 2007
- *Tiemann, Hans-Peter:* Grimms Krams. Kreative Ausflüge in die Märchenwelt. In: Deutsch. Bergmoser + Höller, Aachen 2011

7 Verzauberte Welt – Märchen lesen und erfinden

Inhalte	Kompetenzen
	Die Schülerinnen und Schüler
S. 102 **7.1 Von Prinzessinnen, Bösewichten und Wundern – Märchen lesen**	
S. 102 Märchenmerkmale erkennen *Jacob und Wilhelm Grimm:* *Prinzessin Mäusehaut*	– erkennen typische Märchenmerkmale – ordnen vorgegebene inhaltliche Bausteine einem Märchen zu – vertiefen in einer Diskussion inhaltliche Fragen
S. 104 *Jacob und Wilhelm Grimm:* *Der Wolf und die sieben jungen* *Geißlein*	– erzählen ein Märchen in eigenen Worten nach – weisen einzelne Märchenmerkmale nach – versetzen sich in eine Märchenfigur
S. 107 Märchen spielerisch und sprachlich erschließen *Von den drei Brüdern, die in die Welt gingen*	– geben mit Hilfe von Textbausteinen den Inhalt wieder – spielen ein Märchen mit verteilten Rollen – erkennen die Zeitformen des Perfekts und des Präteritums – lesen einen Textauszug sinngestaltend vor
S. 109 Teste dich!	– überprüfen ihr Wissen über Märchenmerkmale
S. 110 **7.2 Schreibwerkstatt – Märchen selbst erzählen**	
S. 110 Fordern und fördern – Ein Märchen zu Ende schreiben *Die drei Wünsche*	– schreiben ein Märchen zu Ende – schreiben ein Märchen nach Reizwörtern – wenden die Methode der Schreibkonferenz an – schreiben Märchen anhand einer Märchenbastelmaschine – bilden aus Präsens- und Perfektformen das Präteritum und umgekehrt
S. 112 Ein Märchen nach Reizwörtern schreiben	
S. 113 Die Märchenbastelmaschine	
S. 114 Märchen in der richtigen Zeitform verfassen	
S. 115 **7.3 Fit in ...! – Ein Märchen fortsetzen**	
S. 115 *Die beiden Söhne des Holzfällers* S. 115 Die Aufgabe richtig verstehen, planen, schreiben, überarbeiten	– prüfen ihr Aufgabenverständnis – ergänzen einen Schreibplan – schreiben mit Hilfe des Schreibplans ein Märchen zu Ende – überarbeiten mit Hilfe einer Checkliste ein Märchen in Partnerarbeit

7 Verzauberte Welt – Märchen lesen und erfinden

S. 101 Auftaktseite

Siehe hierzu auch die **Folie** „Märchenmerkmale erkennen" auf der DVD-ROM.

1 Die dargestellten Märchen von links nach rechts: Rapunzel, Hänsel und Gretel, Rotkäppchen, Der Froschkönig, Schneewittchen und die sieben Zwerge.

2 Als Sozialform eignet sich hier der Sitzkreis, in dessen Mitte einige „märchenhafte" Gegenstände (roter Apfel; gelbe Kugel in Wasserschale; Lebkuchenherz; Puppe mit langem blondem Zopf; Körbchen mit rotem Traubensaft und Kuchen) liegen könnten. Die Schülerinnen und Schüler sollen möglichst frei erzählen, ohne sich gegenseitig zu unterbrechen (siehe die Gesprächsregeln im Schülerband, S. 227). Danach können Ergänzungen durch die Mitschüler/-innen vorgenommen werden.
Möglichkeit der Differenzierung: Bei leistungsschwächeren Lerngruppen können vorbereitete Kärtchen mit Stichwörtern zu den einzelnen Märchen in die Stuhlkreismitte gelegt werden, die die Kinder bei Bedarf zu Hilfe nehmen.

3 Je nach Vorwissen werden die Kinder typische Märchenanfänge (Es war einmal / Vor langer Zeit) und Märchenschlüsse (Und wenn sie nicht gestorben sind / Und sie lebten glücklich bis) sowie verzauberte Gegenstände und Tiere anführen. Eventuell nennen sie auch magische Zahlen (sieben Zwerge / drei Wünsche) oder Zaubersprüche. Die genannten Merkmale können z. B. auf einer Wandtapete festgehalten und im Laufe der Unterrichtsreihe ergänzt werden.

4 Vielen Schülerinnen und Schülern wird es unbekannt sein, dass früher Eltern oder Großeltern ihren Kindern bzw. Enkeln Märchen erzählt haben. Je nach Herkunft oder sozialem Umfeld muss hier sensibel mit den Begriffen „Eltern" und „Großeltern" umgegangen werden. Ganz bewusst können aber vielleicht Schätze geborgen werden und gerade Kinder mit Migrationshintergrund Märchen ihrer Herkunftsländer beisteuern. Sie könnten die ersten Sätze des Märchens auch in ihrer Muttersprache vorstellen und übersetzen und ihre Mitschüler/-innen auf diese Weise in eine fremde Märchenwelt einführen.

7.1 Von Prinzessinnen, Bösewichten und Wundern – Märchen lesen

S. 102 Märchenmerkmale erkennen

S. 102 Jacob und Wilhelm Grimm: **Prinzessin Mäusehaut**

Siehe hierzu auch die **Folie** „Märchenmerkmale erkennen" auf der DVD-ROM.

Die Illustration kann genutzt werden, um erste Vorstellungen vom Inhalt des Märchens auszutauschen. Mögliche Leitfragen:
– Beschreibt die vier Personen, die auf der Zeichnung zu sehen sind.
– Was könnte der König den drei Prinzessinnen gerade sagen?
– Was halten zwei Prinzessinnen in ihrer Hand?
– Was für eine böse Rede hält wohl der König?
– Wie könnten die drei Prinzessinnen auf die Rede des Königs reagieren?

1 Zutreffend ist die Aussage C (Die dritte Tochter …).

2 Im Gegensatz zu materiellen Werten (Königreich, Perlen, Edelsteine) erscheint das Salz auf den ersten Blick als ein geringes Gut. Der König bestraft seine dritte Tochter deshalb so hart, weil er den Eindruck hat, dass sie ihn geringschätzt.
Mögliche weiterführende Frage: Was sagt diese Reaktion des Vaters über die Liebe zu seinen Töchtern aus? – Hier könnten Themen wie „oberflächlicher Konsum", „Scheinwelt" oder „Liebe macht sich im Alltag bemerkbar" (un-/gesalzene Speisen) angesprochen werden.

7.1 Von Prinzessinnen, Bösewichten und Wundern – Märchen lesen

3 a Denkbare Lösung:
- Typische Figuren: König und Prinzessinnen
- Zahl drei: drei Töchter / Prinzessinnen
- Das Gute siegt / Happy End
- Unbekannte Zeit und unbekannter Ort

b – Das Märchen spielt zu unbekannter Zeit an unbekannten Orten.
- Im Märchen kommen typische Figuren vor wie Könige und Prinzessinnen.
- Im Märchen siegt am Ende meist das Gute.

An dieser Stelle kann das Tafel-/Wandbild um die weiteren Märchenmerkmale ergänzt werden; vgl. den Informationskasten „Merkmale von Märchen" im Schülerband, S. 106.

S. 104 Jacob und Wilhelm Grimm: **Der Wolf und die sieben jungen Geißlein**

Siehe hierzu auch die **Folie** „Märchenmerkmale erkennen" auf der DVD-ROM.

Das Märchen wird auf der beigefügten DVD-ROM auch als **Hörtext** angeboten.

Auch hier kann als Vorbereitung auf das Lesen des Märchens die Illustration genutzt werden.
Mögliche Fragen:
- Was seht ihr auf der Zeichnung?
- Achtet auf Einzelheiten: auf das Fenster im Hintergrund, auf die Körperhaltung der Tiere.
- Was könnte die Muttergeiß ihren Kindern gerade sagen?
- Wie reagieren die Kleinen darauf?

Während des weiteren Lesens können die Illustrationen im Schülerband, S. 105, als Stoppzeichen dienen: Hier wird der bisher gelesene Text zusammengefasst (Z. 53, 82, 116). – Für schwächere Leserinnen und Leser sollten schon an dieser Stelle Stichwörter zur Inhaltssicherung festgehalten werden (siehe die Lösung zu Aufg. 1 unten). Mögliches Tafelbild:

Illustration	Antworten aus dem Märchen
Braune und weiße Pfote	Die Pfote ist für das Erkennen der Mutter bzw. des Wolfes entscheidend: Die braune Pfote steht für den Wolf, den die Kinder nicht hereinlassen dürfen, die weiße Pfote ist die „gute" Pfote und steht für die Mutter, deren Rückkehr die Kinder erwarten.
Geißlein im Uhrenkasten	Da die Kinder den Wolf doch hereingelassen haben, frisst er alle auf bis auf das jüngste, das sich im Uhrenkasten versteckt hat und von dort aus der heimkehrenden Mutter alles erzählen kann.
Wolf mit Naht am Bauch	Die von der Mutter befreiten Geißlein helfen, dem noch immer schlafenden Wolf den Bauch mit Wackersteinen vollzustopfen. Dieser wird dann von der Mutter zugenäht.

1 a Der Wolf frisst Kreide, um seine Stimme fein zu machen. Außerdem lässt er sich vom Bäcker Teig auf seine Pfote streichen und beim Müller Mehl darauf streuen, damit er eine weiße Pfote vorzeigen kann.

b Das jüngste Geißlein rettet sich in den Uhrenkasten.

c Die Mutter schneidet dem schlafenden Wolf den Bauch auf und holt ihre noch lebenden Kinder heraus.

2 Dieses Märchenmerkmal trifft zu, denn der böse Wolf hat die unschuldigen Geißlein, die auf ihre Mutter hören sollten und wollten, überlistet und gefressen. Damit verkörpert er das Böse. Weil er jedoch aus Gier die Geißlein lebendig verschlungen und aus Unachtsamkeit das jüngste Geißlein im Uhrenkasten übersehen hat, wird er am Ende entdeckt und von der (guten) Geißenmutter bestraft. So siegt die mütterliche Fürsorge über die Gier des Wolfes.

7 Verzauberte Welt – Märchen lesen und erfinden

3 Für schreibschwächere Schülerinnen und Schüler könnten Hilfen angeboten werden, z. B.:

a Das nächste Mal … / Denkt daran: … / Ihr müsst immer auf mehrere Dinge achten …
- Das nächste Mal müsst ihr besser aufpassen.
- Öffnet niemandem die Tür, wenn ich nicht zu Hause bin.
- Seid immer vorsichtig.
- Denkt daran: Der Wolf ist böse und listig.

b Das war doch gut … / Ich fühle mich so voll … / Warum ist mir so schlecht? …
- Das war eine gute Mahlzeit.
- Mein Magen ist so schwer.
- Ich fühle mich, als hätte ich Wackersteine gefressen.
- Ich hätte nicht so viel fressen dürfen.

Eine weitere Motivation für den Schreibprozess könnte sein, die Schülerinnen und Schüler eine SMS oder E-Mail schreiben oder einen Comic mit Sprech- bzw. Denkblasen zeichnen zu lassen.

4 b Weitere Märchenmerkmale:

Figuren: sprechende Tiere (Wolf und Geiß bzw. Geißlein)

Handlung:
- Die Gegensätze „gut und böse" treffen aufeinander, ebenso „schlau und dumm", aber nur am Anfang des Märchens.
Leistungsstärkere Schülerinnen und Schüler könnten diskutieren, wann man etwas als „schlau" und wann als „dumm" bezeichnet. Dabei sollten sie die jeweiligen Konsequenzen des zunächst schlauen bzw. dummen Verhaltens berücksichtigen.
- Der Wolf muss drei Mal an die Tür der Geißlein kommen, bevor er eingelassen wird.
Zu thematisieren wäre hier, dass hier der Böse drei Prüfungen bestehen muss, während das in vielen anderen Märchen der Gute erledigen muss.
- Der Wolf verschlingt die Geißlein im Ganzen und lebendig, sodass sie von der Mutter lebendig geborgen werden können. Das entspricht nicht der Wirklichkeit. Es ist auch wundersam, dass ein Tier bei Handwerkern (Kreideverkäufer, Bäcker, Müller) bedient wird.

Erzählweise: Das Märchen beginnt mit „Es war einmal …".

Zahlen: *Drei* Mal kommt der Wolf zu den *sieben* Geißlein.

Ort und Zeit: ein nicht näher bestimmter Wald, die Zeit wird nicht erwähnt

S. 107 Märchen spielerisch und sprachlich erschließen

Ein Märchen aus Italien: **Von den drei Brüdern, die in die Welt gingen**

1 Mögliche Fortsetzungen:

Der jüngste Bruder kann verstehen, **was Tiere sprechen. Deswegen erfährt er überhaupt von Aglaja und dem Schatz.**

Der zweite Bruder ist **ein guter Schiffsbauer und stellt das Segelschiff zur Fahrt nach Chios zur Verfügung.**

Der älteste Bruder kann besonders gut **kämpfen**. Deshalb ist er fähig, **mit zwei Dolchen bewaffnet, die Festungsmauer zu erklimmen, die Schlange zu töten und Aglaja zu befreien.**

2 Bevor die Klasse in Fünfergruppen aufgeteilt wird, können die Tipps zum darstellenden Spiel berücksichtigt werden (Schülerband, S. 138, Methode: Dialoge einüben). Schwächere Schülerinnen und Schüler können Formulierungshilfen von den anderen bekommen oder den Entwurf des Bühnenbildes übernehmen (dabei empfehlen sich Requisiten wie zwei Dolche aus Papier, ein gefaltetes Papierschiff, Vögel aus Buntpapier, Stühle als Festungsmauer).

3 Märchenmerkmale:

Figuren: sprechende Tiere (Vögel)

Handlung: Gegensätze „fleißig und faul" (der jüngste Bruder ist „faul")

Gegensatz: gut und böse (die Brüder und die Schlange)

Gutes Ende: Die Schlange als Verkörperung des Bösen wird am Ende getötet und die gute Jungfrau Aglaja wird befreit.
Wundersame Dinge: Aglaja wird von einer Schlange bewacht; der jüngste Sohn versteht die Sprache der Vögel.
Erzählweise: Das Märchen beginnt mit „Es war einmal …"; die Zahl 3 spielt eine Rolle: 3 Brüder.
Ort: Der Herkunftsort und die Orte, an denen die Brüder ihren Lebensunterhalt verdienen, sind unbestimmt; der Ort, an dem Aglaja und der Schatz von einer Schlange bewacht werden, wird genannt (Mittelmeer; Insel Chios); die Zeit ist unbestimmt.

4 a Siehe hierzu auch die **Folie** „Mündlich und schriftlich erzählen" auf der DVD-ROM.

b Die markierten Verbformen stehen im Perfekt: hat (sich) verliebt / ist nachgewandert / hat (sich) gefreut / hat vergessen / ist geworden / hat gelebt / hat bekommen.
Im Märchentext stehen die Verben im Präteritum: verliebte (sich) / wanderte nach / freute (sich) / vergaß / wurde / lebte / bekam.
Der Unterschied liegt in der mündlichen und schriftlichen Erzählform. Im Mündlichen verwendet man häufig das Perfekt, während man im Schriftlichen die Zeitform des Präteritums verwendet.

S. 109 Teste dich!

Ein Märchen aus Estland: **Die Tochter und die Stieftochter**

1 Die Stiefmutter ist böse. Die Stieftochter ist gut und fleißig. Die leibliche Tochter ist verwöhnt und faul.

2 Mögliche Lösung:
Figuren: sprechende Gegenstände (Apfelbaum, Backofen)
Handlung: Gegensatz von fleißig (Stieftochter) und faul (Tochter); es müssen drei Prüfungen bestanden werden; das Gute (die fleißige Stieftochter) wird belohnt (mit Goldregen) und das Böse (die faule Tochter) wird bestraft (mit Pech).
Ende der Handlung: guter Ausgang, Hochzeit
Erzählweise: drei Prüfungen in der Unterwelt, drei Tage bei dem Mütterchen
Ort und Zeit: unbestimmt

3 Richtige Lösung: B und C

7.2 Schreibwerkstatt – Märchen selbst erzählen

S. 110 Fordern und fördern – Ein Märchen zu Ende schreiben

Ein Märchen aus Frankreich: **Die drei Wünsche**

1 Für ein gutes Ende käme Lösung B in Frage:

Der Mann entscheidet sich dafür, dass seine Frau von der Wurst an der Nase befreit wird.
Oder auch: Die Frau will, dass die Wurst an ihrer Nase wieder verschwindet.

2 Im Sinne eines märchentypischen Endes sollte die Variante B gewählt werden. Aber auch Begründung A könnte über einen Umweg zu einem guten Ende führen (die reichen Eheleute lassen die Wurstnase durch eine teure Operation entfernen).

3 Mögliche Lösung (Ergänzungen sind fett gedruckt):

Sie überlegten lange. Die Blutwurst hing weiter an der Nase der unglücklichen Frau. Schließlich fanden die Eheleute den Mut für ihren letzten Wunsch. Der Mann sagte:
B „Ich muss dich aus dieser Lage befreien. Ich wünsche, dass die Blutwurst von deiner Nase verschwindet. Bleiben wir arm. Reichtum macht **nicht glücklich**."

7 Verzauberte Welt – Märchen lesen und erfinden

B **Nachdem er dies gesagt hatte**, verschwand die Wurst. Die Frau umarmte **überglücklich** ihren Mann. Und wenn sie nicht gestorben **sind, dann leben sie noch heute**.

4 Für die Hitparade eignet sich der Sitzkreis. Die Schülerinnen und Schüler, die vorlesen sollen, können ausgelost werden. Die Bewertung der Märchen (Erstellung der Hitparade) sollte anonym erfolgen.

S. 112 Ein Märchen nach Reizwörtern schreiben

1/2 Die folgenden Lösungsvorschläge können z. B. an leistungsschwache Schülerinnen und Schüler verteilt und von diesen auf Märchenmerkmale untersucht werden. Im Schülerband vorgegebene Wörter und Satzteile sind unterstrichen.

A Das verwunschene Schloss

Es war einmal eine böse Stiefmutter, die hatte eine schöne Stieftochter. Eines Tages sollten sie hohen Besuch empfangen und so befahl die Stiefmutter ihrer Stieftochter, bis zum Abend die folgenden Aufgaben zu erfüllen: Sie sollte den Hof bis in jeden Winkel hinein ganz sauber kehren, den Garten von jedem Unkraut befreien und für die Gäste ein besonders schmackhaftes Abendessen vorbereiten. Sollte sie auch nur eine Aufgabe nicht zu ihrer Zufriedenheit erfüllen, so müsse sie bettelarm in die Welt hinausgehen. Es war aber ganz unmöglich, diese Aufgaben in der vorgegebenen Zeit zu bewältigen.

Als das Mädchen schon ganz verzweifelt war, erschien vor ihr ein Rabe und sprach: „Schönes Mädchen, warum weinst du? Kann ich dir helfen?" Das Mädchen erzählte ihm von seinem Kummer und fiel kurz darauf in tiefen Schlaf. Es träumte von einem prächtigen Schloss. Dort lebte seit vielen Jahren ein einsamer Prinz. Als er von der Verzweiflung des Mädchens hörte, machte er sich sofort daran, ihr zu helfen. Als alle Aufgaben erfüllt waren, nahm er das schöne Mädchen zur Frau und sie lebten glücklich und zufrieden bis an ihr Ende auf seinem prächtigen Schloss. Die böse Stiefmutter aber zersprang vor Zorn in tausend Stücke.

B Die sieben Brüder

Vor langer Zeit gab es einen König, der hatte sieben Söhne, aber nur drei Schlösser zu vererben. Als er nun alt wurde und zum Sterben kam, rief er sie herbei und gab ihnen drei Aufgaben. Die erste Aufgabe bestand darin, eine magische Kugel zu finden, die von einem Raben bewacht wurde. Dieser Rabe sollte in der zweiten Aufgabe überlistet werden. Und schließlich, das war die dritte Aufgabe, sollte mit Hilfe der magischen Kugel der böse Zauberer, der in einem Berg sieben Prinzessinnen gefangen hielt, bezwungen werden. Die drei Söhne, die die Aufgaben lösten, sollten die drei Schlösser erhalten. Mit vereinten Kräften lösten alle sieben Söhne die drei Aufgaben. Sie teilten die Schlösser untereinander auf, heirateten die sieben Prinzessinnen und lebten glücklich bis an ihr Lebensende.

3 Bei der Zusammensetzung der Kleingruppen (am besten Dreiergruppen) sollte die Lehrkraft auf eine homogene Mischung von lernstärkeren und -schwächeren Schülerinnen und Schülern achten. Diese halten ihre Vorschläge zur Überarbeitung mit einem Farbstift auf dem Heftrand oder auf einem gesonderten Blatt fest. Abschließend kann ein überarbeitetes Märchen der ganzen Klasse präsentiert (Folie/OH-Projektor) und im Klassenplenum besprochen oder auch bei Bedarf gemeinsam noch einmal verbessert werden. Denkbar wäre auch, die gelungensten Märchen mit einer Illustration zu versehen und an der Klassenzimmerwand auszuhängen.

S. 113 Die Märchenbastelmaschine

1/2 Mit den erwürfelten Figuren Riese und Prinz, der Handlung gut und böse und Ein Riese wird besiegt, der Erzählweise Wie gut, dass niemand weiß ... und Damals, vor langer Zeit ... sowie den magischen Gegenständen ein Umhang und Siebenmeilenstiefel könnte folgendes Märchen geschrieben werden:

Der tapfere Prinz
Vor langer Zeit lebte ein Riese vor den Mauern eines Schlosses und verbreitete dort Angst und Schrecken unter den Menschen. Der Prinz, der das Schloss bewohnte, war besorgt um seine Untertanen und

versprach Hilfe. Eines Nachts verkleidete er sich mit einem Umhang und schlich sich heimlich aus dem Schloss zur Schlafstätte des Riesen. Er wollte ihn im Schlaf überwältigen und dachte: „Ach wie gut, dass mich niemand erkennt. Sonst könnte ich nicht so allein nachts unterwegs sein."
Als der Riese aus dem Schlaf hochfuhr, stand der Prinz mit gezücktem Schwert über ihm und rief: „Verlasse sofort mein Reich und kehre nie wieder zurück, sonst töte ich dich!" Der Riese erschrak so sehr, dass er seine Siebenmeilenstiefel schnürte und das Land in wenigen Augenblicken verließ. Von da an hatten die Menschen endlich wieder Frieden und lebten glücklich bis an ihr Lebensende im Reich des guten Prinzen. Der Riese aber wurde nie wieder gesehen.

S. 114 Märchen in der richtigen Zeitform verfassen

1 a Bei der Übertragung der Tabelle in das Heft können die Schülerinnen und Schüler auch lediglich die Verben der linken Spalte in der vorgegebenen Reihenfolge übernehmen und die jeweils passende Präteritumform in die rechte Spalte daneben schreiben.

Möglicher Hefteintrag:

Präsens	Präteritum
haben	hatte
klopfen	klopfte
halten	hielt
kommen	kam
lassen	ließ
fallen	fiel

Mögliche Märchensätze:

Ein König <u>hatte</u> eine wunderschöne Tochter. Eines Tages <u>fiel</u> die Prinzessin in einen Brunnen. Ein Prinz <u>kam</u> vorbei. Der älteste Sohn <u>hielt</u> um die Hand der schönen Prinzessin an. Da <u>klopfte</u> der böse Zauberer an die Tür. Die Hexe <u>ließ</u> die Kinder wieder frei.

c/d Möglicher Hefteintrag:

Präsens (Grundform)	Präteritum	Märchensätze
lachen	lachte	Der Riese hörte dies und <u>lachte</u> dröhnend.
gehen	ging	Der Wunsch <u>ging</u> augenblicklich in Erfüllung.
sitzen	saß	Auf diesem Stein <u>saß</u> eine uralte Eule.
belauschen	belauschte	Der Zauberer <u>belauschte</u> den alten Mann.
sehen	sah	Im Zauberspiegel <u>sah</u> die Hexe die Zukunft.
finden	fand	Der Prinz <u>fand</u> das Wasser des Lebens.

2 a „Frau Holle", das Märchen der Brüder Grimm, hat die gleiche Struktur wie „Die Tochter und die Stieftochter" (Schülerband, S. 109) und endet entsprechend:
Die schöne, fleißige Tochter lebte eine Zeit lang bei Frau Holle in der Unterwelt und schüttelte ihr die Betten aus, sodass es auf der Erde schneite. Als sie Heimweh bekam, überschüttete Frau Holle sie mit Gold und brachte sie in die Oberwelt zurück. Als die Stiefmutter das Gold sah, schickte sie ihre leibliche Tochter in den Brunnen zu Frau Holle. Die faule Tochter hörte aber weder auf das Brot noch auf die Äpfel, die gepflückt werden wollten, sondern eilte sofort zu Frau Holle. Da sie nicht

beim Schütteln der Betten half, entließ Frau Holle sie. Statt mit Gold wurde sie zur Strafe mit Pech überschüttet.

b Hefteintrag:

Präsens – Präteritum	Präsens – Präteritum	Präsens – Präteritum
hat – hatte	fällt – fiel	kommt – kam
ist – war	erwacht – erwachte	ist – war
liebt – liebte	liegt – lag	ruft – rief
macht – machte	scheint – schien	eilt – eilte
geht – ging	blühen – blühte	holt – holte
bückt (sich) – bückte (sich)	steht – stand	
beugt (sich) – beugte (sich)	geht – ging	

Die Märchenfortsetzungen können vorgelesen und mit der Fassung der Brüder Grimm verglichen werden.

7.3 Fit in …! – Ein Märchen fortsetzen

Siehe hierzu auch die **Folie** „Ein Märchen fortsetzen" auf der DVD-ROM.

S. 115 Die Aufgabe richtig verstehen

1 Richtige Aussagen sind: B und D.

S. 115 Planen

2 Beispiel für einen Ideenstern:

152

7.3 Fit in …! – Ein Märchen fortsetzen

S. 116 Schreiben/Überarbeiten

3/4 Mögliche Fortsetzung der Handlung (der vorgegebene Text ist unterstrichen):

<u>Der fleißige Sohn findet eine Tür im Boden. Eine Treppe führt in eine unterirdische Welt. Er findet ein verletztes Einhorn und einen kaputten Spiegel. Das Einhorn</u> kann er mit einem Wunderheilkraut heilen und <u>den Spiegel</u> nimmt er mit.
<u>Dann trifft er einen Zauberer: Dieser hat im Kampf gegen einen bösen Geist das Schlüsselchen verloren. Auch wurde sein Einhorn verletzt und</u> sein Zauberspiegel zerbrochen. In seiner Einsamkeit ist er ganz verzweifelt. Der fleißige Sohn hilft ihm, mit seinem Einhorn den Weg aus der Unterwelt herauszufinden, und erhält als Dank den Zauberspiegel.
<u>Der fleißige Sohn kehrt reich beschenkt nach Hause zurück. Dem Bruder hält er den Zauberspiegel vor. Daraufhin wird dieser</u> von seinen angeblichen Leiden geheilt und muss fortan die ganze Hausarbeit erledigen. Der fleißige Sohn kann sich endlich einmal ausruhen.
<u>Und wenn sie nicht gestorben sind, dann</u> lebt der Vater noch heute mit seinen Söhnen im Wald.

5 a/b Bei der Überarbeitung sollte besonderer Wert auf konkrete Verbesserungsvorschläge gelegt werden. Dadurch wird zugleich eine sachliche Überprüfung der Partnerarbeit unterstützt.

Material zu diesem Kapitel

Klassenarbeit
– Ein Märchen weiterschreiben (mit Bewertungsbogen auf der DVD-ROM)
– Ein Märchen untersuchen – Rumpelstilzchen (mit Bewertungsbogen auf der DVD-ROM)

Fordern und fördern
– Den Inhalt eines Märchens erschließen – Brüder Grimm: Die drei Faulen (●●● und ●○○ mit Lösungshinweisen auf der DVD-ROM)
– Den Inhalt eines Märchens erschließen – Der Dümmling (○○○ mit Lösungshinweisen auf der DVD-ROM)
– Märchensprache untersuchen (●●● und ●○○ mit Lösungshinweisen auf der DVD-ROM)

Diagnose
– Märchen und ihre Merkmale kennen (mit Lösungshinweisen und Förderempfehlung auf der DVD-ROM)

PPT-Folien (auf der DVD-ROM)
– Märchenmerkmale erkennen
– Mündlich und schriftlich erzählen
– Ein Märchen fortsetzen

Hörtext (auf der DVD-ROM)
– Jacob und Wilhelm Grimm: Der Wolf und die sieben jungen Geißlein

Deutschbuch Arbeitsheft 5
– Ein Märchen fortsetzen – Die hilfsbereite Bauerstochter, S. 35–37
  Einen Schreibplan ergänzen – Die magische Feder (●○○)
  Ein Märchen weiterschreiben – Die Schneider (●●●)

Deutschbuch Hörbuch 5/6
– Jacob und Wilhelm Grimm: Fundevogel (Juliane Posch)
– Jacob und Wilhelm Grimm: Rumpelstilzchen (Udo Wachtveitl)

Klassenarbeit – Ein Märchen weiterschreiben

Aufgabenstellung

1. Suche dir einen der folgenden Märchenanfänge aus und schreibe das Märchen zu Ende.
Entwirf einen Schreibplan, bevor du anfängst zu schreiben.
TIPP: Denke bei der Ausarbeitung daran, dass du die typischen Märchenmerkmale berücksichtigst.

A Es war einmal ein Königssohn, der spielte mit seiner Schwester am Ufer eines Sees. Plötzlich kam ein starker Wind auf, große Wellen rollten auf das Ufer zu und das Wasser schäumte …

B Es war einmal eine Prinzessin, der hatten die Eltern verboten, allein in den Garten zu gehen. Eines Morgens machte sie sich dennoch voller Neugier auf den Weg und als sie an die Klinke des Gartentores fasste, kam sie nicht mehr davon los. Sie zog und zog, aber die Hand blieb fest an der Klinke kleben. Da hörte sie eine Stimme, die rief …

C Vor langer Zeit, als das Wünschen noch geholfen hat, gab es in einer kleinen Hütte im Wald ein altes Mütterchen, das sein Leben kärglich fristete, indem es sich nur von dem ernährte, was der Wald ihr gab. Eines Tages nun begegnete ihr im Wald ein sonderbares Männlein. Es war ganz in bunte Flicken gekleidet, trug einen großen Sack auf dem Rücken und hielt in der Hand eine Glocke, die bei jeder Bewegung klingelte. Das Mütterchen wunderte sich, getraute sich aber nicht, das Männlein anzusprechen. Als es direkt vor ihr stand, sprach es: „…"

Klassenarbeit – Ein Märchen untersuchen

Aufgabenstellung

1. Schreibe aus dem folgenden Text alle Märchenmerkmale heraus, die du erkennen kannst. Formuliere in ganzen Sätzen, z. B.: *Typische Märchenfiguren sind ...*

2. Versetze dich in die Figur der Müllerstochter **oder** des Rumpelstilzchens und schreibe auf, wie du an ihrer Stelle gehandelt hättest. So kannst du beginnen:
   Wäre ich die Müllerstochter gewesen, hätte ich schon in der ersten Nacht ...
   Wenn ich Rumpelstilzchen gewesen wäre, hätte ich der Müllerstochter ...

Rumpelstilzchen

Es war einmal ein armer Müller, der hatte eine schöne Tochter. Als er eines Tages dem König begegnete, wollte er sich damit hervortun und sagte zu ihm: „Ich habe eine Tochter, die kann Stroh zu Gold spinnen." Der König antwortete: „Das ist eine Kunst, die mir wohl gefällt. Bring deine Tochter in mein Schloss, ich will sie auf die Probe stellen."

Als das Mädchen zu ihm gebracht wurde, führte er es in eine Kammer voll Stroh und sprach: „Wenn du bis morgen früh dieses Stroh nicht zu Gold versponnen hast, musst du sterben." Darauf schloss er die Kammer zu. Die arme Müllerstochter hatte große Angst, denn sie wusste nicht, wie man Stroh zu Gold spinnen könnte, und weinte sehr. Da ging die Tür auf und ein Männchen trat herein. Es sprach: „Guten Abend, warum weinst du so sehr?" „Ach", antwortete das Mädchen, „ich soll Stroh zu Gold spinnen und kann es nicht." Darauf das Männchen: „Was gibst du mir, wenn ich es für dich spinne?" „Mein Halsband", antwortete das Mädchen. Das Männchen nahm es, setzte sich vor das Spinnrad und verspann alles Stroh zu Gold. Bei Sonnenaufgang kam der König, und als er das Gold erblickte, freute er sich. Aber er wollte noch mehr. Er ließ die Müllerstochter in eine größere Kammer voll Stroh bringen und befahl ihr, auch dieses Stroh zu Gold zu spinnen. Wieder erschien das Männchen. Dieses Mal gab ihm die Müllerstochter ihren Ring und das Männchen verspann auch dieses Mal alles Stroh zu glänzen-

dem Gold. Der König freute sich, ließ aber das Mädchen in eine noch größere Kammer bringen und sprach: „Gelingt es dir, auch dieses Stroh in einer Nacht zu Gold zu verspinnen, sollst du meine Frau werden." Das Männlein kam zum dritten Mal, und da die Müllerstochter nichts mehr zu verschenken hatte, sagte es: „Versprich mir, wenn du Königin wirst, dein erstes Kind." In ihrer Not versprach sie dem Männchen, was es verlangte. Am Morgen war alles zu Gold versponnen und die Müllerstochter wurde eine Königin.

Ein Jahr später brachte sie ein Kind zur Welt. Da trat das Männlein in ihre Kammer und erinnerte die Königin an ihr Versprechen. Die Königin bot ihm alle Reichtümer an, wenn sie nur ihr Kind behalten dürfte. Sie jammerte und weinte so sehr, dass das Männchen sagte: „Wenn du in spätestens drei Tagen meinen Namen weißt, sollst du dein Kind behalten."

Nun rief sich die Königin alle Namen ins Gedächtnis, die sie jemals gehört hatte. Sie schickte einen Boten aus, der sich erkundigen sollte, was es sonst noch für Namen gäbe. Als am anderen Tag das Männchen kam, sagte sie ihm alle Namen vor, die sie wusste. Aber bei jedem sprach das Männlein: „So heiße ich nicht." So war es auch am zweiten Tag. Das Männlein antwortete immer: „So heiße ich nicht." Am dritten Tag kam der Bote zurück und berichtete: „Als ich an einem hohen Berg entlangritt, wo Fuchs und Hase sich gute Nacht sagen, da sah ich ein kleines Haus, vor dem ein Feuer brannte. Und um dieses Feuer hüpfte ein lächerliches Männchen auf einem Bein und rief:

„Heute back ich, morgen brau ich,
übermorgen hol ich der Königin ihr Kind.
Ach, wie gut, dass niemand weiß,
dass ich Rumpelstilzchen heiß!"

Wie froh war die Königin, als sie den Namen hörte! Und als bald darauf das Männlein in die Kammer trat und fragte: „Nun, Frau Königin, wie heiße ich?", fragte sie erst: „Heißt du Kunz?" – „Nein!" „Heißt du Heinz?" – „Nein!" „Heißt du etwa Rumpelstilzchen?"

„Das hat dir der Teufel gesagt", schrie das Männlein und stieß voll Zorn mit dem rechten Fuß tief in die Erde, packte seinen linken Fuß mit beiden Händen und riss sich selbst mitten entzwei.

Nach Brüder Grimm: Kinder- und Hausmärchen. Reclam, Stuttgart 1980

Den Inhalt eines Märchens erschließen

1 Lies das folgende Märchen aufmerksam durch:

Die drei Faulen

Ein König hatte drei Söhne, die waren ihm alle gleich lieb, und er wusste nicht, welchen er zum König nach seinem Tode bestimmen sollte. Als die Zeit kam, dass er sterben wollte, rief er sie vor sein Bett und sprach: „Liebe Kinder, ich habe etwas bei mir bedacht, das will ich euch eröffnen: Welcher von euch der Faulste ist, der soll nach mir König werden." Da sprach der Älteste: „Vater, so gehört das Reich mir, denn ich bin so faul, wenn ich liege und will schlafen und es fällt mir ein Tropfen in die Augen, so mag ich sie nicht zutun, damit ich einschlafe." Der Zweite sprach: „Vater, das Reich gehört mir, denn ich bin so faul, wenn ich beim Feuer sitze, mich zu wärmen, so ließ ich mir eher die Fersen verbrennen, eh ich die Beine zurückzöge." Der

Dritte sprach: „Vater, das Reich ist mein, denn ich bin so faul, sollt ich aufgehängt werden und hätte den Strick schon um den Hals und einer gäbe mir ein scharfes Messer in die Hand, damit ich den Strick zerschneiden könnte, so ließe ich mich eher aufhängen, ehe ich meine Hand zum Strick erheben würde." Als der Vater das hörte, sprach er: „Du hast es am weitesten gebracht und sollst König sein."

Heinz Rölleke (Hg.): Brüder Grimm. Kinder- und Hausmärchen. Reclam, Stuttgart 1980, S. 264

2 Beantworte die folgenden Fragen schriftlich in deinem Heft:
- a Wie viele Söhne hatte der König und wie verstand er sich mit ihnen?
- b Worüber war sich der König im Unklaren?
- c Welches Merkmal sollte sein Nachfolger unbedingt haben?
- d Mit welchen Fähigkeiten rühmten sich die Söhne vor ihrem Vater?
- e Welchem Sohn vertraute der König die Nachfolge an und warum?

3 Ist die Geschichte von den „drei Faulen" ein Märchen?
- a Finde mindestens drei Beispiele für Märchenmerkmale. Denke an die Figuren, die Handlung, die Erzählweise, den Ort und die Zeit der Handlung.

_____

_____

_____

_____

- b Was unterscheidet dieses Märchen von anderen Märchen? Schreibe in dein Heft.

4 Bildet Kleingruppen und spielt das Märchen vor. Ihr könnt es auch ausschmücken und z.B. weitere Figuren auftreten lassen, euch Requisiten für jede Figur überlegen und ein Bühnenbild an die Tafel malen.

Den Inhalt eines Märchens erschließen

1 Lies das folgende Märchen aufmerksam durch:

Die drei Faulen

Ein König hatte drei Söhne, die waren ihm alle gleich lieb, und er wusste nicht, welchen er zum König nach seinem Tode bestimmen sollte. Als die Zeit kam, dass er sterben wollte, rief er sie vor sein Bett und sprach: „Liebe Kinder, ich habe etwas bei mir bedacht, das will ich euch eröffnen: Welcher von euch der Faulste ist, der soll nach mir König werden." Da sprach der Älteste: „Vater, so gehört das Reich mir, denn ich bin so faul, wenn ich liege und will schlafen und es fällt mir ein Tropfen in die Augen, so mag ich sie nicht zutun, damit ich einschlafe." Der Zweite sprach: „Vater, das Reich gehört mir, denn ich bin so faul, wenn ich beim Feuer sitze, mich zu wärmen, so ließ ich mir eher die Fersen verbrennen, eh ich die Beine zurückzöge." Der

Dritte sprach: „Vater, das Reich ist mein, denn ich bin so faul, sollt ich aufgehängt werden und hätte den Strick schon um den Hals und einer gäbe mir ein scharfes Messer in die Hand, damit ich den Strick zerschneiden könnte, so ließe ich mich eher aufhängen, ehe ich meine Hand zum Strick erheben würde." Als der Vater das hörte, sprach er: „Du hast es am weitesten gebracht und sollst König sein."

Heinz Rölleke (Hg.): Brüder Grimm. Kinder- und Hausmärchen. Reclam, Stuttgart 1980, S. 264

2 Ergänze den Lückentext:

Im Märchen von den drei _____ geht es um drei _____, von denen

einer die Nachfolge des _____ antreten soll. Nach dem Willen des Vaters soll der

_____ König werden. Die ersten beiden scheinen schon sehr faul, aber der Sohn, der als

Letzter spricht, ist so faul, dass er _____

_____.

Ihm soll nach dem Tod des Vaters _____ gehören.

3 Finde mindestens drei Merkmale, die auf dieses Märchen zutreffen, und kreuze sie an:
- ☐ Typische Märchenfiguren sind Könige und Prinzen.
- ☐ Im Märchen kommen fantastische Gestalten vor.
- ☐ Es passieren wundersame Dinge.
- ☐ Gegensätze treffen aufeinander.
- ☐ Viele Märchen beginnen mit „Es war einmal …" und enden mit „Und wenn sie nicht gestorben sind, dann leben sie noch heute".
- ☐ Magische Zahlen spielen eine Rolle.
- ☐ Es kommen Reime und Zaubersprüche vor.
- ☐ Am Ende wird in der Regel das Gute belohnt und das Böse bestraft.

4 Spielt das Märchen vor. Ihr könnt es auch ausschmücken und z.B. weitere Figuren auftreten lassen, euch Requisiten für jede Figur überlegen und ein Bühnenbild an die Tafel malen.

Den Inhalt eines Märchens erschließen

1 Lies das folgende Märchen aufmerksam durch:

Der Dümmling

Es war einmal ein junger Mann, der hieß Hans. Der war sehr dumm. Daher schickte ihn sein Vater raus in die Welt. Er lief vor sich hin, bis er ans Meeresufer kam. Er setzte sich hin, und da kam eine hässliche Kröte und quakte: „Tauche mit mir unter!" Hans aber weigerte sich. Die Kröte kam ein zweites Mal und auch ein drittes Mal. Als sie zum dritten Mal kam, folgte er ihr. Hans tauchte mit der Kröte unter und kam an ein schönes Schloss unter dem Meer. Hier diente er der Kröte. Als sie ihm eines Tages sagte: „Umarme mich!", umarmte Hans sie und aus der hässlichen Kröte wurde ein schönes Mädchen. Das Schloss stand plötzlich auf der Erde. Hans wurde klug, ging zu seinem Vater und erbte sein Reich.

Nach: Helmut Brackert: Das große deutsche Märchenbuch. Artemis & Winkler, München/Zürich 1994, S. 109

2 Welche Aussage gibt den Inhalt des Märchens am besten wieder? Kreuze an:
- ☐ Das Märchen erzählt von einem klugen Mann. Er reitet auf einem Pferd durch die Welt. Der Mann trifft eine schöne Prinzessin.
- ☐ Das Märchen handelt von einem dummen Jungen. Er trifft eine hässliche Kröte. Aus der Kröte wird ein schönes Mädchen.
- ☐ In dem Märchen geht es um einen bösen Zwerg. Er entführt eine Prinzessin. Die Prinzessin ist sehr traurig.

3 a Überprüfe die folgenden Aussagen am Text. Kreuze an, welche richtig und welche falsch ist.
TIPP: Beachte die Stellen, die im Text unterstrichen sind.

	Richtig	Falsch
Viele Märchen beginnen mit „**Es war einmal …**".	☐	☐
Der **Ort** und die **Zeit** werden in Märchen genau angegeben.	☐	☐
Die Zahlen **3**, **7** und **12** spielen keine Rolle.	☐	☐
Oft passieren **wundersame Dinge**, die in der Wirklichkeit nicht vorkommen.	☐	☐
Es treten **sprechende Tiere**, **Feen** oder **Zauberer** auf.	☐	☐

b Korrigiere die falschen Aussagen. Schreibe in ganzen Sätzen.

Der Ort und die _____

_____

Die Zahlen _____

_____

7 Verzauberte Welt – Märchen lesen und erfinden

Märchensprache untersuchen

1 Märchenfiguren haben meist gegensätzliche Eigenschaften. Einer ist arm, der andere reich …

a Bilde mit den folgenden Wörtern so viele Wortpaare mit gegensätzlichen Eigenschaften wie möglich. Schreibe sie in dein Heft.

b Einige Adjektive bleiben übrig. Finde selbst die Gegensatzwörter und schreibe die Wortpaare auf.

fürchterlich	gut	riesig	faul	herrlich	traurig	arm
schwer	reich	stark	hässlich	jung	klitzeklein
böse	vergnügt	fleißig	wild	zahm	klug	mutig
		furchtsam				

c Schneewittchen ist gut, die Stiefmutter ist böse. Bilde vier Gegensatzpaare: Finde Märchenfiguren und schreibe sie zusammen mit ihren Eigenschaften in die Tabelle. Verfahre wie im Beispiel.

Das gute Schneewittchen	Die böse Stiefmutter

2 Im Märchen stehen die Verben gewöhnlich im Präteritum.
Setze im folgenden Märchenanfang die Infinitive ins Präteritum und schreibe sie in dein Heft.

Es (sein) einmal ein Mann, der (haben) drei Söhne. Die zwei älteren Brüder (sein) frech und faul, aber schlau wie zwei Füchse, während der jüngste gutmütig (sein) und daher als dumm (gelten). Wenn sie ihm auf den Kopf (klopfen) und ihn einen „Dummkopf" (nennen), (sagen) er nichts, sondern (lachen) nur, denn was (können) er schon dagegen tun?

3 a Ergänze neben den Präteritumformen die Infinitive.

Präteritum + Infinitiv	Präteritum + Infinitiv
riet	sank
lud ein	hieb
schwang	befahl

b Bilde mit den Präteritumformen märchenhafte Sätze und schreibe sie in dein Heft.
So kannst du beginnen:

Die böse Stiefmutter riet ihrer Stieftochter …

Märchensprache untersuchen

1 Märchenfiguren haben meist gegensätzliche Eigenschaften. Einer ist arm, der andere reich …

a Bilde mit den folgenden Wörtern Wortpaare mit gegensätzlichen Eigenschaften. Schreibe sie in dein Heft: fürchterlich – herrlich …

b Fünf Adjektive bleiben übrig. Finde selbst die Gegensatzwörter und schreibe die Wortpaare auf.

fürchterlich	gut	riesig	faul	herrlich	traurig	arm
schwer	reich	stark	hässlich	jung	klitzeklein
böse	vergnügt	fleißig	wild	zahm	klug	mutig
		furchtsam				

c Ordne den folgenden Märchenfiguren ihre Eigenschaft zu. Ziehe einen Kreis um das zutreffende Adjektiv und schreibe es dann neben die Figur wie im Beispiel.

Märchenfigur		Eigenschaft	
Rumpelstilzchen	boshaft	reich	(boshaft)
Schneewittchen		alt	schön
Frau Holle		mitleidig	unvorsichtig
Der Wolf		zahm	gefährlich
Rapunzel		klitzeklein	mutig

2 Im Märchen stehen die Verben gewöhnlich im Präteritum. Schreibe aus dem folgenden Märchenanfang die unterstrichenen Präteritumformen heraus. Bilde dazu die Formen des Infinitivs.
Schreibe in dein Heft: war – sein; hatte – …

Es war einmal ein Mann, der hatte drei Söhne. Die zwei älteren Brüder waren frech und faul, aber schlau wie zwei Füchse, während der jüngste gutmütig war und daher als dumm galt. Wenn sie ihm auf den Kopf klopften und ihn einen „Dummkopf" nannten, sagte er nichts, sondern lachte nur, denn was konnte er schon dagegen tun?

3 a Welcher Infinitiv passt zur Präteritumform? Ziehe um den richtigen Infinitiv einen Kreis und schreibe ihn in die linke Spalte wie im Beispiel.

Präteritum		Infinitiv	
riet	raten	erröten	(raten)
lud ein		einladen	verladen
schwang		schwanken	schwingen
sank		sinken	senken
hieb		heben	hauen
befahl		befehlen	empfehlen

b Bilde mit den Präteritumformen märchenhafte Sätze und schreibe sie in dein Heft.
So kannst du beginnen:

Die böse Stiefmutter riet ihrer Stieftochter …

Diagnose – Märchen und ihre Merkmale kennen

1 Ergänze im folgenden Text die Lücken mit den Begriffen aus dem Wortspeicher.

> 3, 7 und 12 – Es war einmal – ungenau – Figuren – Prüfungen – Böse – Zauberer – Stiefmütter – Könige – gut und böse – Gute – Feen – Und wenn sie nicht gestorben sind, dann leben sie noch heute – Handwerker – fleißig und faul

In vielen Märchen treten typische _____ auf, z. B. _____, _____ oder _____. Manchmal gibt es auch fantastische Gestalten wie _____ oder _____. Die Figur muss oft _____ bestehen oder Aufgaben lösen. Meistens treffen in Märchen Gegensätze aufeinander wie _____ oder _____. Am Ende wird in der Regel das _____ belohnt und das _____ bestraft. Viele Märchen beginnen mit _____ und enden mit _____ _____. Die Zahlen _____ spielen oft eine Rolle. Ort und Zeitpunkt der Handlung bleiben meist _____.

2 Ordne die folgenden Schlagzeilen den Märchentiteln zu. Schreibe deine Lösung in die freie Zeile unten.

Schlagzeilen	Märchen
A̶ Klebrige Mahlzeit verselbstständigt sich	1 Rumpelstilzchen
B Zicke verbringt Nacht auf Matratzenlager	2 Rapunzel
C Unbekannte Schöne verliert Designerschuh	3 Die Bremer Stadtmusikanten
D Enkelin übernimmt Krankenpflegedienst	4 Hänsel und Gretel
E Schöne fällt in Tiefschlaf	5 Rotkäppchen
F Geschwister ermorden Hausbesitzerin	6 Schneewittchen
G Musiker stürmen Waldhaus	7 Aschenputtel
H Langhaarige Blondine erhält Kurzhaarfrisur	8 Die Prinzessin auf der Erbse
I Wütender reißt sich selbst in Stücke	9̶ Der süße Brei

A9, _____

3 Ordne jedem Märchenmerkmal die passende Antwort aus „Schneewittchen" zu.

Schreibe deine Lösung in die freie Zeile unten.

TIPP: *Einem* Märchenmerkmal kannst du *zwei* passende Antworten aus Schneewittchen zuteilen.

Märchenmerkmale	„Schneewittchen"
A typische Figuren	1 sieben Zwerge
B typischer Märchenanfang	2 Spieglein, Spieglein an der Wand
C magische Zahlen	3 Da saß eine Königin an einem Fenster …
D Zaubersprüche	4 Der Spiegel antwortete: …
E wundersame Dinge	5 Es war einmal mitten im Winter.

A …,

8 Ein tierisches Vergnügen – Gedichte vortragen und gestalten

Konzeption des Kapitels

Den Umgang mit Gedichten sinnlich-kreativ und produktionsorientiert zu erfahren und auf diesem Wege grundlegendes Basiswissen zu erwerben und zu festigen sind die Leitgedanken, die der Konzeption dieses Kapitels zugrunde liegen.

Bei der Auswahl der Gedichte wurde besonders darauf geachtet, solche Gedichte aufzunehmen, die eine den Schülerinnen und Schülern möglichst zugängliche, weniger verdichtete Sprache aufweisen. Sie soll helfen, den Wortschatz der Kinder zu bereichern, ohne dabei den eigentlichen Textverstehensprozess zu verzögern. Zudem sollten die Gedichte inhaltlich an die Lebenswelt der Kinder anknüpfen und den Textverstehensprozess somit befördern.

Der Aneignung oder Festigung von Basiswissen dient das erste Teilkapitel (**„Das kribbelt und wibbelt – Gedichte vortragen"**), in dem grundlegende Phänomene eines Gedichts behandelt werden, die in besonderer Weise durch das gestaltende Sprechen entdeckt werden. Einen Schwerpunkt bildet dabei der Kompetenzbereich „Lesen – Umgang mit Texten", der inhaltlich mit der Beobachtung einfacher, formaler Gedichtmerkmale gefüllt wird. Das Kapitel knüpft an das Vorwissen aus der Grundschule an und bereitet durch den Leitgedanken „Sprecherziehung ist Persönlichkeitserziehung" schon an dieser Stelle auf das abschließende Projekt im dritten Teilkapitel vor. Abschließend testen die Schülerinnen und Schüler ihr erworbenes Wissen und Können.

Das zweite Teilkapitel (**„Schreibwerkstatt – Selbst dichten"**) kombiniert durch den produktionsorientierten Zugriff die Kompetenzbereiche „Lesen – Umgang mit Texten" und „Schreiben". Hier rückt über die Schreibwerkstatt insbesondere die Kreativität der Schülerinnen und Schüler in den Mittelpunkt. Gleichzeitig bietet die Schreibwerkstatt als eine Sonderform der Differenzierung das Stationenlernen an. Dieser Entscheidung liegt die Zielsetzung zugrunde, die Möglichkeit eines individualisierten Unterrichts zu bieten und gleichzeitig die Selbstständigkeit der Kinder zu fördern. Dabei kann die Lehrkraft den Unterricht in unterschiedlicher Weise organisieren. Es ist denkbar, die Stationen in ihrer Reihenfolge allein oder gemeinsam zu erarbeiten. Sie ermöglichen aber auch eine individualisierte Bearbeitung, indem den Schülerinnen und Schülern, z. B. in einem festgelegten Zeitrahmen über einen individuellen Fahrplan, unterschiedliche Stationen als Pflicht- oder freiwillige Bearbeitung aufgegeben werden.

Alle in den ersten beiden Teilkapiteln erworbenen Kompetenzen können schließlich im dritten Teilkapitel (**„Projekt – Rund um Gedichte"**) entweder in der Organisation und Durchführung eines Gedichtfests oder in der Anfertigung und Gestaltung eines Gedichtbuchs angewendet und vertieft werden. Es dient somit der Zusammenführung aller in diesem Kapitel erworbenen Kompetenzen.

Literaturhinweise

- *Langbein, Elvira/Lange, Rosemarie (Hg.):* Rund um Lyrik. Cornelsen, Berlin 2010
- Lyrik. Deutschunterricht (Westermann) 1/2004
- Lyrik verstehen. Praxis Deutsch 213/2009
- *Pabst-Weinschenk, Marita:* Die Sprechwerkstatt. Sprech- und Stimmbildung in der Schule. Westermann, Braunschweig 2000
- *Spinner, Kaspar H.:* Umgang mit Lyrik. Schneider Verlag Hohengehren, Baltmannsweiler 2010

8 Ein tierisches Vergnügen – Gedichte vortragen und gestalten

Inhalte	Kompetenzen
	Die Schülerinnen und Schüler
S. 118 **8.1 Das kribbelt und wibbelt – Gedichte vortragen**	
S. 118 *Frantz Wittkamp: Warum sich Raben streiten* S. 119 *Wilhelm Busch: Fink und Frosch* S. 120 Ich gebe dir ein Feedback … *James Krüss: Küken-Kindergarten* S. 121 Reime entdecken *Frantz Wittkamp: Tierfamilien unter sich* *Robert Gernhardt: Seit Wochen suchen wir ein Haus* S. 122 Teste dich! *Heinz Erhardt: Das Finkennest* *Heinz Erhardt: Der Schmetterling*	– klären Lese- und Rezeptionserwartungen – trainieren verschiedene Aspekte der Sprecherziehung – sprechen gestaltend in vorgegebenen Situationen – tragen Gedichte texterschließend vor – setzen beim szenischen Spiel und beim Vortrag verbale, nonverbale und paraverbale Mittel ein und erproben deren Wirkung – geben einander kriterienorientierte Rückmeldungen – bringen eigene Empfindungen zum Ausdruck – erfassen Wort- und Satzbedeutungen sowie satzübergreifende Bedeutungseinheiten – bauen ein zusammenhängendes Textverständnis auf – erschließen lyrische Texte formal und sprachlich – testen ihr erworbenes Wissen und Können
S. 123 **8.2 Schreibwerkstatt – Selbst dichten**	
S. 123 Station 1: Reimwörter finden S. 124 Station 2: Dazwischenreden oder antworten *Jürgen Spohn: Idee* *Max Kruse: Schafsgedanken* S. 125 Station 3: Ein Lautgedicht schreiben *Ernst Jandl: ottos mops* S. 126 Station 4: Wörter verdrehen *Mira Lobe: Der verdrehte Schmetterling* *Josef Guggenmos: Der Maulwurf* S. 127 Station 5: Elfchen und Stufengedichte S. 128 Station 6: Ein Parallelgedicht schreiben *Christina Zurbrügg: Einmal*	– gestalten Gedichte nach und formulieren sie um – verfassen anhand vorgegebener oder eigener Ideen Gedichte – planen, schreiben und überarbeiten Texte – gestalten Texte mit Hilfe elementarer sprachlicher Mittel – reflektieren sprachliche Mittel – gehen mit Lauten, Wörtern, Sätzen und Texten spielerisch um – erweitern ihren Wortschatz
S. 129 **8.3 Projekt – Rund um Gedichte**	
S. 129 Ein Gedichtfest feiern S. 130 Ein Gedichtbuch anlegen & gestalten	– schreiben und gestalten Einladungen – präsentieren Texte und Vorträge in der Öffentlichkeit

8 Ein tierisches Vergnügen – Gedichte vortragen und gestalten

S. 117 Auftaktseite

Die Illustration bietet den Kindern die Möglichkeit, an ihr Vorwissen aus der Grundschule anzuknüpfen. Sie können dazu allein oder gemeinsam den Satz fortführen: „Über Gedichte weiß ich bereits …"

1/2 Der Koffer wird als eine Art „Lernkoffer" die Schülerinnen und Schüler durch dieses Kapitel begleiten. Er kann einerseits mit dem Vorwissen der Kinder, andererseits im Lauf der Arbeit mit neuem Wissen gefüllt werden. Im Schülerband, S. 122, findet er als Instrument zum Selbsttest Verwendung.
Aus diesem Grund bietet es sich an, den Koffer – groß und schön gestaltet – als Titelseite zur neuen Unterrichtsreihe im Schülerheft anlegen zu lassen und während der folgenden Unterrichtsarbeit nach und nach zu füllen. Er kann, je nach Wissensstand, mit Fachbegriffen (z. B. Reim, Vers), beschreibenden Sätzen (z. B. Gedichte sehen anders aus), aber auch mit bekannten Gedichttiteln oder den Namen von Dichtern gepackt werden.

Siehe hierzu auch die **Folie** „Unser Dichterkoffer – Was wir über Gedichte wissen" auf der DVD-ROM.

8.1 Das kribbelt und wibbelt – Gedichte vortragen

S. 118 Gedichte wirkungsvoll vortragen

1/2 Um die Schülerinnen und Schüler für den Unterschied zwischen dem Vorlesen und dem Vortragen eines Gedichts zu sensibilisieren, wird ihre Aufmerksamkeit auf die Adressatenorientierung gelenkt. Indem sie die Aufforderung „Denke an dein Publikum, wenn du dich auf den Vortrag eines Gedichts vorbereitest" diskutieren, setzen sie sich mit der Perspektive der Zuhörenden auseinander. Die Liste könnte folgende Aspekte enthalten: Artikulation, Lautstärke, Sprechtempo, Sprechpausen, Betonung, Tonfall etc.
Mögliches Gegenargument:
Nein, ich denke nicht an mein Publikum, weil ich sonst Angst vor dem Vortrag bekomme.

S. 118 Frantz Wittkamp: **Warum sich Raben streiten**

1 a–d Durch das laute Lesen kann zunächst der Textverstehensprozess eingeleitet werden, der Voraussetzung für das nachfolgende Leseexperiment sein sollte.
Die Robotersprache, das Nuscheln oder das Sprechen wie ein Nachrichtensprecher thematisieren die Notwendigkeit einer deutlichen Aussprache. Sowohl die in einzelne Silben zerhackte Robotersprache, die zu einer übertriebenen Artikulation führt, als auch das Verschleifen der genuschelten Silben sensibilisieren die Schülerinnen und Schüler für die Auseinandersetzung mit einer angemessenen Artikulation.
Mit diesem Gedicht wird als weiterer Aspekt der Sprecherziehung der bewusste Umgang mit der Stimmlautstärke eingeführt. Hierzu können auch Aufgaben gestellt werden, die den Umgang mit der eigenen Lautstärke weiter schulen.

Zusatzaufgabe:
Sprecht die Strophen mit einer 20-Zentimeter-Stimme, mit einer 2-Meter-Stimme oder mit einer Schulhofstimme.

2 a Raben streiten sich in diesem Gedicht um Würmer, Körner, Kleinigkeiten, Schneckenhäuser, Blätter, Blumen, Kuchenkrümel, Käsekrumen, wer Recht und Unrecht hat, wer schöner singen kann, wer was tun oder lassen soll, wer Erster, Zweiter, Dritter, Vierter oder Letzter ist.
Eine genaue Auflistung schult die exakte Textwahrnehmung; so kann die Bedeutung der Streitanlässe kritisch hinterfragt werden.

Zusatzaufgabe:
Warum werden diese Streitanlässe mit der Formulierung „Raben streiten um jeden Mist" zusammengefasst?

8.1 Das kribbelt und wibbelt – Gedichte vortragen

b Die Schülerinnen und Schüler vergleichen das Verhalten der Raben mit ihrem eigenen und listen Streitanlässe auf, z. B. Inanspruchnahme der fremden Tischhälfte, Gerangel bei der Aufstellung in einer Reihe. Es bietet sich an, die Streitanlässe zu hinterfragen, nach möglichen Lösungen zu suchen oder Vereinbarungen zur Streitvermeidung bzw. Konfliktlösung zu treffen.

S. 119 Wilhelm Busch: **Fink und Frosch**

1 Die in das Gedicht eingesetzten Wörter sind fett gedruckt.

Im **Apfelbaume** / pfeift ein Fink /
sein: Pinkepink! /
Ein Laubfrosch klettert mühsam **nach** /
bis auf des Baumes / **Blätterdach** /
5 und bläht sich auf / und **quakt**: / „Ja, ja!
Herr Nachbar, ick bin och noch da!" /

Und wie der Vogel / frisch und süß /
sein **Frühlingslied** erklingen ließ, /
gleich muss der Frosch in rauen **Tönen** /
10 den Schusterbass dazwischen **dröhnen**. /

„Juchheija, heija!", spricht der Fink. /
„Fort **flieg** ich flink!" /
Und schwingt sich in die Lüfte **hoch**. /
„Wat!", / ruft der **Frosch**. / „Dat kann ick och!" /

Macht einen **ungeschickten** Satz, / 15
fällt auf den harten Gartenplatz, /
ist platt, / wie man die **Kuchen** backt, /
und hat für ewig / **ausgequakt**. /

Wenn einer, **der** mit Mühe kaum
gekrochen ist auf einen **Baum**, / 20
schon **meint**, / dass er ein Vogel wär, /
so **irrt** sich der.

Wilhelm Busch: Sämtliche Werke, Bd. 2. Hg. v. Rolf Hochhuth. Bertelsmann, Gütersloh 1959, S. 509

Die Übung schult die genaue Textwahrnehmung und regt den Textverstehensprozess der Schülerinnen und Schüler an. Das Abschreiben in Schönschrift ist eine motorische Übung, die auf die Gestaltung eines Gedichtbuchs (Schülerband, S. 130) vorbereitet und die besonders Leistungsschwächere motiviert ausüben, wenn sie dafür Anerkennung finden.

2 a/b Das Ausprobieren verschiedener Sprechtempi sensibilisiert die Schülerinnen und Schüler für ihr eigenes Sprechtempo, das bei selbst vorgetragenen Gedichten in der Regel zu hoch ist. Indem sie sich in die Perspektive der Zuhörer/-innen versetzen, erkennen sie, dass das Sprechtempo angemessen sein muss, um beim Zuhörer auch den inhaltlichen Verstehensprozess in Gang zu setzen.

3 Das Markieren von Sprechpausen soll bei den Schülerinnen und Schülern die Adressatenorientierung während des Rezitationsprozesses verstärken. Sie erkennen, dass durch die Sprechpausen der Textverstehensprozess für die Zuhörer/-innen positiv befördert wird.
Mögliche Sprechpausen: Siehe das ergänzte Gedicht zu Aufgabe 1 oben.

4 a–c Als Vorübung könnte folgende **Zusatzaufgabe** dienen:
Murmelt mit geschlossenen Lippen den Satz „Ich bin ganz schön wütend".
Die Schülerinnen und Schüler merken, dass der Ton ihrer Stimme ihre Gefühle widerspiegelt. Die Übung kann durch weitere Sätze ergänzt werden. Der Text des Frosches könnte z. B. in angeberischem Ton, der Redeanteil des Finken in fröhlichem Ton vorgetragen werden. Ein weiterer Frosch könnte sich einmischen mit den Worten: „Gib doch nicht so an!" Ziel dieser Übung ist es, Stimmigkeit zwischen verbalen, nonverbalen und paraverbalen Kommunikationsanteilen herzustellen. Die szenische Umsetzung des Gedichts dient dem Textverstehensprozess.

Siehe hierzu auch die **Folie** „Ein Gedicht vortragen – Fink und Frosch" auf der DVD-ROM.

Das Gedicht „Fink und Frosch" wird auch als **Hörtext** auf der beigefügten DVD-ROM angeboten.

8 Ein tierisches Vergnügen – Gedichte vortragen und gestalten

S. 120 Ich gebe dir ein Feedback …

S. 120 James Krüss: **Küken-Kindergarten**

1 a/b Durch die Auseinandersetzung mit dem Feedbackbogen erkennen die Kinder, dass eine Rückmeldung nicht nur Sympathie ausdrückt, sondern auch an fachliche Kriterien gebunden sein sollte. Alle Kriterien, die sie im Lauf der Unterrichtsreihe zum Vortragen von Gedichten erarbeitet haben, versuchen die Schülerinnen und Schüler in dem Gedicht „Küken-Kindergarten" anzuwenden. Hier gilt es zu bedenken, dass ihnen dafür ausreichend Zeit entweder im Unterricht oder in einer längerfristigen Hausaufgabe zur Verfügung gestellt werden sollte.

2 a/b Beide Teilaufgaben können an dieser Stelle ein Gedichtfest vorwegnehmen oder darauf vorbereiten (siehe Projekt im Schülerband, S. 129). Die Schülerinnen und Schüler trainieren dabei, sich öffentlich zu präsentieren, sinngebend vorzutragen, adressatenorientierte Kriterien zu berücksichtigen, zuzuhören und inhaltliche Rückmeldungen mitzuteilen. Alle Teilnehmer/-innen profitieren von diesem Prozess, weil sie anhand des Feedbacks in eine Phase der Überarbeitung ihrer Vortragskunst eintreten können. Es lohnt sich, dieses Gedichtfest ein zweites Mal durchzuführen.
Siehe hierzu auch die **Folie** „Einen Gedichtvortrag bewerten" auf der DVD-ROM.

S. 121 Reime entdecken

S. 121 Frantz Wittkamp: **Tierfamilien unter sich**

1 Leistungsschwächere Schülerinnen und Schüler können das vorgegebene Beispiel beenden.
Denkbare Fortsetzung: … *ein Mäusekind und keinen Elefant.*
Sie sollten das formale Prinzip berücksichtigen: eine Strophe mit vier Versen produzieren und diese auch, der äußeren Form entsprechend, also in vier Zeilen, in ihrem Heft notieren.

S. 121 Robert Gernhardt: **Seit Wochen suchen wir ein Haus**

1/2 Während des lauten Vorlesens wird der Reim erkennbar. Es handelt sich um ein Gedicht, bei dem die äußere Form nicht eingehalten wurde. Das Gedicht besteht aus 19 Versen.

Seit Wochen suchen wir ein Haus,
wir müssen aus dem alten raus.
Das neue sollte nicht zu klein
und etwa so beschaffen sein:
5 acht Zimmer zum Hausen,
acht Küchen zum Schmausen,
acht Wannen zum Duschen,
acht Flure zum Huschen,
acht Öfen zum Wärmen,
10 acht Treppen zum Lärmen,
acht Fenster zum Gucken,
acht Ecken zum Spucken,
acht Türen zum Schlagen,
acht Wände zum Nagen –;
15 rundherum ein Riesenpark,
Preisvorstellung: eine Mark.
Wer hilft uns aus der Wohnungsnot?
Wir warten auf Ihr Angebot!
Familie Erdmännchen

Aus: Robert Gernhardt: Ein gutes Wort ist nie verschenkt.
Gedichte und Geschichten für Kinder.
© S. Fischer Verlag GmbH, Frankfurt am Main 2010

Zusatzaufgabe:
Was würdest du der Familie Erdmännchen antworten?
Verfasse einen Brief – vielleicht sogar als Gedicht.

Teste dich!

Die Aufgaben dieser Seite dienen der Überprüfung der erworbenen Kompetenzen. Dazu gehören insbesondere das Textverstehen und der sichere Umgang mit den Merkmalen eines Gedichts. Der Gedichtvortrag kann mit Hilfe des Feedbackbogens (Schülerband, S. 120) im Rahmen einer Dichterlesung getestet werden.

Heinz Erhardt: Das Finkennest

1 Mit Hilfe des Reimschemas (Paarreim) erkennen die Kinder die Zuordnung der Reimwörter:

Ich fand einmal ein Finkennest
und in demselben lag der **Rest**
von einem **Kriminalroman**.
Nun sieh mal **an**:
Der Fink konnt **lesen**!
Kein Wunder, es ist ein Buchfink **gewesen**.

© Aus: „Das große Heinz Erhardt Buch", 2009 Lappan Verlag Oldenburg

2 a Es gehören die Buchseiten 1 + 4, 3 + 6, 5 + 2 zusammen.
  b Die vorgegebenen Wörter können den Schülerinnen und Schülern als Schreibhilfe angeboten werden.

Heinz Erhardt: Der Schmetterling

1 Die Schülerinnen und Schüler sollten dazu angeleitet werden, die Aufgabenstellung aufmerksam zu lesen und ihr die wesentlichen Informationen zur Rekonstruktion des Gedichts zu entnehmen. Anschließend könnten sie die geforderten Paarreime bilden und diese schließlich in eine sinnvolle Reihenfolge bringen. Das Gedicht lautet richtig:

Es war einmal ein buntes Ding,
ein so genannter Schmetterling,
der war wie alle Falter
recht sorglos für sein Alter.
5 Er nippte hier und nippte dort,
und war er satt, so flog er fort,
flog zu den Hyazinthen
und guckte nicht nach hinten.
Er dachte nämlich nicht daran,
10 dass was von hinten kommen kann.
So kam's, dass dieser Schmetterling
verwundert war, als man ihn fing.

© Aus: „Das große Heinz Erhardt Buch", 2009 Lappan Verlag Oldenburg

8 Ein tierisches Vergnügen – Gedichte vortragen und gestalten

Zusatzaufgaben:
1 Paul sagt: „Das Gedicht ‚Der Schmetterling' von Heinz Erhardt besteht aus einer Strophe mit 12 Versen und ist im Kreuzreim verfasst." Stimmt die Aussage oder müsst ihr Paul korrigieren?
2 Verfasst nach diesem Muster einen Satz zum Gedicht „Das Finkennest".
3 Malt Bilder zu dem Gedicht und gestaltet damit z. B. die Fenster in eurem Klassenraum.

2 a Neu gelernte Begriffe können sein: Vortrag, Artikulation, Stimmlautstärke, Sprechtempo, Sprechpause, Ton, Betonung, Körperhaltung, Mimik, Gestik, Strophe, Vers, Reim, Reimschema, Paarreim, Kreuzreim, umarmender Reim.

b Die Aufgabe kann zunächst mit einem Lernpartner/einer Lernpartnerin, anschließend im Plenum bearbeitet werden. Entscheidend ist die Kompetenz, die einzelnen Begriffe erklären zu können.
Wird die Aufgabe im Plenum erarbeitet, so kann hierzu die **Folie** „Unser Dichterkoffer – Was wir über Gedichte wissen" (auf der DVD-ROM) genutzt werden.

8.2 Schreibwerkstatt – Selbst dichten

Station 1: Reimwörter finden

1 Reimwörter und Reimpaare:

	reimt sich auf
Biene (Z. 1)	Miene (Z. 9)
mein (Z. 1)	Schwein (Z. 11)
Mücke (Z. 3)	Krücke (Z. 4)
Hummel (Z. 6)	Rummel (Z. 12)
Futter (Z. 8)	Mutter (Z. 10)

2 Beispiele für eigene Reimpaare:

	reimt sich auf
bellen	Wellen
Maus	Haus
Katze	Fratze
Ringelnatter	Gansgeschnatter
See	Schnee

3 Die Vorgabe Kreuz- oder Paarreim hilft den Schülerinnen und Schülern, in nur einer formalen Struktur zu bleiben. Gegebenenfalls kann ihnen das folgende Beispiel zur Orientierung gegeben werden:

Paarreim		Kreuzreim	
Im Urlaub fragt die Ringelnatter:	a	Im Urlaub klagt die Ringelnatter:	a
„Was ist das für ein Gansgeschnatter	a	„Mir tun ja schon die Ohren weh!	b
auf meinem ruhigen, schönen See?	b	Was ist das für ein Gansgeschnatter	a
Mir tun ja schon die Ohren weh!"	b	auf meinem ruhigen, schönen See?"	b
…		…	

Station 2: Dazwischenreden oder antworten

Jürgen Spohn: Idee

1 Einem Gedicht dazwischenzureden oder auf ein Gedicht zu antworten eröffnet den Schülerinnen und Schülern einen unmittelbaren Zugang zu dem Gedicht ihrer Wahl. Entscheidend bei dieser Übung sind nicht formale Aspekte, sondern dass die Kinder auf den Text inhaltlich eingehen und einen individuellen Ton treffen.

Max Kruse: Schafsgedanken

2 a/b Ein gespieltes Gespräch kann dazu dienen, die innere Haltung des Schafs zu hinterfragen, die in diesem Fall darin besteht, über Unrealistisches ins Grübeln zu geraten und andere, hier die Eltern, für den vermeintlichen Mangel verantwortlich zu machen. Dieser Zusammenhang kann Thema eines Antwortgedichts sein.
Die Aufgabe ist anspruchsvoll, zumal die Schreibhilfe die Form des Originalgedichts aufnimmt. Im Sinne einer Differenzierung ist natürlich auch ein Antwortbrief möglich, der auf die formale Parallelität zum Originaltext weitgehend bis völlig verzichtet.

Station 3: Ein Lautgedicht schreiben

Ernst Jandl: ottos mops

Das **Deutschbuch Hörbuch 5/6** enthält eine Aufnahme des Gedichts, vorgetragen vom Autor selbst.

1 Das Textverständnis wird mit der rechten Bildreihe erleichtert. Denkbar ist, die Schülerinnen und Schüler weitere Zeichnungen anfertigen zu lassen, zumindest aber die Handlung des Gedichts Vers für Vers nachzuvollziehen.

2 Das Gedicht kann auch für ein Gedichtfest (siehe Schülerband, S. 129) herangezogen werden.

3 a/b Bei der Bearbeitung der Aufgabe ist darauf zu achten, dass die Schülerinnen und Schüler Wörter mit nur einem Vokal suchen („hupt", aber nicht „hupen") und dass sie verschiedene Wortarten berücksichtigen, zumindest aber Nomen und Verben, da sie in ihrem Lautgedicht sonst keine Handlung entwickeln können.
Wenn die Kinder andere Buchstabenkombinationen wählen, sollte darauf geachtet werden, dass diese Kombinationen auch Lauteinheiten ergeben.

Station 4: Wörter verdrehen

Mira Lobe: Der verdrehte Schmetterling

1 a „Reparatur" des Gedichts:

Ein Schmetterling
mit blauen Flügeln
flog durch die Luft.

Er war einem Computer entnommen,
5 dem war was durcheinandergekommen,
irgendein Drähtchen,
irgendein Rädchen.

Und als man es merkte, da war's schon zu spät,
da war der Schmetterling schon weit fort,
ganz weit. 10
Mir tut er leid.

Hans Domenego u. a.: Das Sprachbastelbuch. Jugend und Volk, Wien 1975, S. 78

b Dieses Gedicht eignet sich ebenfalls für das Gedichtfest (siehe Schülerband, S. 129).

8 Ein tierisches Vergnügen – Gedichte vortragen und gestalten

2 Die Visualisierung kann hier genutzt werden, um den Kontrast zwischen Schmetterling und Computer, zwischen Natur und Technik herauszuarbeiten.

S. 126 Joseph Guggenmos: **Der Maulwurf**

1 Mögliche „Verdrehung":

Der Waulmurf
Der Waulmurf, närzer als die Schwacht,
ist wie aus sauter Lamt gemacht.
In dunkler Erde ist rein Seich.
Wie's droben ausschaut, glihm ist's eich.

2 Ziel der Aufgabe ist, den Schülerinnen und Schülern Freude am Experimentieren mit Buchstabengruppen, Lauten und Wörtern zu vermitteln, um Sprache als lebendig und variabel erleben zu lassen.

S. 127 Station 5: Elfchen und Stufengedichte

Diese Station soll den Kindern mit Hilfe einfacher Verfahren eigene Dichtung erfahrbar machen. Wegen der Einfachheit der Konstruktionsvorgaben eignen sich Elfchen und Stufengedichte in besonderer Weise dazu und sind vielfach bereits in der Grundschule Gegenstand des produktionsorientierten Deutschunterrichts.

1 Vervollständigung des Elfchen-Bauplans:

3. Vers	drei Wörter	beschreibt eine Tätigkeit des Tiers
4. Vers	vier Wörter	setzt die Tätigkeitsbeschreibung fort
5. Vers	ein Wort	zusammenfassendes Schlusswort

2 Der Bauplan eines Stufengedichts ist ähnlich dem eines Elfchens. Jeder Vers wird um ein Wort erweitert, allerdings sind die Verse gleich. Ein weiterer Unterschied in den beiden Gedichtformen besteht darin, dass das Stufengedicht nicht aus elf Wörtern bestehen muss.

S. 128 Station 6: Ein Parallelgedicht schreiben

S. 128 Christina Zurbrügg: **Einmal**

Das Verfassen eines Parallelgedichts kann Schülerinnen und Schüler in besonderer Weise motivieren, selbst dichterisch tätig zu werden. Die Orientierung an einer Vorgabe erleichtert ihnen die Aufgabe. Den Kindern wird zudem abverlangt, dass sie zunächst den Bauplan des vorgegebenen Gedichts durchschaut haben müssen, um eine eigene Produktion in der vorgegebenen Struktur anfertigen zu können.

1 Das vollständige Gedicht von Christina Zurbrügg lautet:

Einmal
verwandle ich mich in ein Tier,
das **hüpft** wie ein Frosch,
schleicht wie eine Schnecke
5 und **rennt** wie ein Reh.
Ich **habe** die Augen von einem Uhu
und kann den Kopf
drehen wie ein Falke.
Ich **grabe** mich wie eine Raupe tief
10 in die Erde
und lasse mich an einem Faden
vom Wind durch das Land **tragen**.
Ich werde Räder **schlagen** wie ein Pfau,
gurren wie eine Taube
15 und **krächzen** wie ein Rabe.
Und einmal kommt der Jäger,
und der **trifft** mich nicht.

Hans-Joachim Gelberg (Hg.): Großer Ozean
© 2000 Beltz & Gelberg in der Verlagsgruppe Beltz, Weinheim/Basel

b Denkbar sind u. a.: sieht, findet, tötet, erschießt, erlegt.

2 a–c Beispiel für ein Parallelgedicht:

Einmal
verwandle ich mich in einen Zauberer,
der saust morgens in die Schule wie ein Pfeil,
rechnet wie ein Mathegenie
5 und schreibt Aufsätze wie ein Dichter.
Ich mache mich unsichtbar mit einem Tarnumhang
und kann jeden Gegner
besiegen wie ein Held.
Ich spiele Fußball wie Ronaldo
10 quer über den ganzen Schulhof
und lasse mich an einem Zauberseil
aus dem Klassenfenster ab, wenn es langweilig wird.
Ich werde gegen üble Typen kämpfen wie James Bond,
den Kleinen helfen
15 und sie verteidigen wie der Stärkste von der ganzen Schule.
Und einmal kommt mein Lehrer an meinen Platz,
und der weckt mich nicht.

8.3 Projekt – Rund um Gedichte

S. 129 **Ein Gedichtfest feiern**

Die Projekte „Ein Gedichtfest feiern" und „Ein Gedichtbuch anlegen & gestalten" dienen dazu, die erworbenen Kenntnisse und Fähigkeiten in einem produktions- und handlungsorientierten Rahmen anzuwenden und zu vertiefen. Dabei soll beiden Projekten ein gewisses Maß an Öffentlichkeit zukommen; insofern kann an die eingangs erwähnte Adressatenorientierung angeknüpft werden.

Tipps zum Auswendiglernen eines Gedichts
- Lernt das Gedicht in Etappen. Nehmt euch immer zuerst einen Doppelvers vor und lernt erst dann weiter, wenn ihr diesen sicher könnt. Wiederholt das Gelernte jeden Tag.
- Stellen, an denen ihr „stecken bleibt", könnt ihr mit einer unauffälligen Bewegung kombinieren, die euch hilft, euch zu erinnern. Ihr könnt z. B. unbemerkt den kleinen Finger an den Daumen legen.
- Eine Hilfe kann auch sein, wenn ihr beim Abschreiben des Textes immer mehr weglasst, bis ihr nur noch den Anfang eines Verses schreibt und euch den Rest „erspart".
    Seit Wochen suchen wir ein Haus, …
    Seit Wochen suchen …
    Seit …

S. 130 **Ein Gedichtbuch anlegen & gestalten**

Tipps zum Anlegen eines Gedichtbuchs
- Legt für jedes abgeschriebene, selbst verfasste oder veränderte Gedicht eine eigene DIN-A4-Seite an.
- Schreibt den Titel, den Verfasser und das Gedicht in Schönschrift.
- Gestaltet die Gedichtseite mit einem besonders schönen Rahmen oder einer Zeichnung.
- Signiert die Seite mit dem eigenen Namen.
- Besprecht ein Verfahren, das regelt, welche Gedichtblätter in das Gedichtbuch aufgenommen werden.
- Legt schließlich zwei Gedichte nebeneinander und verkleinert sie beim Kopieren auf DIN-A4-Format. Nutzt die Rückseite der Kopien ebenfalls. Verwendet als Einband einen farbigen DIN-A4-Bogen. Faltet und tackert das Geheft – und schon ist ein Gedichtbuch fertig, über das sich viele als kleines Geschenk freuen werden.

Material zu diesem Kapitel

Projekt
- Gedichte am Computer gestalten: Wilhelm Busch: Fink und Frosch

Zusatzstationen
(mit methodisch-didaktischen Bemerkungen und Lösungshinweisen auf der DVD-ROM)
- Zusatzstation 1: Ein Gedicht verstehen
  Wilhelm Busch: Bewaffneter Friede
- Zusatzstation 2: Ein Gedicht wiederherstellen
  James Krüss: Wenn die Möpse Schnäpse trinken
- Zusatzstation 3: Ein Gedicht wiederherstellen und weiterschreiben
  Heinrich Seidel: Das Huhn und der Karpfen
- Zusatzstation 4: Die Wirkung von Vokalen untersuchen
  James Krüss: Der Uhu und die Unken
- Zusatzstation 5: Eine deutliche Aussprache einüben
  Hans Baumann: Die Tintenfliege
- Zusatzstation 6: Ein Gedicht im Chor vortragen
  Ernst Jandl: auf dem land
- Ein Gedicht vortragen – Beobachtungsbogen (nur auf der DVD-ROM)

PPT-Folien (auf der DVD-ROM)
- Unser Dichterkoffer – Was wir über Gedichte wissen
- Ein Gedicht vortragen – Fink und Frosch
- Einen Gedichtvortrag bewerten

Hörtext (auf der DVD-ROM)
- Wilhelm Busch: Fink und Frosch

Deutschbuch Arbeitsheft 5
- Ein Gedicht gestaltend vortragen: Die Wühlmaus, S. 38
- Trainingsmöglichkeiten bietet auch die Übungssoftware auf der CD-ROM zum „Deutschbuch Arbeitsheft".

Deutschbuch Hörbuch 5/6
- Ernst Jandl: ottos mops (Ernst Jandl; zu SB S. 125)
- James Krüss: Das Feuer (Henning Bogner, Gesang/Udo Wachtveitl)
- Johann Wolfgang Goethe: Frühling übers Jahr (Juliane Posch)
- Eduard Mörike: Er ist's (Udo Wachtveitl/Katharina Thalbach)
- Ludwig Heinrich Christoph Hölty: Frühlingslied (Udo Wachtveitl)
- Rose Ausländer: April (Juliane Posch)
- Joseph von Eichendorff: Frische Fahrt (Udo Wachtveitl)
- Ulla Hahn: Verregneter Sommer (Juliane Posch)
- Georg Britting: Feuerwoge jeder Hügel (Juliane Posch/Udo Wachtveitl)
- Hermann Hesse: September (Hermann Hesse)
- Peter Hacks: Der Herbst steht auf der Leiter (Udo Wachtveitl)
- Annette von Droste-Hülshoff: Winter (Juliane Posch)
- Bertolt Brecht: Die Vögel warten (Juliane Posch/Udo Wachtveitl)

Projekt – Gedichte am Computer gestalten

Durch die Art, wie ihr die Wörter eines Gedichts gestaltet, könnt ihr ausdrücken, wie ihr das Gedicht versteht. Hier seht ihr ein Beispiel:

Wilhelm Busch: **Fink und Frosch**

Im Apfelbaume *pfeift* ein *Fink*
sein: *Pinkepink*!
Ein Laubfrosch klettert **m ü h** sam nach
bis auf des Baumes Blätterdach
5 und **bläht** sich auf und quakt: „Ja, **ja**!
Herr Nachbar, **ick** bin o c h noch **da**!"

Und wie der Vogel *frisch* und *süß*
sein *Frühlingslied* erklingen ließ,
gleich muss der Frosch in **rauen** Tönen
10 den Schusterbass dazwischen **dröhnen**.

„*Juchheija, heija!*", spricht der *Fink*.
„Fort flieg ich *flink*!"
Und *schwingt* sich in die Lüfte *hoch*.
„**Wat!**", ruft der Frosch. „**Dat** kann **ick** och!"

15 Macht einen ungeschickten Satz,
fällt auf den **harten** Gartenplatz,
ist platt, wie man die Kuchen backt,
und hat für ewig **a u s g e q u a k t**.

Wenn einer, der mit **M Ü H E** kaum
20 **GEKROCHEN** ist auf einen Baum,
schon meint, dass er ein *Vogel* wär,
so **irrt** sich der.

Wilhelm Busch: Sämtliche Werke in zwei Bänden.
Hg. v. Rolf Hochhuth. Bertelsmann, Gütersloh 1982

1 Sucht euch ein Gedicht aus dem Schülerband, Kapitel 8, aus. Ihr könnt auch eigene Gedichte zu einem Thema suchen, z. B. Tiere, Jahreszeiten, Landschaften, Liebe, Gruseleien.
Bildet Gruppen und gestaltet je Gruppe ein Gedicht.
Die Gedichte könnt ihr anschließend in einem Gedichtbuch sammeln (siehe Schülerband, S. 100), mit ihnen eine Wand in eurem Klassenzimmer gestalten oder sie auf Plakaten oder einer Stellwand einem größeren Publikum präsentieren.

Zusatzstation 1: Ein Gedicht verstehen

Wilhelm Busch: **Bewaffneter Friede**

Ganz unverhofft, an einem Hügel,
Sind sich begegnet Fuchs und Igel.
„Halt", rief der Fuchs, „du Bösewicht!
Kennst du des Königs Ordre nicht?
5 Ist nicht der Friede längst verkündigt,
Und weißt du nicht, dass jeder sündigt,
Der immer noch gerüstet geht? –
Im Namen seiner Majestät,
Geh her und übergib dein Fell."
10 Der Igel sprach „Nur nicht so schnell!
Lass dir erst deine Zähne brechen,
Dann wollen wir uns weitersprechen."
Und alsogleich macht er sich rund,
Schließt seinen dichten Stachelbund
15 Und trotzt getrost der ganzen Welt
Bewaffnet, doch als Friedensheld.

Ordre: Befehl

gerüstet: in Rüstung unterwegs sein

alsogleich: sofort

trotzt: Widerstand leisten

Wilhelm Busch: Sämtliche Werke in zwei Bänden.
Hg. v. Rolf Hochhuth. Bertelsmann, Gütersloh 1982

1 Wie habt ihr das Gedicht verstanden? Lest die folgenden Sätze und entscheidet, ob sie richtig oder falsch sind. Notiert von den Sätzen, die ihr als richtig erkannt habt, die fett gedruckten Buchstaben. Sie ergeben hintereinandergelesen das Lösungswort.

- **15.** Der Fuchs ist in diesem Gedicht **k**lüger als der Igel.
- **10.** Der Fuchs versucht den **I**gel auszutricksen.
- **7.** Eine Rüstung schützt im Kampf vor Verletzungen.
- **1.** In dem Gedicht kommen ein Fuch**s** und ein Igel vor.
- **16.** Der Igel ist in diesem Ge**d**icht klüger als der Fuchs.
- **2.** Der Fuchs und der Igel sind gute **F**reunde.
- **8.** Der Fuchs behauptet, dass das **F**ell des Igels eine Rüstung sei.
- **12.** Der Stachel**b**und schützt den Igel.
- **5.** Der Fuchs beh**a**uptet, dass er den Willen des Königs kennt.
- **14.** Die Zähne sind die Waffen des Fuchses.
- **11.** Der Stachelbund ist dem **I**gel sehr lästig, er wäre ihn gern los.
- **3.** Der Fuchs und der **I**gel kämpfen miteinander.
- **9.** Der Fuchs hat Angst vor dem **I**gel.
- **6.** Angebli**c**h hat der König befohlen, dass im Frieden niemand mehr in einer Rüstung unterwegs sein darf.
- **4.** Der Fuchs und der Igel sprechen miteinander.
- **13.** Wenn ein Igel sich rund macht, stellen sich seine Stacheln dicht auf.

2 Serap sagt: „Situationen, in denen man blöd angemacht wird, habe ich auch schon erlebt. Füchse, die etwas von einem wollen, obwohl man es ihnen gar nicht geben will, findet man immer wieder."
Stellt euch vor, ihr begegnet einem solchen „Fuchs". Spielt die Szene und besprecht, wie ihr euch schützen könnt.

Illustration: Thomas Binder, Magdeburg

Zusatzstation 2: Ein Gedicht wiederherstellen

James Krüss: **Wenn die Möpse Schnäpse trinken**

WENNDIEMÖPSESCHNÄPSETRINKEN,WENNVORM
SPIEGELIGELSTEHN,WENNVORFÖHRENBÄREN
WINKEN,WENNDIEOCHSENBOXENGEHN,WENN
IMSCHLAFESCHAFEBLÖKEN,WENNIMTALEIN
5 WALERSCHEINT,WENNINWECKENSCHNECKEN
STECKEN,WENNDIEMEISELEISEWEINT,WENN
GIRAFFENAFFENFANGEN,WENNEINMÄUSLEIN
LÄUSLEINWIEGT,WENNANSTANGENSCHLANGEN
HANGEN,WENNDERBIBERFIEBERKRIEGT,DANN
10 ENTSTEHTZWAREINGEDICHT,ABERSINNVOLL
ISTESNICHT!

James Krüss: Der wohltemperierte Leierkasten
© 1989 cbj Verlag, München, in der Verlagsgruppe Random House GmbH

FÖHREN: anderer Name für **Waldkiefer** (Nadelbaum)
WECKEN: anderer Ausdruck für **Brötchen**
HANGEN: hängen

1 Das Gedicht ist völlig durcheinandergeraten. Könnt ihr es entwirren?
Tipp: Es besteht aus nur einer Strophe und ist im Kreuzreim verfasst.
In dem Gedicht kommen drei Wörter vor, die ihr vielleicht nicht kennt. Sie sind im Kasten erklärt.

2 Schreibt das Gedicht richtig in euer Heft und malt ein Bild dazu.

3 Ergänzt das Gedicht um weitere Verse.

Zusatzstation 3: Ein Gedicht wiederherstellen und weiterschreiben

So kakelte,
Mirakelte,
Spektakelte –

Was gäb's für ein Geschrei!

Das legte, wie die Hühner tun,
An jedem Tag ein Ei

Und stillvergnügt sein Futter fraß,
Der hörte das Geschrei:

Da sprach der Karpfen: „Ei!
Alljährlich leg ich 'ne Million

Als ob's ein Wunder sei

Und rühm' mich dess' mit keinem Ton;
Wenn ich um jedes Ei

Es war ein Teich dabei,
Darin ein braver Karpfen saß

Als ob's ein Wunder sei

Heinrich Seidel: **Das Huhn und der Karpfen**

Auf einer Meierei,
Da war einmal ein braves Huhn,

Wie's kakelte,
Mirakelte,
Spektakelte,

Und kakelte,
Mirakelte,
Spektakelte,

Heinrich Seidel: Gedichte. Gesamtausgabe. Cotta, Stuttgart 1913

1. Das Gedicht ist völlig durcheinandergeraten. Könnt ihr es sortieren und in der richtigen Reihenfolge in euer Heft schreiben?
   TIPP: Ihr müsst die Verse erst verstehen, bevor ihr sie zusammensetzen könnt. Unbekannte Wörter findet ihr im Kasten.

2. Ein zweiter Karpfen kommt hinzu. Was könnte er in der Situation sagen? Schreibt das Gedicht weiter.

Meierei: Molkerei
Karpfen: ein Fisch
kakeln: gackern
mirakeln: sich wundern
spektakeln: Lärm machen

Zusatzstation 4: Die Wirkung von Vokalen untersuchen

Kennt ihr die Wirkung von Vokalen? Der Klang der Vokale schafft eine Stimmung. Das spitze „Igittigitt" hat eine andere Wirkung als das gespenstische „Huhuu".
Dichter nutzen Vokale bewusst, um eine bestimmte Stimmung zu erzeugen. Lasst euch das folgende Gedicht von eurer Lehrerin/eurem Lehrer vorlesen.

James Krüss: **Der Uhu und die Unken**

Sieben dumme Unken munkeln:
Unke punke u ru ru,
In dem Brunnen, in dem dunkeln,
Sitzt ein schwarzer Marabu!

5 Uhu Schuhu hört sie munkeln,
Unke punke u ru ru,
Und lugt runter in den dunkeln
Brunnen mit den Augen gluh.

Doch nach einer Viertelstunde,
10 Unke punke u ru ru,
Brummt er: Auf dem Brunnengrunde
Ist kein schwarzer Marabu.

Nur die runden Brunnensteine,
Unke punke u ru ru,
15 Malen in dem fahlen Scheine
Schatten wie ein Marabu!

Klatsch und Tratsch und Unkenmunkeln,
Unke punke u ru ru,
Wuchern immer nur im Dunkeln.
20 Besser ist, man hört nicht zu!

James Krüss: Der Uhu und die Unken. James Tierleben. Boje, Erlangen 1965

1 Was fällt euch beim Zuhören auf?

2 a Tragt das Gedicht mit verteilten Rollen vor. Klärt zuvor, zu welcher Figur welcher Text gehört und ob manche Verse auch im Chor gesprochen werden können.

b Übt den Vortrag. Lasst die Wörter mit dem Vokal u dabei besonders dunkel und geheimnisvoll klingen, indem ihr etwas tiefer sprecht.

3 Lest die letzte Strophe noch einmal. Welcher der folgenden Sätze gibt die Botschaft dieser Strophe sinngemäß wieder? Kreuze an:

☐ Getratscht wird immer nur heimlich. Deshalb sollte man zusehen, dass man dabei ist.
☐ Tratschgeschichten sind sehr spannend. Deshalb sollte man gut zuhören.
☐ Wer tratscht, denkt sich häufig nur etwas aus. Man sollte am besten gar nicht zuhören.
☐ Wer in der Mehrzahl ist, hat meistens Recht. Der Uhu begreift das nicht, weil er nicht richtig zugehört hat.

4 Gibt es in eurem Schulalltag auch munkelnde Unkensituationen?
Spielt und besprecht sie in der Klasse.

Zusatzstation 5: Eine deutliche Aussprache einüben

Wer ein Gedicht vorträgt, muss vorher seine Aussprache (Artikulation) trainieren. Sucht euch einen der beiden folgenden Übungssätze aus und sagt ihn einige Male hintereinander eurem Nachbarn auf:
– Fischers Fritz fischt frische Fische. Frische Fische fischt Fischers Fritz.
– Blaukraut bleibt Blaukraut und Brautkleid bleibt Brautkleid.

Hans Baumann: **Die Tintenfliege**

In einem offenen Tintenfass
ging eine Fliege baden.
Sie dachte: Nur mal so zum Spaß!,
und wollte keinem schaden.

5 Der kleine Hubert hatte grad
U-Wörter auf, gut hundert.
Am nächsten Schultag, na, da tat
der Lehrer sehr verwundert.

Denn da stand Schüle, ünd, gesünd,
10 der Lehrer musste lachen.
Er sprach: „Nün, Hübert, sag den Gründ,
was tüst dü nür für Sachen?"

Da sagt der Hubert: „Nein, nicht ich
hab jedes U versabbelt –
15 die tintennasse Fliege ist
mir übers Blatt gekrabbelt."

„Die", sprach der Lehrer mit Bedacht,
„wird von mir eingeladen.
Sie hat uns allen Spaß gemacht
20 und darf noch einmal baden."

Hans Baumann: Die Tintenfliege.
Ersterschienen in: „Kunterbuntes Sprach-Spielbuch",
Herder Verlag, Freiburg 1979 © 1988 Elisabeth Baumann

1. Lest das Gedicht in Robotersprache:
In-ei-nem-of-fe-nen-Tin-ten-fass-ging-ei-ne-Flie-ge-ba-den. Sie-dach-te ...

2. Tragt das Gedicht genuschelt vor.

3. Stellt euch vor, ihr seid Nachrichtensprecher und auf Sendung.
Tragt das Gedicht besonders deutlich artikuliert vor.

4. Vergleicht die Wirkungen, die ihr mit dem jeweiligen Vortrag erzielt habt.

Zusatzstation 6: Ein Gedicht im Chor vortragen

Manche Klassen trauen sich, ein Gedicht im Chor vorzutragen. Das ist zwar nicht einfach, wenn sich aber alle anstrengen, könnt ihr es auch probieren.

Ernst Jandl: **auf dem land**

rinininininininDER
brüllüllüllüllüllüllüllEN

schweineineineineineineinE
grunununununununZEN

5 hunununununununDE
bellellellellellellellEN

katatatatatatatZEN
miauiauiauiauiauiauiauEN

katatatatatatatER
10 schurrurrurrurrurrurrurrurrEN

gänänänänänänänSE
schnattattattattattattattERN

ziegiegiegiegiegiegiegEN
meckeckeckeckeckeckeckERN

15 bienienienienienienienEN
summummummummummummummEN

grillillillillillillillEN
ziriririririririrPEN

fröschöschöschöschöschöschöschE
20 quakakakakakakakakEN

hummummummummummummummELN
brummummummummummummummEN

vögögögögögögögEL
zwitschitschitschitschitschitschitschERN

Ernst Jandl: auf dem land. Aus: Konkrete Poesie.
Hg. v. Eugen Gomringer. Philipp Reclam jun., Stuttgart 2001, S. 87

Deutschbuch | 8 Ein tierisches Vergnügen – Gedichte vortragen und gestalten

1 *Was hat sich Ernst Jandl wohl dabei gedacht, ein so komisches Gedicht zu verfassen?*

2 Versucht, dieses Gedicht als Sprechchor zu gestalten.
Tipps:
- Notiert die Sprechsilben an der Tafel: Wortanfang + 7-mal dieselbe Silbe + Wortende
- Markiert Wortanfang und Wortende farbig.
- Ordnet die verschiedenen Sprechsilben an der Tafel.

Rin	in	in	in	in	in	in	in	DER
brüll	üll	üll	üll	üll	üll	üll	üll	EN
Schwein	ein	ein	ein	ein	ein	ein	ein	E
grun	un	un	un	un	un	un	un	ZEN

...

3 Teilt die Klasse nun in Gruppen ein. Welche Gruppe spricht Strophe 1, welche Strophe 2 etc.?

4 Versucht jetzt als Gruppe eure Strophe im Chor zu sprechen.
Achtung: Ihr müsst die Silben mitzählen! Beginnt langsam. Schneller werden könnt ihr, wenn ihr sicherer seid.

5 Wenn ihr in den einzelnen Gruppen sicher seid, könnt ihr die ersten gemeinsamen Sprechversuche unternehmen. Fangt langsam an und vergesst das Zählen nicht.

6 Ihr könnt auch Varianten einüben, z. B.:
Sprecht die Rinder lauter, die Bienen leiser, die Grillen höher, die Frösche tiefer etc.
Oder:
Einige Kinder einer Gruppe sprechen nur die erste Silbe und halten den Ton so lange, bis die anderen Gruppenmitglieder die Silbe 7-mal im Chor gesprochen haben.

7 Tragt die Sprechinszenierung vor. Ihr könnt sie auch aufnehmen.

Nach einer Idee von Marita Pabst-Weinschenk.
Die Sprechwerkstatt. Sprech- und Stimmbildung in der Schule. Westermann, Braunschweig 2000

9 Vorhang auf! – Theaterszenen spielen

Konzeption des Kapitels

Schülerinnen und Schüler der 5. Jahrgangsstufe begegnen dem Theaterspiel oft zum ersten Mal als Zuschauerinnen oder Zuschauer. Obwohl diese Rolle recht passiv anmutet, kann sie als Ausgangspunkt dienen, ihnen die Welt des Theaters näherzubringen. Über ihre Erfahrungen und Erlebnisse zu sprechen ermöglicht den Kindern aber auch, ihre Zuschauerrolle schrittweise zu verlassen, zu wissenden Beobachtern und Gestaltern eigener Ideen zu werden. Häufig fehlt es ihnen nicht an Ideen, sondern vielmehr am nötigen Know-how, ihre Ideen erfolgreich umzusetzen. Dieses Kapitel verbindet daher elementares Theoriewissen mit praktischen Übungen und schafft Freiräume für die fantasievolle Umsetzung von Theaterszenen durch die Kinder.

Im ersten Teilkapitel (**„Ein Mensch vor dem Gericht der Tiere – Einen Bühnentext erschließen"**) lernen die Schülerinnen und Schüler anhand einer Spielszene aus „Ein Mensch vor dem Gericht der Tiere" von Helen Gori Merkmale und Besonderheiten dramatischer Texte kennen. Sie eignen sich Grundbegriffe des Theaterspiels an und schreiben selbst kleine Monologe und Dialoge. Auf diese Weise vertiefen sie produktionsorientiert ihre erworbenen Kenntnisse und Fähigkeiten.

Das zweite Teilkapitel (**„Proben wie die Profis – Sitzen, Stehen, Sprechen, Atmen"**) hilft den Schülerinnen und Schülern dabei, ihren Körper bewusst wahrzunehmen. Intensives Körperbewusstsein aber bildet die Voraussetzung für sinngestaltendes Sprechen, das deutliche Artikulation, angemessene Intonation und variantenreiches Sprechtempo umfasst. Neben der verbalen Kommunikation wird die nonverbale Ausdrucksfähigkeit erweitert. Da Theaterarbeit immer auch Gemeinschaftsarbeit bedeutet, werden die sozialen Kompetenzen der Kinder sowohl in der Kleingruppe als auch innerhalb des Klassenverbands gefördert.

Das dritte Teilkapitel (**„Projekt – Ein Puppenspiel gestalten"**) leitet die Schülerinnen und Schüler an, eine Theateraufführung selbstständig zu organisieren, zu proben und aufzuführen. Es bündelt somit das in den ersten beiden Teilkapiteln erworbene Wissen und Können und verbindet es mit produktionsorientiertem Arbeiten. Gestaltend tätig werden die Kinder beim Basteln von Handpuppen sowie beim Entwurf und Bau eines Bühnenbildes. Abschließend wird die für die Aufführung bearbeitete Szene gespielt.

Literaturhinweise

- *Albrecht-Schaffer, Angelika:* Theaterwerkstatt. 100 und eine Idee rund ums Theaterspielen für Kinder. Don Bosco Medien, München 2006
- *Bidlo, Tanja:* Theaterpädagogik. Einführung. Oldib, Essen 2006
- *Czerny, Gabriele/Reinhoffer, Bernd/Sowa, Hubert:* Verkörpern – Ausdrücken – Präsentieren. Kunst- und theaterpädagogische Übungen. Auer, Donauwörth 2008
- *Fenske, Ute (Hg.):* Rund um szenisches Spielen. Kopiervorlagen für den Deutschunterricht. Cornelsen, Berlin 2007
- *Thiesen, Peter:* Drauflosspieltheater. Ein Spiel- und Ideenbuch für Kindergruppen, Schule und Familie. Beltz & Gelberg, Weinheim/Basel ⁵2010
- Der Deutsche Theaterverlag (www.dtver.de) und der Verlag für Kindertheater (www.kindertheater.de) bieten eine große Zahl von Spielvorlagen (Inhaltsangaben, Angabe zur Aufführungsdauer, Anzahl der Rollen) sowie kostenlose Leseproben an.

Inhalte	Kompetenzen
	Die Schülerinnen und Schüler

S. 132 9.1 Ein Mensch vor dem Gericht der Tiere – Einen Bühnentext erschließen

S. 132 *Helen Gori: Ein Mensch vor dem Gericht der Tiere*	– erkennen Merkmale eines Bühnentextes – wenden Grundbegriffe des szenischen Spiels auf eine Textvorlage an – ergänzen Regieanweisungen – schreiben Monologe und Dialoge zu einem vorgegebenen Text weiter

S. 136 9.2 Proben wie die Profis – Sitzen, Stehen, Sprechen, Atmen

S. 136 Übungen zum Sitzen und Stehen	– nehmen ihren Körper bewusst wahr und entwickeln ein stärkeres Körpergefühl
S. 137 Übungen zum Sprechen	– erproben verschiedene Sprechweisen – verbessern ihre Aussprache – tragen kürzere Texte auswendig und sinngestaltend vor – wenden einfache verbale und nonverbale Ausdrucksmittel an

S. 139 9.3 Projekt – Ein Puppenspiel gestalten

S. 139 Die Aufgaben verteilen und einen Projektplan erstellen – Die Puppen basteln	– organisieren mit Hilfe eines Projektplans selbstständig die Aufführung eines Bühnenstücks – verstehen eine Vorgangsbeschreibung (Bastelanleitung) und setzen sie um
S. 140 Ein Bühnenbild bauen – Den Auftritt vorbereiten	– gestalten selbstständig ein Bühnenbild – proben ein Bühnenstück und führen es auf

9 Vorhang auf! – Theaterszenen spielen

S. 131 Auftaktseite

1 Schülerinnen und Schüler der 5. Jahrgangsstufe kennen häufig Theateraufführungen vom Kindergarten, von der Grundschule oder von privaten Besuchen her. Als Einstieg in das Kapitel können sie von ihren Theatererlebnissen und -erfahrungen berichten. So lassen sich bereits im Vorfeld Besonderheiten und Begrifflichkeiten der Theaterwelt (z.B. Bühne, Kostüm, Schauspieler, Publikum, Figuren-, Schatten-, Maskenspiel, Sketche) ansprechen und sammeln.

Siehe hierzu auch die **Folie** „Theaterszenen spielen" auf der DVD-ROM.

2 Das Auftaktbild kann dazu genutzt werden, bestimmte Elemente des szenischen Spiels anzusprechen. Dabei sollen sowohl gestalterische Elemente, wie Bühne und Kostümierung, als auch spielerische Elemente, wie Körperhaltung und Ausdruck, thematisiert werden. Ziel ist es, dass die Schülerinnen und Schüler sowohl die Gestaltung des Bühnenbilds als auch die Ausdrucksmöglichkeiten der Schauspieler/-innen bewusst wahrnehmen.
Mögliches Tafelbild:

Das Bild einer Theateraufführung beschreiben		
Teilaufgaben	**Ich sehe …**	**Es wirkt auf mich …**
a Wie ist die Bühne gestaltet?	– Bühnenhintergrund: runde Formen, Geflecht, Rohre, Pflanzen, Wurzeln (?) – lose Blüten auf dem Boden	– chaotisch, feierlich – wie Wald, Wiese, Natur
b Welche Kleidung tragen die Kinder?	– Uniform, helle Farben	– wie eine Gemeinschaft
c Welche Körperhaltungen nehmen die Kinder ein?	– gleiche Haltung – gerade stehend, rechten Arm ausgestreckt – Blumensträuße in den Händen	– stolz, kraftvoll – wie eine (Sieges-)Feier
d Welche Gefühle zeigen sie?	– kaum Gefühle …	– ernst

9.1 Ein Mensch vor dem Gericht der Tiere – Einen Bühnentext erschließen

S. 132 Helen Gori: Ein Mensch vor dem Gericht der Tiere

Tiere üben in dieser Altersgruppe eine starke Faszination aus: Haustiere sind als Spielgefährten beliebt, Wildtiere sind aus dem Zoo oder aus den Medien bekannt. So fällt es den Kindern leicht, einen emotionalen Zugang zu Problemen wie Tierquälerei und Umweltverschmutzung zu finden und sich mit den (Tier-)Rollen zu identifizieren. Zudem lässt sich die Textvorlage beliebig erweitern, sodass die Kinder in produktionsorientierten Unterrichtssequenzen, z.B. Schreiben bzw. Weiterschreiben von Monologen und Dialogen, eigene Ideen einbringen können.

1 Die Aufgaben dienen dazu, die Thematik des Bühnentextes zu erschließen und einfache gattungsspezifische Merkmale zu erarbeiten. Wichtig ist es, den ersten Eindruck der Schülerinnen und Schüler mit einzubeziehen und die Neugier der Kinder zu wecken.

  a In dem Textauszug geht es um einen Menschen, der vor einem Gericht der Tiere der Quälerei und des Massenmordes angeklagt wird (Z. 8–14). Der Mensch hält sich dabei für unschuldig (Z. 16). Es werden einige Tiere befragt, z.B. der Igel (Z. 20–25) und der Frosch (Z. 39–53), um die Schuld des Menschen zu klären. Der Igel berichtet dabei von einem überfahrenen Igel durch einen „Eisenteufel"

(Auto; Z. 24). Der Frosch weist auf die Verschmutzung der Seen und Gewässer durch „Waschmittelschaum" (Z. 43) hin. Er berichtet auch davon, dass Millionen Frösche im Frühjahr überfahren werden in „merkwürdigen Blechbüchsen" (Autos; Z. 46 ff.).

b Die Vorwürfe der Tiere <u>sind berechtigt</u>, weil …
- viele Autofahrer oft zu schnell Auto fahren.
- den meisten Menschen Tiere egal sind.
- viele Menschen nicht an Tier- und Umweltschutz, sondern nur an ihren eigenen Vorteil/Nutzen denken, z. B. an saubere Kleidung.

Die Vorwürfe der Tiere <u>sind nicht berechtigt</u>, weil …
- es auf den Straßen bereits Geschwindigkeitsbeschränkungen für Autos gibt.
- viele Menschen sich aktiv am Umweltschutz beteiligen (z. B. Mülltrennung; Energie und Strom sparen).
- es viele Organisationen wie GREENPEACE oder NABU gibt, die sich für mehr Tier- und Umweltschutz engagieren.

Anschließend können die Schülerinnen und Schüler von eigenen Erfahrungen berichten.

c Der Text unterscheidet sich in seiner äußeren Form insofern z. B. von einem Erzähltext, als
- die Namen der Sprecher/-innen in Großbuchstaben (hier: Kapitälchen) und fett gedruckt sowie mit einem Doppelpunkt gekennzeichnet sind.
- die wörtliche Rede ohne Anführungszeichen und in normaler Schriftart gedruckt ist.
- Gefühle, Bewegungen und Verhalten der Sprecher/-innen kursiv und in Klammern angegeben werden.
- der Text in der Zeitform des Präsens abgefasst ist.

2 a Diese Zuordnungsaufgabe erleichtert es den Schülerinnen und Schülern, den Text genauer zu erschließen. Sie erkennen das Verhältnis der Figuren zueinander. Bei der Auswertung sollten die Kinder dazu angehalten werden, ihre Ergebnisse anhand der Textvorlage zu begründen.
Löwe = Richter; Mensch = Angeklagter; Tintenfisch (mit Bleistift, s. Illustration) = Schreiber;
Fuchs = Staatsanwalt/Ankläger; Igel = erster Zeuge; Katze = Verteidigerin;
Frosch = zweiter Zeuge; Schwein = Gerichtsdiener; Hund = Publikum
Siehe hierzu auch die **Folie** „Die Figuren und ihre Rollen" auf der DVD-ROM.

b Die Leitfragen im Tippkasten sollen das Anlegen der Mindmap erleichtern. Zudem können die Kinder auf ihr Wissen über Besonderheiten einzelner Tiere zurückgreifen, z. B.: Der Löwe als König der Tiere brüllt laut, hat eine tiefe Stimme, bewegt sich kraftvoll und majestätisch.

> **Tier: Igel**
> **Eigenschaften:** besitzt Stacheln, rollt sich bei Gefahr ein, lebt im Wald/auf der Wiese
> **Verhalten:** ängstlich, nervös, will am liebsten wegrennen, ist einsam, traurig
> **Bewegung/Sprechweise:** bewegt sich langsam, dreht sich häufig um, gebückte Haltung,
> Kopf zwischen den Schultern; weinerlich, leise, Piepsstimme
> **Vorwurf:** oft vom Menschen überfahren, Mensch kümmert sich nicht

3 Die zusammenfassende Aufgabe soll zeigen, dass die Schülerinnen und Schüler die Besetzung einer Tierrolle beurteilen können. Sie wissen, welches Verhalten von den entsprechenden Tieren erwartet wird, und reflektieren davon ausgehend passende bzw. unpassende Besetzungen der Tierrollen.

S. 134 Helen Gori: **Ein Mensch vor dem Gericht der Tiere** (Fortsetzung)

1 a „Delikatesse" = Leckerbissen. Im Zusammenhang mit „Laden" bedeutet es Feinkostgeschäft.
b Die Geschichte von „Eva im Paradies": Nach der Bibel soll eine Schlange Eva dazu verführt haben, die Früchte vom verbotenen Baum zu essen, damit sie klüger und weiser werde als Gott selbst. Doch Gott bemerkte den Betrug und verbannte Adam und Eva aus dem Paradies.

9 Vorhang auf! – Theaterszenen spielen

2 Beim Sprechen mit verteilten Rollen können die Schülerinnen und Schüler Besonderheiten in der Sprechweise einzelner Tiere erproben und auf ihre Ergebnisse zu Teilaufgabe 2b (Schülerband, S. 133) zurückgreifen. Da die Schlange zu Löwe, Katze, Fuchs, Schwein und Frosch als neue Figur hinzukommt, müsste vorab geklärt werden, wie sie am besten durch ihre Sprechweise charakterisiert werden kann.

3 a Um Regieanweisungen richtig zuordnen zu können, müssen die Kinder deren Funktion im Kontext erkennen.
Siehe hierzu auch die **Folie** „Regieanweisungen – Die Sprechweise festlegen" auf der DVD-ROM.
Die richtige Zuordnung:
1. Die Katze geht zurück an ihren Platz. Der Fuchs erhebt sich.
2. Der Fuchs setzt sich. Die Schlange tritt vor das Gericht.
3. zischend
4. sehr verärgert
5. nickend
Lösungswort: REGIE

b Vorschläge für Regieanweisungen:
Zeile 56 (Frosch): zum Hund, dann laut quakend zum Publikum, hebt drohend den Finger in Richtung Mensch
Zeile 64 (Löwe): Unruhe im Gerichtssaal, Löwe schwingt den Richterhammer, unterbricht den Frosch mit energischer Stimme
Zeile 89 (Katze): geht im Gerichtssaal langsam auf und ab, die Pfoten sind nach hinten verschränkt, spricht nun lauter, zum Publikum
Zur Vertiefung kann hier die **Kopiervorlage** „Regieanweisungen entwerfen" eingesetzt werden.

S. 135 Helen Gori: **Ein Mensch vor dem Gericht der Tiere** (Fortsetzung)

Siehe hierzu auch die **Folie** „Regieanweisungen – Die Sprechweise festlegen" auf der DVD-ROM.

1 a/b Die Schülerinnen und Schüler können die Aufgabe in Partnerarbeit oder auch in Kleingruppen bearbeiten. Bevor sie mit der Schreibphase beginnen, sollten sie ihre Ideen in einer Liste oder Mindmap gesammelt haben. Zur Vertiefung siehe auch die Kopiervorlage „Eine Szene weiterschreiben".

2 a/b Mögliche Urteile (die vorgegebenen Textstellen sind unterstrichen):

<u>Im Namen des Tiervolkes</u> erkläre ich den Menschen für schuldig. <u>Nachdem sämtliche Zeugen gehört wurden</u>, sind die Verbrechen des Menschen eindeutig bewiesen. Der Mensch vergiftet gewissenlos die Seen und Meere. Er hat auch noch seine Freude dabei, Tiere zu quälen und massenweise zu töten, bis sie sogar aussterben, wie das Schicksal des Blaubocks zeigt.
<u>Die Beweise zeigen, dass</u> der Mensch ein Monster ist, das nur nach seinem eigenen Vorteil handelt und dabei ohne Reue ist. Daher <u>wird der Mensch verurteilt</u>, eine Tierschule zu besuchen, um richtiges Verhalten gegenüber der Umwelt und anderen Lebewesen zu erlernen. Außerdem muss er dafür sorgen, dass alle Seen, Meere und Wälder wieder in einen ordentlichen Zustand gebracht werden.
<u>Im Namen des Tiervolkes</u> erkläre ich den Menschen für nicht schuldig. <u>Nachdem sämtliche Zeugen gehört wurden</u>, konnten die genannten Verbrechen dem Menschen nicht eindeutig nachgewiesen werden. Die Beweise zeigen, dass es zwar Menschen gibt, die Verbrechen gegen Tiere und Umwelt begangen haben, aber nicht alle Menschen sind deswegen Verbrecher. So gibt es auch Tiere wie die Katze, der Hund oder das Meerschweinchen, die vom Menschen Hilfe und Schutz erhalten. Auch kümmern sich viele Menschen darum, dass es kranken und schwachen Tieren wieder gut geht. <u>Die Beweise</u> reichen für eine Verurteilung nicht aus. Daher <u>wird der Mensch</u> vom Vorwurf der Quälerei und des Massenmordes freigesprochen. Er wird allerdings ermahnt, nicht gedankenlos mit uns umzugehen und seine Artgenossen, die uns Tiere quälen, hart zu bestrafen.

9.2 Proben wie die Profis – Sitzen, Stehen, Sprechen, Atmen

Die Kontrolle über den eigenen Körper und die Aussprache stärken das Selbstbewusstsein der Schülerinnen und Schüler und machen sie sicherer in ihrem Auftreten. Die Übungen dieses Teilkapitels nutzen den natürlichen Bewegungs- und Mitteilungsdrang der Kinder dieser Altersstufe, unterstützen eine bessere Selbstwahrnehmung, zeigen verschiedene Möglichkeiten der Bewegung, Artikulation und Intonation auf und schärfen das Gespür für die Anwendung darstellerischer Mittel. Die Unterrichtenden sollten sich nicht scheuen, die eine oder andere Übung vorzumachen, um bei schüchternen Schülerinnen und Schülern Hemmungen abzubauen.

S. 136 Übungen zum Sitzen und Stehen

1 a Jede Schülerin/Jeder Schüler besitzt eine individuelle natürliche Körperhaltung. Durch die Beschreibung gegenseitiger Körperhaltungen werden Unterschiede und Besonderheiten deutlich. Beschrieben werden soll vordergründig die Haltung selbst, aber auch deren Wirkung (z. B.: Beschreibung: stützt den Kopf mit den Armen ab; mögliche Wirkung: müde; nachdenklich …). Sinnvoll ist es, die Körperhaltungen der Kinder für eine gewisse Zeit „einzufrieren". Alternativ kann auch ein Foto der Klasse als Grundlage für die Beschreibung einzelner Körperhaltungen dienen. Die Kinder sollten möglichst genaue Beschreibungen abgeben, damit Unterschiede zur Sprache kommen können.
Folgende Wörter könnten zur <u>Beschreibung</u> herangezogen werden:
gebückt – krumm – angewinkelt – angelehnt – verschränkt – gebeugt – gestützt – gerade – breitbeinig – gefaltet – verkrampft – gedreht – offen – geknickt – schräg.
Folgende Wörter könnten die <u>Wirkung</u> verdeutlichen:
entspannt – locker – nachdenklich – brav – müde – wütend – genervt – lässig – gelangweilt – konzentriert.

b/c Die Bilder bieten eine Orientierungshilfe, da sie die jeweils ideale Grundhaltung für Sitzen und Stehen darstellen.
Sitzhaltung (Beispiellösung):
<u>Kopf und Hals:</u> gerade halten, Kinn senkrecht zum Boden, (Augen geschlossen), Halswirbel gestreckt
<u>Schultern und Rücken:</u> Rücken gerade, leicht angespannt, kein Hohlkreuz, Schultern locker nach hinten, Brust raus
<u>Arme:</u> möglichst gerade, Muskeln leicht angespannt, links und rechts am Körper, die Hände am Pezziball mit der Handfläche aufgestützt, um die Balance zu halten
<u>Becken (und Beine):</u> die Oberschenkel gerade halten, ab dem Knie im rechten Winkel abknicken, Fußflächen gleichmäßig auf dem Boden, Beine passend zur Breite des Beckens hin geöffnet, Becken gerade und gespannt halten, eine (möglichst) gerade Linie zum Rücken bilden
Aufrechte Haltung (Beispiellösung):
<u>Kopf und Hals:</u> gerade halten, Kinn senkrecht zum Boden, (Augen geschlossen), Halswirbel gestreckt
<u>Schultern und Rücken:</u> Rücken gerade, leicht angespannt, kein Hohlkreuz, Schultern locker nach hinten, Brust raus
<u>Arme:</u> gerade und locker, links und rechts am Körper fallend, die Hände unterhalb des Beckens zusammengefaltet
<u>Becken (und Beine):</u> die Beine passend zur Breite des Beckens hin geöffnet, gerade halten, eine (möglichst) gerade Linie zum Rücken bilden
Anschließend vergleichen die Schülerinnen und Schüler beschriebenen Körperhaltungen mit ihrer eigenen.

9 Vorhang auf! – Theaterszenen spielen

2 a/b Die Übung dient der Entspannung und der bewussten Wahrnehmung des Atems. Es ist sinnvoll, die Klasse einen Sitz- bzw. Stehkreis bilden zu lassen und nicht zu lange (etwa 2 bis 3 Minuten) zu üben, um etwaige Unruhe zu verhindern. Die Übung lässt sich beliebig oft wiederholen.
Die Reflexion sollte unmittelbar nach der Übung stattfinden, dann sind die Eindrücke noch frisch.

Die im **Methodenkasten** vorgestellte Übung „Grundhaltungen üben – Das Sitzen" lässt sich selbstverständlich ebenso für die Grundhaltung „Stehen" anwenden.
Alternativ lassen sich aber auch komplexere Übungen mit bestimmten, z.B. zu einer vorgegebenen Tierfigur passenden Bewegungen und Lauten durchführen (siehe die **Kopiervorlage** „Grundhaltungen üben: Das Stehen" auf der DVD-ROM): Die jeweiligen Tierarten werden in den Varianten (Männchen/Weibchen) in einer für sie typischen Haltung, mit typischen Bewegungen und Lauten vorgestellt. Dasjenige Paar, das im Verhalten die größten Ähnlichkeiten aufweist, gehört zusammen und muss sich als Tierpaar entsprechend finden. Dazu wird die Kopiervorlage auf Karton kopiert, laminiert und in einzelne Kärtchen geschnitten; die Lehrkraft verteilt die Kärtchen oder lässt sie von den Schülerinnen und Schülern wie Lose ziehen. Die Kinder erhalten folgende Anweisungen:
Suche deinen Tierpartner/deine Tierpartnerin.
– Nimm eine Haltung ein, die für dein Tier typisch ist (z.B. aufrecht, auf allen vieren, liegend).
– Mache anschließend Bewegungen, die zu deinem Tier passen.
– Erzeuge zu deinem Tier passende Laute und Geräusche.
– Suche nun deinen Tierpartner/deine Tierpartnerin.
Das Spiel ist beendet, wenn sich alle Tierpaare gefunden haben.

S. 137 Übungen zum Sprechen

Kinder entwickeln einen enormen Ehrgeiz, wenn es darum geht, Schüttelreime, Zungenbrecher und Nonsenssprüche zu erlernen. Dies kann als Motivation genutzt werden, Intonation, Modulation und Artikulation zu üben.

S. 137 Verrückte Wortpaare

1 a/b Durch das langsame und deutliche Sprechen erkennen die Schülerinnen und Schüler das sprachliche Prinzip des Schüttelreims. Dadurch fällt es ihnen leichter, die Wörter zu artikulieren. Durch Variationen des Sprechtempos erproben sie die Wirkung der Aussprache von Wörtern.

2 a–d Richtige Wortpaare:
Katzenspur – Spatzenkur
Kleistermasse – Meisterklasse
Bein gerissen – reingebissen
Großmotte – Moosgrotte
Leistungsstarke Schülerinnen und Schüler können zusätzlich eigene Schüttelreime finden.

S. 137 Zungenbrecher

3 a/b Als Alternative zu den Zungenbrechern kann auch ein Gedicht, z.B. „Das Drachenabeceh" (siehe rechte Seite, oben), nachgesprochen werden. Die Schülerinnen und Schüler sollten dabei unterschiedliche Sprechweisen erproben. Die Partnerarbeit ermöglicht ein gegenseitiges Abfragen und Überprüfen, z.B. des Sprechtempos (langsam, schnell, Sprechpausen), der Lautstärke (flüstern, leise sprechen, schreien, brüllen) und der Betonung (sanft, gefühlvoll, emotionslos, hart).

Dieter Brems: **Das Drachenabeceh**

Akumander, Blomotram,
Claculac und Daschitil
Fraßen oft und fraßen viel,
Echogröl und Famofax
5 Lutschten gern auch Bienenwachs.
Gnoloton, Hydraulux
Sind die zwei mit Riesenwuchs.
Imprimil und Jodelschodel,
Knasor und auch Lummerlatt
10 Wurden montags selten satt,
Muckschluck, Nasch und Oxoho
Hatten einen grünen Po.
Plumulum, Quülliwam
Planschten sonntags gern im Schlamm.
15 Rätseltätschen und Schulu
Schauten lieber gerne zu.
Töckmöck, Umpf und Valotrom,
Wammelwusch und Xacholon
Gaben von sich manchen Ton.
20 Ysoprül und Zammelzot
Stellten sich auch gerne tot.

Hans-Joachim Gelberg (Hg.): Überall und neben dir. Gedichte für Kinder und Erwachsene.
Beltz & Gelberg, Weinheim/Basel 2011

S.138 Monologe und Dialoge proben und aufführen

4 a/b In die simulierte Alltagssituation können sich die Schülerinnen und Schüler gut hineinversetzen. Sie dient der Einübung und Vertiefung variantenreichen Sprechens. In dieser Übungsphase sollten die Kinder einfache Requisiten verwenden, z. B. ein Spielzeugtelefon. Nach jeder Vorstellung sollte eine kurze Evaluation überprüfen, ob und inwieweit die Regieanweisungen umgesetzt worden sind. Hierzu kann der Beobachtungsbogen (als **Kopiervorlage** auf der DVD-ROM) eingesetzt werden.

5 a/b Diese Aufgabe geht einen Schritt weiter und verlangt den Kindern ab, selbst Regieanweisungen zu entwerfen **(Kopiervorlage 1)**. Für die szenische Darstellung sollten Requisiten Verwendung finden, vielleicht könnte eine kleine Bühne zur Verfügung stehen.

9.3 Projekt – Ein Puppenspiel gestalten

Abschließend kann die Textvorlage dazu dienen, das Stück in Form eines Puppenspiels auf die Bühne zu bringen. Dadurch können sich die Schülerinnen und Schüler fast ausschließlich auf das gestaltende Sprechen konzentrieren.

S.139 Die Aufgaben verteilen und einen Projektplan erstellen

1 Die Schülerinnen und Schüler untersuchen die im ersten Teilkapitel vorgestellten Szenen daraufhin, welche sie für ein Puppenspiel auswählen wollen. Sie können die einzelnen Szenen auch durch eigene Dialoge erweitern. Am Schluss könnte ein Urteilsspruch des Löwen (Schülerband, S. 135, Aufgabe 2) das Spiel abrunden.

9 Vorhang auf! – Theaterszenen spielen

 2 a–c Die Organisation und Durchführung eines Bühnenprojekts ist sehr zeitaufwendig. Um die Arbeit in den einzelnen Gruppen besser koordinieren zu können, empfiehlt sich die Verwendung eines Projektplans. Die einzelnen Sprechrollen können am besten so verteilt werden, dass die Schülerinnen und Schüler die Rollen erhalten, die sie selbst erarbeitet haben. Das erhöht ihre Motivation und es fällt ihnen leichter, den Text auswendig zu lernen.

S. 139 Die Puppen basteln

Als **Alternative** zum Puppenspiel ist auch das **Maskenspiel** möglich. Dabei sind mehrere Formen, z. B. Papier- oder Gipsmaske, denkbar. Die folgende Bastelanleitung beschreibt die Herstellung von Masken aus Pappdeckeln, die sich, ohne viel Zeit in Anspruch zu nehmen, leicht umsetzen lässt:

– Material:
  - 25–35 cm große weiße Pappdeckel
  - Schere
  - Gummischnur
  - Filzstifte, Farben
  - Buntpapier
  - bunte Wolle und/oder Watte
  - Kleber

– Bastelanleitung
  - Zeichne mit einem Bleistift auf einem weißen Pappdeckel eine Kopfform.
  - Schneide Augenlöcher und eine passende Nasenklappe hinein. (Je nach Tier kann die Nase aus einem langen Rüssel, einem spitzen Schnabel oder einer kurzen Schnauze bestehen, die mit Wolle, Watte oder stabilem Papier außen an die Nasenklappe geklebt wird.)
  - Bemale die Maske außen so, wie es dir gefällt.
  - Bohre zwei Löcher jeweils etwa 2 cm vom linken und rechten Rand entfernt in die Maske.
  - Ziehe anschließend die Gummischnur durch die beiden Löcher, sodass du die Maske aufsetzen kannst.

S. 140 Ein Bühnenbild bauen

Als Bühnenboden können Klassentische oder große Pappkartons dienen, die mit einem (schwarzen) Laken abgedeckt werden. Ein solches oder auch Pappe lässt sich auch für den Bühnenhintergrund verwenden. Für eine Kulisse kann weiße Pappe bemalt und nach Belieben ausgeschnitten werden. Dabei gilt: Dreidimensionale Kulissen wirken besser als zweidimensionale.

S. 140 Den Auftritt vorbereiten

Um den Auftritt gut vorzubereiten, kann auch ein Text- und Rollenbuch erstellt werden, in dem der gesamte Spielablauf im Einzelnen dokumentiert ist. Dazu übernehmen die Kinder z. B. folgenden Tabellenkopf in ihr Heft (Querformat):

Szene	Text	Figur und Sprecher/-in	Technik (Licht, Geräusche …)	Sonstiges

Material zu diesem Kapitel

Fordern und fördern
- Regieanweisungen entwerfen: Ein Mensch vor dem Gericht der Tiere – Eine Maus wird als Zeugin gehört (●●●/●○○ und ○○○ mit Lösungshinweisen auf der DVD-ROM)
- Eine Szene weiterschreiben: Ein Mensch vor dem Gericht der Tiere – Der Hund im Zeugenstand (●●● und ●○○ mit Lösungshinweisen auf der DVD-ROM)
- Grundhaltungen üben – Das Stehen (auf der DVD-ROM)
- Eine Szene spielen – Beobachtungsbogen (auf der DVD-ROM)

Diagnose
- Einen Bühnentext verstehen (mit Lösungshinweisen und Förderempfehlung auf der DVD-ROM)

PPT-Folien (auf der DVD-ROM)
- Theaterszenen spielen
- Die Figuren und ihre Rollen
- Regieanweisungen – Die Sprechweise festlegen

Regieanweisungen entwerfen

Helen Gori: Ein Mensch vor dem Gericht der Tiere – Eine Maus wird als Zeugin gehört

Regieanweisung

KATZE: Ich rufe die Maus in den Zeugenstand.

MAUS:

KATZE: Halt, lauf jetzt nicht weg. Hopp, in den Zeugenstand!

MAUS: Da habe ich aber die Katze im Sack gekauft. Ich konnte doch nicht wissen, dass Sie der Verteidiger sind. Ich fühle mich gar nicht wohl in der Höhle des Löwen.

KATZE: Aber es passiert dir doch gar nichts, wenn du jetzt nichts Falsches sagst.

MAUS: Also, alle Menschen sind sehr lieb …

FUCHS: Ich erhebe Einspruch, das ist Einschüchterung und Beeinflussung eines Zeugen!

LÖWE: Stattgegeben. Stellen Sie Ihre Frage bitte korrekt.

KATZE: Gut, liebes Mäuschen, wie siehst du den Menschen?

MAUS: Ich kann mich eigentlich nicht beklagen. Natürlich wird ab und zu eine Maus gefangen, aber wir haben die Fallen schon längst durchschaut. Aber wenn es keine Menschen gäbe, hätten wir keine Häuser, und darauf sind wir doch angewiesen, auch auf den Käse im Keller und auf die Konfitüre.

FUCHS: Aber du könntest ja auch auf dem Feld leben …

MAUS: Was meinen Sie eigentlich? Ich bin doch keine Feldmaus, ich brauche ein anständiges Haus!

Ruth Schneider/Paul Schorno (Hg.): Theaterwerkstatt für Jugendliche und Kinder, Bd. 2. Lenos Verlag, Basel 1985, S. 185 f.

1. Lest die Szene mehrmals mit verteilten Rollen.
2. Notiert euch in Partnerarbeit neben dem Text passende Regieanweisungen, z. B. zu Betonung, Lautstärke, Sprechtempo, Körperhaltung/Bewegung, Verhaltensweise.
3. Übt die Szene gemeinsam ein. Nehmt eure Sprechproben auf (z. B. mit dem Handy), spielt sie ab und besprecht Verbesserungsmöglichkeiten.

Regieanweisungen entwerfen

Helen Gori: **Ein Mensch vor dem Gericht der Tiere** – Eine Maus wird als Zeugin gehört

	Regieanweisung
KATZE: Ich rufe die Maus in den Zeugenstand.	blättert in den Akten / ~~fasst sich an die Stirn~~
MAUS:	versteckt sich, will davonrennen / schreitet selbstbewusst zum Zeugenstand
KATZE: Halt, lauf jetzt nicht weg. Hopp, in den Zeugenstand!	verständnisvoll, leise / energisch, laut
MAUS: Da habe ich aber die Katze im Sack gekauft. Ich konnte doch nicht wissen, dass Sie der Verteidiger sind. Ich fühle mich gar nicht wohl in der Höhle des Löwen.	mutig / ängstlich
KATZE: Aber es passiert dir doch gar nichts, wenn du jetzt nichts Falsches sagst.	droht mit dem Finger / haut auf den Tisch
MAUS: Also, alle Menschen sind sehr lieb …	langsam, mit tiefer Stimme / schnell, mit piepsiger Stimme
FUCHS: Ich erhebe Einspruch, das ist Einschüchterung und Beeinflussung eines Zeugen!	springt entrüstet vom Stuhl auf / setzt sich gelangweilt hin

LÖWE: Stattgegeben. Stellen Sie Ihre Frage bitte korrekt.	zur Katze / zur Maus
KATZE: Gut, liebes Mäuschen, wie siehst du den Menschen?	drohend / freundlich
MAUS: Ich kann mich eigentlich nicht beklagen. Natürlich wird ab und zu eine Maus gefangen, aber wir haben die Fallen schon längst durchschaut. Aber wenn es keine Menschen gäbe, hätten wir keine Häuser, und darauf sind wir doch angewiesen, auch auf den Käse im Keller und auf die Konfitüre.	hastig, leise, mit piepsiger Stimme / traurig, leise, mit weinerlicher Stimme
FUCHS: Aber du könntest ja auch auf dem Feld leben …	wütend / sachlich
MAUS: Was meinen Sie eigentlich? Ich bin doch keine Feldmaus, ich brauche ein anständiges Haus!	schaut beleidigt zum Fuchs / wischt sich die Tränen aus dem Gesicht – verärgert / heulend

Ruth Schneider/Paul Schorno (Hg.): Theaterwerkstatt für Jugendliche und Kinder, Bd. 2. Lenos Verlag, Basel 1985, S. 185 f.

1. Lest die Szene mehrmals mit verteilten Rollen.
2. Welche der beiden Regieanweisungen passt am besten? Entscheide dich für die richtige Regieanweisung und streiche die falsche durch.
3. Übt die Szene gemeinsam ein. Nehmt eure Sprechproben auf (z. B. mit dem Handy), spielt sie ab und besprecht Verbesserungsmöglichkeiten.

Regieanweisungen entwerfen

Helen Gori: **Ein Mensch vor dem Gericht der Tiere** – Eine Maus wird als Zeugin gehört

KATZE: blättert in den Akten Ich rufe die Maus in den Zeugenstand.

MAUS: *(versteckt sich vor den anderen Tieren, will davonrennen)*

KATZE: energisch, laut Halt, lauf jetzt nicht weg. Hopp, in den Zeugenstand!

MAUS: ängstlich Da habe ich aber die Katze im Sack gekauft. Ich konnte doch nicht wissen, dass Sie der Verteidiger sind. Ich fühle mich gar nicht wohl in der Höhle des Löwen.

KATZE: Aber es passiert dir doch gar nichts, *(droht mit dem Finger)* wenn du jetzt nichts Falsches sagst.

MAUS: schnelle, piepsige Stimme Also, alle Menschen sind sehr lieb …

FUCHS: springt entrüstet vom Stuhl auf Ich erhebe Einspruch, das ist Einschüchterung und Beeinflussung eines Zeugen!

LÖWE: Stattgegeben. zur Katze Stellen Sie Ihre Frage bitte korrekt.

KATZE: Gut, *(freundlich)* liebes Mäuschen, wie siehst du den Menschen?

MAUS: hastig, leise, mit piepsiger Stimme Ich kann mich eigentlich nicht beklagen. Natürlich wird ab und zu eine Maus gefangen, aber wir haben die Fallen schon längst durchschaut. Aber wenn es keine Menschen gäbe, hätten wir keine Häuser, und darauf sind wir doch angewiesen, auch auf den Käse im Keller und auf die Konfitüre.

FUCHS: sachlich Aber du könntest ja auch auf dem Feld leben …

MAUS: schaut beleidigt zum Fuchs. Was meinen Sie eigentlich? *(verärgert)* Ich bin doch keine Feldmaus, ich brauche ein anständiges Haus!

Ruth Schneider/Paul Schorno (Hg.): Theaterwerkstatt für Jugendliche und Kinder, Bd. 2. Lenos Verlag, Basel 1985, S. 185 f.

1. Lies den Text aufmerksam. Einige Regieanweisungen erkennst du an der schrägen Schrift und daran, dass sie in Klammern stehen. Finde die restlichen Regieanweisungen und unterstreiche sie.

2. Lest die Szene mehrmals mit verteilten Rollen. Wie viele Sprecher/-innen braucht ihr?

3. Übt die Szene gemeinsam ein. Nehmt eure Sprechproben auf (z. B. mit dem Handy), spielt sie ab und besprecht Verbesserungsmöglichkeiten.

Eine Szene weiterschreiben

Helen Gori: **Ein Mensch vor dem Gericht der Tiere** – Der Hund im Zeugenstand

LÖWE: Ich danke dem Herrn Staatsanwalt für die Zeugeneinvernahme, nun ist der Verteidiger an der Reihe.
KATZE (*will etwas sagen, wird ausgepfiffen*).
LÖWE: Ich bitte um Ruhe. Wir wollen einen fairen Prozess! Wir sind doch keine Menschen!
KATZE: Mein erster Zeuge ist der Hund.
HUND: Nun, ich kann mich eigentlich nicht beklagen […].
FUCHS: Ich bin dagegen, dass man diese Zeugenaussage ins Protokoll aufnimmt. Der Hund als bester Freund des Menschen ist ein Verräter, ein Mensch im Hundepelz sozusagen!
LÖWE: Dieser Einspruch wird abgewiesen. Jedes Tier hat das Recht, sich zu äußern.
HUND: […] …

Ruth Schneider/Paul Schorno (Hg.): Theaterwerkstatt für Jugendliche und Kinder, Bd. 2. Lenos Verlag, Basel 1985, S. 184

1 Erkläre, was der Fuchs mit dem Vorwurf meint, der Hund sei „ein Mensch im Hundepelz" (Z. 13)?

_____

_____

_____

2 Überlege, was der Hund als Zeuge über den Menschen sagen könnte.
   a Fülle die Leerstelle in Zeile 9.

_____

_____

   b Setze den Dialog in deinem Heft fort.

3 Spielt die Szene.

Eine Szene weiterschreiben

Helen Gori: **Ein Mensch vor dem Gericht der Tiere** – Der Hund im Zeugenstand

LÖWE: Ich danke dem Herrn Staatsanwalt für die Zeugeneinvernahme, nun ist der Verteidiger an der Reihe.
KATZE (*will etwas sagen, wird ausgepfiffen*).
5 **LÖWE:** Ich bitte um Ruhe. Wir wollen einen fairen Prozess! Wir sind doch keine Menschen!
KATZE: Mein erster Zeuge ist der Hund.
HUND: Nun, ich kann mich eigentlich nicht beklagen […].

FUCHS: Ich bin dagegen, dass man diese Zeugenaussage ins Protokoll aufnimmt. Der Hund als bester Freund des Menschen ist ein Verräter, ein Mensch im Hundepelz sozusagen!
LÖWE: Dieser Einspruch wird abgewiesen. Jedes Tier hat das Recht, sich zu äußern.
HUND: […] …

Ruth Schneider/Paul Schorno (Hg.): Theaterwerkstatt für Jugendliche und Kinder, Bd. 2. Lenos Verlag, Basel 1985, S. 184

1 Erkläre, was der Fuchs mit dem Vorwurf meint, der Hund sei „ein Mensch im Hundepelz" (Z. 13)?

Der Fuchs meint, dass der Hund sich eigentlich gar nicht wie _____ verhält,

sondern wie _____, weil er _____

_____

2 a Welches Beispiel für gute Behandlung könnte der Hund in Zeile 9 nennen? Unterstreiche einen passenden Satzbaustein.
b Verfasse eine Fortsetzung des Dialogs mit Hilfe der Satzbausteine. Schreibe in dein Heft.

> **HUND:** werde vom Menschen gut behandelt – Kinder mögen Hunde – werde täglich spazieren geführt – habe einen warmen Platz am Ofen zum Schlafen – bekomme viel Fressen
>
> **FUCHS:** aber Hunde leben in Tierheimen – werden oft ausgesetzt – entsetzliches Leben
>
> **KATZE:** Menschen sind nicht allgemein schlecht – mögen Tiere – sind oft gedankenlos – müssen richtiges Verhalten lernen
>
> **FUCHS:** stimme Katze zu – fordere für den Menschen eine Tierschule

3 Spielt die Szene.

Diagnose – Einen Bühnentext verstehen

Ein Mensch vor dem Gericht der Tiere

MENSCH: Mannomann, hat der sich fein gemacht für das Gericht!

PFAU: Also, der Mensch hat mir meine Eltern und Geschwister weggenommen. Dann haben sie mir die schönsten Federn ausgerissen/gestohlen. Sie haben mich in den Keller/Kinderzoo gesteckt und dort werde ich vom Nachwuchs der Menschen – sie nennen sie Kinder! – begrapscht/gestreichelt!

FUCHS: Können Sie das beweisen?

PFAU (1): Das sehen Sie doch! Oder haben Sie keine Augen im Kopf!

KATZE: Und was haben Ihnen die Menschen noch angetan?

PFAU: Nun ja, wir Pfauen sind sehr stolz auf unsere Federn. Und letzten Sommer hab ich das Weibchen eines Menschen gesehen, das einen Hut/Koffer hatte, in dem *meine* Federn steckten! Stellen Sie sich das mal vor!

SCHWEIN *(als Gerichtsdiener):* Hohes Gericht! Da wartet noch das Huhn!

LÖWE: Soll reinkommen!

KATZE (2): Hmm, das leckere Federvieh!

HUHN: Sie blöde Katze, Sie! Uns werden die Kinder gestohlen. Außerdem werden wir in Legebatterien gesteckt und gepflegt/zusammengequetscht.

FUCHS: Was passiert mit euren Federn? Macht der Mensch daraus auch Hüte?

HUHN: Nein, Betten.

FUCHS (3): Betten?

HUHN: Ja, Federbetten, wie der Name schon sagt.

LÖWE: Ich glaube, das Huhn kann gehen.

(Aus der Spielvorlage der Klasse 5b des Apostelgymnasiums Köln, 1997)

1 Streiche von den markierten Ausdrücken diejenigen vor oder nach dem Schrägstrich, die nicht zu den Figuren oder zum Handlungsverlauf passen.

2 Finde für die Zahlen (1), (2) und (3) im Text jeweils eine passende Regieanweisung. Wähle aus den folgenden aus und schreibe die Ziffer in das Kästchen davor:

☐ herablassend ☐ ängstlich ☐ genüsslich ☐ voller Ekel ☐ ungläubig ☐ triumphierend

3 Worüber geben Regieanweisungen Auskunft? Entscheide, ob die folgenden Aussagen zutreffend sind oder nicht.

Regieanweisungen geben Hinweise darauf,	trifft zu	trifft nicht zu	Regieanweisungen werden	trifft zu	trifft nicht zu
… wie man sich auf der Bühne bewegen soll.	☐	☐	… vom Autor des Textes verfasst.	☐	☐
… wie die Figuren sprechen sollen.	☐	☐	… vom Regisseur nachher eingesetzt.	☐	☐
… welchen Text die Figuren zusätzlich sprechen sollen.	☐	☐	… meist *kursiv (schräg)* und/oder in Klammern geschrieben.	☐	☐

4 Was nennt man „Rolle"? Schreibe eine kurze Erklärung.

_____

10 Was siehst du? – Fernsehsendungen untersuchen

Konzeption des Kapitels

Wenn auch Computer und Internet eine zunehmend größere Rolle spielen, so stellt Fernsehen für Schülerinnen und Schüler der 5. Jahrgangsstufe immer noch die häufigste Freizeitbeschäftigung dar. Die Erfahrungen der Kinder mit dem Medium Fernsehen bilden den Ausgangspunkt der Untersuchungen. Dieses Kapitel soll dazu anleiten, dass sich die Kinder mit dem Medium Fernsehen bewusst auseinandersetzen und ihre Mediengewohnheiten selbstkritisch hinterfragen. Sie sollen lernen, gezielter aus dem Fernsehangebot auszuwählen.

Im ersten Teilkapitel (**„Von den ‚Pfefferkörnern' bis ‚logo!' – TV-Sendungen bewusst sehen"**) differenzieren die Schülerinnen und Schüler das große Angebot an Fernsehsendungen in Unterhaltungs- und Informationssendungen. Mit Hilfe von Fernsehzeitschriften lernen sie, das Programm zu sichten und zielgerichtet Sendungen auszuwählen. Am Beispiel einer Folge der „Pfefferkörner" untersuchen sie anhand der Aspekte Handlungsablauf, Figur und Kameraeinstellung eine Fernsehserie. Am Ende des Teilkapitels können sie ihr erworbenes Wissen und Können selbstständig überprüfen.

Das zweite Teilkapitel (**„‚Da schaust du!' – Einen Sachtext mit der Fünf-Schritt-Lesemethode erschließen"**) vermittelt den Schülerinnen und Schülern Schritt für Schritt Techniken zur Erschließung eines Sachtextes. Anhand eines medienkritischen Textes lernen sie die Fünf-Schritt-Lesemethode kennen. Die Kompetenz „Textverständnis" ist dabei nicht nur für den Deutschunterricht relevant, sie spielt im Informationszeitalter generell in allen Bereichen des täglichen Lebens eine herausragende Rolle.

Das dritte Teilkapitel (**„Projekt – Mediengewohnheiten untersuchen"**) gibt den Schülerinnen und Schülern Techniken an die Hand, ihre eigenen Mediengewohnheiten zu untersuchen. Mit Hilfe eines Fernsehtagebuchs dokumentieren und reflektieren sie ihr Sehverhalten, Voraussetzung für einen bewussten Umgang mit dem Medium Fernsehen. Der Vorschlag zu einem Selbstversuch (Tag ohne Medien) erweitert den Blick über das Fernsehen hinaus und regt zur kritischen Analyse des Medienkonsums insgesamt an.

Literaturhinweise

- *Brinkmöller-Becker, Heinrich (Hg.):* Die Fundgrube für Medienerziehung in der Sekundarstufe I und II. Cornelsen Scriptor, Berlin 1997
- Filmisches Erzählen. Deutsch 5/6, 17/2008
- *Hopf, Werner H. (Hg.):* Bilderfluten. Medienkompetenz und soziales Lernen in der Sekundarstufe. Praxishandbuch. Care-Line, Neuried 2002
- Inhalte wiedergeben. Praxis Deutsch 197/2006
- Mit Sachtexten umgehen. Deutschunterricht (Westermann), August 2007
- Sachbücher und Sachtexte lesen. Praxis Deutsch 189/2005
- *Schönleber, Matthias:* Arbeiten mit Film- und Tonmedien. In: Beste, Gisela (Hg.): Deutsch Methodik. Handbuch für die Sekundarstufe I und II. Cornelsen Scriptor, Berlin 2007, S. 172–190

10 Was siehst du? – Fernsehsendungen untersuchen

Inhalte	Kompetenzen
	Die Schülerinnen und Schüler
S. 142 **10.1 Von den „Pfefferkörnern" bis „logo!" – TV-Sendungen bewusst sehen**	
S. 142 Fernsehsendungen unterscheiden	– begründen Meinungen über Fernsehsendungen – unterscheiden Unterhaltungs- und Informationssendungen
S. 143 Fernsehzeitschriften lesen	– werten Fernsehzeitschriften nach vorgegebenen Kriterien aus
S. 144 „Die Pfefferkörner" – Eine Fernsehserie untersuchen	– recherchieren anhand einer Internetseite Informationen zu einer Serie – untersuchen die Handlung einer Folge der Serie – beschreiben Filmfiguren und deren Beziehungen zueinander – bestimmen Kameraeinstellungen – erklären Funktion und Wirkung von Kameraeinstellungen
S. 147 Teste dich!	– überprüfen ihr Wissen und Können
S. 148 **10.2 „Da schaust du!" – Einen Sachtext mit der Fünf-Schritt-Lesemethode erschließen**	
S. 149 **Fordern und fördern** – **Die Fünf-Schritt-Lesemethode:** 1. bis 5. Schritt	– wenden Techniken zur Erschließung von Sachtexten an – erfassen den Textinhalt und bilden eine Überschrift – markieren Schlüsselwörter – fassen Sinnabschnitte durch Zwischenüberschriften zusammen – stellen den Textinhalt mit Hilfe eines Flussdiagramms grafisch dar – geben den Textinhalt wieder
S. 151 **10.3 Projekt – Mediengewohnheiten untersuchen**	
S. 151 Ein Fernsehtagebuch führen	– reflektieren ihren Medienkonsum – untersuchen ihre Fernsehgewohnheiten und stellen sie grafisch dar
S. 152 Über weitere Mediengewohnheiten nachdenken	– reflektieren den Gebrauch weiterer Medien

10 Was siehst du? – Fernsehsendungen untersuchen

S.141 Auftaktseite

1 Die Aufgabe knüpft an die Sehgewohnheiten der Kinder an und nutzt ihr Vorwissen. Die Schülerinnen und Schüler erkennen ihnen bekannte Sendungen und stellen diese vor.
Es handelt sich um folgende Sendungen: Die Pfefferkörner (oben links); SpongeBob (Mitte links); Die Simpsons (Mitte rechts); Wissen vor 8 (unten rechts).

2/3 Es sollte darauf geachtet werden, dass die Kinder genau begründen, warum sie eine Sendung mögen bzw. nicht mögen.

10.1 Von den „Pfefferkörnern" bis „logo!" – TV-Sendungen bewusst sehen

Siehe hierzu die **Folie** „TV-Sendungen bewusst sehen" und „Kameraeinstellungen unterscheiden" auf der DVD-ROM.

S.142 Fernsehsendungen unterscheiden

1 a Lea interessiert sich für „Die Pfefferkörner" („In der einen Serie sind die Kinder Detektive") und „Hannah Montana" („In der anderen Serie geht es um ein Mädchen, das gleichzeitig Schülerin und Popstar ist").
Ben mag „Die Simpsons" („Comicserien finde ich besonders gut") und „logo!" („Deshalb mag ich ‚logo!'").

b Lea findet ihre Lieblingsserien „sehr spannend" und sie kann „so richtig in die Handlung eintauchen". Die Figuren und deren Probleme bieten ihr Möglichkeiten zur Identifikation.
Ben findet Comicserien „besonders gut", wichtig sind ihm Sendungen, die ihm „aktuelle Nachrichten liefern und Wissen vermitteln".

2 a Beispiele für weitere Sendungen, die Lea gefallen könnten:
„Schloss Einstein", „Dance Academy", „Meine Schwester Charlie"
Beispiele für weitere Sendungen, die Ben gefallen könnten:
„SpongeBob", „Wissen macht Ah!"

b Zu Beispielen für informierende bzw. unterhaltende Sendungen siehe den Informationskasten.

3 Beispiele für Sendungen, die Wissen vermitteln: „Wissen vor 8", „Cartoon Network Checker", „Galileo"
Es bieten sich verschiedene Verfahrensweisen an, wie die Sendungen vorgestellt werden können, z. B.:
– Kurzbeiträge von einzelnen Schülerinnen und Schülern zu Sendungen im Unterrichtsgespräch
– Vorbereitung eines Beitrags zu einer Sendung nach Wahl in Einzel- oder Partnerarbeit (Hausaufgabe), anschließende Präsentation im Klassenverband
– Vorbereitung von Beiträgen zu vorher festgelegten Sendungen in Gruppen, Erstellung von Plakaten, Präsentation im Klassenverband

S.143 Fernsehzeitschriften lesen

1 a/b Informationen über
– Sendezeit: 16.30 Uhr
– Name der Sendung: Horseland, die Pferderanch
– Alter, ab der die Sendung geeignet ist: ab 8 Jahren
– Titel der Episoden: „Aufgeben zählt nicht" / „Eine verhängnisvolle Lüge"
– Inhalt: Zoe befürchtet …
– Art der Sendung (Zeichentrickserie)

204

10.1 Von den „Pfefferkörnern" bis „logo!" – TV-Sendungen bewusst sehen

2 a Unterhaltende Sendungen: „Niedrig und Kuhnt – Kommissare ermitteln", „Lenßen & Partner", „Asterix – Operation Hinkelstein", „taff", „Die Simpsons", „Horseland, die Pferderanch", „Marsupilami", „Henry der Schreckliche", „Der kleine Nick", „Au Schwarte!", „Huhu Uhu", „Unser Sandmännchen", „Tom", „H2O – Plötzlich Meerjungfrau!"
Informierende Sendungen: „Sat.1 Nachrichten", „Newstime", „Galileo", „Die beste Klasse Deutschlands" (auch unterhaltend), „logo!", „KI.KA.Live"

b Informierende Sendungen: „Galileo", „Die beste Klasse Deutschlands" (auch unterhaltend), „Nachrichten", „logo!"

c Da in der Abbildung mit den Auszügen aus Fernsehzeitschriften keine Sender angegeben sind, sollte man die Lerngruppe dazu auffordern, zur Erledigung der Aufgabe eigene Fernsehzeitschriften hinzuzuziehen. Möglicher Hefteintrag zu den Teilaufgaben a, b und c:

Sendungen	Sender	Sendezeit	Dauer (in Minuten)
Unterhaltend:			
„Niedrig und Kuhnt – Kommissare ermitteln"	Sat.1	17:00, 17:30	60
„Lenßen & Partner"	Sat.1	18:00	30
„Asterix – Operation Hinkelstein"	Sat.1	18:30	90
„taff"	PRO 7	17:00	60
„Die Simpsons"	PRO 7	18:10, 18:40, 20:15, 20:45	60 60
„Horseland, die Pferderanch"	KI.KA	16:30	40
„Marsupilami"	KI.KA	17:10	25
„Henry der Schreckliche"	KI.KA	17:35	30
„Der kleine Nick"	KI.KA	18:05	10
„Au Schwarte!"	KI.KA	18:15	25
„Huhu Uhu"	KI.KA	18:40	10
„Unser Sandmännchen"	KI.KA	18:50	10
„Tom"	KI.KA	19:00	25
„Die beste Klasse Deutschlands" (auch informierend)	KI.KA	19:25	25
„H2O – Plötzlich Meerjungfrau!"	KI.KA	20:15	(25)
Informierend:			
„(Sat.1) Nachrichten"	Sat.1	20:00	(15)
„Newstime"	PRO 7	18:00	10
„Galileo"	PRO 7	19:10	65
„logo!"	KI.KA	19:50	10
„KI.KA.Live"	KI.KA	20:00	15

3 Die Zeichen bedeuten, dass die Sendungen empfehlenswert sind.
– Das erste Symbol zeigt an, dass es sich um eine Kindersendung handelt.
– Das zweite Symbol kennzeichnet die Sendung als gelungen.

„Die Pfefferkörner" – Eine Fernsehserie untersuchen

1 a Die Internetseite des NDR kündigt 13 neue Folgen der Serie in neuer Besetzung an. Die „Pfefferkörner" lösen Kriminalfälle mit ungewöhnlichen Methoden, bestehen Abenteuer und meistern auch persönliche Probleme.

Fernsehbilder erzählen eine Geschichte

1 a/b Zuordnung der Bilder zu den Bildunterschriften:
A = 1, B = 5, C = 6, D = 4, E = 3, F = 2

2 Mögliche Überlegungen:

Bild B: „Hallo, ihr zwei. Ihr habt aber ein wirklich schönes Boot. Gehört das Boot euren Eltern? Ich suche schon so lange nach einem solchen Boot. Könnte ich es euch vielleicht abkaufen?"

Bild C: Lina und Rasmus könnten vorbringen, dass sie das Boot ohne Einverständnis ihrer Eltern nicht so ohne Weiteres verkaufen können.

Bild E: Nachdem Lina und Rasmus entdeckt haben, dass das Boot weg ist, haben sie sofort eine Vermutung: Der Mann, der ihnen Geld geboten hat, oder seine Helfer haben das Boot gestohlen. Über Handy informieren sie die anderen „Pfefferkörner", die sofort zur Bootsanlegestelle eilen und das umliegende Gelände absuchen. Sophie, Lina und Emma entdecken zwar das Boot in einem Versteck, werden dabei aber von den Dieben überrascht.

Rasmus und Themba spüren die Diebe auf und schlagen sie in die Flucht. Einer der Männer verliert seine Visitenkarte und die Detektive informieren die Polizei. Diese beobachtet den Verdächtigen eine Weile, ertappt ihn auf frischer Tat und nimmt ihn fest.

S. 146 Fernsehbilder stellen Figuren vor

1 Die Schülerinnen und Schüler erkennen durch das Nachstellen der Bilder, dass die Körpersprache Auskunft gibt über Gefühle und Befindlichkeiten sowie über den Zustand einer Beziehung.

2 a/b Die Mädchen wenden sich einander zu und fassen sich am Handgelenk. Aus ihrem verhaltenen Lächeln könnte man schließen, dass sie einen Streit beenden und froh und erleichtert darüber sind, dass sie sich wieder vertragen und Freundinnen sein können.

Themba wendet sich von Rasmus ab. Seine verschränkten Arme deuten an, dass er beleidigt ist und nicht mit Rasmus sprechen möchte. Rasmus scheint darüber traurig zu sein. Die Beziehung zwischen den beiden scheint momentan gestört zu sein.

S. 146 Kameraeinstellungen kennen lernen

1 Bild links: Detail – Bild Mitte: Halbnah – Bild rechts: Nah

2 Wirkung der jeweiligen Kameraeinstellung:

Die Detaileinstellung hebt etwas Wichtiges hervor. Ich sehe einen roten Faden an einer Pflanze hängen. Wahrscheinlich liefert das Detail einen Hinweis darauf, dass der Faden für die Lösung eines Problems bzw. die Aufklärung eines Verbrechens wichtig ist.

Die halbnahe Kameraeinstellung gibt mir einen Eindruck von der Situation. Ich sehe den Mann, wie er mit einem Gewehr in der Hand dasteht. Ich kann aber nicht erkennen, wie sich der Junge in dieser Situation verhält.

Die nahe Kameraeinstellung zeigt mir eine Person recht genau. Ich sehe ein Mädchen, dessen Gesichtsausdruck gut zu erkennen ist, eine Maus in der Hand halten. Sie spricht gerade zu der Maus. Sie scheint sich über die Situation zu freuen.

S. 147 Teste dich!

1 a Unterhaltungssendungen: „Marienhof", „Großstadtrevier", „Die Simpsons", „Harry Potter und der Gefangene von Askaban", „Astrid Lindgrens Pippi Langstrumpf", „Meine peinlichen Eltern", „Bernd & Friends"

b Wissenssendungen: „Galileo", „pur+", „Willi will's wissen – Von A bis Z"

2 „Schloss Einstein": Jugendserie – „logo!": Nachrichten – „Wer wird Millionär?": Quiz – „Tatort": Krimi – „Quarks & Co": Wissenssendung

3 a/b Bild links: Nah – Aus Thembas Gesichtsausdruck lassen sich seine Gefühle ablesen.

Bild Mitte: Detail – Der genaue Blick auf die Hand macht auf ein Detail aufmerksam, das für die Lösung eines Falls wohl wichtig ist.

Bild rechts: Halbnah – Eine Situation soll verdeutlicht werden: Die „Pfefferkörner" beraten sich in ihrem Quartier.

10.2 „Da schaust du!" – Einen Sachtext mit der Fünf-Schritt-Lesemethode erschließen

S. 148 Götz Hamann: **Da schaust du!**

Götz Hamann (geb. 1969) ist Wirtschaftsredakteur der Wochenzeitung „Die Zeit".
Das Foto zeigt Zuschauer, die sich die erste Fernsehsendung nach 1945 in der Bundesrepublik ansehen: das Fußballspiel FC St. Pauli Hamburg gegen Hamborn 07, ausgestrahlt vom Nordwestdeutschen Rundfunk am 28.12.1952. Hamborn gewann das Achtelfinalspiel des DFB-Pokals mit 4:3.

S. 149 Fordern und fördern – Die Fünf-Schritt-Lesemethode

S. 149 1. und 2. Schritt: Worum geht es in dem Sachtext?

1 a–c Mit diesen Aufgaben sollen die Schüler/-innen an ihr Vorwissen anknüpfen (a und b) und Fragen entwickeln, worüber sie gern weitere Informationen hätten (c).

2 Satz C ist richtig.

S. 149 3. Schritt: Den Text ein zweites Mal lesen und wichtige Wörter unterstreichen

3 a Mögliche Schlüsselwörter zum 1. Abschnitt (Z. 1–20) siehe die Hilfe zu Aufgabe 3 auf S. 150 im Schülerband.
Schlüsselwörter zu den Abschnitten 2 (Z. 22–38) und 3 (Z. 40–62):

Dass ⟨Kinder und Jugendliche⟩ so viel Zeit mit dem Fernsehen verbringen, ⟨verändert sie⟩ natürlich. ⟨Aber wie? Was macht das Fernsehen mit uns?⟩ Essen wir, was uns die Werbung zeigt? Kaufen wir, was Sandra Koltai als Toni in „Marienhof" trägt? Und machen wir nach, wie Jaqueline Aichinger (als Jack) in der „Lindenstraße" ihre Konflikte mit Erwachsenen bewältigt? Die meisten haben sicher schon manchmal gedacht: Find ich super, mache ich das nächste Mal auch so.
⟨Fernsehen kann Gefühle auslösen.⟩ Man freut sich und leidet mit seinen Lieblingsfiguren. Die Fanpost an die Stars von „Gute Zeiten, schlechte Zeiten" zeigt, wie die Zuschauer mitfiebern. Sie vergleichen sich mit den Hauptpersonen, und so ⟨kann Fernsehen zum Vorbild werden.⟩
Es gibt eine große Anzahl von Menschen, die ⟨Fernsehen gefährlich⟩ finden. […] Ganz falsch ist das jedenfalls nicht. Wissenschaftler haben viele Hundert Kinder und Jugendliche über Jahre begleitet und dabei herausgefunden: ⟨Wer zu viel fernsieht, schadet sich.⟩ Jahrelange Dauergucker wissen am Ende weniger als diejenigen, die kaum fernsehen. Ihr Gehirn ist weniger leistungsfähig. ⟨Gründe dafür⟩ gibt es viele.
Erstens: Wer ⟨viel fernsieht⟩, hat ⟨weniger Zeit zum Lesen.⟩
Zweitens ist aber gerade das ⟨Lesen⟩ für das Lernen wichtig. Beim Lesen bleibt mehr im Gedächtnis hängen als beim Fernsehen, es ⟨trainiert das Gehirn⟩ besser.
Drittens können ⟨aufregende Fernsehbilder ausradieren⟩, was man morgens ⟨in der Schule gelernt⟩ hat.
Die ⟨schädliche Wirkung des Fernsehens trifft alle⟩, sagen die Wissenschaftler (vor allem aber ⟨solche⟩ Kinder, denen das ⟨Lernen⟩ ohnehin ⟨schwerfällt⟩). Mit Fleiß lässt sich einiges ausgleichen – aber nicht alles.

Nach: Die Zeit. Das Junior-Lexikon, Bd. 2. Hamburg 2007

S. 149 4. Schritt: Zwischenüberschriften finden

4 a Die Zwischenüberschriften B, E und C passen in dieser Reihenfolge auf die drei Abschnitte. Die im Text selbst verwendeten Zwischenüberschriften zu den Abschnitten 2 und 3 sind natürlich ebenfalls geeignet.

b Mögliche Begründungen:
A passt nicht zu Abschnitt 2, weil Werbung nur eine Möglichkeit der Beeinflussung darstellt, der Text nennt aber weitere.
B gibt den Inhalt des 1. Abschnitts wieder, weil er die Situation von 1952 mit der heutigen vergleicht.
C fasst den 3. Textabschnitt, in dem es ausschließlich um die Gefahren des Fernsehens geht, am besten zusammen.
D verfälscht die eigentliche Textaussage.
E beschreibt den 2. Textabschnitt, der sich mit dem Auslösen von Gefühlen beschäftigt.
F liefert nur eine Teilinformation zum 1. Abschnitt und passt daher nicht.

5. Schritt: Den Inhalt wiedergeben

a Mögliches Flussdiagramm:

> **Götz Hamann: Da schaust du! (2007)**
>
> ↓
>
> **Anfänge des Fernsehens:**
> 1952 gab es nur ein Programm. Es gab nur wenige Fernsehzuschauer.
>
> ↓
>
> **Fernsehen heute:**
> Heute können Kinder aus mehr als 30 Kanälen wählen.
> Besonders Kinder und Jugendliche verbringen viel Zeit vor dem Fernseher.
>
> ↓
>
> **Wirkung des Fernsehens:**
> Es kann Gefühle auslösen und lässt Fernsehfiguren zum Vorbild werden.
>
> ↓
>
> **Gefahren des Fernsehens:**
> Es kann gefährlich sein: Zu viel Fernsehen trainiert das Gehirn nicht genug
> und erschwert das Lernen.

b Textwiedergabe auf der Basis des Flussdiagramms:

1952 wurde bei uns das Fernsehen eingeführt. Es gab nur ein Fernsehprogramm mit einem kleinen Angebot und nur wenige Zuschauer. Heute spielt das Fernsehen in den meisten Familien eine wichtige Rolle. Seine Wirkung ist sehr groß. Man kann aus mehr als 30 Programmen wählen. Besonders Kinder und Jugendliche verbringen viel Zeit vor dem Fernseher.
Wer fernsieht, sollte die Wirkung des Fernsehens kennen. Es kann Gefühle auslösen und lässt Fernsehfiguren zu Vorbildern werden. Die Gefahren des Fernsehens sind vielfältig: Es trainiert das Gehirn nicht so gut wie das Lesen und erschwert das Lernen. Es lässt Gelerntes leicht wieder vergessen. Besonders die Kinder, die sich beim Lernen ohnehin schwertun, belastet das Fernsehen zusätzlich.

10.3 Projekt – Mediengewohnheiten untersuchen

S. 151 Ein Fernsehtagebuch führen

1 Die Schülerinnen und Schüler sollten dazu angehalten werden, ihr Fernsehverhalten im Tagebuch sorgfältig und wahrheitsgemäß zu dokumentieren. Nur so ist eine Analyse der Fernsehgewohnheiten möglich und eine eventuell notwendige Änderung des Verhaltens ablesbar.

2/3 Anhand der Dokumentation ihrer vor dem Fernseher verbrachten Zeit werden sich die Schülerinnen und Schüler vermutlich erst bewusst, dass das Fernsehen ihre Freizeit in hohem Maße bestimmt. Ein einfaches Balkendiagramm veranschaulicht ihnen visuell den selbst erstellten Befund.

4 a Mit den von den Kindern vorgetragenen Gründen kann eine „Hitliste" erstellt werden. Wenn dabei die Unterhaltungsfunktion des Fernsehens dominiert, sollte im Unterricht auch auf die Vermittlung von Wissen hingewiesen werden.

b Die Diskussion könnte folgende Aspekte ansprechen:
– Notwendigkeit von Unterhaltung und Information
– Ausgewogenheit in der Wahl der Sendungen
– Austausch über gesehene Sendungen und Erlebnisse beim Sehen
– Begrenzung der Fernsehzeit
– Freiwilliger Verzicht auf Filme/Serien mit brutalen Gewaltdarstellungen

S. 152 Über weitere Mediengewohnheiten nachdenken

Siehe hierzu die **Folie** „Ein Diagramm untersuchen" auf der DVD-ROM.

1 a–c Da vermutlich die meisten Kinder die im Balkendiagramm aufgelisteten Geräte nutzen, kann eine Rangliste der benutzten Medien sicher leicht erstellt werden.

2 a/b Vermutlich werden sich die Schülerinnen und Schüler für elektronische Medien mehr interessieren als für gedruckte. Wichtig ist, dass sie begründen, warum sie Bücher nicht so schätzen wie den Umgang mit Handy, MP3-Player usw. Möglichen Einwänden (z. B. Bücher sind langatmig, langweilig, schwer) sollte mit Gegenargumenten begegnet werden (z. B. sie sind spannend, es treten interessante Figuren auf, man taucht in eine andere Welt ein, sie bieten Möglichkeiten zur Identifikation). Ideal wäre es, das Thema „Medien" mit dem Kapitel 5 („Leseratten und Bücherwürmer – Jugendbücher lesen und vorstellen") oder Teilen daraus zu verknüpfen.

3 Mit diesem Selbstversuch erleben die Schülerinnen und Schüler unmittelbar, wie sehr elektronische Medien ihren Alltag bestimmen. Möglicherweise werden nicht alle Kinder durchhalten, einen Tag ohne Geräte zu verbringen. Gerade diese Erfahrung sollte im Unterrichtsgespräch reflektiert, aber keinesfalls als Versagen gewertet werden.

Es kann an dieser Stelle aber auch in einem gelenkten Unterrichtsgespräch oder in einer Diskussion gezielt auf die Gefahren eingegangen werden, die ein unkontrollierter Mediengebrauch mit sich bringt. Hier ist neben Fernsehen und Computer vor allem das „Handy-Syndrom" zu nennen, wie in der Medizin die bei Jugendlichen, in zunehmendem Maße auch bei Kindern, anzutreffende Sucht genannt wird. Finanzielle Verschuldung, Unfähigkeit zu echter Kommunikation bis hin zu Schulversagen und sozialer Isolation können die Folgen sein. Zu diesem Thema kann der Sachtext von Jessica Kirschbaum „Ohne Handy läuft nichts mehr …" genutzt werden, der zu Kapitel 13 als Hörtext auf der DVD-ROM angeboten wird.

10 Was siehst du? – Fernsehsendungen untersuchen

Material zu diesem Kapitel

Leistungsüberprüfung
- Test 1 – Ein Quiz veranstalten (mit Kontrollbogen auf der DVD-ROM)
- Test 2 – Ein Quiz veranstalten (mit Kontrollbogen auf der DVD-ROM)

Fordern und fördern
- Eine Fernsehserie untersuchen – Die Pfefferkörner: Die Schuldenfalle (●●○ und ●○○ mit Lösungshinweisen auf der DVD-ROM)
- Sachtexte untersuchen – Schloss Einstein: Ein typischer Drehtag (●●○ und ●○○ mit Lösungshinweisen auf der DVD-ROM)
- Einen Vorschautext verstehen – Darios: Ringen ist mein Leben! (○○○ mit Lösungshinweisen auf der DVD-ROM)

Diagnose
- Fernsehzeitschriften lesen (mit Lösungshinweisen und Förderempfehlung auf der DVD-ROM)

PPT-Folien (auf der DVD-ROM)
- TV-Sendungen bewusst sehen
- Kameraeinstellungen unterscheiden
- Ein Diagramm untersuchen

Deutschbuch Arbeitsheft 5
- Sachtexte lesen und verstehen – Der Fernseheinkaufswagen, S. 27–30
  Sachtexte untersuchen – Inhalte, Schlüsselwörter, Zwischenüberschriften (●○○)
  Sachtexte untersuchen – Den Inhalt wiedergeben (●●○)
  Sachtexte veranschaulichen – Ein Flussdiagramm ergänzen (●●●)
- Ich teste meinen Lernstand
  Test A 1 – Sachtexte lesen und verstehen
- Trainingsmöglichkeiten bietet auch die Übungssoftware auf der CD-ROM zum „Deutschbuch Arbeitsheft" sowie www.deutschbuch.de/onlinediagnose.

Test 1 – Ein Quiz veranstalten

Aufgabenstellung

1. Schneide die Fragen und die Quizkarten aus. Ordne jeder Quizkarte die passende Frage zu.
   Achtung: Es gibt vier Fragen, die sich keiner Karte zuordnen lassen. Sortiere sie aus.

2. Kontrolliere deine Zuordnung mit Hilfe des Kontrollbogens, den du von deiner Lehrerin/deinem Lehrer erhältst. Wenn die Zuordnung stimmt, kannst du die Fragen auf die Karten kleben.

3. Lest euch gegenseitig die Fragen vor. Wer kann die meisten Fragen richtig beantworten?

Wie viele Kanäle gab es, als 1952 in Deutschland das Fernsehen eingeführt wurde?	In welcher Serie lösen fünf junge Freunde in Hamburg Kriminalfälle?	Warum ist die Kameraeinstellung „Detail" in Krimis oft wichtig?
In welcher Wissenssendung werden in jeder Folge fünf Fragen gestellt und beantwortet?	Welche Informationen über Sendungen bekommt man in Fernsehzeitschriften?	Um welche Art von Sendung handelt es sich bei den „Simpsons" oder bei „Horseland"?
Welche drei Kameraeinstellungen kennst du?	Welche Nachrichtensendungen kennst du?	Wo schaltet man ein Fersehgerät ein und aus?
Aus welchen zwei Gründen sehen wir hauptsächlich fern?	Warum kann Fernsehen gefährlich sein?	Welche Fernsehzeitschriften kennst du?

Beispiel

Karte 1

© ullstein bild/Science Museum

Wie viele Kanäle gab es, als 1952 in Deutschland das Fernsehen eingeführt wurde?

Karte 2

Ich bin schon ganz gespannt, wie es im „Schloss Einstein" weitergeht.

Ich freue mich auf die Sendung „Wissen vor 8". Dabei erfahre ich viel Neues.

© Aamon/fotolia.com (li); goldencow/fotolia.com (re)

Karte 3	Karte 4
tagesschau	

Karte 5	Karte 6
 © Picture alliance/united archives	**Wissen macht Ah!**

Karte 7	Karte 8
 © imago/MIS © imago/Camera4	 © Max Kott/fotolia.com

Deutschbuch
10 Was siehst du? – Fernsehsendungen untersuchen

Test 2 – Ein Quiz veranstalten

Aufgabenstellung

1. Schneide die Fragen und die Quizkarten aus. Ordne jeder Quizkarte die passende Frage zu.
   Achtung: Es gibt vier Fragen, die sich keiner Karte zuordnen lassen. Sortiere sie aus.

2. Kontrolliere deine Zuordnung mit Hilfe des Kontrollbogens, den du von deiner Lehrerin/deinem Lehrer erhältst. Wenn die Zuordnung stimmt, kannst du die Fragen auf die Karten kleben.

3. Lest euch gegenseitig die Fragen vor. Wer kann die meisten Fragen richtig beantworten?

Welche drei Arten von Sendungen gab es, als 1952 in Deutschland das Fernsehen eingeführt wurde?	Welche Serie dreht sich um eine Schülerin, die ein Doppelleben als Sängerin führt?	Mit welcher Kameraeinstellung kann man einen Gesichtsausdruck und Gefühle zeigen?
Warum kann Fernsehen gefährlich sein?	Aus welchen zwei Gründen sehen wir hauptsächlich fern?	Wo schaltet man ein Fernsehgerät ein und aus?
Um welche Art von Sendung handelt es sich beim „Tatort" und bei den „Pfefferkörnern"?	Welche Wirkung möchte eine Sendung wie „Mr Bean" hauptsächlich auf die Zuschauer haben?	Warum ist die Kameraeinstellung „Detail" in Krimis oft wichtig?
In welcher Wissenssendung informieren Ranga Yogeshwar und sein Team über Natur und Technik?	Welche Informationen über Fernsehsendungen bekommt man in Fernsehzeitschriften auf jeden Fall?	Was versteht man unter einer Castingshow?

Beispiel

Karte 1

© ullstein bild/Science Museum

Welche drei Arten von Sendungen gab es, als 1952 in Deutschland das Fernsehen eingeführt wurde?

Karte 2

Dienstag, 1. November

ARD

20:00 Tagesschau   78-264

213
Test 2, Seite 1
Kopiervorlage

Karte 3

Hannah Montana

Karte 4

Quarks & Co.

Karte 5

Tatort

Karte 6

© Saxonia Media/MDR/Neugebauer

Karte 7

Comedy

Karte 8

© Picture-Factory/fotolia.com

Eine Fernsehserie untersuchen

In der „Pfefferkörner"-Folge „Die Schuldenfalle" haben sich jüngere Schülerinnen und Schüler von einem älteren mit dem Spitznamen „Dagobert" Geld geliehen. Er verlangt dafür Wucherzinsen. Das sind besonders hohe Zinsen, die Schulden schnell anwachsen lassen. Für den Fall, dass die Kinder das Geld nicht zurückzahlen, droht Dagobert mit Prügel …

10 Was siehst du? – Fernsehsendungen untersuchen

1 Ordne die folgenden Bildunterschriften den einzelnen Bildern zu:
1. Dagobert droht Lasse Prügel an, weil Lasse seine Schulden nicht bezahlen kann.
2. Dagobert begreift, wie die „Pfefferkörner" ihn ausgetrickst haben.
3. Auf dem Schulhof rufen die „Pfefferkörner" die Kinder zusammen. Sie verteilen Dagoberts Geld an diejenigen, die Schulden haben. Die Kinder können das Geld nun zurückzahlen.
4. Themba steckt die Geldbörse wieder in Dagoberts Jacke.
5. In der Schule rempeln die „Pfefferkörner" Dagobert an. Sophie und Lina nehmen Dagoberts Geldbörse aus seiner Jackentasche.
6. Lasse erzählt den „Pfefferkörnern", was es mit Dagobert auf sich hat. Die „Pfefferkörner" beschließen, Dagobert eine Lehre zu erteilen.
7. Alle, auch Lasse, begleichen ihre Schulden bei Dagobert.
8. Dagobert kommt nicht davon.
9. Sophie und Rasmus werden Zeugen der gewalttätigen Auseinandersetzung zwischen Dagobert und Lasse. Nun wissen die „Pfefferkörner", wer Lasse bedroht.
10. Sophie und Lina wollen Dagobert austricksen. Dazu tauschen sie die echten Euro-Scheine gegen Papierzettel aus.

A + _____   B + _____

C + _____   D + _____

E + _____   F + _____

G + _____   H + _____

I + _____   J + _____

2 Schau die Bilder B und E noch einmal genau an.
Beschreibe zunächst, was du auf ihnen siehst, und bestimme dann die Kameraeinstellung.

Bild B   **Bild E**

Bild B zeigt _____   Bild E _____

_____   _____

_____   _____

_____   _____

Kameraeinstellung: _____   Kameraeinstellung: _____

Eine Fernsehserie untersuchen

In der „Pfefferkörner"-Folge „Die Schuldenfalle" haben sich jüngere Schülerinnen und Schüler von einem älteren mit dem Spitznamen „Dagobert" Geld geliehen. Er verlangt dafür Wucherzinsen. Das sind besonders hohe Zinsen, die Schulden schnell anwachsen lassen. Für den Fall, dass die Kinder das Geld nicht zurückzahlen, droht Dagobert mit Prügel …

A

Dagobert droht Lasse Prügel an, weil Lasse seine Schulden nicht bezahlen kann.

B

Sophie und Rasmus werden Zeugen der gewalttätigen Auseinandersetzung zwischen Dagobert und Lasse. Nun wissen die „Pfefferkörner", wer Lasse bedroht.

C

Lasse erzählt den „Pfefferkörnern", was es mit „Dagobert" auf sich hat. Die „Pfefferkörner" beschließen, Dagobert eine Lehre zu erteilen.

D

In der Schule rempeln die „Pfefferkörner" Dagobert an. Sophie und Lina nehmen Dagoberts Geldbörse aus seiner Jackentasche.

E

Sophie und Lina wollen Dagobert austricksen. Dazu …

F

Themba spielt bei der Aktion eine wichtige Rolle: Er …

G

Auf dem Schulhof rufen die „Pfefferkörner" die Kinder zusammen. Sie …

H

Alle Kinder, auch Lasse …

I   J

Dagobert begreift …   …

1 Schau dir die einzelnen Bilder genau an und lies die Bildunterschriften.
Ergänze die fehlenden Sätze.

2 Fasse zusammen, auf welche Weise die „Pfefferkörner" Dagobert ausgetrickst haben.

_____
_____
_____
_____
_____

3 Schau die Bilder A, B und I noch einmal genau an.
- Notiere zunächst, welche der drei Kameraeinstellungen „Nah", „Halbnah" oder „Detail" jeweils gewählt wurde.
- Beschreibe anschließend kurz, welche Wirkung die jeweilige Kameraeinstellung hat.

Bild A

Kameraeinstellung: _____

Wirkung: _____

Bild B

Kameraeinstellung: _____

Wirkung: _____

Bild I

Kameraeinstellung: _____

Wirkung: _____

Sachtexte untersuchen (1)

„Schloss Einstein" ist eine Serie für Kinder und Jugendliche, die schon seit über zehn Jahren im Fernsehen läuft. Es geht um typische Probleme Jugendlicher im Internat (Freundschaft, Schule etc.), aber auch um jede Menge Spaß. Die Aufnahmen werden in Erfurt abgedreht.

„Schloss Einstein" –

_____

1 _____

Der typische Drehtag eines Darstellers beginnt am frühen Nachmittag mit der Abholung durch einen Fahrer an der Schule. Insgesamt drei Fahrer sorgen dafür, dass die Hauptdarsteller rechtzeitig am Set sind und nach Drehschluss wieder nach Hause gefahren werden.

2 _____

Im Studio angekommen, werden die Kinderdarsteller von einem Kinderbetreuer in Empfang genom-
5 men, der sie meist direkt zum Coaching bringt. Mit einem Schauspielcoach werden die Spielszenen des jeweiligen Tages erarbeitet. Der Coach führt Textproben durch und gibt Hilfestellungen zum Spiel.

3 _____

Ist das Coaching vorbei, führt der nächste Weg die Jungschauspieler ins Kostüm. Für jeden Hauptdarsteller gibt es ca. fünf bis zehn verschiedene Rollenoutfits, die je nach Spieltag gewechselt werden. Sitzt das Kostüm, geht's in die Maske. Pro Jungdarsteller benötigen zwei Maskenbildnerinnen jeweils 15 bis
10 20 Minuten. Zur Grundausstattung der Maske gehören rund 50 Make-up-Flaschen in sechs verschiedenen Farben. In der Maske werden die Darsteller der Spielsituation entsprechend geschminkt. Auch wenn ein Schauspieler in der Szene natürlich wirken soll, wird er dezent geschminkt, sodass er auf dem Fernsehbildschirm später einen ebenmäßigen Teint hat.

4 _____

Nach der Maske und dem Kostüm sind die Darsteller „drehfertig" und gehen in Begleitung des Kinder-
15 betreuers an den Set. Zunächst werden die Szenen geprobt, sodass sich Darsteller, Kamera und Regie abstimmen können. Anschließend wird gedreht. Um eine Szene „abzudrehen", werden meist verschiedene Einstellungen gefilmt, sodass eine einzelne Szene mehrmals wiederholt werden muss. Bei Pausen zwischen den Dreharbeiten können sich die Darsteller z. B. in ihrem Aufenthaltsraum, der mit Tischtennis-platten, Büchern und Spielen ausgestattet ist, erholen oder Hausaufgaben machen. Am späten
20 Nachmittag gibt es für alle Teammitglieder, Mitarbeiter und Darsteller ein warmes Buffet.

www.schloss-einstein-erfurt.de/joomla/index.php?view=article [08.08.2011]

Sachtexte untersuchen (2)

1. Lies den Text zügig durch.
   a Was wusstest du bereits über den Ablauf von Filmdreharbeiten?
   b Welche Informationen sind für dich neu?
   c Worüber möchtest du noch mehr erfahren? Schreibe in dein Heft.
2. Worum geht es in dem Text? Formuliere das Thema möglichst knapp und notiere es in der ersten Schreibzeile auf dem Textblatt.
3. Lies den Text ein zweites Mal. Unterstreiche in jedem der vier Abschnitte die Schlüsselwörter.
4. Lies den Text abschnittweise noch einmal. Überlege zu jedem Absatz eine Zwischenüberschrift und trage sie in der freien Zeile über dem Abschnitt ein.
5. Veranschauliche den Gedankengang des Textes mit einem Flussdiagramm.

6. Gib den Inhalt des Textes mit eigenen Worten wieder. Nutze das Flussdiagramm und schreibe in dein Heft.

Sachtexte untersuchen (2)

1 Lies den Text zügig durch und finde heraus, worum es geht.
Kreuze an, welcher der folgenden Sätze das Thema treffend formuliert:
- A In dem Text erfährt man etwas über die Serie „Schloss Einstein".
- B Der Text sagt aus, dass Dreharbeiten aufregend sind.
- C Der Text schildert, wie ein typischer Drehtag der Serie „Schloss Einstein" für Kinderdarsteller abläuft.
- D In dem Text erfährt man, dass es zwischen Dreharbeiten auch Pausen und etwas zu essen gibt.

2 Lies den Text ein zweites Mal. Kreuze für jeden Abschnitt ein passendes „Schlüsselwort" an und notiere daneben die Textstelle wie im Beispiel:

1. Abschnitt: ☐ drei Fahrer _____ ☐ Nachmittag/Set _____
2. Abschnitt: ☐ Kinderdarsteller _____ ☑ Coaching (Z. 5) _____
3. Abschnitt: ☐ Kostüm und Maske _____ ☐ 50 Make-up-Flaschen _____
4. Abschnitt: ☐ Pausen _____ ☐ Dreharbeiten _____

3 Wähle aus den folgenden Zwischenüberschriften diejenigen aus, die zu den Textabschnitten 2, 3 und 4 passen. Schreibe sie jeweils in die Zeile über den entsprechenden Abschnitt.
- A Am Set wird zuerst geprobt, dann gedreht.
- B Fürs Schminken wird viel Make-up gebraucht.
- C Coaching: Die Spielszenen werden mit einem Coach erarbeitet.
- E Die Drehpausen machen Spaß.
- F Kostüm und Maske: Die Darsteller werden für die Spielszenen gekleidet und geschminkt.

4 Fasse zusammen, wie ein typischer Drehtag für einen Jungdarsteller abläuft.
Ergänze dazu die Lücken im folgenden Text:

Der Drehtag für einen Kinderdarsteller beginnt _____.

Ein Fahrer holt den Jungschauspieler von der Schule ab und bringt ihn zum _____.

Dort nimmt ihn ein _____ in Empfang, bevor es zum Coach geht.

Dieser _____

_____.

Nach dem Coaching sind die Abteilungen Kostüm und Maske dran. In der Maske _____

_____.

Ist der Darsteller „drehfertig" gemacht, wird es ernst. Die einzelnen Szenen werden zunächst

_____ und schließlich _____. Zwischen den

Dreharbeiten gibt es _____.

10 Was siehst du? – Fernsehsendungen untersuchen

Einen Vorschautext verstehen

1 Die Fernsehzeitschrift HÖRZU hat in einer ihrer Ausgaben die neue Sendung „stark!" angekündigt. Lies den folgenden Text:

TIPP DER WOCHE

SO 14.8. KI.KA

Neue Dokureihe stark! immer sonntags

Premiere: Darios – Ringen ist mein Leben!

In dieser ersten Sendung erzählt Darios, ein zwölfjähriger Junge, von seinem großen Traum: Er möchte einmal als Ringer an den Olympischen Spielen teilnehmen. Diese Chance erhält er aber nur dann, wenn er im Sport und in der Schule mit eiserner Disziplin gute Leistungen erbringt. Unter Aufbietung all seiner Kraft gelingt es ihm; Darios darf an einem Trainingscamp mit internationalen Trainern teilnehmen und bei den Deutschen Meisterschaften antreten.
Am 21. August ist im KI.KA die Folge „Lotte – Ein Herz für Obdachlose" zu sehen. Die Elfjährige hat sich für die Sommerferien ein Projekt vorgenommen: Sie will zusammen mit zwei Freunden für die Obdachlosen der Stadt Köln kochen. Trotz mancher Schwierigkeiten führt sie nach einem kleinen Praktikum in einer Suppenküche ihr Projekt mit großem Erfolg durch.
In mehreren Folgen erzählen Kinder aus aller Welt, wie sie Schwierigkeiten meistern, um ihre Pläne, anderen Menschen zu helfen, aber auch eigene Wünsche und Träume zu verwirklichen. Sie machen Mut und zeigen, dass Probleme da sind, um mit Willenskraft und Disziplin bewältigt zu werden.
Die Dokuserie „stark!" wurde international mehrfach ausgezeichnet.

2 Beantworte folgende Fragen zum Text:
   a Um welche Art von Sendung handelt es sich bei „stark!"? Kreuze an:
      ☐ Nachrichten   ☐ Dokumentation
      ☐ Spielfilm   ☐ Krimi

   b Auf welchem Sender ist „stark!" zu sehen? _____

   c An welchem Tag wird „stark!" gesendet? _____

   d Um wie viel Uhr beginnt die Sendung? _____

   e Wovon träumt Darios? _____

   f Was möchte Lotte für andere Menschen tun? _____

3 Formuliere mit eigenen Worten, worum es in der Sendung „stark!" geht.

Die Sendung „stark!" stellt Kinder vor,
_____
_____
_____

Diagnose – Fernsehzeitschriften lesen

1 Was weißt du über folgende Sendungen? Kreuze die richtige Antwort an:

heute
- A ... berichtet über Sport.
- B ... ist eine Nachrichtensendung.
- C ... berichtet über Tiere.
- D ... zeigt Kriminalfälle.

Die Pfefferkörner
- A ... ist eine Kochsendung.
- B ... ist eine Serie für junge Zuschauer.
- C ... ist ein Zeichentrickfilm.
- D ... vermitteln Wissen.

Wer wird Millionär?
- A ... ist eine Comedy.
- B ... ist eine Castingshow.
- C ... ist eine Talkshow.
- D ... ist eine Quizshow.

2 Schau dir die Abbildung aus einer Fernsehzeitschrift genau an.

KI.KA

14:00	**Willi will's wissen** – Gute Frage – Nächste Frage (ab 6)
14:10	**Schloss Einstein** (ab 10)
14:35	**Krimi.de Jena** (ab 10) Reihe, Dtl. 2007. Katzenauge
15:20	**Die Pfefferkörner** (ab 8) Diamantenfieber Die Pfefferkörner beobachten, wie Pilar, die Tochter eines Rinderzüchters, Robin Hood spielen will.

Welche Informationen erhältst du über die Sendungen?
Kreuze an, welche Aussage richtig und welche falsch ist:

	Richtig	Falsch
Ich erfahre etwas über die Sendezeit.	☐	☐
Ich bekomme Informationen über die Schauspieler.	☐	☐
Ich erfahre, für welches Alter die Sendungen geeignet sind.	☐	☐
Ich bekomme zu allen Sendungen Informationen zum Inhalt.	☐	☐
Ich bekomme einen Hinweis zum Inhalt der „Pfefferkörner"-Folge.	☐	☐
Ich erfahre, ob die Sendungen spannend sind.	☐	☐
Ich erfahre, in welchem Land „Krimi. de Jena" produziert wurde.	☐	☐

11 Grammatiktraining – Wortarten und Satzglieder unterscheiden

Konzeption des Kapitels

Die Beherrschung der Grammatik im mündlichen wie im schriftlichen Sprachgebrauch ist von herausragender Bedeutung für eine angemessene mündliche und schriftliche Kommunikation im privaten und öffentlichen Leben. Die Aufgabe des Grammatikunterrichts in der Orientierungsstufe ist es, zunächst die unterschiedlichen Kenntnisse aus der Grundschule aufzugreifen, sie auf ein gemeinsames Niveau anzuheben und grundlegendes Wissen zu sichern. Dies stellt insofern eine besondere Schwierigkeit dar, als ein sicheres Sprachgefühl nicht generell vorauszusetzen ist. Fehlerhaftes Deutsch im häuslichen Umfeld, das fehlende Sprachbad oder gar die völlige Konzentration auf die Sprache der elterlichen Herkunftsländer reduzieren die intuitiven Lern- und Übungsmöglichkeiten. Es ist daher erforderlich, Teile des Fremdsprachenunterrichts in den Deutschunterricht zu übernehmen, grammatische Strukturen zu automatisieren und den aktiven Wortschatz zu erweitern. Mit Übungen, deren Themen ihrer Alltagswelt entnommen sind, werden die Kinder spielerisch und handlungsorientiert an einen grammatisch richtigen Sprachgebrauch herangeführt.

Wie alle Kapitel des Deutschbuchs kann auch das Grammatiktraining abschnittsweise bei der Durchnahme anderer Einheiten (z. B. Schreibformen) einbezogen werden. Gerade in der Orientierungsstufe kann es allerdings von großem Nutzen sein, das erste und das zweite Teilkapitel jeweils als Lehrgang zusammenhängend zu bearbeiten.

Im ersten Teilkapitel (**„Auf Schatzsuche – Wortarten kennen lernen"**) werden mit Nomen, Artikeln, Adjektiven und Personalpronomen bereits vorhandene Kenntnisse über Wortarten wiederholt und vertieft. Übungen zu Kasus, Numerus und Genus runden das Wissen über das Nomen und seine Begleiter ab. Das Verb als zentrale Wortart wird im Infinitiv und in der Personalform vorgestellt und in die Zeitformen Präsens und Präteritum gesetzt, um z. B. bei eigenen Erzählungen wesentliche Zeitverhältnisse ausdrücken zu können. Auf weitere Wortarten und Zeiten wird zugunsten intensiver Übung bewusst verzichtet. Abschließend testen die Kinder das in diesem Teilkapitel erworbene Wissen und Können in einem allgemeinen und einem differenzierenden Test.

Das zweite Teilkapitel (**„Feuerstein und Co. – Satzglieder bestimmen"**) vermittelt Basiskenntnisse der Syntax. Die Schülerinnen und Schüler unterscheiden Satzarten und wiederholen zentrale Satzglieder: Subjekt, Prädikat, Dativ- und Akkusativobjekt, die sie mit Hilfe der Umstellprobe ermitteln. Zusammen mit der Ersatzprobe stehen ihnen damit basale Verfahren für die Überarbeitung von Texten zur Verfügung. Auch dieses Teilkapitel schließen sie mit einem allgemeinen und einem differenzierenden Test ab.

Im dritten Teilkapitel (**„Fit in …! – Texte überarbeiten"**) werden zwei Übungsarbeiten mit Arbeitshilfen angeboten, die der unmittelbaren Vorbereitung eines Tests oder einer Klassenarbeit dienen können.

Literaturhinweise

- *Brenner, Gerd:* Fundgrube Deutsch. Cornelsen, Berlin 2006
- *Brenner, Gerd und Kira:* Fundgrube Methoden 1 für alle Fächer. Cornelsen, Berlin 2005
- Dies.: Fundgrube Methoden 2 für Deutsch und Fremdsprachen. Cornelsen, Berlin 2007
- *Diepold, Siga:* Fundgrube Klassenlehrer. Cornelsen, Berlin 2007
- *Kämper v. d. Boogaart, M. (Hg.):* Deutsch Didaktik, Leitfaden für Sek. 1 und 2. Cornelsen, Berlin 2006
- *Kastner, Hugo:* Die Fundgrube für Spiele in der Sekundarstufe 1. Cornelsen, Berlin 2002
- Materialpaket Deutsch. Texte überarbeiten. Friedrich, Seelze 2008
- *Meister, Hans:* Differenzierung A–Z für die Sekundarstufe. Klett, Stuttgart 2000
- Sonderheft Praxis Deutsch. Wörter und Sätze. Friedrich, Seelze 2008
- Sonderheft Praxis Deutsch. Schreibaufgaben. Friedrich, Seelze 2004
- *Stein, Arnd:* Das neue Rechtschreibspiel – Fehler verstehen und beseitigen. Kösel, München 2008

11 Grammatiktraining – Wortarten und Satzglieder unterscheiden

Inhalte	Kompetenzen
	Die Schülerinnen und Schüler
S. 153 11.1 Auf Schatzsuche – Wortarten kennen lernen	
S. 154 Rund um das Nomen und seine Artikel	– sortieren Nomen nach Bedeutungsgruppen – tragen Eigenschaften von Nomen zusammen – ordnen Nomen dem bestimmten Artikel zu
S. 155 Das grammatische Geschlecht der Nomen	– unterscheiden natürliches und grammatisches Geschlecht
S. 156 Nomen im Singular und Plural	– unterscheiden Singular und Plural – erkennen den Unterschied von bestimmten und unbestimmten Artikeln im Singular und Plural
S. 158 Das Nomen und seine Fälle	– bestimmen den Kasus des Nomens
S. 160 Das Adjektiv beschreibt Nomen genauer	– erkennen die Inhaltsleistung des Adjektivs – benennen die grammatischen Eigenschaften von Adjektiven und deklinieren sie – steigern Adjektive – unterscheiden *als* und *wie* in Vergleichen
S. 162 Rund um das Verb und seine Personalformen	– erkennen Grund- und Personalform des Verbs – konjugieren verschiedene Verben
S. 164 Die Zeitformen des Verbs	– erkennen und benennen die drei Zeitstufen des Präsens – erkennen, bilden und verwenden das Präteritum als schriftliche Erzählzeit – unterscheiden starke und schwache Verben
S. 172 11.2 Feuerstein und Co. – Satzglieder bestimmen	
S. 172 Satzarten unterscheiden und anwenden	– unterscheiden Aussage, Frage, Befehl, Aufforderung
S. 173 Wörter werden im Satz zu Satzgliedern	– erkennen den Unterschied von Wortart und Satzglied – ermitteln Satzglieder mit der Umstellprobe
S. 174 Wo steht das Prädikat?	– erkennen, dass die Personalform des Prädikats an zweiter Stelle im Aussagesatz steht – identifizieren einteilige Prädikate im Satz – setzen Prädikate an der richtigen Stelle ein – erkennen mehrteilige Prädikate – finden Prädikatsklammern im Satz
S. 175 Wer oder was? Das Subjekt S. 176 Wem, wen oder was? Das Objekt	– erfragen Subjekt, Dativ- und Akkusativobjekte
S. 177 Mit der Ersatzprobe Texte verbessern	– vermeiden Wiederholungen
S. 181 11.3 Fit in …! – Texte überarbeiten	
S. 181 Texte mit Proben überarbeiten	– wenden Umstell- und Ersatzprobe an
S. 182 Texte in die richtige Zeitform setzen	– ändern einen Text in eine andere Zeitform um

11 Grammatiktraining – Wortarten und Satzglieder unterscheiden

S. 153 Auftaktseite

2 **a/b** Die **Insel** hat die **Form** eines **Fausthandschuhs**. Der **Ärmel** zeigt nach unten, der **Daumen** nach der rechten **Seite**. Zwischen dem **Daumen** und den anderen **Fingern** liegt eine geschützte **Bucht**, wo man den **Anker** werfen kann. Die Küste im Norden ist sehr zerklüftet und gefährlich. Hier wimmelt es von gefräßigen Haien.

b Die eingesetzten Wörter sind, von einer Ausnahme abgesehen, Nomen. Das Wort „liegt" ist ein Verb.

11.1 Auf Schatzsuche – Wortarten kennen lernen

Siehe auch die **Folie** „Wortarten: Rund um das Nomen" auf der DVD-ROM.

S. 154 Rund um das Nomen und seine Artikel

1 Der **Urlaub** auf der **Insel** war sterbenslangweilig. Tims **Mutter** wollte immer nur sonnenbaden. „**Erholung**" nannte sie das.
Tim fragte sich, wie er sich wohl erholen sollte. Im **Hotel** wohnten nur junge **Eltern** und ihre kleinen **Kinder**. Tim begann, mit seinem **Kompass** die **Insel** zu erforschen.

2 **a** Siehe Fettdruck in Aufgabe 1.

b Lebewesen: Tim, Mutter, Eltern, Kinder
Dinge: Hotel, Kompass, Insel
Gedanken und Ideen: Urlaub, Erholung

3 Richtig sind die Sätze: A, C, E.

4 **a** In der englischen Sprache gibt es <u>einen</u> bestimmten und <u>einen</u> unbestimmten Artikel: the und a/an.

b Beispiele: Im Russischen gibt es keinen Artikel, weder bestimmt noch unbestimmt; das grammatische Geschlecht erkennt man an der Endung. Das Türkische kennt keinen bestimmten Artikel, nur den unbestimmten Artikel „bir" (ein, eine).

5 **a/b** Vorschlag für ein Tafelbild (zweiter Teil: Nomen aus dem Wörterbuch; Aufg. 1a, S. 155 unten):

der	die	das
Urlaub	Sonne	Hotel
Strand	Düne	Meer
Sand	Sandale	Boot
Bikini	Badehose	Wasser
	Flut	
	Hitze	
Scharlach	Schar	Scharnier
Scharlatan	Schatulle	Schaschlik
Schaschlik		
Schatten		
Schatz		

c Es sind <u>Nomen</u>, vor die man <u>der, die, das</u> setzen kann.

6 **a** Beispiel: Hoselandseeentenschwanturmelefanttelefondirektor

b die Hose, das Land, der See, die Ente, der Schwan, der Turm, der Elefant, das Telefon, der Direktor

Das grammatische Geschlecht der Nomen [S. 155]

1 a/b Informationen: Nomen, Artikel, Bedeutung, Anwendungsbeispiel
Tabelle: Siehe den zweiten Abschnitt der Tabelle oben zu Aufgabe 5 b (Wörterschlange).

2 a das Kind – die Neuigkeit – das Schiff – die Flaschenpost – der Untergang
Neutrum   Femininum   Neutrum   Femininum   Maskulinum
der Schrecken – die Freude – das Erlebnis – der Mut – das Geheimnis – das Leben
Maskulinum   Femininum   Neutrum   Maskulinum   Neutrum   Neutrum

b „Kind" und „Schiff" haben das gleiche grammatische Geschlecht: Neutrum.

3 a den Ferien, den Strand, den Wellen, die Flasche, dem Wasser, das Glas, das Ding, den Korken, dem Blatt

b Ferien: kein bestimmtes grammatisches Geschlecht, da Pluralwort
Maskulinum: der Strand, der Korken
Femininum: die Welle, die Flasche
Neutrum: das Wasser, das Glas, das Ding, das Blatt

c einen Flaschenhals, ein Zettel, Händen, Augen, eine Schatzkarte

Nomen im Singular und Plural [S. 156]

1 a/b Vorschlag für ein Tafelbild:

Singular (Einzahl)	**Plural** (Mehrzahl)
Urlaub	Erfahrungen
Flaschenpost	Schatzkarten
Schatzkarte	Grenzen
Buch	Händen
Exemplar	Wellen
Sache	
Flasche	
Erdbeereis	

2 a Auf Personen oder Gegenstände mit bestimmtem Artikel wird direkt gezeigt. Bei Personen oder Gegenständen mit unbestimmtem oder auch ohne Artikel wird eher eine indifferente Geste verwendet.

b Bestimmte Artikel weisen auf einen ganz „bestimmten" Gegenstand, eine „bestimmte" Person oder einen „bestimmten" Gedanken hin.

3 a **Lieber Finder dieser Flaschenpost!**
[–] Piraten haben mein Schiff überfallen und mich ganz allein auf **einer** Insel ausgesetzt. Glücklicherweise war **der** wertvolle Perlenschatz, den ich an Bord hatte, so gut versteckt, dass **die** Verbrecher ihn nicht finden konnten. Mit den folgenden Zeilen beschreibe ich dir, wo **die** Insel liegt und wo **der** Schatz versteckt ist.
Mögliche Begründungen:
[–] Piraten: unbekannte Männer, die Schiffe kapern; einer Insel: Name unbekannt, eine der vielen Inseln im Meer; der wertvolle Perlenschatz: ein ganz „bestimmter" Schatz; die Verbrecher: ganz „bestimmte" Verbrecher, nämlich die Piraten, die den Schreiber überfallen haben; die Insel: eine „bestimmte", bereits genannte Insel, nämlich die, auf der der Schatz versteckt ist; der Schatz: ein „bestimmter" Schatz, nämlich der Perlenschatz des Schreibers

11 Grammatiktraining – Wortarten und Satzglieder unterscheiden

S. 158 Das Nomen und seine Fälle

1 a Das Wort *Schatz* steht immer an einer anderen Stelle im Satz und gibt auf eine andere Frage Auskunft: Was interessiert Tim sehr? Wem möchte er auf die Spur kommen?

b (Wer oder was?) Die Insel hat die Form eines Handschuhs. Die Öffnung (Wessen?) des Handschuhs zeigt nach Süden. (Wer oder was?) Der Daumen und die anderen Finger bilden (Wen oder was?) eine geschützte Bucht. Dort kann man (Wen oder was?) den Anker werfen. Ich gab (Wem?) der Bucht (Wen oder was?) den Namen „Handschuhbucht".

3 a/b Wer oder was liegt im Westen? Ein breiter Sandstrand. → Nominativ
Um wem zu entkommen? Dem Wetter. → Dativ
Wen oder was habe ich gebaut? Eine kleine Hütte. → Akkusativ
In wessen Mitte liegt ein hoher Berg? Der Insel. → Genitiv
Wen oder was gibt es da? Einen hohen Berg. → Akkusativ
Wer oder was steigt auf? Rauch. → Nominativ.
Wer oder was ist es? Ein Vulkan. → Nominativ
Wer oder was ist kahl? Der Berg. → Nominativ
Wer oder was wächst? Viele Bäume. → Nominativ
Wen oder was liefern mir die Bäume? Brennholz und Baumaterial. → 2 x Akkusativ

4 a Ich habe meine Hütte (Wen oder was?/Akkusativ) so gebaut, dass die Tür (Wer oder was?/Nominativ) genau auf den höchsten Baum (Wen oder was?/Akkusativ) am Berg ausgerichtet ist. Du musst dir eine Linie (Wen oder was?/Akkusativ) zwischen Tür und Baum denken und auf dieser Linie (Auf wem?/Dativ) hundert Schritte gehen. Dort findest du einen kleinen Steinhaufen (Wen oder was?/Akkusativ). Du musst unter diesem Haufen (Unter wem?/Dativ) zwei Meter tief graben, dann stößt du auf eine Holztruhe (Auf wen oder was?/Akkusativ), die mit wertvollen Münzen (Mit wem?/Dativ) gefüllt ist. Nimm sie und werde damit glücklicher, als ich es werden durfte.

S. 160 Das Adjektiv beschreibt Nomen genauer

1 c Die Sätze mit den Adjektiven beschreiben die Situation anschaulicher und genauer.

2 a Die unterstrichenen Wörter beschreiben Eigenschaften der Nomen, die ihnen folgen.

b Die richtigen Aussagen: A, B, C, E

3 Mögliche Lösung: Eine seltene Art der Meeresschildkröten ist die echte Karettschildkröte. Ihr dicker Panzer enthält das kostbare Schildpatt, aus dem früher wertvoller Schmuck hergestellt wurde. Auch mancher alte Kamm entstand aus dem einzigartigen Material.

4 Die mittlere Schildkröte ist kleiner als die rechte Schildkröte und größer als die linke.
Die linke Schildkröte ist am kleinsten, die rechte ist am größten.
Die linke Schildkröte ist kleiner als die mittlere und die rechte.
Die rechte Schildkröte ist größer als die mittlere und die linke.

5 a/b **Waagerecht** (mit Zeilenangaben):
(1) peinlich – peinlicher – am peinlichsten
(2) stolz – stolzer – am stolzesten
(3) international (internationaler, am internationalsten: Steigerung nicht sinnvoll)
(5) rau – rauer – am rauesten
(5) alt – älter – am ältesten
(8) mächtig – mächtiger – am mächtigsten
(9) berühmt – berühmter – am berühmtesten
(10) vornehm – vornehmer – am vornehmsten

11.1 Auf Schatzsuche – Wortarten kennen lernen

Senkrecht (mit Spaltenangaben):
(2) senkrecht
(3) sauber – sauberer – am saubersten
(6) eng – enger – am engsten
(8) toll – toller – am tollsten
(15) neu – neuer – am neuesten

6 a Gleichartiges/Gleichwertiges vergleicht man mit „wie": „so groß wie" bedeutet: Beide sind gleich groß.

b Unterschiedliches vergleicht man mit „als": „größer als" bedeutet: Einer ist kleiner.

7 Beispielsätze:
Der Opa ist alt, aber der Uropa ist älter. Am ältesten ist der Urzeitmensch.
Der Graf ist stolz, der König ist stolzer, aber am stolzesten ist der Kaiser.
Die Ostsee ist rau, die Nordsee ist rauer, aber am rauesten ist der Atlantik.
Popeye ist berühmt, Sir Francis Drake ist berühmter, aber heute ist Jack Sparrow am berühmtesten.
Das Wochenende ist schön, die Sommerferien sind schöner, aber am schönsten wären zwei Jahre schulfrei.

S. 162 Das Verb und seine Personalformen

Siehe auch die **Folie** „Wortarten: Rund um das Verb" auf der DVD-ROM.

2 a/b Das Gedicht von Josef Guggenmos lautet im Original:

Wenn das Kind nicht still sein will

Die Bären brummen,
Die Bienen summen,
Die Katzen miauen,
Es krächzen die Pfauen,
5 Die Mäuse pfeifen,
Die Affen keifen,
Die Löwen brüllen,
Es wiehern die Füllen.
Die Tauben gurren,
10 Die Hunde knurren,
Die Störche klappern,
Die Kinder plappern.
Und ginge das nicht in einem fort,
Kämen die Fische auch zu Wort.

© *Josef Guggenmos Erben*

3 a/b Richtig: Aussage B; Tätigkeitswörter/Verben

4 Beispiele für weitere Verse:
Kühe muhen / Faultiere ruhen; Hühner glucken / Esel mucken; Elefanten tröten / Amseln flöten.

5 Durch die Umformung erkennen die Kinder, dass die Pluralendung *-en* bzw. *-n* im Singular zu *-t* wird: brumm**en** – brumm**t** bzw. wieher**n** – wieher**t**.

S. 163 Auch die Personalpronomen ich, du, er/sie/es, wir, ihr, sie verändern das Verb

1 Ich wische. Du läufst. Er kauft. Sie löffelt. Es raschelt.
Wir sitzen. Ihr grillt. Sie stehen.

2 a–c Vorschlag für ein Tafelbild:

	Personalpronomen	wischen	laufen	kaufen	machen
Singular	1. Person: ich	wische	laufe	kaufe	mache
	2. Person: du	wischst	läufst	kaufst	machst
	3. Person: er, sie, es	wischt	läuft	kauft	macht
Plural	1. Person: wir	wischen	laufen	kaufen	machen
	2. Person: ihr	wischt	lauft	kauft	macht
	3. Person: sie	wischen	laufen	kaufen	machen

3 Ergänzung des Lernplakats:

	Personalpronomen	haben	sein
Singular	1. Person: ich	habe	bin
	2. Person: du	hast	bist
	3. Person: er, sie, es	hat	ist
Plural	1. Person: wir	haben	sind
	2. Person: ihr	habt	seid
	3. Person: sie	haben	sind

4 a rhabarbern: ich rhabarbere, du rhabarberst, er/sie/es rhabarbert; wir rhabarbern, ihr rhabarbert, sie rhabarbern

longsen: ich longse, du longst, er/sie/es longst; wir longsen, ihr longst, sie longsen

spinatieren: ich spinatiere, du spinatierst, er/sie/es spinatiert; wir spinatieren, ihr spinatiert, sie spinatieren

beflossen: ich beflosse, du beflosst, er/sie/es beflosst; wir beflossen, ihr beflosst, sie beflossen

känguruhen: ich känguruhe, du känguruhst, er/sie/es känguruht; wir känguruhen, ihr känguruht, sie känguruhen

b Mögliche Fortsetzung:
Die Raupe kulifaniert und die Bäume blatterrattern im Wind. Im Gebüsch schlamatzt ein Igel einen fetten Wurm. Eine Drossel flötiert im Geäst. Der Fuchs jachtet Mäuse, aber die warpsen sich gegenseitig und darum muss der Fuchs leider schmungern. Ein Specht sackt nach Insekten hinter der Baumrinde. Der Wald lebegiert.

S. 164 Die Zeitformen des Verbs

S. 164 Das Präsens (die Gegenwart)

1 a/b grün: spaziert jeden Morgen, schnüffelt immer, gräbt

c/d lila: heute geht, hat an diesem Tag, guckt, beißt, versteht, möchte jetzt, in diesem Augenblick fasst
blau: morgen bekommt, danach macht

2 grün: passiert immer (Gewohnheit/Dauerzustand)
lila: passiert jetzt im Augenblick
blau: passiert erst in der Zukunft

3 Beispiellösung:
Heute gehe ich ins Kino, morgen machen wir einen Klassenausflug. (gerade/Zukunft)
Immer wenn es regnet, vergesse ich meinen Schirm. (Gewohnheit)
Ich kaufe mir jetzt ein Eis – das mache ich jeden Tag. (gerade/Gewohnheit)

11.1 Auf Schatzsuche – Wortarten kennen lernen

S. 165 Das Präteritum (die einfache Vergangenheit)

1 a/b Die Präsensformen der Verben passen nicht zu dem Geschehen in der Vergangenheit.

c Im 19. Jahrhundert <u>sammelte</u> man in Europa aus Spaß gerne Steine. Auch versteinerte Knochen und Zähne von Dinosauriern <u>befanden</u> sich unter den Fundstücken. Nur <u>wusste</u> niemand, um was für eine Art von Knochen es sich <u>handelte</u>.

2 fand – finden, ähnelten – ähneln, gehörten – gehören, erhielt – erhalten, bedeutete – bedeuten, interessierte – interessieren, sortierte – sortieren, nannte – nennen

3 Mögliche Lösung (die veränderten Verben und Zeitangaben sind unterstrichen):
Frau Müller <u>spazierte</u> jeden Morgen mit ihrem Dackel Kunibert im Wald. Kunibert <u>schnüffelte</u> im Laub immer mit großer Begeisterung nach Mäusen und <u>grub</u> große Löcher in den Waldboden. Auch <u>vor einigen Tagen</u> <u>ging</u> Frau Müller den gewohnten Weg. Kunibert <u>hatte</u> an diesem Tag aber keine Lust auf den Wald. Er <u>guckte</u> verdrießlich und <u>biss</u> in die Leine. Da <u>verstand</u> Frau Müller: Kunibert <u>wollte</u> jetzt lieber fressen. In diesem Augenblick <u>fasste</u> Frau Müller einen Entschluss:
<u>Am nächsten Tag</u> <u>bekam</u> Kuni seine erste Portion vor dem Spaziergang und eine zweite danach. <u>Dann machte</u> er ein feines Verdauungsschläfchen.

S. 166 Starke und schwache Verben werden unterschieden

1 Mögliche Ergänzung: Die Dinosaurier starben vor ca. 60 Millionen Jahren aus.

2 a übernahmen, war, fiel, wurden, wuchsen, entwickelten, gab, wurde, wog, lebten, entstanden

b/c Vorschlag für ein Tafelbild:

Grundform (Infinitiv)	Gegenwart (Präsens)	einfache Vergangenheit (Präteritum)	stark oder schwach
übernehmen	er/sie/es übernimmt	er/sie/es übernahm	stark
sein	er/sie/es ist	er/sie/es war	stark
fallen	er/sie/es fällt	er/sie/es fiel	stark
werden	er/sie/es wird	er/sie/es wurde	stark
wachsen	er/sie/es wächst	er/sie/es wuchs	stark
entwickeln	er/sie/es entwickelt	er/sie/es entwickelte	schwach
geben	er/sie/es gibt	er/sie/es gab	stark
wiegen	er/sie/es wiegt	er/sie/es wog	stark
leben	er/sie/es lebt	er/sie/es lebte	schwach
entstehen	er/sie/es entsteht	er/sie/es entstand	stark

3 a Der Vokal ändert sich bei allen Verben außer bei *entwickeln* und *leben*.

b/c Siehe Tabelle oben zu Aufgabe 2.

4 Beispiel für einen Rap:
ringen, rang, gerungen – Der Dino kam gesprungen.
fliegen, flog, geflogen – Das Mammut hat betrogen.
beißen, biss, gebissen – Das Nashorn will es wissen.
schwimmen, schwamm, geschwommen – Der Haifisch ist gekommen.
springen, sprang, gesprungen – Der Löwe hat gesungen.
sehen, sah, gesehen – Sie können alle gehen.

11 Grammatiktraining – Wortarten und Satzglieder unterscheiden

S. 167 Teste dich!

Diese Seite dient den Schülerinnen und Schülern zur Selbsteinschätzung ihres Lernstandes. Es werden Testpaare gebildet und jedem Partner eine Hälfte der Seite zugeteilt. Während Partner 1 die Lösungen auf der oberen Hälfte der Tabelle abdeckt und die Aufgaben mündlich löst, kontrolliert Partner 2 die Richtigkeit der Lösungen und vermerkt die falschen Antworten. Danach wird getauscht. Am Ende zählen beide ihre falschen Lösungen und verfahren wie bei Aufgabe 2 angegeben.
Variante: Die Schülerinnen und Schüler arbeiten die nicht richtig gelösten Aufgaben anhand der Seitenverweise in der rechten Spalte in Freiarbeit nach. Anschließend wird der Test noch einmal durchgeführt. Erst dann werden die Folgeseiten „Fordern und fördern" bearbeitet.

S. 169 Fordern und fördern – Rund um Wortarten

Je nach Testergebnis bearbeiten die Schülerinnen und Schüler die Doppelseiten mit dem niedrigeren oder höheren Niveau. Diejenigen, die aufgrund ihrer schlechteren Testergebnisse zunächst das niedrigere Niveau (Otfried Preussler: Die kleine Hexe) erarbeitet haben, können zur Festigung ihrer erworbenen Kenntnisse im Anschluss die Doppelseite mit dem höheren Niveau (Wolfgang Ecke: Die Geheimkonferenz) erarbeiten.
Siehe hierzu die Kopiervorlage (KV 1) zur weiteren Differenzierung.

11.2 Feuerstein und Co. – Satzglieder bestimmen

S. 172 Satzarten unterscheiden und anwenden

Siehe auch die **Folie** „Satzarten unterscheiden" auf der DVD-ROM.

1 a/b Alle mal herhören! → Ausruf; die Stimme wird am Satzende lauter.
Wer möchte Gletschereis mit Wildbeeren? → Frage; die Stimme hebt sich am Satzende.
Ich esse lieber Pilzeintopf. → Aussage; die Stimme senkt sich am Satzende.
Es gibt Mammutkeule für alle. → Aussage; die Stimme senkt sich am Satzende.
Gib mir bitte mal die Steinkarte! → Ausruf/Aufforderung; die Stimme wird am Satzende lauter.
Haben alle etwas bestellt? → Frage; die Stimme hebt sich am Satzende.

2 A – Aussage → Punkt   D – Ausruf → Ausrufezeichen
B – Frage → Fragezeichen   E – Frage → Fragezeichen
C – Ausruf → Ausrufezeichen   F – Aussage → Punkt
Je nach Betonung kann anstelle eines Ausrufezeichens auch ein Punkt gesetzt werden.

3 a/b Die in Spiegelschrift angegebenen Regeln lauten:
Nach einem Fragesatz setzt man ein Fragezeichen: *Könnte ich noch einen Wurzeltee bekommen?*
Nach einem Ausruf, einem Befehl oder einer Aufforderung setzt man ein Ausrufezeichen: *Einen Wurzeltee, bitte!*
Nach einem Aussagesatz setzt man einen Punkt: *Ich trinke Wurzeltee.*

S. 173 Wörter werden im Satz zu Satzgliedern

Siehe auch die **Folie** „Satzglieder bestimmen" auf der DVD-ROM.

1 Ein Verb wird zum Prädikat, wenn es im Satz verwendet wird und wenn ein Subjekt hinzutritt.

2 a–c Wir   fangen   mit der Angel   einen Fisch.
Einen Fisch   fangen   wir   mit der Angel.
Mit der Angel   fangen   wir   einen Fisch.

Um die Stellung des Prädikats an der zweiten Position im Aussagesatz ganz deutlich zu machen, sollte auf die Bildung eines Fragesatzes verzichtet werden.

3	Die Urzeitmenschen	bevölkerten	anfangs	den afrikanischen Kontinent.
	Den afrikanischen Kontinent	bevölkerten	anfangs	die Urzeitmenschen.
	Anfangs	bevölkerten	die Urzeitmenschen	den afrikanischen Kontinent.
	Anfangs	bevölkerten	den afrik. Kontinent	die Urzeitmenschen.

Entsprechend:
- Sie unterschieden sich in vielen Dingen vom heutigen Menschen.
  In vielen Dingen unterschieden sie sich vom heutigen Menschen.
  Vom heutigen Menschen unterschieden sie sich in vielen Dingen.
- Der Urzeitmensch hatte zum Beispiel ein kleineres Gehirn als der heutige Mensch.
  Zum Beispiel hatte der Urzeitmensch ein kleineres Gehirn als der heutige Mensch.
  Ein kleineres Gehirn als der heutige Mensch hatte zum Beispiel der Urzeitmensch.

S. 174 Wo steht das Prädikat?

 Siehe auch die **Folie** „Satzglieder bestimmen" auf der DVD-ROM.

1 Das Prädikat ändert im Aussagesatz nie seine Position. Es steht immer mit der flektierten Form an zweiter Stelle. – Sinnvollerweise verwendet man für dieses Experiment keine zusammengesetzten Prädikate.

2 unterscheidet, beginnt, fertigte, schlugen, erhielten

3 a Die Urzeitmenschen waren nicht so sauber wie wir heute.
Sie wuschen sich im Wasser der Flüsse und Seen. Seife kannten sie allerdings noch nicht.
Warmes Wasser hatten die Urzeitmenschen auch nicht.
Den Umgang mit Feuer lernten sie erst später. Sicherlich gab es viele Probleme mit Ungeziefer.
Das störte sie wahrscheinlich wenig. Die Menschen waren damals wesentlich unempfindlicher als wir.

4 a/b Das Prädikat „musste" ist allein nicht aussagekräftig und braucht eine Ergänzung, z. B.:
Der Mensch musste sich gegen die Natur schützen.
Der Mensch musste sich gegen die Natur verteidigen.
Das Prädikat besteht jetzt aus zwei Teilen. Der erste Teil („musste") steht an der zweiten Position des Satzes, der zweite Teil („schützen" bzw. „verteidigen") am Satzende.

5 suchten auf, hoben aus, deckten ab, wurden vergrößert, bauten auf, stellten gegeneinander, warfen darüber

6 Englisch: I switch my mobile off. – Ich schalte mein Handy aus.

S. 175 Wer oder was? Das Subjekt

1 a/c Der Urzeitmensch ernährte sich von allem, was er fand.
Unsere Vorfahren folgten einer klaren Arbeitsteilung.
Die Männer gingen auf die Jagd und brachten das Fleisch der erlegten Tiere nach Hause.
Die Frauen blieben bei den Kindern. Ihre Lebensgrundlage bildeten ebenso Beeren, Früchte, Wurzeln und Nüsse.
In allen Fällen muss die Frage „Wer oder was …?" gestellt werden.

2 a/b Beispiellösung:
viele Höhlen – Wohnungen in Hochhäusern
geflügelte Speere – Flugzeuge
schreckliche Knallstöcke – Gewehre
fürchterliches Gebrüll – laute Rockmusik
stinkende Kästen – Autos
riesige Schlangen – Eisenbahn/U-Bahn

c Viele Wohnungen liegen in Hochhäusern übereinander.
Flugzeuge dienen den Menschen dazu, über Land und Meer zu gelangen.
Gewehre dienen den Menschen bei der Jagd.
Durch Knöpfe in ihren Ohren rauscht laute Rockmusik.
Autos rollen auf runden Scheiben von selbst die Hügel hinauf.
Unter und über der Erde rasen Eisenbahnen und U-Bahnen zu Menschen, die warten.

Zusatzaufgabe: Formuliert die Sätze so um, dass sie als Beschreibung unseres Lebens heute in der Zeitung stehen könnten. Bestimmt anschließend die Subjekte in euren Sätzen.
Beispiellösung:
In Hochhäusern liegen viele Wohnungen übereinander.
Menschen reisen in Flugzeugen über Meere und Kontinente.
Jäger benutzen Gewehre bei der Jagd.
Junge Menschen genießen über Ohrhörer oft laute Rockmusik.
Autos und LKWs fahren auf Rädern wie von selbst bergauf.
Eisenbahnen und U-Bahnen befördern viele Menschen über und unter der Erde.

S. 176 Wem, wen oder was? Das Objekt

1 Beispiellösung:
Dem Steinzeitjugendlichen bieten wir fetzige Büffelfell-Taschen.
Dem kreativen Kreidekünstler vermitteln wir gern unbemalte Höhlenwände.

2 a/b Wir   bieten   der Steinzeitlady   die entzückenden Mammut-Zottelumhänge.
       Wer oder was? Was tut?   Wem?   Wen oder was?

       Wir   bieten   dem verwöhnten Höhlenbaby   die weichsten Hirschhaut-Windeln.
       Wer oder was? Was tut?   Wem?   Wen oder was?

c Die Frage nach dem letzten Satzglied, dem Akkusativobjekt, lautet: „Wen oder was?"
(Die Frage nach dem vorletzten Satzglied, dem Dativobjekt, lautet: „Wem?")

3 Wer oder was? → Subjekt; Was tut? → Prädikat;
Wem? → Dativobjekt; Wen oder was? → Akkusativobjekt

4 Mögliche Werbesätze:
Kindermoden! Wir bieten:
− dem wagemutigen Säugling einen rasanten Kinderwagen,
− dem künftigen Meistersprinter die erfolgreichen Lauflernschuhe,
− dem Lieblingsenkel den Strampelanzug im Partnerlook mit Omas Jogginghose,
− dem Butterkeksfreund die krümelfeste Umhängetasche für den Kindergarten.

S. 177 Mit der Ersatzprobe Texte verbessern

1 a Der Text wirkt durch die Wiederholungen langweilig, einförmig und wie eine Aufzählung.
b Vorschlag für ein Tafelbild:

Häufig vorkommende Wörter	Ersatzmöglichkeiten
die Urmenschen	sie/die Menschen der Steinzeit
ein Urmensch	der/ein Steinzeitmensch
des Urmenschen	sein/seine
dem Urmenschen	ihm

11.2 Feuerstein und Co. – Satzglieder bestimmen

2 Wenn es den Schülerinnen und Schülern schwerfällt, passende Ersatzwörter zu finden, kann an der Tafel eine Auswahlliste mit Wörtern in bunter Reihenfolge als Arbeitshilfe angeboten werden.
Beispiel für einen verbesserten Text:
Vor ungefähr 700 000 Jahren entdeckten die Urmenschen das Feuer. <u>Es</u> war auch vorher schon da gewesen und <u>sie</u> hatten <u>davor</u> immer große Angst gehabt. Wenn irgendwo ein Blitz einschlug, flohen Menschen und Tiere vor <u>den Flammen</u>.
Irgendwann wagte ein mutiger Steinzeitmann, das Feuer zu nutzen. Er brachte <u>es</u> zu <u>seiner</u> Höhle. Vor der Höhle legte er in einem Steinkreis eine Feuerstelle an. Jetzt konnten sich die Menschen daran wärmen.

S. 178 Teste dich!

Diese Seite dient den Schülerinnen und Schülern zur Selbsteinschätzung ihres Lernstandes. Es werden Testpaare gebildet und jedem Partner eine Hälfte der Seite zugeteilt. Während Partner 1 die Lösungen auf der oberen Hälfte der Tabelle abdeckt und die Aufgaben mündlich löst, kontrolliert Partner 2 die Richtigkeit der Lösungen und vermerkt die falschen Antworten. Danach wird getauscht. Am Ende zählen beide ihre falschen Lösungen und verfahren wie bei Aufgabe 2 angegeben.
Variante: Die Schülerinnen und Schüler arbeiten die nicht richtig gelösten Aufgaben anhand der Seitenverweise in der rechten Spalte in Freiarbeit nach. Anschließend wird der Test noch einmal durchgeführt. Erst dann werden die Folgeseiten „Fordern und fördern" bearbeitet.

S. 179 Fordern und fördern – Rund um Satzglieder

Je nach Testergebnis verfahren die Schülerinnen und Schüler wie auf Seite 232 in diesen Handreichungen beschrieben. Da die Lösungen zu den Differenzierungsaufgaben aus Platzgründen nicht im Schülerband abgedruckt werden konnten, werden sie hier und auf der DVD-ROM als Kopiervorlagen (KV 6, Seite 1 u. 2) angeboten. Weiteres Differenzierungsmaterial siehe die **Kopiervorlagen 4** „Satzglieder erkennen und bestimmen" und **5** „Satzglieder erkennen und umstellen".

S. 179 Lösungshinweise ●○○

1 a Die Begriffe lauten: umstellt, Umstellprobe, Satzglieder.
   b Drei Satzglieder: Der Hund – frisst – Fleisch.
   c Beispiel: Die Katze – trinkt – Milch. Milch trinkt die Katze. Trinkt die Katze Milch?

2 a Die Begriffe lauten: Ersatzprobe, Nomen, Verben.
   b Der Hund frisst Fleisch. <u>Er</u> mag <u>es</u> sehr gern.

3 a

A	Der Hund	stiehlt	dem Metzger	einen Knochen.
	<u>Subjekt</u>	<u>Prädikat</u>	<u>Dativobjekt</u>	<u>Akkusativobjekt</u>
B	Viele Köche	verderben	den Brei.	
	<u>Subjekt</u>	<u>Prädikat</u>	<u>Akkusativobjekt</u>	
C	Der Lehrer	schreibt	die Noten	auf.
	<u>Subjekt</u>	**Prädikat 1**	<u>Akkusativobjekt</u>	**Prädikat 2**

   b Beispiellösungen:

A	Peter	trägt	seiner Oma	die Einkaufstasche.
	Opa	kauft	Nina	neue Joggingschuhe.
B	Der frühe Vogel	fängt	den Wurm.	
	Lügen	haben	kurze Beine.	
C	Das Pferd	frisst	den Hafer	auf.
	Hugo	schreibt	die Hausaufgaben	ab.

235

4 Lösungsvorschlag:
Bertl galoppierte durch die Wohnung und die Zimmer. Besonders der hellgraue Teppich in Vaters Arbeitszimmer schien ihm zu gefallen. Immer wieder legte er sich darauf und streckte alle Viere von sich. Vater verscheuchte ihn schließlich. Da raste Bertl in die Küche und warf mit einem enormen Lärm ein paar Töpfe um, als er versuchte, in den Küchenschrank einzubrechen.

S. 180 Lösungshinweise •••

1 a Die ergänzten Begriffe lauten: umstellt, Umstellprobe, Satzglieder.

b Drei Satzglieder: Der Kater – jagt – eine Maus.

c Beispiel: Der Bär fängt Fische. Fische fängt der Bär. Fängt der Bär Fische?

2 a Die ergänzten Begriffe lauten: Ersatzprobe, Nomen, Verben.

b Die Katze rennt vor dem Hund weg. <u>Sie</u> hat Angst vor <u>ihm</u>.

3 a
A	Der Schüler	zeigt	dem Lehrer	seine Hausaufgaben.
	<u>Subjekt</u>	<u>Prädikat</u>	<u>Dativobjekt</u>	<u>Akkusativobjekt</u>
B	Der Schüler	schreibt	die Matheaufgaben	ab.
	<u>Subjekt</u>	**Prädikat 1**	<u>Dativobjekt</u>	**Prädikat 2**
C	Der Freund	leiht	der Freundin	sein Lineal.
	<u>Subjekt</u>	<u>Prädikat</u>	<u>Dativobjekt</u>	<u>Akkusativobjekt</u>

b
A	Peter	trägt	seiner Oma	die Einkaufstasche.
	Opa	kauft	Nina	neue Joggingschuhe.
B	Das Pferd	frisst	den Hafer	auf.
	Hugo	schreibt	die Hausaufgaben	ab.
C	Die Kuh	gibt	dem Menschen	Milch.
	Lea	schenkt	ihrer Mutter	einen Blumenstrauß.

4 Lösungsvorschlag:
Als Betti und ich aus der Schule kamen, bauten wir eine Hütte. Ich hatte bei unserem Gemüsehändler dafür drei Kisten besorgt. Diese zerlegte ich in Bretter, die ich dann wieder neu zusammennagelte. Betti hatte in einem Baugeschäft Sägespäne gekauft. Die wollten wir auf den Boden der Hütte schütten. Wir stritten uns. Wir wollten beide die Späne verteilen.

11.3 Fit in …! – Texte überarbeiten

S. 181 Beispiel 1: Einen Text mit Hilfe von Proben überarbeiten

1 Denkbar ist auch, die herausgeschriebenen Sätze zusätzlich umformulieren zu lassen, indem man den Satzanfang vorgibt (unterstrichen), z. B.: <u>Die Aufgabe verlangt von mir Folgendes: Ich soll</u> den Text verbessern, <u>indem ich</u> ihn überarbeite. <u>Dabei soll ich</u> die Umstellprobe und die Ersatzprobe anwenden.

2 Mögliche Lösung:
Verbringt ihr in diesem Jahr eure Sommerferien zu Hause?
Ihr habt für diese schulfreie Zeit noch nichts geplant?
Zu diesem Thema haben wir für euch einige Tipps zusammengestellt.
Als Erstes bietet euch unsere Stadt ein buntes Ferienprogramm mit vielen Veranstaltungen und Festen.
Daraus könnt ihr eure Wunschangebote selbst auswählen.
Ihr dürft nur die Anmeldung nicht vergessen!
Aber auch ohne Ferienprogramm könnt ihr viel Spaß haben.
Unser Freibad besitzt einen neuen Sprungturm und ein großes Badmintonfeld.

Im Kino wird ein spannendes Programm gezeigt.
Jeder von euch kann in unserer Stadt das passende Angebot finden.
Macht etwas aus euren Sommerferien!

S. 182 Beispiel 2: Einen Text in die richtige Zeitform setzen

 b Mögliche Erklärung: Wir sollen den Text überarbeiten, indem wir ihn aus der Gegenwartsform in die Vergangenheitsform setzen.

 a/b ist → war, entdecken → entdeckten, sitzen → saßen, bemerken → bemerkten, liegen → lagen, läuft → lief, ist → war, nehmen → nahmen, halten → hielten, lernen → lernten, stellen → stellten, suchen → suchten, erhitzt → erhitzte, kühlt → kühlte, lockert → lockerte, können → konnten, schmelzen → schmelzten, gießen → gossen, fertigen → fertigten, brauchen → brauchten

Material zu diesem Kapitel

Abweichend von den anderen Kapiteln der Handreichungen werden hier in Einzelfällen methodische Alternativen (nur auf der DVD-ROM) angeboten. Diese inhaltlich nahezu identischen Arbeitsblätter verlangen häufig mehr Bearbeitungszeit und sind nicht nach dem Prinzip der Paralleldifferenzierung aufgebaut. Vielmehr ergeben die Übungstexte in den meisten Fällen einen zusammenhängenden Text, der auf einer separaten Kopiervorlage zu finden ist und auch als Diktat oder zur Übung des sinngestaltenden Vorlesens verwendet werden kann.

Klassenarbeit
– Einen Text überarbeiten: Wildschwein „Fritz" (KA 1; mit Bewertungsbogen auf der DVD-ROM)
– Einen Text überarbeiten: Eine Tafel Schokolade (KA 2; mit Bewertungsbogen auf der DVD-ROM)
– Die *Alternative* (KA 2A; nur auf der DVD-ROM) legt einen zusätzlichen Schwerpunkt auf die Wortschatzerweiterung (Tabellenarbeit) und erfordert mehr Bearbeitungszeit. Sie ist daher eher für leistungsstärkere Schülerinnen und Schüler geeignet.

Fordern und fördern
– Rund um Wortarten: Otfried Preußler: Die kleine Hexe (KV 1; ●●● und ●●○ mit Lösungshinweisen auf der DVD-ROM)
Die im Schülerband auf S. 168 ff. abgedruckte ●○○-Fassung mit Lösungen befindet sich in einer einfarbigen Version als Kopiervorlage auf der DVD-ROM). Die Niveaus ●●● und ●○○ bieten eine Paralleldifferenzierung; alle drei Arbeitsblätter stimmen in der Textgrundlage der Übungen mit dem Schülerband, S. 168 f. überein.
Die *Alternative* (KV 1A) ist für leistungsstärkere Schülerinnen und Schüler geeignet. Sie bietet als Lösungstext für alle drei Niveaus den *gesamten* Textauszug aus Otfried Preußlers „Die kleine Hexe" an, der die Zusammenfassung aller Übungstexte darstellt. Die Schülerinnen und Schüler suchen die zur jeweiligen Aufgabe gehörende Textpassage und gleichen sie mit ihrer Lösung ab. Soweit dieses Verfahren auf einzelne Aufgaben nicht anzuwenden ist, werden (Beispiel-)Lösungen angegeben.
– Wortarten erkennen und verwenden (KV 2; ○○○ mit Lösungshinweisen auf der DVD-ROM)
– Adjektive beziehen sich auf Nomen (KV 3; ●●●, ●●○ und ○○○ mit Lösungshinweisen auf der DVD-ROM)
Die *Alternative* (KV 3A) wird für die Niveaustufen ●●●, ●●○ und ●○○ mit Lösungshinweisen angeboten. Die Übungen aller drei Kopiervorlagen ergeben einen zusammenhängenden Text.
– Satzglieder erkennen und bestimmen: Räumungsverkauf wegen Höhlenaufgabe (KV 4; ●●○ und ●○○ mit Lösungshinweisen auf der DVD-ROM)
– Satzglieder erkennen und umstellen (KV 5; ○○○ mit Lösungshinweisen auf der DVD-ROM)
Die *Alternative* (KV 5A) umfasst zwei Seiten und erfordert mehr Bearbeitungszeit.

Rund um Satzglieder (Ergänzend zum Schülerband, S. 179 f., KV 6; nur auf der DVD-ROM):
Lösungshinweise, die aus Platzgründen nicht in den Schülerband aufgenommen wurden

Diagnose
– Wortarten bestimmen (KV 7; mit Lösungshinweisen und Förderempfehlung auf der DVD-ROM)
– Satzglieder bestimmen (KV 8; mit Lösungshinweisen und Förderempfehlung auf der DVD-ROM)

11 Grammatiktraining – Wortarten und Satzglieder unterscheiden

PPT-Folien (auf der DVD-ROM)
- Wortarten: Rund um das Nomen
- Wortarten: Rund um das Verb
- Satzarten unterscheiden
- Satzglieder bestimmen

Deutschbuch Arbeitsheft 5
- Wortarten – Von Piraten und anderen wilden Wesen, S. 39–52
  Nomen verwenden; Das Nomen und der bestimmte Artikel; Das Nomen und das grammatische Geschlecht (Genus); Nomen im Singular (Einzahl) oder Plural (Mehrzahl); Die vier Fälle des Nomens – Die Kasus; Nomen – Allein auf der Insel (Teil 1 ●○○ und Teil 2 ●●●); Personalpronomen verwenden; Adjektive verwenden; Adjektive steigern; Verben verwenden; Teste dich! – Wortarten
- Das Tempus des Verbs – Reisen in der Zeit, S. 53–61
  Das Präsens verwenden; Das Perfekt verwenden; Das Perfekt verwenden – Der Taucher (Teil 1 ●○○ und Teil 2 ●●●); Das Präteritum verwenden; Starke und schwache Verben; Das Präteritum verwenden – Die Dinosaurier (Teil 1 ●○○ und Teil 2 ●●●); Teste dich! – Das Tempus
- Satzarten unterscheiden – Abenteuer Steinzeit, S. 62
- Satzglieder ermitteln – Abenteuer Forschung, S. 63–73
  Die Umstellprobe; Mit Satzgliedern umgehen – Leben in der Steinzeit (Teil 1 ●○○); Das Präteritum verwenden – Leben in der Steinzeit (Teil 2 ●●●); Das Prädikat bestimmen; Die Prädikatsklammer; Subjekte verwenden; Akkusativobjekte und Dativobjekt unterscheiden; Objekte verwenden – Abenteuer Tauchen (Teil 1 ●○○ und Teil 2 ●●●)
- Texte überarbeiten, S. 74–77
  Die Umstellprobe; Die Ersatzprobe; Teste dich! – Satzglieder
- Trainingsmöglichkeiten bietet auch die Übungssoftware auf der CD-ROM zum „Deutschbuch Arbeitsheft".

Klassenarbeit – Einen Text überarbeiten

Aufgabenstellung

1. a Lies die Geschichte sorgfältig durch.
     Unterstreiche alle Personen und Tiere, die darin vorkommen.
   b Schreibe alle Informationen über Fritz in Stichworten heraus. Setze dabei alle Prädikate ins Präteritum, z. B.:
     – *junges Wildschwein*
     – *wurde im Tierheim abgegeben*
     – …

2. Fritz schreibt seine Lebensgeschichte auf. Natürlich berichtet er auch von Dunja.
   Was schreibt er wohl? Verwende das Präteritum. Du kannst so beginnen:
   Im Tierheim war eine besonders nette Hündin namens Dunja. Ich …

3. Der unten abgedruckte Text enthält viele Wiederholungen.
   Überarbeite <u>den ersten und den zweiten Absatz</u> mit Hilfe der Ersatzprobe so, dass möglichst keine Wiederholungen übrig bleiben. Du kannst die Sätze dabei auch anders formulieren.
   Tipp: Das männliche Wildschwein heißt „Keiler".

4. Zähle alle Wörter, die du geschrieben hast: _____ Wörter.

5. Schreibe deinen Namen auf dieses Blatt und gib es mit ab.

Wildschwein „Fritz"

Vor einigen Jahren wurde im Tierheim ein junges Wildschwein abgegeben, das den Namen „Fritz" erhielt. Fritz fand das Tierheim toll. Besonders toll fand Fritz die Fußmatte vor der Tierheimtür. Wenn die Tierheimtür offen war, galoppierte Fritz eilig hin. Fritz lag gern auf der Fußmatte. Das lag daran, dass die Fußmatte so schön nach Waldboden roch. Leider lag Fritz auf der Fußmatte allen im Weg.

Glücklicherweise gab es im Tierheim eine freundliche Hündin namens Dunja. Dunja kümmerte sich gern um junge Tiere, die es ja immer wieder im Tierheim gab. So kümmerte sie sich auch um Fritz. Dunja legte sich neben Fritz auf die Matte, Dunja wärmte Fritz und passte auf Fritz auf, wenn Fritz auf der Matte einschlief. Fritz durfte sogar mit Dunja zusammen Gassi gehen. Dann ging Dunjas Frauchen mit Fritz und Dunja in den Wald und Dunja passte auf, dass

Fritz nicht aus Versehen in die falsche Richtung ging.

Fritz wurde ein großes, kräftiges Wildschwein. Im Tierheim konnte er nicht bleiben. Deshalb musste Dunjas Frauchen für ihn einen neuen Platz suchen. Fritz zog schließlich in ein Wildschweingehege ein, in dem schon ein anderes zahmes Wildschwein namens Friederike lebte. Fritz und Friederike freundeten sich schnell an und im Jahr darauf wuselten viele neue kleine Wildschweine um die beiden herum.

Klassenarbeit – Einen Text überarbeiten

Aufgabenstellung

Ute hat für ihre Gegenstandsbeschreibung keine gute Note bekommen. Ihr Text enthält zu viele Wiederholungen und er steht in der falschen Zeitform.
Du sollst ihr bei der Verbesserung helfen. Gehe so vor:

1. a Unterstreiche alle Wörter, die sich auffällig oft wiederholen, in blauer Farbe.
   b Finde anschließend mit Hilfe der Ersatzprobe Wörter, die du stattdessen verwenden kannst. Notiere diese neuen Wörter über den unterstrichenen Wörtern.

Eine Tafel Schokolade

Die Schokolade war von der Firma Milka. Die Packung war aus Plastikpapier. Die Packung war rechteckig. Die Farbe der Packung war lila. Auf der Verpackung war vorne eine lila-weiß gescheckte Kuh, die auf einer Bergwiese war. Daneben war eine große Milchkanne voll Milch. Über der Kuh war der Name „Milka" in weißen Buchstaben. Rechts neben der Kuh stand „Vollmilch". Auf der Rückseite der

5 Verpackung stand in kleinen schwarzen Buchstaben, aus welchen Bestandteilen die Schokolade bestand. Die Bestandteile waren in mehreren Sprachen.

Die Ränder der Verpackung klebten rechts und links an den kurzen Seiten zusammen. Auch auf der Rückseite der Verpackung war eine Klebenaht. Dort konnte man die Verpackung ganz leicht aufreißen. Innen war das Verpackungspapier weiß.

10 Die Schokolade in der Verpackung war hellbraun und roch nach Vollmilchschokolade. Die Schokoladentafel war durch Vertiefungen in fünf Riegel aufgeteilt. Jeder Riegel war in drei Stücke aufgeteilt. An den Vertiefungen konnte man die Schokoladenstücke gut abbrechen.

Die Schokoladentafel war 7 cm breit und 20 cm lang. Die Schokoladentafel war 100 g schwer.

2. Unterstreiche alle Prädikate in Utes Text grün.
   In welcher Zeitform stehen sie? Die Prädikate stehen alle im _____.

3. Schreibe nun Utes Gegenstandsbeschreibung neu.
   Ersetze dabei die Wiederholungswörter und schreibe im Präsens.
   Tipps: Du kannst die Sätze umformulieren.
   Achte darauf, dass du das Aussehen des Gegenstands nicht veränderst.

4. Zähle alle Wörter, die du geschrieben hast: _____ Wörter.

5. Schreibe deinen Namen auf dieses Blatt und gib es mit ab.

Rund um Wortarten

Otfried Preußler
Die kleine Hexe

Es war einmal eine kleine Hexe, die war erst einhundertsiebenundzwanzig Jahre alt, und das ist ja für eine echte Hexe noch gar kein Alter. Sie wohnte in einem einsamen Hexenhaus, das stand
5 im tiefen Wald. Weil es nur einer kleinen Hexe gehörte, war auch das Hexenhaus nicht besonders groß. Der kleinen Hexe genügte es aber, sie hätte sich gar kein schöneres Hexenhaus wünschen können.

1 Schreibe aus dem Text alle Nomen, Verben, Adjektive, Artikel und Personalpronomen heraus.

Die kleine Hexe besaß einen schwarzen Raben, der sprechen konnte. Das war der Rabe Abraxas. Er konnte nicht nur „Guten Morgen" und „Guten Abend" krächzen wie ein gewöhnlicher Rabe,
5 der sprechen gelernt hat, sondern auch alles andere.
Die kleine Hexe hielt große Stücke auf ihn, weil er ein ausnehmend weiser Rabe war, der ihr in allen Dingen die Meinung sagte und nie ein Blatt
10 vor den vorlauten Schnabel nahm.

Etwa sechs Stunden am Tage verbrachte die kleine Hexe damit, sich im Hexen zu üben. Das Hexen ist keine einfache Sache. Wer es im Hexen zu etwas bringen will, darf nicht faul sein. Er muss zuerst alle kleineren Hexenkunststücke 15 lernen – und später die großen. Seite für Seite muss er das dicke Hexenbuch durchstudieren, und keine einzige Aufgabe darf er dabei überspringen.

2 Übertrage den Text in dein Heft.
Schreibe dabei alle Nomen im Nominativ grün, im Dativ braun und im Akkusativ rot.

3 Formuliere über die kleine Hexe drei Sätze, die jeweils ein Nomen im Nominativ, im Genitiv, im Dativ und im Akkusativ enthalten.

Die kleine Hexe **war** erst auf Seite 213 des Hexenbuches. Sie ? gerade das Regenmachen. Sie ? auf der blauen Bank vor dem Backofen, ? das Hexenbuch auf die Knie gelegt und
5 ? . Der Rabe Abraxas ? neben ihr.

„Du *sollst* einen Regen machen", ? er vorwurfsvoll, „und was ? du? Beim ersten Mal ? du es weiße Mäuse regnen, beim zweiten Mal grüne Frösche."

4 Schreibe den Text ab und setze die Verben aus dem Wortspeicher an passender Stelle ein.
Probiere dabei aus, ob das Verb im Präsens oder im Präteritum besser passt.
Tipps: An zwei Stellen sind die Verbformen schon eingesetzt, um dir zu helfen.
Achte auch darauf, dass manche Wörter und Fragezeichen *schräg* oder **fett** gedruckt sind.

~~sollen~~ – *hexen* – lassen
~~sein~~ – üben – sitzen – haben – hexen – sitzen – krächzen

Da ? die kleine Hexe beim nächsten Mal, einen Regen zu machen. Sie ? eine dicke Wolke am Himmel aufsteigen, ? sie näher und ? , als die Wolke genau über ihr ? : „Regen!" Die Wolke ? auf, und es ? – Buttermilch.

„Buttermilch!", ? Abraxas, „ ? du vollkommen übergeschnappt? Was ? du denn noch alles regnen lassen? Wäscheklammern vielleicht? Oder Schusternägel? Wenn es doch wenigstens leckere Brotkrümel oder Rosinen wären!"

Aus: Otfried Preußler „Die kleine Hexe" © by Thienemann Verlag (Thienemann Verlag GmbH), Stuttgart/Wien. www.thienemann.de

rufen – stehen – reißen – sein – versuchen – lassen – winken – wollen – regnen – kreischen

5 Schreibe den Text ab und ergänze die Lücken mit dem passenden Verb in der richtigen Zeitform.
Tipp: Zwei Verben stehen im Präsens.

6 Schreibe zu der Geschichte einen passenden Schluss.
Verwende dabei alle Wörter aus dem Zauberstab der kleinen Hexe.

7 Prüfe, ob du die Aufgaben richtig gelöst hast.

Rund um Wortarten

Otfried Preußler
Die kleine Hexe

Es war einmal eine kleine Hexe, die war erst einhundertsiebenundzwanzig Jahre alt, und das ist ja für eine echte Hexe noch gar kein Alter. Sie wohnte in einem einsamen Hexenhaus, das stand im tiefen Wald. Weil es nur einer kleinen Hexe gehörte, war auch das Hexenhaus nicht besonders groß. Der kleinen Hexe genügte es aber, sie hätte sich gar kein schöneres Hexenhaus wünschen können.

1 Schreibe aus dem Text folgende Wörter heraus:
– jeweils 5 Nomen, Verben, Adjektive und Artikel
– alle Personalpronomen

R	G	T	O	G	U	T	H	W	G
L	O	I	X	E	H	V	K	E	K
G	S	C	H	W	A	R	Z	I	L
S	I	Q	U	Ö	T	N	Q	S	E
G	J	M	F	H	A	L	L	E	I
U	A	A	H	N	K	L	E	I	N
T	V	O	R	L	A	U	T	T	W
K	V	J	N	I	G	R	O	S	S
E	Q	V	T	C	W	S	I	A	U
R	Q	F	L	H	P	L	D	W	X

(Die Zahlen geben die Anzahl der Buchstaben des gesuchten Wortes an. Beachte: ss = ß)

Die (6) Hexe besaß einen (9) Raben, der sprechen konnte. Das war der Rabe Abraxas. Er konnte nicht nur „(5) Morgen" und „(5) Abend" krächzen wie ein (12) Rabe, der sprechen gelernt hat, sondern auch alles andere. Die (6) Hexe hielt (5) Stücke auf ihn, weil er ein ausnehmend (6) Rabe war, der ihr in (5) Dingen die Meinung sagte und nie ein Blatt vor den (9) Schnabel nahm.

2 In diesem Wortgitter sind waagerecht und senkrecht insgesamt 10 Adjektive versteckt. Schreibe den Text ab und setze die Adjektive in der richtigen Form ein.

Etwa sechs Stunden am Tage verbrachte die kleine Hexe damit, sich im Hexen zu üben. Das Hexen **sein** keine einfache Sache. Wer es im Hexen zu etwas bringen **wollen**, **dürfen** nicht faul sein. Er **müssen** zuerst alle kleineren Hexenkunststücke lernen – und später die großen. Seite für Seite **müssen** er das dicke Hexenbuch durchstudieren, und keine einzige Aufgabe **dürfen** er dabei überspringen.

3 Setze die unterlegten Infinitive in die richtige Präsensform.

? war erst auf Seite 213 ? . Sie übte gerade ? . Sie saß auf ? vor ? , hatte das Hexenbuch auf ? gelegt und hexte. Der Rabe Abraxas saß ? .

Die kleine Hexe – das Hexenbuch – das Regenmachen – die blaue Bank – der Backofen – die Knie – neben sie

4 Ergänze die Lücken mit den Wortgruppen aus dem Wortspeicher. In welchen Fall (Kasus) hast du die Wortgruppen jeweils gesetzt?

„Du _____ einen Regen machen", _____ er vorwurfsvoll, „und was _____ du?

Beim ersten Mal _____ du es weiße Mäuse regnen, beim zweiten Mal grüne Frösche."

Da _____ die kleine Hexe beim nächsten Mal, einen Regen zu machen. Sie _____

eine dicke Wolke am Himmel aufsteigen, _____ sie näher und _____, als die Wolke

genau über ihr _____: „Regen!"

Die Wolke _____ auf, und es _____ – Buttermilch.

„Buttermilch!", _____ Abraxas, „_____ du vollkommen übergeschnappt?

Was _____ du denn noch alles regnen lassen? Wäscheklammern vielleicht? Oder Schuster-

nägel? Wenn es doch wenigstens leckere Brotkrümel oder Rosinen wären!"

Aus: Otfried Preußler „Die kleine Hexe" © by Thienemann Verlag (Thienemann Verlag GmbH), Stuttgart/Wien. www.thienemann.de

5 Ergänze die Lücken mit den passenden Verben aus dem Wortspeicher.
Verwende sie im Präsens oder Präteritum, wie angegeben.

> **Präsens:** lassen – hexen – sein – sollen – wollen
>
> **Präteritum:** winken – regnen – kreischen – versuchen – stehen – reißen – lassen – krächzen – rufen

6 Schreibe zu der Geschichte einen passenden Schluss.
Verwende dabei möglichst viele Wörter aus dem Zauberstab der kleinen Hexe.

7 Prüfe, ob du die Aufgaben richtig gelöst hast.

Rund um Wortarten

Otfried Preußler
Die kleine Hexe

Es war einmal eine kleine Hexe, die war erst einhundertsiebenundzwanzig Jahre alt, und das ist ja für eine echte Hexe noch gar kein Alter. Sie wohnte in einem einsamen Hexenhaus, das stand im tiefen Wald. Weil es nur einer kleinen Hexe gehörte, war auch das Hexenhaus nicht besonders groß. Der kleinen Hexe genügte es aber, sie hätte sich gar kein schöneres Hexenhaus wünschen können.

1 Schreibe aus dem Text für jede der folgenden Wortarten mindestens zwei Beispiele heraus:
A Nomen: He… **B** Verben: wa… **C** Adjektive: kl… **D** Artikel: … **E** Personalpronomen: S…

Die ? Hexe besaß einen ? Raben, der sprechen konnte. Das war der Rabe Abraxas. Er konnte nicht nur „Guten Morgen" und „Guten Abend" krächzen wie ein ? Rabe, der sprechen gelernt hat, sondern auch alles andere. Die ? Hexe hielt ? Stücke auf ihn, weil er ein ausnehmend ? Rabe war, der ihr in ? Dingen die Meinung sagte und nie ein Blatt vor den ? Schnabel nahm.

Etwa sechs Stunden am Tage ? die kleine Hexe damit, sich im Hexen zu üben. Das Hexen ? keine einfache Sache. Wer es im Hexen zu etwas bringen ? , ? nicht faul sein. Er ? zuerst alle kleineren Hexenkunststücke lernen – und später die großen. Seite für Seite ? er das dicke Hexenbuch durchstudieren, und keine einzige Aufgabe ? er dabei überspringen.

2 Schreibe den Text ab und setze die folgenden Wörter an den passenden Stellen ein:

> vorlauten – kleine – schwarzen – weiser – ist – gewöhnlicher – große – kleine
> allen – verbrachte – darf – muss – will – muss – darf

3 Erfinde mit Hilfe der Wörter drei Sätze (A–C) und bestimme die Fälle (Kasus), z. B.:

<u>Die kleine Hexe</u> übte <u>das Regenmachen</u> nach <u>der Seite 213</u> des Hexenbuchs.

Nominativ Akkusativ Dativ Genitiv

A die Welt nicht mehr – verstand – der Rabe Abraxas

B die Seite 213 – den Regen – der kleinen Hexe – half – des Zauberbuchs – herbeizuzaubern

C die kleine Hexe – einen Regenschauer – zeigte – dem Raben – herbeizauberte – wie man

11 Grammatiktraining – Wortarten und Satzglieder unterscheiden

Die kleine Hexe <u>ist</u> erst auf Seite 213 des Hexenbuches. Sie <u>übt</u> gerade das Regenmachen. Sie <u>sitzt</u> auf der blauen Bank vor dem Backofen, <u>hat</u> das Hexenbuch auf die Knie gelegt und <u>hext</u>. Der Rabe Abraxas <u>sitzt</u> neben ihr.

„Du sollst einen Regen machen", <u>krächzt</u> er vorwurfsvoll, „und was hext du? Beim ersten Mal lässt du es weiße Mäuse regnen, beim zweiten Mal grüne Frösche."

4 Schreibe den Text in der Vergangenheitsform in dein Heft: *Die kleine Hexe w…*

Da versuchen die kleine Hexe beim nächsten Mal, einen Regen zu machen. Sie lassen eine dicke Wolke am Himmel aufsteigen, winken sie näher und rufen, als die Wolke genau über ihr stehen: „Regen!"
Die Wolke reißen auf, und es regnen – Buttermilch.

„Buttermilch!", kreischen Abraxas, „<u>sein</u> du vollkommen übergeschnappt? Was <u>wollen</u> du denn noch alles regnen lassen? Wäscheklammern vielleicht? Oder Schusternägel? Wenn es doch wenigstens leckere Brotkrümel oder Rosinen wären."

Aus: Otfried Preußler „Die kleine Hexe" © by Thienemann Verlag (Thienemann Verlag GmbH), Stuttgart/Wien. www.thienemann.de

5 Setze die unterlegten Grundformen (Infinitive) in die einfache Vergangenheit (Präteritum) und die unterstrichenen Grundformen in die Gegenwartsform (Präsens).

6 Schreibe zu der Geschichte einen passenden Schluss.
Verwende für deinen Schluss mindestens 5 der folgenden Wörter.

Glück Löffel Nebel Stimme Ziel endlich ruhig still anfangen aufpassen fragen helfen rühren sprechen hoffentlich zuletzt

7 Prüfe mit Hilfe der Lösungen, ob du die Aufgaben 1 bis 5 richtig gelöst hast.

Wortarten erkennen und verwenden

1. Zwei Wörter sind unterstrichen. Warum verwendet das Kind das Wort **der** für den Schimpansen Charlie aus dem Fernsehen und das Wort **ein** für den Affen aus dem Zoo?

   Charlie ist be_____, der Affe rechts ist dagegen _____.

2. *Der*, *die*, *das* oder *ein*, *eine*? Ergänze die Tabelle mit den folgenden Wortgruppen:

   Auto von Peters Vater   alte Frau aus dem dritten Stock   Hund von Sinas Oma
   schöner Sommertag   unbekannte Person   helles Brot
   linke Ärmel   Ampel da vorne   ~~Radio aus der Werbung~~

der	die	das	ein	eine
		Radio aus der Werbung		

3. Wann sagt man **der**, **die**, **das**? Wann sagt man **ein**, **eine**? Ergänze den Merksatz.

   Man sagt _____, wenn man ein Lebewesen oder einen Gegenstand genau kennt.

   Man sagt _____, wenn man ein Lebewesen oder einen Gegenstand nicht genau kennt.

4. a Versuche, vor die folgenden Wörter **der**, **die**, **das** oder **ein**, **eine** zu setzen.
   Achtung: Das ist nicht bei allen Wörtern möglich!

   _____ Bär, _____ klein, _____ Frau, _____ sprechen, _____ Buch, _____ Opa,

   _____ Tisch, _____ fahren, _____ Auto, _____ meistens, _____ Ente

   b Sieh dir die Wörter an, vor die du *der*, *die*, *das* oder *ein*, *eine* schreiben konntest.
   Was haben sie gemeinsam?

   Diese Wörter beginnen alle mit _____.

   Wörter, vor die man *der*, *die*, *das* oder *ein*, *eine* setzen kann, heißen _____.

5. a Arbeite mit deinem Lernpartner/deiner Lernpartnerin. Jeder/Jede nimmt ein Blatt Papier und malt darauf fünf Lebewesen und fünf Dinge. Tauscht dann eure Blätter aus.

   b Jeder/Jede schreibt unter das Bild den Namen des Lebewesens oder des Gegenstands und stellt den passenden Begleiter voran: *der*, *die*, *das* oder *ein*, *eine*.
   Denke daran: Nomen werden großgeschrieben.

Adjektive beziehen sich auf Nomen

Was bisher geschah: Tim hat im Urlaub eine Karte mit einer Wegbeschreibung zu einem wertvollen Schatz gefunden. Er ist auf einer einsamen Insel versteckt, die die Form eines Fausthandschuhs hat.

Nachdem Tim alles entziffert hatte, dachte er lange nach. Wie sollte er jemals <u>den wertvollen Schatz</u> finden? <u>Die ursprüngliche Zeichnung der alten Karte</u> war nahezu unleserlich geworden, aber die Beschreibung konnte man noch lesen. Tim beschloss, erst einmal <u>eine neue Zeichnung</u> anzufertigen, die er jemandem am Hafen zeigen könnte. Wenn man an <u>die kleine Insel</u> heranfuhr, würde man sie sicher an <u>der originellen Form</u> erkennen können. Vielleicht fand sich <u>eine günstige Gelegenheit</u>, mit <u>einem ortskundigen Fischer</u> eine aufregende Fahrt dorthin zu unternehmen.

1 a Übertrage die Tabelle in dein Heft (im Querformat).

b Trage aus dem Text alle unterstrichenen Wortgruppen in die Tabelle ein.
Schreibe die Artikel, die Endungen der Adjektive und der Nomen farbig. Achte darauf, dass du die Wortgruppen dem richtigen Fall (Kasus) und Geschlecht (Genus) zuordnest.

	mit bestimmtem Artikel			mit unbestimmtem Artikel		
Kasus	Maskulinum	Femininum	Neutrum	Maskulinum	Femininum	Neutrum
Nominativ					<u>eine</u> günsti<u>ge</u> Gelegenheit	
Genitiv						
Dativ						
Akkusativ	<u>den</u> wertvol<u>len</u> Schatz					

2 Ergänze die leeren Felder der Tabelle mit Wortgruppen aus den folgenden Begriffen:

- der/ein – alt – Kapitän
- das/ein – morsch – Boot
- die/eine – zerknittert – Karte

3 Formuliere einen kurzen Text zu Tims Schatzsuche. Verwende dabei wenigstens **sechs** Wortgruppen aus den Tabellenfeldern. Achte darauf, dass du den richtigen Fall (Kasus) verwendest.

_____
_____
_____
_____

Adjektive beziehen sich auf Nomen

Was bisher geschah: Tim hat im Urlaub eine Karte mit einer Wegbeschreibung zu einem wertvollen Schatz gefunden. Er ist auf einer einsamen Insel versteckt, die die Form eines Fausthandschuhs hat.

Nachdem Tim alles entziffert hatte, dachte er lange nach. Wie sollte er jemals den wertvollen Schatz finden? <u>Die ursprüngliche Zeichnung der alten Karte</u> war nahezu unleserlich geworden, aber die Beschreibung konnte man noch lesen. Tim beschloss, erst einmal <u>eine neue Zeichnung</u> anzufertigen, die er jemandem am Hafen zeigen könnte. Wenn <u>die kleine Insel</u> in der Nähe war, würde man sie sicher an der originellen Form erkennen können. Vielleicht fand sich eine <u>günstige Gelegenheit</u>, mit <u>einem ortskundigen Fischer</u> eine aufregende Fahrt dorthin zu unternehmen.

1 Übertrage die Tabelle in dein Heft (im Querformat).
  a Ergänze die leeren Felder mit den unterstrichenen Wortgruppen aus dem Text.
    Achtung: Du musst auf den Fall (Kasus) und das Geschlecht (Genus) aufpassen!
  b Schreibe die Artikel, die Endungen der Adjektive und der Nomen farbig.

Kasus	mit bestimmtem Artikel			mit unbestimmtem Artikel		
	Maskulinum	Femininum	Neutrum	Maskulinum	Femininum	Neutrum
Nominativ					eine günstige Gelegenheit	
Genitiv	des alten Kapitäns				einer zerknitterten Karte	
Dativ		der originellen Form	dem morschen Boot			
Akkusativ	den wertvollen Schatz			einen alten Kapitän		ein morsches Boot

2 Ergänze die leeren Felder der Tabelle mit den folgenden Wortgruppen:

  der alte Kapitän / ein alter Kapitän
  die zerknitterte Karte / eine zerknitterte Karte
  das morsche Boot / ein morsches Boot

3 Lies den folgenden Text und fülle die Lücken mit passenden Wortgruppen aus der Tabelle. Achte dabei auf den richtigen Fall (Kasus)!

Der alte Kapitän segelt mit _____ aufs Meer, um _____

_____ mit der originellen Form zu suchen. Er traut dabei aber nicht _____

_____, sondern benutzt eine neue Zeichnung.

Adjektive beziehen sich auf Nomen

Was bisher geschah: Tim hat im Urlaub eine Karte mit einer Wegbeschreibung zu einem wertvollen Schatz gefunden. Er ist auf einer einsamen Insel versteckt, die die Form eines Fausthandschuhs hat. Da die Zeichnung auf der alten Karte kaum zu entziffern ist, fertigt Tim eine neue an. Er möchte sie einem Fischer zeigen, der die Insel vielleicht kennt und mit ihm dorthin fährt.

1 In dem Kreuzworträtsel findest du waagerecht 10 Adjektive. Schreibe sie auf die Zeilen daneben heraus.

f	Z	a	t	e	m	l	o	s	N	z	a	C
U	B	J	y	K	E	s	e	l	t	e	n	Q
k	i	F	n	e	t	t	x	g	O	X	j	u
Q	f	r	e	u	n	d	l	i	c	h	c	s
V	o	l	n	ä	l	t	e	r	a	l	t	M
M	u	n	g	e	w	ö	h	n	l	i	c	h
o	r	t	s	k	u	n	d	i	g	o	C	R
u	n	g	l	ä	u	b	i	g	J	n	e	u

2 Setze in die Lücken die passenden Adjektive aus dem Kreuzworträtsel ein.
Achtung! Du musst das Adjektiv dem Nomen angleichen, zum Beispiel:
ortskundig – eine ortskundig**e** Person

Aufgeregt rannte Tim zur Touristeninformation am Hauptstrand, wo er auf eine _____ _____ Person zu stoßen hoffte. Hinter der Theke saß ein _____ Herr, der sich ihm mit einem _____ Gesicht zuwandte. Der _____ Tim trug sein _____ Ansinnen vor. Der _____ Herr lauschte geduldig und bat, die _____ Karte und die _____ Flaschenpost einmal sehen zu dürfen.

Als Tim sie ihm zuschob, prüfte er die Schriftstücke sorgfältig und meinte dann mit einem _____ Kopfschütteln: „Da hast du wirklich einen _____ Fund gemacht! Weißt du, was das ist?"

3 In dem folgenden Text stehen die unterstrichenen Wortgruppen im Nominativ, im Dativ und im Akkusativ. Frage nach dem Fall: „Wer oder was?" – „Wem?" – „Wen oder was?"
Notiere dann in der Klammer neben der Wortgruppe den Fall wie im Beispiel.

„Wir hatten vor zehn Jahren einen Malwettbewerb für die Urlauberkinder, die nach einer genauen Beschreibung eine Schatzinsel malen sollten. <u>Die schönste Zeichnung</u> **(Nominativ)** bekam einen Preis:

Gratis-Eis für <u>den ganzen Urlaub</u> (_____)!

Offenbar hat ein Witzbold die alte Beschreibung als Flaschenpost ins Meer geworfen. Und du hast sie gefunden und auf diese Weise nachträglich am Malwettbewerb teilgenommen! Das muss ich sofort

<u>dem neuen Kurdirektor</u> (_____) erzählen! Der wird Augen machen!"

Satzglieder erkennen und bestimmen

Räumungsverkauf wegen Höhlenaufgabe! ALLES muss raus!

Wir schenken der Kräutersammlerin ein Säbelzahnmesser.

1 a Formuliere mit Hilfe des Wortspeichers zwei weitere Angebote „Wir schenken ..." und schreibe sie wie im Beispiel unten in dein Heft. Lass nach jedem Satz zwei Zeilen frei.

| der Nachwuchsjäger | ein Wolfskostüm | ein Paar Schleichkatzenpfoten | der Höhlenspaßvogel |

b Unterstreiche die Satzglieder in verschiedenen Farben.
Schreibe anschließend die Fragewörter darunter, mit denen du die Satzglieder erfragt hast.

| Wir | schenken | der Kräutersammlerin | ein Säbelzahnmesser. |
| Wer oder was? | Was tut? | Wem? | Wen oder was? |

c Ergänze die Bezeichnungen für die Satzglieder. Hier ist eine kleine Hilfe:

takidärP   tkejbovitaD   tkejbovitasukkA   tkejbuS

2 a Schreibe den folgenden Satz ebenfalls in dein Heft. Unterstreiche die Satzglieder in verschiedenen Farben und notiere darunter die dazugehörigen Fragen.

Ihrem putzigen Höhlenbärchen schenken wir einen saftigen Knochen!

b Führe anschließend die Umstellprobe durch.

3 Ergänze den Merksatz:

Satzglieder, die S_____ und P_____ ergänzen, nennen wir O_____.

Man kann sie mit „Wem?" oder mit „Wen oder was?" erfragen.

Objekte, die man mit „Wem?" erfragt, heißen D _____.

Objekte, die man mit „Wen oder was?" erfragt, heißen A _____.

4 a Schreibe den folgenden Text in verschiedenen Farben ab (Subjekt: rot – Prädikat: braun – Dativobjekt: blau – Akkusativobjekt: grün – andere Satzglieder: schwarz).

Die Urmenschen verletzten sich oder erkrankten natürlich auch manchmal. Sie kannten viele Heilpflanzen und deren Wirkung. Daraus konnten sie Tees oder Aufgüsse zubereiten.
5 Sie behandelten offene Wunden und Knochenbrüche. Äste schienten die verletzten Arme und Beine. Tiersehnen hielten das Holz zusammen. Die Neandertaler konnten sogar Schädeloperationen vornehmen. Viele Patienten überlebten diese Eingriffe. Untersuchte Totenköpfe beweisen diese Tatsache: Sie zeigen verheilte Operationsnarben. 10

b Welches Satzglied kommt in diesem Text nicht vor?

_____

Satzglieder erkennen und bestimmen

Räumungsverkauf wegen Höhlenaufgabe! ALLES muss raus!

Wir schenken
- der Kräutersammlerin ein Säbelzahnmesser.
- dem Höhlenspaßvogel ein Wolfskostüm.
- dem Nachwuchsjäger ein Paar Schleichkatzenpfoten.

1 a Schreibe die Sätze wie im Beispiel unten mit verschiedenen Farben in dein Heft. Lass immer zwei Zeilen frei.

b Notiere darunter die Fragewörter, mit denen du die Satzglieder erfragt hast, zum Beispiel:

Wir	schenken	der Kräutersammlerin	ein Säbelzahnmesser.
Wer oder was?	Was tut?	Wem?	Wen oder was?

c Ergänze die Bezeichnungen für die Satzglieder. (Hier ist die Lösung!)

?saw redo reW	?tut saW	?meW	?saw redo neW
tkejbuS	takidärP	tkejbovitaD	tkejbovitasukkA

2 a Schreibe den folgenden Satz in dein Heft ab. Bestimme die Satzglieder und notiere darunter die dazugehörigen Fragewörter wie in Aufgabe 1.

| Ihrem putzigen Höhlenbärchen | schenken | wir | einen saftigen Knochen |.

b Wende zweimal die Umstellprobe an, sodass du zwei sinnvolle Sätze erhältst.

3 Ergänze den Merksatz:

> Satzglieder, die S_____ und P_____ ergänzen, nennen wir O_____.
>
> Man kann sie mit „Wem?" oder mit „Wen oder was?" erfragen.
>
> Objekte, die man mit „Wem?" erfragt, heißen D_____objekte.
>
> Objekte, die man mit „Wen oder was?" erfragt, heißen A_____objekte.

4 a Schreibe den folgenden Text in verschiedenen Farben ab (<u>Subjekt</u>: rot – *Prädikat*: braun – <u>Dativobjekt</u>: blau – <u>Akkusativobjekt</u>: grün – andere Satzglieder: schwarz).

<u>Die Urmenschen</u> *verletzten* sich oder *erkrankten* natürlich auch manchmal. <u>Sie</u> *kannten* <u>viele Heilpflanzen und deren Wirkung</u>. Daraus *konnten* <u>sie</u> <u>Tees oder Aufgüsse</u> *zubereiten*.

Sie behandelten offene Wunden und Knochenbrüche. Äste schienten die verletzten Arme und Beine. Tiersehnen hielten das Holz zusammen. Die Neandertaler konnten sogar Schädeloperationen vornehmen. Viele Patienten überlebten diese Eingriffe. Untersuchte Totenköpfe beweisen diese Tatsache: Sie zeigen verheilte Operationsnarben.

b Welches Objekt kommt in diesem Text nicht vor? _____

Satzglieder erkennen und umstellen

1 Erkläre, was auf den Bildern geschieht. Ergänze den oberen Teil der Tabelle.

Wer tut etwas?	Was tut er?	Wem wird etwas gegeben?	Wen oder was bekommt er?
Der Tierpfleger	gibt	dem Affen	eine Banane.
	reicht		
	kauft		

(Den unteren Teil der Tabelle benötigst du für Aufgabe 3.)

2 Mische die Sätze: Der Tierpfleger reicht der Schülerin eine Banane.

Die Lehrerin gibt _____

Der Vater kauft dem Affen _____

3 Bilde mit den folgenden Wortgruppen zwei Sätze und trage sie in den unteren Teil der Tabelle ein.

| dem Besucher | der Affe | klaut | das Popcorn | | dem Delfin | die Wärterin | einen Fisch | gibt |

4 a Wende die **Umstellprobe** an. Ergänze die Sätze in den Sprechblasen.

- Der Tierpfleger gibt dem Affen eine Banane.
- Eine Banane gibt der Tierpfleger …
- Dem Affen …
- Gibt der Tier …

b Lies die vier Sprechblasentexte. Was fällt dir auf? – Ergänze den Merksatz:

Ein Satz besteht meist aus mehreren _____ (neppurgtroW), die

_____ (remmi) zusammenbleiben. Diese _____ (nerabnnertnu)

Wortgruppen nennt man _____ (redeilgztaS).

Diagnose – Wortarten bestimmen

Die Jagd nach Ole Hansen

(1) Am 27. April <u>räumten</u> Jonas Candersen und seine <u>gierigen</u> <u>Komplizen</u> <u>ein</u> <u>Schmuckgeschäft</u> in <u>der</u> Innenstadt von Kopenhagen <u>aus</u>.
(2) <u>Sie</u> <u>hinterließen</u> keine <u>Fingerabdrücke</u> und <u>nahmen</u> <u>die</u> <u>gesamte</u> <u>Ware</u> <u>mit</u>.
(3) Trotzdem schaffte es die tüchtige schwedische Polizei, die Diebe samt Diebesgut in einem Bauernhaus in der Nähe von Kopenhagen zu finden.
(4) Der glücklose Taschendieb Ole Hansen hatte ihr seine Kollegen verraten.
(5) Nun musste er die Rache der dänischen Unterwelt fürchten.
(6) Die Gangster jagten Ole so lange, bis sie ihn gefunden hatten.
(7) Man sagt, dass noch nie jemand mehr Prügel bezogen hat als der unglückliche Ole Hansen.

Frei nach Wolfgang Ecke: Das Diktat. In: Die Geheimkonferenz. Ravensburg 1984, S. 8–12

1 Erkennst du die Wortarten? Trage die unterstrichenen Wörter in die richtige Spalte der Tabelle ein.

bestimmter Artikel	unbestimmter Artikel	Nomen	Adjektiv	Verb	Personalpronomen

2 Schreibe aus den Sätzen 3 bis 7 alle Adjektive heraus.

_____

3 a Ergänze die Tabelle.
   b Trage aus dem Text weitere Verben ein, bis die Tabelle voll ist. Verfahre wie im Beispiel.

Grundform (Infinitiv)	Gegenwart (Präsens)	Einfache Vergangenheit (Präteritum)
ausräumen	er räumt aus	sie
hinter…	du	sie hinterließen
	wir	sie nahmen mit
	ihr	es schaffte
	ich	sie
	du	sie
	er/sie	sie
	sie (Plural)	sie

4 Für Detektive: In dem Text ist ein sachlicher Fehler versteckt. Welcher?

Diagnose – Satzglieder bestimmen

1 Schreibe den folgenden Text ab und markiere alle Subjekte mit (S), alle Objekt mit (O) und die Prädikate mit (P).
Achtung: Manche Prädikate bestehen aus zwei Teilen (P1) und (P2)!

Torten landen immer auf dem Belag

Eine Verkäuferin bringt eine Torte herein. Dabei kippt diese über den Handrücken ab. Die Frau will die Torte fangen. Sie verdreht die Hand. Auch die Torte macht eine halbe Drehung um sich selbst. Und so landet sie mit dem Belag auf dem Boden.

Torten (S) landen (P) immer auf dem Belag.
Eine …

2 a Wie hast du nach den Subjekten, Prädikaten und Objekten gefragt?

_____

_____

  b In welchem Fall (Kasus) stehen die Subjekte? _____

  In welchem Fall (Kasus) stehen alle Objekte dieses Textes? _____

  c Kennst du noch ein anderes Objekt? Wie müsste man danach fragen?

_____

  d Wie nennt man ein mehrteiliges Prädikat? _____

3 a Bilde mit den folgenden Wörtern einen sinnvollen Satz. Schreibe in dein Heft.
Konditor – Sachertorte – Kundin – der – eine – der – verkauft
Bestimme die Satzglieder und unterstreiche sie in verschiedenen Farben.

  b Wende auf deinen Satz die Umstellprobe an und unterstreiche auch hier die Satzglieder. Schreibe alle Sätze in dein Heft.

4 Der folgende Text enthält viele Wiederholungen.
Schreibe ihn in dein Heft ab und verbessere ihn mit der Ersatzprobe.

Wer ist der Langstreckenmeister unter den Raubtieren?

Der Langstreckenmeister unter den Raubtieren ist der Wolf. Der Wolf ist auf kurzen Strecken recht langsam, aber auf langen Strecken ist er unglaublich schnell.
Man hat bei einem Wolf über eine Strecke von 20 Kilometern festgestellt, dass er ständig zwischen 24 und 48 km/h schnell war. Der Wolf jagt Wild oft über eine Strecke von 10 Kilometern, bevor er mit seinem Rudel zum Angriff übergeht. Dann ist das Wild schon müde und der Angriff ist für den Wolf viel einfacher.

12 Rechtschreibstrategien erarbeiten – Regeln finden

Konzeption des Kapitels

In diesem Kapitel erarbeiten die Schülerinnen und Schüler Rechtschreibstrategien auf der Basis der Silben. Dieses übertragbare Wissen nutzen sie, um Schreibentscheidungen treffen bzw. Fehler korrigieren zu können. Sie lernen, wie man eine strategieorientierte Fehleranalyse durchführt und die persönlichen Arbeitsschwerpunkte findet. Ziel ist es, die Rechtschreibung verstehbar und transparent zu machen, damit die Kinder ihre Erkenntnisse in das eigene Schreiben integrieren können. Indem sie reflektieren, warum die Strategien hilfreich sind, erwerben sie grundlegendes Wissen über die Wortkonstruktion im Deutschen.

Das Kapitel ist so angelegt, dass die Kinder ihre gewonnenen Erkenntnisse im kooperativen Austausch erläutern, vertiefen und sich gegebenenfalls auch korrigieren. So entwickelt sich eine klare Unterrichtssprache, mit der sie sich qualifiziert über die Rechtschreibung austauschen und voneinander lernen können. Die Symbole für die einzelnen Strategien geben den Schülerinnen und Schülern Anleitung und Sicherheit bei ihrer Arbeit und begleiten sie durch das gesamte Kapitel.

Im ersten Teilkapitel (**„‚Balltraining' – Rechtschreibstrategien einüben"**) erarbeiten die Schülerinnen und Schüler, wann der Einsatz der verschiedenen Rechtschreibstrategien sinnvoll ist. Diese Definition schafft eine für alle am Unterrichtsprozess Beteiligten klare Sprachregelung:

- **Schwingen** heißt: Beim Schreiben in Silben mitsprechen und nach dem Schreiben beim Sprechen kontrollierend die Silbenbögen ziehen. Diese Strategie bezieht sich auf das **Prinzip der Lauttreue**. Die weiteren Strategien beziehen sich auf **wortbezogene Regelungen**.
- **Verlängern** muss man Einsilber sowie Wörter, deren Wortende nicht durch Mitsprechen zu identifizieren ist, weil die Laut-Buchstaben-Zuordnung nicht eindeutig ist.
- **Zerlegen** muss man zusammengesetzte Wörter. Sie können Einsilber bzw. Wörter mit unklaren Wortenden enthalten, die beim Schreiben eine Fehlerquelle bilden. Hier gilt es, das Augenmerk auf Komposita zu richten, aber auch zunehmend für Konstruktionen mit Präfixen und Suffixen zu sensibilisieren.
- **Ableiten** gilt für die ä- und äu-Schreibung, da man diese Vokale beim Sprechen mit e und eu verwechseln kann. Während man e und eu regelhaft schreibt, schreibt man ä und äu, wenn man verwandte Wörter mit a und au findet. Hier setzt sich das Stammprinzip durch.
- **Nomen** in Texten zu erkennen gehört zu **den satzbezogenen Regelungen**. Vier Proben helfen, ein Strategiewissen zum Erkennen der Nomen in Texten aufzubauen: Artikelprobe, Adjektivprobe, Zählprobe und Endungsprobe.
- **Nachschlagen** muss man Wörter, bei denen keine der Strategien zum Erfolg führt.

Im zweiten Teilkapitel (**„Rechtschreibung erforschen – Regeln finden"**) werden die drei Strategien Schwingen, Verlängern und Zerlegen genutzt, um Regeln bei der Schreibung zweisilbiger Wörter zu erarbeiten und sicher anzuwenden, und zwar zur

- Konsonantenverdoppelung,
- ie-Schreibung,
- ss-/ß-Schreibung.

Grundlage für die Regeln sind neben der **Vokallänge** auch die Silben. Das ist deshalb wichtig, weil die Schülerinnen und Schüler lange und kurze Vokale oft nicht sicher unterscheiden können. Die Regeln in diesem Teilkapitel werden auf der Basis **offener und geschlossener Silben** gefunden. Das bietet den Vorteil, dass den Kindern unterschiedliche Kanäle für das Erfassen bzw. Lernen offenstehen.

Im dritten Teilkapitel (**"Fit in ...! – Rechtschreibung"**) werden Übungsschwerpunkte zu den zentralen Strategien und den erarbeiteten Regeln angeboten. Mit Hilfe der Tests am Ende der Teilkapitel 12.1 und 12.2 können die Schülerinnen und Schüler selber diagnostizieren, zu welchen Aufgabenschwerpunkten sie arbeiten sollten. Sie können also über ihr Lernen eigenständig und individuell mitentscheiden, ihr Förderbedarf ist damit verstehbar und transparent.

Das Rechtschreibkapitel berücksichtigt, dass es viele Kinder in der 5. Klasse gibt, die kein sicheres Rechtschreibwissen, häufig sogar eine **LRS-Schwäche** aufweisen. Die Strategieorientierung bietet auch diesen Schülerinnen und Schülern die Möglichkeit zu erfolgreichem Arbeiten, denn sie
– baut Wissen verstehbar und kumulativ auf und ermöglicht so den **Nachweis von Teilkompetenzen**;
– gibt verlässliche Hilfen zur selbstständigen Lösung der Aufgaben;
– bietet den Kindern die Möglichkeit, neben der Verbesserung ihrer Rechtschreibung auch Strategiewissen zu erwerben und unter Beweis zu stellen;
– fördert den selbstständigen Austausch zwischen allen Schülerinnen und Schülern, da sie mit klaren Kriterien arbeitet.

Dadurch ist es möglich, dass alle Kinder gemeinsam lernen und bei besonderem Bedarf **integriert gefördert** werden können. In der Praxis zeigt sich eine deutliche Reduzierung der LRS-Problematik. Lehrerinnen und Lehrern stehen mit den Rechtschreibstrategien Kriterien für eine verlässliche Diagnose zur Verfügung, die auch von den Kindern verstanden werden. Durch die strategieorientierte Anordnung des Materials ist es möglich, auf den individuellen Förderbedarf der Kinder gezielt und individuell zu reagieren.

Literaturhinweise

- Duden. Die deutsche Rechtschreibung. Mannheim 2009
- *Fulde, Agnes:* Rechtschreiben erforschen. Cornelsen, Berlin 2006 (mit Lehrerheft)
- *Mann, Christine:* Strategieorientiertes Rechtschreiblernen. Beltz, Weinheim 2010
- *Michel, Hans-Joachim (Hg.):* FRESCH. Freiburger Rechtschreibschule. Lichtenau 2002 (AOL)
- *Müller, Astrid:* Rechtschreiben lernen: Die Schriftstruktur entdecken. Praxis Deutsch, Klett/Kallmeyer 2010
- Rechtschreiben erforschen. Praxis Deutsch 170/2001
- Standardorientierte Unterrichtsentwicklung. Moderatorenmanual Deutsch. Modul 3, Teil 2. Soest 2006
- Wahrig. Die deutsche Rechtschreibung. Neuausgabe. Gütersloh/München 2009

Inhalte	Kompetenzen
	Die Schülerinnen und Schüler
S. 184 **12.1 „Balltraining" – Rechtschreibstrategien einüben**	
S. 184 Strategie Schwingen – Wörter in Silben sprechen	– lesen und schreiben lange, lauttreue Wörter – erproben die Strategie des Schwingens beim Lesen, Schreiben und Korrigieren – reflektieren über den Sinn der Strategie
S. 185 Lauten Buchstaben zuordnen, aus Silben Wörter zaubern	– unterscheiden Vokale und Konsonanten – benennen die Funktion der Vokale für die Silben und bilden aus diesen Wörter
S. 186 Offene und geschlossene Silben unterscheiden	– erkennen offene und geschlossene Silben und benennen das Unterscheidungskriterium – ordnen zweisilbige Wörter nach dem Bau ihrer ersten Silbe
S. 187 Richtig abschreiben	– wenden die Strategie des Schwingens beim Abschreiben und Korrigieren an – markieren von der Laut-Buchstaben-Zuordnung abweichende Stellen im Wort
S. 188 Strategie Verlängern – Einsilber	– benennen regelhafte Abweichungen von der Laut-Buchstaben-Zuordnung – erklären die Strategie des Verlängerns und wenden sie bei Einsilbern an – benennen die Phänomene, bei denen Verlängern erforderlich ist – unterscheiden Nomen, Adjektiv und Verb mit Hilfe des Verlängerns
S. 189 Strategie Verlängern – Zweisilber	– wenden die Strategie des Verlängerns bei Zweisilbern mit unklarem Auslaut an – unterscheiden lautgetreue Wörter von solchen, die man am Wortende verlängern muss
S. 190 Strategie Zerlegen – Zusammengesetzte Wörter	– wenden das Zerlegen als Strategie für Wortzusammensetzungen an – geben Merkmale von Wörtern an, die man zusätzlich zum Schwingen verlängern muss – treffen Schreibentscheidungen
S. 191 Strategie Ableiten – Wörter mit *ä* und *äu*	– wenden das Ableiten als Strategie zur ä- und äu-Schreibung an – treffen Schreibentscheidungen – identifizieren Merkwörter mit ä-Schreibung
S. 192 Nomen erkennen	– benennen die Funktion von Nomen – wenden vier Proben zur Identifizierung von Nomen an: Artikel-, Adjektiv-, Zähl- und Endungsprobe

12 Rechtschreibstrategien erarbeiten – Regeln finden

S. 193	Nomen werden großgeschrieben	– treffen mit Hilfe der Proben Schreibentscheidungen und wenden die Großschreibregeln in eigenen Texten korrekt an
S. 194	Im Wörterbuch nachschlagen	– erkennen das grundlegende Ordnungssystem eines Wörterbuchs
S. 195	Einzelne Verben, Adjektive und Nomen im Wörterbuch finden	– schlagen Verben, Adjektive, Nomen und Wortzusammensetzungen gezielt nach unter Nutzung ihres grammatischen Wissens
S. 196	Texte überarbeiten – Die Strategien anwenden	– nutzen ihr Strategiewissen für Schreibentscheidungen und zur Fehlerkorrektur
S. 197	Teste dich!	– stellen mit Hilfe ihres Strategiewissens ihren eigenen Förderbedarf fest
S. 198	**12.2 Rechtschreibung erforschen – Regeln finden**	
S. 198	Wann schreibt man doppelte Konsonanten?	– erklären mit Hilfe des Schwingens die Schreibung doppelter Konsonanten – treffen begründet Schreibentscheidungen
S. 199	Doppelte Konsonanten: zwei gleiche und zwei verschiedene	– wenden die Regeln zur Schreibung doppelter Konsonanten bei der Untersuchung eines Textes und beim Schreiben eigener Texte an
S. 200	Wann schreibt man *i* oder *ie*?	– erklären unter Nutzung des Schwingens die *ie*-Schreibung
S. 201	*i* oder *ie* in zusammengesetzten Wörtern	– wenden die Regel bei Einsilbern durch Verlängern und bei zusammengesetzten Wörtern durch Zerlegen korrekt an
S. 202 S. 203	Wann schreibt man *ß* und wann *ss*? *ß* und *ss* in zusammengesetzten Wörtern	– grenzen unter Nutzung der Strategien die *ss*- und die *ß*-Schreibung voneinander ab
S. 204	Teste dich!	– wenden ihr Regelwissen korrekt an – ermitteln ihren persönlichen Förderbedarf
S. 205	**12.3 Fit in…! – Rechtschreibung**	
S. 205	Diktate vorbereiten und schreiben	– nutzen ihr Strategiewissen zur Vorbereitung, beim Schreiben und Korrigieren eines Diktats
S. 206	Die Strategien anwenden	– wenden die Strategien Schwingen, Verlängern, Zerlegen und Ableiten korrekt an
S. 208	Die Regeln anwenden: doppelte Konsonanten, *i* oder *ie*, *ß* oder *ss*?	– nutzen die Regeln zu Konsonantenverdopplung, *i/ie*, *ß* und *ss*
S. 210	Texte überarbeiten – Strategien und Regeln anwenden	– überarbeiten einen Text unter Anwendung der erlernten Strategien und Regeln und führen eine strategieorientierte Fehleranalyse durch
S. 212	Mit den „Schreibwörtern" üben	– prägen sich die Schreibweise der Schreibwörter oder eigener Problemwörter mit Hilfe der Strategien ein

12 Rechtschreibstrategien erarbeiten – Regeln finden

S. 183 Auftaktseite

Die Auftaktseite aktiviert das Vorwissen der Schüler/-innen über die Rechtschreibung. Sie tauschen sich darüber aus, wie sie zur Rechtschreibung stehen, welche Erfahrungen sie gemacht haben und wie sie bei Schwierigkeiten vorgehen. Dabei können sie ihre Voreinstellungen und Schwierigkeiten genauso formulieren wie ihre Stärken.

Allerdings ist die Motivation, sich mit Rechtschreibung zu befassen, wegen vieler Misserfolge oft nicht sehr groß. Umso wichtiger ist es, die Probleme offen benennen zu dürfen. Gleichzeitig erfahren die Schüler/-innen, dass sie sehr wohl die Chance haben, erfolgreich an der Rechtschreibung zu arbeiten. Diese Motivation wird geweckt durch die Aussicht auf verstehbare Strategien (Aufschrift auf dem Podest) und durch den Jongleur, der durch sein Spiel mit „magischen" Kugeln Fröhlichkeit und Leichtigkeit verspricht. Er begleitet die Kinder leitmotivisch und unterstützend durch das gesamte Kapitel und gleicht fehlende Sicherheit bei der selbstständigen Anwendung der Strategien aus.

12.1 „Balltraining" – Rechtschreibstrategien einüben

Siehe hierzu auch die **Folie** „Rechtschreibstrategien" auf der DVD-ROM.

S. 184 Strategie Schwingen – Wörter in Silben sprechen

Die Schüler/-innen machen beim Schwingen die Erfahrung, dass sie lange Wörter besser schreiben können, wenn sie sie in Silben mitsprechen und diese Technik auch zur Korrektur anwenden. Unabdingbare Voraussetzung für einen Erfolg ist allerdings, dass das Wortmaterial nur aus **lauttreuen Wörtern** besteht. Es geht darum, Sicherheit in der Laut-Buchstaben-Zuordnung zu erwerben, mit der eine wichtige Fehlerquelle bei unsicheren Rechtschreibern beseitigt werden kann. Da diese Strategie grundlegend ist für alle weiteren Strategien, sollte sie unbedingt intensiv geübt und immer wieder integrativ angewendet werden. Dadurch kann die Lehrkraft sicherstellen, dass alle Kinder zu einer klaren Definition kommen, was Schwingen ist.

Integrative Förderung kann darin bestehen, diese Wörter zur Vorbereitung auf das Schreiben unter Körpereinsatz zu schwingen. Dazu stellen sich alle Kinder in einem Kreis auf und lesen das lange Wort gemeinsam in Silben. Sie bewegen sich mit jeder Silbe einen Schritt in Schreibrichtung nach rechts: Zu Beginn der Silbe geht das rechte Bein einen Schritt nach rechts, am Ende der Silbe stehen beide Füße wieder parallel nebeneinander. Gleichzeitig ziehen die Kinder mit der Schreibhand einen Silbenbogen durch die Luft. Bei dieser Übung erkennt die Lehrkraft falsche Aussprachen sowie mangelnde Koordination und kann korrigierend eingreifen. Werden die Wörter anschließend diktiert, können viele Schüler/-innen erfahren, dass sie deutlich weniger Fehler machen, und werden die Angst vor langen Wörtern verlieren.

Vorschlag für ein Tafelbild/Lernplakat:

Schwingen heißt: – ein Wort in Silben sprechen und sich dabei bewegen *oder* – ein Wort schreiben und dabei in Silben mitsprechen *oder* – ein Wort in Silben sprechen und dabei Silbenbögen unter jede Silbe ziehen. Man macht immer zwei Sachen gleichzeitig!	

Zur integrativen Verwendung der Strategie ist zu empfehlen, das Schwingen auch beim Lesen von Texten anzuwenden. Zum Beispiel kann der Suchauftrag: „Suche Wörter mit 6, 7, 8 … Silben" oder „Suche das längste Wort im Text" dazu motivieren, mit einem Arbeitsauftrag an den Text zu gehen und ihn erneut zu lesen.

Tipp: Wenn die Kinder auf jede zweite Zeile schreiben, bleibt Platz für die Silbenbögen.

12.1 „Balltraining" – Rechtschreibstrategien einüben

S. 184 Lange Wörter richtig lesen und schreiben

1/2 Nachdem die Schüler/-innen die Wörter ins Heft geschrieben haben, reflektieren sie ihre dabei gemachten Erfahrungen und formulieren ihre Schwierigkeiten, z. B.: „Die langen Wörter schreibe ich nicht gerne, weil ich die Übersicht verliere und nicht mehr weiß, wo ich bin."

S. 184 Durch Schwingen besser schreiben

3 a/b Durch das Schwingen machen die Schüler/-innen die Erfahrung, dass die Aufgabe nun leichter zu lösen ist.

4 Da es sich um bereits geübtes Material handelt, dürften die Kinder Erfolg haben. Indem sie die Auswahl ihrer Wörter begründen, setzen sie sich mit der Sprache auseinander.

S. 185 Lauten Buchstaben zuordnen, aus Silben Wörter zaubern

Auf dieser Seite reflektieren die Schüler/-innen, warum das Schwingen hilft. Dazu wird die **Silbenstruktur** der deutschen Sprache in den Mittelpunkt der Arbeit gestellt. Zunächst wiederholen sie, mit welchen Buchstaben unsere Sprache verschriftlicht wird. Die Erkenntnis, dass man für das richtige Schreiben nur wenige Buchstaben braucht, ist motivierend. Da der **Vokal** das Zentrum der Silbe ist, werden die Vokale im Weiteren genauer definiert. Der Vollständigkeit halber werden auch die Doppelvokale aufgeführt, aber es sollte den Kindern unbedingt klar werden, dass sie Ausnahmeschreibungen sind und nur selten vorkommen. In der Regel sind diese Wörter auch aus der Grundschule gesichert.

Dann wird erarbeitet, dass alle Wörter aus Silben bestehen und man sie folglich beim Schwingen in Silben zerlegen kann.

Vorschlag für ein Tafelbild/Lernplakat:

> **Vokale – Silben – Wörter**
> Für alle unsere Laute gibt es Buchstaben:
> Wir unterscheiden die <u>Vokale</u> a, ä, e, i, o, ö, u, ü und die <u>Konsonanten</u> b, c, d, f ...
>
> Die Vokale sind das Zentrum der Silbe.
> Ein neuer Vokal bedeutet eine neue Silbe.
>
> Alle Wörter werden aus Silben gebildet.

1 c A, E, I, O, U sind Vokale oder **Selbstlaute**; ebenso ä, ö, ü, au, ei und eu.
Die anderen Buchstaben heißen Konsonanten oder **Mitlaute**: b, c, d, f, g, h, j, k, l, m, n, p, q, r, s, t, v, w, x, y und z.

2 a/b die Kaninchenställe, die Mausefalle, der Hamsterkäfig, der Elefantenrüssel; <u>Thema:</u> Tiere

3 a das Meer oder Moor, der Zoo, der Schnee, die Waage, der Klee, das Beet oder Boot, der Teer, das Meer oder Moor (ggf. auch „Maar"/Eifel)

b Beispiel: Im **Meer** blüht der **Klee**, wenn **Schnee** und **Teer** das **Beet** bedecken und im **Zoo** der Bär auf die **Waage** steigt, bevor er sich im **Moor** vergräbt.

4 a Silbensalat, Wetterfrösche, Schlittenhundebesitzer, Regenbogenforelle, Ameisenbeindurchmesser, Butterbrotdose, Feuersalamander

c Hefteintrag:

Wörter mit 4 Silben	Silbensalat, Wetterfrösche
Wörter mit 5 Silben	Butterbrotdose
Wörter mit 6 Silben	Feuersalamander
Wörter mit 7 Silben	Schlittenhundebesitzer, Regenbogenforelle, Ameisenbeindurchmesser

S. 186 Offene und geschlossene Silben unterscheiden

In diesem Abschnitt werden offene und geschlossene Silben definiert. Den Kindern wird (entlastend) klar, dass es nur zwei Möglichkeiten der Silbenbildung gibt. Entsprechend der Betonung in der deutschen Sprache wird der Fokus auf die erste Silbe gelegt.

Vorschlag für ein Tafelbild/Lernplakat:

Offene und geschlossene Silben

In der deutschen Sprache gibt es zwei Arten von Buchstaben:

Vokale ⟷ Konsonanten

Aus den Buchstaben bilden wir zwei Arten von Silben:

Offene Silben	Geschlossene Silben
enden mit einem Vokal:	enden mit einem Konsonanten:
na nu ni no	nam nun nil nor

---

1 a die Kon so nan ten, die Vo ka le, die Schlan gen wör ter,

die Scho ko la de, der Gum mi rei fen, die Zuc ker wat te, die Kür bis ker ne.

b Die offenen Silben sind fett gedruckt:

die Kon **so** nan ten, die **Vo ka le**, die Schlan gen wör ter,

die **Scho ko la de**, der Gum **mi rei** fen, die Zuc ker wat **te**, die Kür bis ker **ne**.

Anmerkung zu Zuckerwatte: ck ist die Sprech-, nicht die Trennungsregel.

2 der O fen of fen die Bu de die Bet ten die Schwei ne der Kes sel die Schu le die Fe der

die Map pe mit ten der Mar der die Eu len die Rat ten die Vö gel die Nat ter die Ber ge

die Wel ten die Wel len die Bü cher die Rä der der Ma gen das Mus ter der Him mel

3 Richtig: **B** Ist die erste Silbe offen, spricht man den Vokal lang.

4 a Richtige Zuordnung:

erste Silbe offen	erste Silbe geschlossen
der Ofen, die Bude, die Schweine, die Schule, die Feder, die Eulen, die Vögel, die Bücher, die Räder, der Magen	offen, die Betten, der Kessel, die Mappe, mitten, der Marder, die Ratten, die Natter, die Berge, die Welten, die Wellen, das Muster, der Himmel

b Die Verben, nach Zeilen geordnet:
1. rennen; 2. kaufen; 3. zeigen; 4. finden; 5. weinen; 6. bauen, zelten; 7. laufen; 8. meinen; 9. turnen; 10. denken, leben

erste Silbe offen	erste Silbe geschlossen
kau fen, zei gen, wei nen, bau en, lau fen, mei nen, le ben	ren nen, fin den, zel ten, tur nen, den ken

12.1 „Balltraining" – Rechtschreibstrategien einüben

S. 187 Richtig abschreiben

1 a Paul und sein Vater fahren nach Pappelhusen. Beim Picknick unterwegs essen sie zwei Pampelmusen. Paul klettert auf eine Pappel, fällt herunter und landet genau auf der Picknickplatte, und der Vater schimpft mit Paul.

4 Trotz Schwingens bleiben folgende Wörter unklar:
Pic**kn**ick, a**ß**, schr**ie**, plum**pst**, wo**ll**te, ga**b**, vie**ll**eicht, scha**d**, plö**tz**lich

S. 188 Strategie Verlängern – Einsilber

Die Strategie des Verlängerns ist neben dem Schwingen die zentrale Rechtschreibstrategie. Zwar kennen die Kinder sie aus der Grundschule, wissen aber selten, wann man sie durchführen muss. Das bereits erworbene Wissen über das Schwingen wird zur Grundlage der Erklärungen. Mögliche Leitfrage: „Welche Stelle eines Wortes kann man nicht genau hören, sodass man das Wort nicht schwingen kann?"
Für die Einübung der Strategie „Verlängern" stehen im Folgenden die Ein- und Zweisilber mit unklaren Auslauten im Zentrum. Bei der Arbeit mit dem Strategiezeichen sollte darauf geachtet werden, dass es exakt über die Problemstelle gesetzt wird, weil das für eine genaue und detaillierte Fehleranalyse sensibilisiert.

Vorschlag für ein Tafelbild/Lernplakat:

	Verlängern	
Was heißt „verlängern"?	→	An das Wortende eine Silbe anfügen
Wann muss man verlängern?	→	Wenn man beim Schwingen nicht alles deutlich hören kann.
Wo sind die Problemstellen?	→	Bei Einsilbern und am Wortende.
Was bekommt man heraus?	→	b–p, d–t, g–k, doppelte Konsonanten, h

1 a Bei Einsilbern ist eine unklare Stelle meistens am Wortende.
Bei einsilbigen Verben ist die Stelle vor dem *t* unklar.

b Es kann Verwechslungen von *b* und *p*, *d* und *t* bzw. von *g* und *k* geben.
Man hört die doppelten Konsonanten nicht und auch nicht das *h*.

c Verlängern hilft, denn dadurch erhält man Zweisilber, die man schwingen kann.

2 a/b der Ta**g** – die Tage, der Ran**d** – die Ränder, der Win**d** – die Winde, der Sta**b** – die Stäbe,

der We**g** – die Wege, der Ste**g** – die Stege, die Wel**t** – die Welten, der Mon**d** – die Monde,

der Pfi**ff** – die Pfiffe, der Bi**ss** – die Bisse, das Schi**ff** – die Schiffe, der Wa**ll** – die Wälle,

das Be**tt** – die Betten, der Schwa**mm** – die Schwämme, der Ba**ll** – die Bälle, das Re**h** – die Rehe,

der Ze**h** – die Zehen, we**h**t – wehen, der Schu**h** – die Schuhe, die Ku**h** – die Kühe,

ste**h**t – stehen, ge**h**t – gehen, kru**mm** – krummer, schne**ll** – schneller, dü**nn** – dünner,

ne**tt** – netter, gla**tt** – glatter, du**mm** – dummer, sa**tt** – satter, ma**tt** – matter, fe**tt** – fetter,

ro**t** – rote, schwi**mm**t – schwimmen, re**nn**t – rennen, ne**nn**t – nennen, we**b**t – weben,

kle**b**t – kleben, na**g**t – nagen, sa**g**t – sagen, kla**g**t – klagen, sor**g**t – sorgen

12 Rechtschreibstrategien erarbeiten – Regeln finden

3 a/b Hefteintrag:

Wörter mit b/g/d	doppelte Konsonanten	Wörter mit h
der Tag – die Ta ge,	der Pfiff – die Pfif fe,	das Reh – die Re he,
der Rand – die Rän der,	der Biss – die Bis se,	der Zeh – die Ze hen,
der Wind – die Win de,	das Schiff – die Schif fe,	weht – we hen,
der Stab – die Stä be,	der Wall – die Wäl le,	der Schuh – die Schu he,
der Weg – die We ge,	das Bett – die Bet ten,	die Kuh – die Kü he,
der Steg – die Ste ge,	der Schwamm – die Schwäm me,	steht – ste hen,
der Mond – die Mon de,	der Ball – die Bäl le,	geht – ge hen
webt – we ben,	schnell – schnel ler,	
klebt – kle ben,	dünn – dün ner, nett – net ter,	
nagt – na gen,	glatt – glat ter, dumm – dum mer,	
sagt – sa gen,	satt – sat ter, matt – mat ter,	
klagt – kla gen,	fett – fet ter,	
sorgt – sor gen	schwimmt – schwim men,	
	rennt – ren nen, nennt – nen nen	

S. 189 Strategie Verlängern – Zweisilber

1 a Die Problemstellen befinden sich alle am Ende des Wortes.

b Man kann nicht genau hören, ob die Wörter mit *b*, *d* und *g* geschrieben werden, denn man spricht *p*, *t* oder *k*. Auch die doppelten Konsonanten hört man nicht deutlich.

2 a/b Hefteintrag:

Wörter mit b/d/g	Wörter mit doppelten Konsonanten
belebt – beleben, erlaubt – erlauben,	der Anpfiff – die Anpfiffe,
verklebt – verkleben, verliebt – verlieben,	kaputt – kaputter,
der Abend – die Abende, der Verband – die Verbände,	der Gewinn – die Gewinne,
die Gegend – die Gegenden, der Erfolg – die Erfolge,	das Gebrumm – das Gebrumme,
der Betrug – der Betrüger, lustig – lustiger,	das Gestell – die Gestelle,
wichtig – wichtiger, ständig – ständige,	das Versteck – die Verstecke,
der Bussard – die Bussarde, der Anzug – die Anzüge,	der Beschluss – die Beschlüsse
der Leopard – die Leoparden,	
der Anfang – die Anfänge, fleißig – fleißiger,	
gesund – gesunde, traurig – traurige	

264

Waagerecht (Anzahl Zeilen): 1. Gespann; 2. Augenblick; 5. Winter; 8. Sommer; 9. übrig; 11. tausend; 12. Teppich; 13. fressen, Woche; 14. Zimmer, Urlaub

Senkrecht (Anzahl Spalten): 2. Zug; 4. wagte; 5. Gewitter; 7. Bescheid; 8. Bremse; 11. Regen; 12. Mittag; 13. Stunde; 14. Abend, Nebel

Hinweis: Am Ende der fünften Zeile ist GAU(E) zu lesen; sollte es entdeckt werden, kann man es als zusätzliches Wort gelten lassen. Dies gilt auch für die Wörter „Yak" und „fad" in der 2. und 3. Spalte.

a/b Hefteintrag (a: waagerecht; b: senkrecht):

Wörter, die man nur schwingen muss	Wörter, die man verlängern muss
a) Winter, Sommer, Teppich, fressen/Fressen, Woche, Zimmer	a) Gespann – die Gespa**nn**e, Augenblick – Augenbli**ck**e, übrig – übri**g**e, tausend – tausen**d**e, Urlaub – Urlau**b**e
b) Gewitter, Bremse, Regen, Stunde, Nebel	b) Zug – Zü**g**e, wagte – wa**g**en, Bescheid – Beschei**d**e, Mittag – Mitta**g**e, Abend – Aben**d**e

S. 190 Strategie Zerlegen – Zusammengesetzte Wörter

Die Strategie des Zerlegens ist deshalb zentral, weil in der deutschen Sprache viele Wörter zusammengesetzt werden: aus verschiedenen Wörtern oder aus Wortstämmen mit Präfixen und/oder Suffixen.

Ging es beim Schwingen um lange, lautgetreue Wörter, werden die Kinder jetzt dafür sensibilisiert, dass sich in Wortzusammensetzungen **Verlängerungsstellen** „verstecken" können, an denen die Schreibung nicht eindeutig zu hören ist. Die Schüler/-innen erfahren, wie man solche Wörter richtig schreiben kann: Man zerlegt die Wörter in ihre Einzelteile, indem man die **Wortgrenzen** durch einen Strich markiert. Auf diese Weise strukturiert man das Wort und findet Einsilber und unklare Auslaute, die zu verlängern sind.

Präfixe und **Suffixe** werden als Bausteine definiert: Sie ändern sich nicht und können Wortstämmen voran- bzw. nachgestellt werden. Um den Unterschied zu einsilbigen Wörtern zu klären, werden sie mit einer Umrahmung markiert. Weil dieses Wissen über die Sprache kumulativ aufgebaut werden muss, wird das Problem lediglich an der Nachsilbe -chen exemplarisch behandelt.

Vorschlag für ein Tafelbild/Lernplakat:

	Zerlegen
Wann braucht man die Strategie?	→ Bei zusammengesetzten Wörtern.
Wie geht man vor?	→ Man trennt alle Wörter durch einen Strich.
	→ Man trennt Bausteine ab.
	→ Man sucht Einsilber und unklare Auslaute, die man verlängern muss.
Beispiele:	
der Ber**g**	wald → die Berge und die Wälder	das Wäl**d** -chen → die Wälder

12 Rechtschreibstrategien erarbeiten – Regeln finden

1 a Wörter mit unklaren Stellen: die Ber**g**wanderung – das Hun**d**efell – das Zufall**s**produkt – der Wan**d**schrank

b Man spricht k/t, schreibt aber g/t, auch doppelte Konsonanten hört man nicht sicher.

2 a Hefteintrag:

Wörter, die man nur schwingen muss	Wörter, die man zerlegen und dann verlängern muss
die Ele fan ten tan ten, die A na nas tor te, die Me lo nen sup pe, der Ku gel schrei ber, die Dros sel stim me, die Scho ko la den tor te	das Hunde | fell → die Felle das Zufalls | produkt → die Zufälle der Wand | schrank → die Wände der Wald | brand → die Wälder, die Brände die Mund | harmonika → die Münder

3 Im Folgenden steht „→" für „denn es heißt":

die Rad \| kappe → die Rä**d**er, das Rot \| käppchen → ro**t**e, der Abend \| himmel → die Aben**d**e

der Frei \| tag → die Ta**g**e, das Werk \| zeug → wer**k**en/zeu**g**en, die Schrank \| wand → die Wän**d**e

das Piep \| signal → pie**p**en, der Hub \| schrauber → he**b**en, der Dieb \| stahl → die Die**b**e

4 das Kind|chen| → die Kin**d**er, das Händ|chen| → die Hän**d**e, das Heft|chen| → die Hef**t**e

das Täub|chen| → die Tau**b**e, das Büb|chen| → der Bu**b**e, das Weib|chen| → die Wei**b**er

das Bäll|chen| → die Bä**ll**e, das Mäul|chen| → die Mäu**l**er, das Schäl|chen| → die Scha**l**e

das Käpp|chen| → die Ka**pp**e, das Püpp|chen| → die Pu**pp**e, das Grüpp|chen| → die Gru**pp**e

S. 191 Strategie Ableiten – Wörter mit *ä* und *äu*

Die Strategie des Ableitens wird genutzt, um die Vokale *e* und *ä* bzw. *eu* und *äu* zu unterscheiden. Den Schülerinnen und Schülern wird bewusst, dass die Ähnlichkeit in der Aussprache zu Fehlschreibungen führen kann. Sie erhalten zwei Hinweise darauf, wie sie Sicherheit erlangen können:
1. Die Normalschreibung für diesen Laut ist *e* und *eu*.
2. Für die Schreibung von *ä* und *äu* gilt das **Stammprinzip:**
   Man schreibt *ä* und *äu*, wenn es verwandte Wörter mit *a* und *au* gibt.

Für manche *ä/äu*-Schreibungen werden die Kinder allerdings keine Ableitungen finden können. Das sind zu lernende **Ausnahmewörter**, wobei hier fehlerträchtige Wörter ausgewählt sind. Man kann das Problem thematisieren, sollte allerdings den Schwerpunkt der Arbeit auf die Sicherung der Strategie legen. Es sollte auch hier darauf geachtet werden, dass das Strategiezeichen direkt über den abzuleitenden Vokal gesetzt wird.

12.1 „Balltraining" – Rechtschreibstrategien einüben

Vorschlag für ein Tafelbild/Lernplakat:

1 a Man kann *ä* und *äu* mit *e* und *eu* verwechseln.

b die Bäume die Zäune die Plätze die Länder die Mäuse die Läuse ängstlich gefährlich
äußerlich schädlich säuerlich häuten wärmen schwärmen zähmen schälen säubern

c Im Folgenden steht „→" für „denn es heißt":
die Bäume → der Baum, die Zäune → der Zaun, die Plätze → der Platz, die Länder → das Land,
die Mäuse → die Maus, die Läuse → die Laus
ängstlich → die Angst, gefährlich → die Gefahr, äußerlich → außen, schädlich → der Schaden,
säuerlich → sauer, häuten → die Haut, wärmen → warm
schwärmen → der Schwarm, zähmen → zahm, schälen → die Schale, säubern → sauber

2 Im Folgenden steht „→" für „denn es heißt":
die Räume → der Raum, die Ränder → der Rand, die Nähe → nah, lächerlich → lachen
färben → die Farbe, der Träger → tragen, erfreulich → erfreuen, die Fläche → flach
die Häuser → das Haus, die Felder → ??? , gräulich → grau, Grauen
der Schläfer → schlafen
die Kräuter → das Kraut, erhältlich → erhalten, die Schnecke → ??? , leuchten → die Leuchte
das Ferkel → ??? , erbärmlich → erbarmen, unsäglich → sagen, die Mäuse → die Maus

??? : Es gibt kein verwandtes Wort mit *a* oder *au*, also Normalschreibung.

3 Die Wörter lauten, von links nach rechts aufgelistet:
allmählich, Lärm, ähnlich, während
Dämmerung, gähnen, Käse, nämlich
später, Käfig, Känguru

S. 192 Nomen erkennen

Die Schüler/-innen wissen in der Regel, dass Nomen einen Artikel haben, und sie können sie isoliert auch als solche identifizieren. In Texten erkennen rechtschreibunsichere Kinder sie allerdings nicht unbedingt, weil sie selten vom Artikel in seiner ungebeugten Form begleitet werden.
Deshalb geht es im Folgenden darum, zunächst die Funktion von Nomen in Texten zu reflektieren und dann zu erkennen, dass die Begleiter der Nomen sehr vielfältig sind. Umso einsichtiger ist es, dass man strategisch vorgehen muss, um die Nomen sicher identifizieren zu können: Die **Artikelprobe** nimmt das Vorwissen aus der Grundschule auf, die **Adjektiv- und Zählprobe** orientieren sich an der Funktion der Nomen in Texten. Wenn die Kinder die drei Proben sicher anwenden können, integriert das die **Endungsprobe**. Das Strategiezeichen, an den Anfang des Wortes gesetzt, soll Hilfestellung geben, bei welchen Wörtern die Nomenproben anzuwenden sind.

12 Rechtschreibstrategien erarbeiten – Regeln finden

Vorschlag für ein Tafelbild/Lernplakat:

Nomen kann man mit Hilfe von **drei Proben** erkennen:			
Artikelprobe	**Adjektivprobe**	**Zählprobe**	
das Haus ein Haus	das hohe Haus ein altes Haus	zwei Häuser viele Häuser	

1 Die Schüler/-innen werden herausfinden, dass es sich bei UEG und MUG um etwas Gegensätzliches handeln muss, aber nicht, was es genau bedeutet.

2 a Wenn ein Text keine Nomen hat, erhält man ungenaue Informationen.

b Der ergänzte Text heißt:
In dem **Buch** lernt **Tom** ein kleines **Gespenst** kennen. Nicht, dass er begeistert davon ist. Aber dieser kleine **Kerl** hat sein ganzes **Mitgefühl**. Es ist nämlich so: Es gibt zwei **Arten** von **Gespenstern**, die MUGs und die UEGs. Während die MUGs zwar ekelig, aber dennoch liebenswerte **Lebewesen** sind, sind die anderen (UEGs) echte **Ekelpakete**.
Nun findet **Tom** das kleine **Gespenst** bei sich. Es erzählt ihm, dass es aus seiner bisherigen **Unterkunft** vertrieben worden ist. Dort sitzt jetzt ein kleines **Miststück**, nämlich ein UEG. **Tom** beschließt, seinem **Gespensterfreund** zu helfen, damit es wieder nach **Hause** kann. Er plant die **Vertreibung**. Dazu muss er die **Eigenarten** und **Vorlieben** der MUGs in einem **Buch** studieren. Er bekommt **Hilfe** durch eine **Frau** mit Namen **Kümmelsaft**, die sich mit den **Besonderheiten** der unterschiedlichen **Gespensterarten** gut auskennt. Sie weiß, dass die **Beschäftigung** mit den UEGs **Lebensgefahr** bedeutet.

3 a **Artikelprobe** (Beispiellösung): das Buch, das Gespenst, der Kerl, das Mitgefühl, das Lebewesen, das Ekelpaket, die Unterkunft, das Miststück, der Gespensterfreund, das Haus

b **Adjektivprobe** (Beispiellösung): das große Buch, das nette Gespenst, der fiese Kerl, das tiefe Mitgefühl, das fürchterliche Lebewesen, das gemeine Ekelpaket, das furchtbare Miststück, der liebe Gespensterfreund, das alte Haus

c **Zählprobe** (Beispiellösung): drei Bücher, vier Gespenster, drei Kerle, etwas Mitgefühl, einige Lebewesen, manche Ekelpakete, viele Miststücke, zwei Gespensterfreunde, viele Häuser

d **Nomen** mit der Endung *-ung*: die Vertreib|ung|, die Beschäftig|ung|

4 die Gefährlich|keit|, die Düster|nis|, die Dunkel|heit|, die Frech|heit|

S. 193 Nomen werden großgeschrieben

1 a/b Nomenproben in Text **A** (→ = „denn es heißt"):

MUG
mittelmäßig unheimliches Gespenst → das Gespenst, zwei Gespenster

geht durch einen halben Meter dicke Wände → der Meter, drei Wände

fliegt so schnell wie eine Krähe → zwei Krähen

verursacht Gänsehaut und Zähneklappern → die Gänsehaut, lautes Zähneklappern

verursacht mit Eisfingern leichtes Kälteschlottern → ekelige Eisfinger, das Kälteschlottern

12.1 „Balltraining" – Rechtschreibstrategien einüben

bewirkt Gänsehaut erzeugende Geräusche → die Geräusche, viele Geräusche

lässt kleine Küchengeräte (Telefone, Küchenmaschinen, Bügeleisen) durchdrehen → drei Telefone, einige Küchenmaschinen, ein heißes Bügeleisen

sondert unangenehmen Modergeruch ab → der Modergeruch

sondert schneckigen Klebschleim ab → der Klebschleim, ekeliger Klebschleim

2 a/b Nomenproben in Text **B** (→ = „denn es heißt"):

UEG
unglaublich ekelhaftes Gespenst → das Gespenst

geht durch beliebig dicke Wände → dicke Wände

nicht nur durch Spiegel → zwei Spiegel

rast mit Düsenjetgeschwindigkeit auf sein Opfer zu → die Düsenjetgeschwindigkeit, das Opfer

lässt außerdem die Haare zu Berge stehen → viele Haare, die Berge

verursacht ein Zittern am ganzen Körper → das Zittern, der Körper

friert durch Eisatem Menschen ein → der Eisatem, viele Menschen

erzeugt Zähneklapper-Gliederschlotter-Herzschlagstopp-Geräusche → das Zähneklappern, das Gliederschlottern, der Herzschlagstopp, die Geräusche

schaltet gern Radios und Fernseher ab und lässt größere Maschinen wie Baufahrzeuge, Kräne, Eisenbahnen und Karussells durchdrehen → die Radios, der Fernseher, drei Maschinen, die Baufahrzeuge, hohe Kräne, die Eisenbahnen, schöne Karussells

verströmt entsetzlichen Geruch, der zu Hautausschlag führt → der Geruch, der Hautausschlag

hinterlässt eine Glitzerspur, die besser klebt als der beste Spezialklebstoff → die Glitzerspur, der Spezialklebstoff

S. 194 Im Wörterbuch nachschlagen

Siehe die **Folie** „Im Wörterbuch nachschlagen" auf der DVD-ROM.

Nachschlagen muss man Wörter, bei denen man sich nicht sicher ist und bei denen die Strategien nicht helfen. Folgende Kompetenzen stehen im Zentrum der Arbeit:
– Für das Nachschlagen muss man die *Ordnung nach dem Alphabet* beherrschen.
– Bei Nomen, Verben und Adjektiven muss man zusätzlich wissen, *wie* sie nachgeschlagen werden.

12 Rechtschreibstrategien erarbeiten – Regeln finden

Vorschlag für ein Tafelbild/ein Lernplakat:

> **Wörter nachschlagen**
> Ordnung nach dem Alphabet:
> 1. Buchstabe: ABC **A**rbeit **B**uch
>   2. Buchstabe: Aa Ab Ac … A**a**chen, a**b**ändern
>   3. Buchstabe: … ab**ä**ndern ab**b**auen
>
> **Tipps** zum Nachschlagen der folgenden Wortarten:
> – Verben und Adjektive → Grundform suchen
> – Zusammengesetzte Nomen → zerlegen und das schwierige Wort suchen

S. 194 Das Alphabet trainieren

2 Abnorba – Abud – Aliyar – Anouk – Aylin – Carlotta – David – Franziska – Gabriela – Hanna – Jakob – Jasper – Joel – Jonas – Kaya – Linda – Linus – Lukas – Madita – Malte – Maximilian – Melin – Melinda – Norba – Ronja – Taha

3 L**a**ra – L**au**ra – L**e**na – L**e**nja – L**en**nard – L**en**nar**t** – Le**o**n – Le**o**n**a** – Le**o**nie – L**et**icia – L**ev**in – L**i**am – L**in**us – L**is**a – L**o**rena – L**o**renz – L**ot**te – L**uc**a – L**uc**ia – L**uk**as

S. 195 Einzelne Verben, Adjektive und Nomen im Wörterbuch finden

1 a Richtige Antwort: **B** Sie müssen nach der Grundform suchen.

b er nutzt – nutzen, sie sitzt – sitzen, es passt – passen
lästiger – lästig, am klügsten – klug, bequemer – bequem

2 die Patentante: Patin – der Fragebogen: Bogen (Papier), auf dem Fragen stehen – das Jägerschnitzel: Schnitzel mit Pilzsoße – die Apfelsinenschale: Schale einer Apfelsine – die Pantoffelblume: eine Blume, deren Blüte aussieht wie ein Pantoffel – das Paukenfell: Teil des Mittelohrs

3 b Nilkrokodil → Nil und Krokodil; das Waschbärrevier → Waschbär und Revier; die Gespenstheuschrecke → Gespenst und Heuschrecke; das Klapperschlangengeräusch → Klapperschlange und Geräusch; die Kammmuschelschale → Kammmuschel und Schale; die Wasserschildkröte → Wasser und Schildkröte
Die Seitenzahlen variieren je nach genutzten Wörterbüchern.

4 a Brimborium = lateinisch, Piazza = italienisch, Portmonee = französisch

b Spaghetti oder Spagetti, Delfin oder Delphin, Joghurt oder Jogurt, Ketchup oder Ketschup

S. 196 Texte überarbeiten – Die Strategien anwenden

Bei der Bearbeitung zweier Fehlertexte sollen die Schüler/-innen nunmehr ihr erworbenes Strategiewissen für Schreibentscheidungen nutzen. Da sie sich – mit unterschiedlichen Schwierigkeiten – dieselben Kompetenzen erarbeiten, können die beiden Textüberarbeitungen sowohl hintereinander kumulativ aufbauend (Entscheidung: falsch/richtig; selbstständige Fehlerverbesserung) als auch differenzierend (arbeitsteilig) bearbeitet werden. Im letzteren Fall stellen sich die Kinder gegenseitig ihre Ergebnisse aus der Arbeit an Text 1 und Text 2 vor.

Es hat sich bewährt, den Schülerinnen und Schülern für die strategieorientierte Arbeit an Fehlern eine Übersicht über die Strategien an die Hand zu geben: als Lernplakat oder auch als (laminierte) Strategiekarte, die als Lesezeichen verwendet wird und so ständig verfügbar ist. Siehe hierzu die **Kopiervorlage** „Strategiekarte" auf der DVD-ROM.

⌣ Schwingen: genau sprechen, sodass man alle Buchstaben hört

↶ Verlängern: eine Silbe anfügen

(4) Ableiten: verwandte Wörter mit *a* und *au* suchen

(x**x**) Großschreibung: Nomenproben anwenden

12.1 „Balltraining" – Rechtschreibstrategien einüben

1 Mögliche Überschrift: Kaninchen und Hasen

2 a–c Viele *Kinder* wünschen sich als Haustier ein *Kaninchen*, denn es ist ein *friedlicher* und gemütlicher Mitbewohner.

Hauskaninchen *stammen* von den Wildkaninchen ab, die sich ziemlich in der Natur ausgebreitet haben und *überall* vorkommen, sogar in *Gärten*.

Viele Menschen *können* in der Natur *Hasen* und Kaninchen nicht unterscheiden. Das ist auch nicht *verwunderlich*, denn auf den ersten *Blick* haben sie wirklich große Ähnlichkeiten: Beide haben ein braunes *Fell*, beide haben lange Ohren und beide sind *Pflanzenfresser*.

Aber wer ein Hauskaninchen hat oder *kennt*, dem *fallen* die Unterschiede auf, und er *kann* die beiden Tiere gut auseinanderhalten.

3 Hasen sind größer, ihre Ohren haben schwarze Spitzen und die Hinterbeine sind länger als die Vorderbeine; deshalb können sie Haken schlagen.

4 Hasen sind in der Regel *deutlich* größer als Kaninchen. Auch sind die Ohren des Hasen viel *länger* als die der Kaninchen.

Diese Ohren werden *Löffel genannt* und haben schwarze Spitzen. Die *kann* zwar nur ein geübter *Beobachter* aus der *Entfernung erkennen*, aber man sieht leicht, dass die Löffel mindestens so lang sind wie der Kopf des Tieres. So *auffällig* lang sind die Ohren des Kaninchens nicht.

Ebenso *auffällig* ist, dass die Hinterbeine des Hasen viel länger sind als die Vorderbeine. Dadurch kann sich das Tier *kraftvoll* abstoßen. Außerdem *schlägt* der Hase so seine berühmten Haken, wenn es *gefährlich wird*. Auch leben die Hasen in *Feldern* und kommen nicht in die Gärten.

Anmerkung zu „deutlich": Dieses Wort schreibt man lautgetreu, kann es also schwingen. Allerdings ist auch das „Zerlegen" zu akzeptieren: deut|lich, denn: deuten.

S. 197 Teste dich!

1 b Die geschwungenen Wörter:

die Ba_na_nen_scha_le   die A_ben_teu_er_ro_ma_ne   die Le_se_ses_sel_kis_sen

der A_mei_sen_hau_fen   die Mo_fa_re_pa_ra_tur   die Son_nen_fins_ter_nis

2 b das/der Kaugummi, der Lederkoffer, die Tintenfüllerpatrone, das Düngemittel, die Hundeflöhe, die Kletterrosensorten

12 Rechtschreibstrategien erarbeiten – Regeln finden

3 b/c Verlängern muss man:

die Schuld – die Schulden, der Zug – die Züge, das Blatt – die Blätter, der Strand – die Strände,

das Band – die Bänder, das Lob – loben, der Kamm – die Kämme, das Lamm – die Lämmer,

der Verband – die Verbände

4 die Brand | schutz | mauer → die Brände, die Mond | finsternis → die Monde,

das Berg | werk → die Berge und die Werke, das Schwimm | bad → schwimmen und die Bäder,

die Weg | gabelung → die Wege

5 krächzen → der Krach, der Besen → ???, die Zähne → der Zahn, die Leber → ???,
die Häschen → der Hase, die Kräuter → das Kraut, die Meute → ???, läuten → laut,
bedeuten → ???, säubern → sauber

??? = Kein verwandtes Wort mit *a* oder *au* gefunden: also Normalschreibung *e* oder *eu*.

6 a Richtig:

Weshalb erscheinen Gegenstände unter Wasser größer?

Hast du dir schon mal einen Strohhalm angesehen, der in einem Glas Wasser steckt? Er sieht an

der Stelle, an der er ins Wasser taucht, wie durchgebrochen aus. Das liegt daran, dass das Licht an

der Grenze vom Wasser zur Luft gebrochen wird. Die Lichtgeschwindigkeit in den verschiedenen

Stoffen ist nämlich unterschiedlich groß: In der Luft bewegt sich Licht schneller als im Wasser.

12.2 Rechtschreibung erforschen – Regeln finden

Die bisher erworbenen Kompetenzen können für das Verstehen der regelhaften Schreibweisen deutscher Wörter nutzbar gemacht werden. Basis ist die Silbenkonstruktion: Offene und geschlossene Silben werden ins Zentrum gerückt, weil sie im Vergleich zu langen und kurzen Vokalen für die Schüler/-innen eindeutiger zu identifizieren und über mehrere Eingangskanäle erfassbar sind.

S. 198 Wann schreibt man doppelte Konsonanten?

Beim Schwingen haben die Schüler/-innen durch das Sprechen in Silben schon einige Sicherheit bei der Schreibung der doppelten Konsonanten erlangt, aber eine Erklärung für die Regelhaftigkeit ist damit noch nicht gegeben. Dabei kann ein Wissen um die Konstruktion der Wörter durchaus die Sicherheit in der Rechtschreibung erhöhen.
Die meisten Wörter mit Doppelkonsonanten haben, sofern sie zu den Nomen, Verben oder Adjektiven gehören, eine zweisilbige Form, die Aufschluss über die Schreibweise gibt: Man schreibt sie, wie man spricht. – *Wann* aber schreibt man doppelte Konsonanten? Das finden die Kinder in zwei Schritten heraus:
1. Sie vergleichen Wörter mit einfachem und mit doppelten Konsonanten. Doppelte Konsonanten kommen nur vor, wenn die erste Silbe geschlossen ist.

12.2 Rechtschreibung erforschen – Regeln finden

2. Sie vergleichen Wörter, in denen die erste Silbe geschlossen ist, und stellen fest: Entweder stehen an der Silbengrenze zwei verschiedene Konsonanten oder ein Konsonant wird verdoppelt.
Da diese Regeln nur an Zweisilbern zu erkennen sind, muss die zweisilbige Wortform gefunden werden: Einsilber muss man verlängern, Komposita muss man zerlegen.

Vorschlag für ein Tafelbild/Lernplakat:

Wann verdoppelt man Konsonanten?		
schä len	schal len	schal ten
erste Silbe offen	erste Silbe geschlossen zwei **gleiche** Konsonanten	erste Silbe geschlossen, zwei **verschiedene** Konsonanten

1/2 Hefteintrag:

erste Silbe offen	erste Silbe geschlossen
die Da me	die Däm me
be ten	die Bet ten
die Scha le	schal len
die Ro be	die Rob be
die Hü te	die Hüt te
ra ten	die Rat te
Die erste Silbe endet mit einem **Vokal**. Den Vokal spricht man **lang**.	Die erste Silbe endet mit einem **Konsonanten**. Den Vokal spricht man **kurz**.
die Ro se	die But ter
der Vo gel	die Mut ter
der Va ter	die Klap pe
die O ma	die Klas se
die Ho se	die Ris se
die Scha fe	die Schif fe
die Klei der	der Kel ler

Regel: Doppelte Konsonanten schreibt man nur, wenn die erste Silbe **geschlossen** ist.

es tobt – to ben	es brummt – brum men
er lobt – lo ben	es knallt – knal len
er weint – wei nen	er hofft – hof fen
sie meint – mei nen	sie rennt – ren nen
er lebt – le ben	er kommt – kom men
schön – schö ner	satt – sat ter
das Grün – grü ne	still – stil ler
das Rot – ro te	er bellt – bel len

3 b Hefteintrag:

l oder *ll*?	*n* oder *nn*?
die Ball | spiele → Bäl le	der Brenn | ofen → bren nen
die Wal | gesänge → Wale	der Renn | beginn → rennen, beginnen
der Schutz | wall → Wälle	der Blöd | sinn → Sinne
der Not | fall → Fälle	der Pinsel → zwei verschiedene Konsonanten

m oder *mm*?	*t* oder *tt*?
der Brumm | kreisel → brum men	der Rat | geber → ra ten
die Um | wege → um (herum)	das Glatt | eis → glatter
das Summ | geräusch → summen	die Blatt | laus → Blätter
das Schwimm | bad → schwimmen	das Gänse | fett → Fette

S. 199 Doppelte Konsonanten: zwei gleiche und zwei verschiedene

1/2 Hefteintrag:

erste Silbe geschlossen	
zwei verschiedene Konsonanten zwischen der ersten und zweiten Silbe	**zwei gleiche Konsonanten** zwischen der ersten und zweiten Silbe
die Bir ne der Ap fel die Kir sche die Mur mel trin ken tan zen die Pfer de krat zen (wenn das tz als besonderer Doppelkonsonant nicht behandelt ist)	die But ter die Mot te die Wel le der Dum me der Sat tel es sen tren nen rissen die Flosse schlucken die Schiffe die Einfälle stellen innen die Kammer fallen kratzen (zz = tz) krallen jammern zerren brummen die Männer dann (Merkwort, da nicht zu verlängern)

2 a Vermutung: Der Wal wird den Seemann wieder ans Tageslicht befördern.

b Möglicher Schlusssatz: So nützte es dem Wal nichts, dass er den Seemann geschluckt hatte. Die Nahrung bekam ihm nicht, und er musste sie wieder ans Wasser abgeben. Das aber war die Chance für den Seemann, gerettet zu werden.

c Der Wal **riss** das Maul so weit auf, dass das Maul fast seine Schwanz**flosse** berührte, und **schluckte** den **schiff**brüchigen Matrosen und das Floß, auf dem er saß.
Doch sobald der **einfalls**reiche und kluge Matrose fest**stellte**, dass er in der warmen, dunklen, **inneren** Speise**kammer** des Wals war, da fing er an zu hüpfen und zu springen, zu stampfen und zu singen, zu steigen und zu **fallen**, zu **kratzen** und zu **krallen**, zu **jammern** und zu beten, zu **zerren** und zu reißen, zu zetern und zu keifen, zu **brummen** und zu pfeifen.
Und dann tanzte er einen **Seemann**stanz, bis der Wal sich ganz unwohl fühlte.

d Siehe die Tabelle oben zu Aufgabe 1/2, Teil 2.

S. 200 **Wann schreibt man *i* oder *ie*?**

Für die *ie*-Schreibung gibt es keine Regel ohne Ausnahme, aber relativ regelhafte Schreibweisen und ein strategisches Vorgehen, das zu Sicherheiten verhelfen kann. Basis für die *i/ie*-Schreibung ist das zweisilbige Wort. Ist die erste Silbe geschlossen, schreibt man *i*; ist die erste Silbe offen, schreibt man meist *ie*. Strategien: Zweisilber schwingt man, Einsilber verlängert man und zusammengesetzte Wörter zerlegt man, um versteckte Einsilber zu finden.

Vorschlag für ein Tafelbild/Lernplakat:

i oder *ie*?
Frage: Wann schreibt man *ie*?
Antwort: Wenn in zweisilbigen Wörtern die erste Silbe *offen* ist. → die Lie be
Zweisilber → ⌣ die Lie be
Einsilber → ⌣ er liebt → wir lie ben
Zusammengesetzte Wörter → ⌣ Liebling → lieben

1 a–e Hefteintrag:

Wörter mit *i*	Wörter mit *ie*
wic keln	bie gen
wis sen, fin den, bil den, bin den, blic ken, schimp fen, hin dern, fil men, dich ten	sie gen, sie ben, lie gen, die nen, krie gen, krie chen, wie gen
erste Silbe geschlossen	**erste Silbe offen**

2 Wenn die erste Silbe **offen** ist und mit einem **Vokal** endet, dann schreibt man *ie*.
Wenn die erste Silbe **geschlossen** ist und mit einem **Konsonanten** endet, dann schreibt man *i*.

3 a/b Möglicher Hefteintrag:

Wörter mit *i*	Wörter mit *ie*
still – stil ler, das Rind – die Rin der, das Bild – die Bil der, blind – blin der, das Schiff – die Schiffe, der Griff – die Griffe, mild – milder, der Film – die Filme, der Fink – die Finken, er singt – singen, es klingt – klingen	der Dieb – die Die be, lieb – lie ben, das Sieb – die Siebe, tief – tiefer, das Ziel – die Ziele, es fließt – fließen, das Lied – die Lieder, schief – schiefer, er zieht – ziehen, fies – fieser

4 a Obwohl die erste Silbe offen ist und das *i* lang gesprochen wird, schreibt man die Wörter *ihr*, *ihnen*, *ihm*, *ihn* und *ihre* nicht mit *ie*, sondern mit einem **Dehnungs-h**.

S. 201 *i* oder *ie* in zusammengesetzten Wörtern

1 a/b Hefteintrag:

der Gift | zahn → die Gif te, Brief | marke → die Brie fe, das Schieß | eisen → schie ßen,

die Gieß | kanne → gie ßen, die Ziel | gerade → die Zie le, der Blick | kontakt → blic ken,

die Kriech | spur → krie chen, der Dieb | stahl → die Die be, das Schließ | fach → schlie ßen,

das Blitz | licht → die Blit ze, die Lich ter

12 Rechtschreibstrategien erarbeiten – Regeln finden

2 a/b Möglicher Hefteintrag:
bleiben – er blieb – wir blieben: Wir blieben in der Jugendherberge.
schreiben – er schrieb – wir schrieben: Sie schrieb ihrer Freundin eine Ansichtskarte.
fallen – er fiel – wir fielen: Er fiel vom Baum in ein Blumenbeet.
schlafen – er schlief – wir schliefen: Wir schliefen erst in den Morgenstunden ein.

S. 201 Fit in der *ie*-Schreibung

1 a/b Z. 1/2: diesem – die sem, offene Silbe; Tieferschatten – tie fer, offene Silbe
Z. 4–12: dieser – die ser, offene Silbe; tiefbegabtes – tief – tie fer, offene Silbe; Kind – Kin der, geschlossene Silbe; viel – vie le, offene Silbe; Gehirn – Gehir ne, geschlossene Silbe; liegt – lie gen, offene Silbe; nie – nie mals, offene Silbe
Z. 14: verliere – ver|lie re, offene Silbe
Z. 20: Bingotrommel – Bin go, geschlossene Silbe
Z. 22: spiele – spie le, offene Silbe; Dienstag – die nen, offene Silbe

c In dem Vortrag soll erläutert werden, dass man *ie* schreibt, wenn in zweisilbigen Wörtern die erste Silbe offen ist. Um die Regel anwenden zu können, muss man die zweisilbige Form suchen bzw. den Einsilber verlängern. Zusammengesetzte Wörter muss man zunächst zerlegen, um einsilbige Wörter/Wortstämme zu finden, die anschließend verlängert werden können.

2 a Siehe die Lösung zu Aufgabe 1 a/b.

S. 202 Wann schreibt man *ß* und wann *ss*?

Die s-Laute *ß* und *ss* werden beide stimmlos (zischend) gesprochen. *ß* wird nur geschrieben, wenn die erste Silbe offen ist, der Vokal also lang gesprochen wird. Nach einer geschlossenen ersten Silbe schreibt man *ss*, wenn nicht zwei verschiedene Konsonanten an der Silbengrenze stehen, wie z. B. bei *Kiste*. Hier gilt die Regel, wie sie bei der Konsonantenverdopplung erarbeitet worden ist.

Vorschlag für ein Tafelbild/Lernplakat:

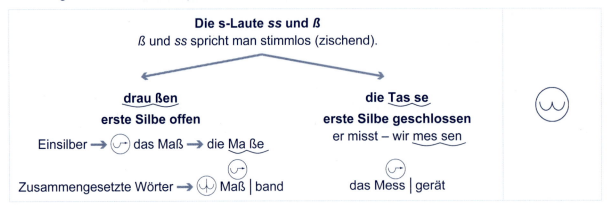

1–4 Hefteintrag:

Wörter mit ß	Wörter mit ss
die Flö ße, die So ße, die Klö ße, äu ßern, die Ma ße, die Grö ße, au ßer, bei ßen, grü ßen, sto ßen, lie ßen, flie ßen	die Flos se, die Bläs se, die Ras se, pas sen, die Kas se, die Klas se, die Bis se, küs sen, wis sen, las sen, die Flüs se
Die erste Silbe endet mit einem **Vokal** und ist **offen**. Den s-Laut spricht man **zischend**.	Die erste Silbe endet mit einem **Konsonanten** und ist **geschlossen**. Den s-Laut spricht man **zischend**.

12.2 Rechtschreibung erforschen – Regeln finden

(Aufgabe 4 a)	
rei ßen, sto ßen, flie ßen, gie ßen, hei ßen die Schö ße, schlie ßen, die Ma ße	wis sen, küs sen, mes sen, die Flüs se, die Ris se fas sen, die Schlös ser, die Güs se

3 a **A** Die s-Laute klingen völlig gleich.

b ihr wisst – wis sen, sie küsst – küs sen, er misst – mes sen, er reißt – rei ßen,
der Fluss – die Flüs se, er stößt – sto ßen, es fließt – flie ßen, er gießt – gie ßen,
der Riss – die Ris se
sie heißt – hei ßen, er fasst – fas sen, das Schloss – die Schlös ser, der Schoß – die Schö ße,
er schließt – schlie ßen, das Maß – die Ma ße, der Guss – die Güs se

4 a Siehe die Tabelle oben.

S. 203 *ß* und *ss* in zusammengesetzten Wörtern

1 die Fließ | geschwindigkeit – flie ßen, das Fluss | krokodil – die Flüs se, Biss | wunde – die Bis se,

die Gieß | kanne – gie ßen, der Regen | guss – die Güs se, der Fass | deckel – die Fäs ser,

der Reiß | verschluss – rei ßen und Ver schlüs se, die Abriss | birne – die Ris se,

der Heiß | luftballon – hei ßer, die Beiß | zähne – bei ßen, das Hunde | gebiss – die Ge bis se,

die Stoß | zähne – die Stö ße

3 *ß* schreibt man nur, wenn die erste Silbe offen ist.
ss schreibt man, wenn die erste Silbe geschlossen ist (und nicht zwei verschiedene Konsonanten an der Silbengrenze stehen).

4 Jemandem eine Lügengeschichte erzählen.

5 a–c Beispiel für einen Hefteintrag:

biss – die Bisse, sie bissen; Fuß – die Füße; riss – die Risse, sie rissen; groß – größer

Straßen | bahn – die Stra ßen

deshalb – des halb

S. 204 Teste dich!

1 *n* oder *nn*? nennen – weinen – rennen – meinen – kennen – die Wanne
p oder *pp*? hupen – die Puppen – hoppeln – die Pappeln – die Suppe – wippen
l oder *ll*? bellen – die Welten – die Wellen – gestalten – stellen – stehlen

3 *ie* oder *i*? singen – sieben – lieben – der Ziegel – die Gießkanne – der Liebling – der Kindergeburtstag

5 *ß* oder *ss*? draußen – außen – die Maße – die Klasse – er misst – sie küsst – sie heißt – er beißt

7 Richtige Aussagen:
– Doppelte Konsonanten schreibt man, wenn die erste Silbe geschlossen ist.
– Man schreibt *ie*, wenn in einem zweisilbigen Wort die erste Silbe offen ist.
– Man schreibt *ß*, wenn die erste Silbe offen ist.

12 Rechtschreibstrategien erarbeiten – Regeln finden

12.3 Fit in …! – Rechtschreibung

S. 205 Diktate vorbereiten und schreiben

Die Schüler/-innen können sich hier durch Anwendung der verschiedenen Strategien auf ein Diktat vorbereiten. Angeboten werden zwei Varianten:
A Sie können gezielt einzelne Wörter aus dem Text auswählen und passenden Strategien zuordnen.
B Sie sollen Teile des Textes arbeitsteilig abschreiben und strategisch untersuchen.

2 Diktatvorbereitung **A**, Beispiellösungen:

- Muscheln, Schalen, Plankton, Muschelschalen, wunderschöne

- ernähren, weil: N**a**hrung; Gehäuse, weil: H**a**us; Häuserbau, weil: H**a**us; Strandgänger, weil: G**a**ng; Strandgemälde, weil: m**a**len

- Strandgänger, weil: die Strän**d**e; Strandgemälde, weil: die Strän**d**e

Diktatvorbereitung **B**, Beispiellösungen:

Besonders wertvoll sind Perlen, die sich in manchen Muscheln bilden. Ausgangspunkt für die Perlenbildung ist meistens ein Fremdkörper, der in die Muschel gelangt ist. Dann will das Tier sich schützen und umhüllt den Fremdkörper mit mehreren Lagen aus Perlmutt. Je nach Dicke der Umhüllung entstehen kleine oder große Naturperlen.

Es war früher eine mühsame Angelegenheit, Perlen zu finden. Dazu musste man viele Muscheln sammeln und durchsuchen. Es lohnte sich aber, denn sie waren als Schmuck sehr beliebt. Die wenigen gefundenen Perlen waren sehr kostbar und teuer. Sie waren so einzigartig, dass man ihnen sogar Namen gab, mit denen sie berühmt wurden.

S. 206 Die Strategien anwenden

Siehe hierzu auch die **Folie** „Rechtschreibstrategien" auf der DVD-ROM.

S. 206 Übungen zum Schwingen

1 der Griffelkasteninhalt, die Ölsardinendose, die Bananenschalenfarbe, die Kirschkerngröße, der Füllfederhalter

2 a 3 Silben, z. B.: Weich tie ren, Ge häu se, er näh ren, Aus gangs punkt
b 4 Silben, z. B.: Mu schel scha len, wun der schö ne, Strand ge mäl de
c Das längste Wort hat fünf Silben: An ge le gen heit

3 das Krokodilleder, die Krokodiledertasche, die Krokodilarten, die Krokodilfütterung, der Krokodilangriff, die Krokodilhaut, der Krokodilkreislauf, die Krokodilfortbewegung

12.3 Fit in …! – Rechtschreibung

S. 206 Übungen zum Verlängern

1. a belie**b**t, ga**b** (Text: Perlen, Z. 12, 15)
   b der Stran**d**, frem**d** (Text: Muscheln, Z. 12; Perlen, Z. 3)
   c Ausgan**g**, gelan**g**t, weni**g**, einzi**g**, arti**g** (Text: Perlen, Z. 2, 13, 14)
   d Schmu**ck**, gebra**nn**t, ka**nn**; wertvo**ll**, wi**ll**, umhü**llt** (Text: Muscheln, Z. 8, 11, 14; Perlen, Z. 1, 5)

2. lebt – le**b**en; siebt – sie**b**en; lobt – lo**b**en; siegt – sie**g**en; biegt – bie**g**en
   tobt – to**b**en; sorgt – sor**g**en; bellt – be**ll**en; nennt – ne**nn**en
   rennt – re**nn**en; kommt – ko**mm**en; weckt – we**ck**en; lockt – lo**ck**en

3. der Sie**g** – der Krie**g** → die Siege – die Kriege
   der Sta**b** – das Gra**b** – er ga**b** → die Stäbe – die Gräber – sie gaben
   er zo**g** – er lo**g** – er wo**g** → sie zogen – sie logen – sie wogen
   er wa**g**t – er sa**g**t – er na**g**t → sie wagen – sie sagen – sie nagen

S. 207 Übungen zum Zerlegen

1. a/b Beispiel für einen Hefteintrag:

   die Land | ratte → die Länder   der Strand | urlauber → die Strände

   der Berg | wanderer → die Berge   das Ball | gefühl → die Bälle

   der Kamm | molch → die Kämme   das Erd | ferkel → die Erde

   die Wald | ohreule → die Wälder   die Flug | zeuge → die Flüge

2. Beispiellösung:

   Muscheln: kalk | haltig, Strand | gänger, Strand | gemälde;

   Perlen: wert | voll, Ausgangs | punkt, Fremd | körper, einzig | artig

S. 207 Übungen zum Ableiten

1. b Möglicher Hefteintrag:

Wörter mit *ä*	Wörter mit *äu*
die B**ä**nke – die B**a**nk → die Parkbänke, das Bankkonto	die R**äu**me – der R**au**m → aufräumen, der Klassenraum
r**ä**tseln – r**a**ten → das Kreuzworträtsel, der Stadtrat	die H**äu**ser – das H**au**s → häuslich, der Haushalt
die Ges**ä**nge – der Ges**a**ng → der Chorgesang, das Gesangbuch	die Kr**äu**ter – das Kr**au**t → die Heilkräuter, das Unkraut
gl**ä**nzen – der Gl**a**nz → das Glanzstück, die Glanznummer	die Gem**äu**er – die M**au**er → die Mauerreste, der Mauersegler
die Tr**ä**nke – der Tr**a**nk → der Druidentrank	die Tr**äu**me – der Tr**au**m → die Traumfrau, traumhaft
kl**ä**ren – kl**a**r → erklären, das Klärwerk	die B**äu**me – der B**au**m → das Bäumchen, die Baumblüte
die K**ä**lte – k**a**lt → die Kältebrücke, das Kaltgetränk	
sch**ä**len – die Sch**a**le → das Schälmesser	
die H**ä**nde – die H**a**nd → die Handtasche, die Handcreme	
die Schw**ä**che – schw**a**ch → die Schwachstelle, die Schwächephase	
sch**ä**dlich – der Sch**a**den → der Schädling, die Schädigung	
h**ä**sslich – der H**a**ss → die Hassliebe, hassverzehrt	

2 Beispiellösung aus dem Text „Muscheln": Gehäuse – das Haus; ernähren – die Nahrung; der Häuserbau – das Haus; die Strandgänger – der Gang; das Strandgemälde – malen

Die Regeln anwenden

Doppelte Konsonanten oder nicht?

1 Hefteintrag:

r oder *rr*?	*n* oder *nn*?	*l* oder *ll*?	*m* oder *mm*?
klären	die Sinne	die Kelle	die Schwämme
schwirren	die Kinder	der Keller	schwimmen
die Wirte	kennen	die Kälte	die Hemden
der Karren	nennen	fällen	kommen
die Karten	die Rinne	die Helden	der Sommer

2 Wörter ohne Strategiezeichen: die Auster, wetten, backen

still ⌒ blass ⌒ dumm ⌒ schnell ⌒ der Schnellimbiss ⌒ die Vollglatze ⋒ kaputt ⌒

(die Auster) ⌒ dünn ⌒ matt ⋒ der Fettgehalt ⋒ (wetten) ⌒ kommt ⌒ (backen) ⌒

toll ⌒ der Schlapphut ⋒ der Irrtum ⋒ der Schwimmreifen ⋒ das Wolltuch ⋒ die Vollmilch ⋒

i oder *ie*?

1 a/b die Finger – die Diebe – die Wirbel – die Tiere – die Ziege – die Wiege
lieben – siegen – singen – springen – wiegen – zielen
Begründung:
Man schreibt *ie*, wenn die erste Silbe eines zweisilbigen Wortes offen ist.
Wenn die erste Silbe geschlossen ist, schreibt man *i*.

2 a/b Krokodile, Alligatoren, Antilopen   Pelikane, Pinguine, Primaten
Delfine, Giraffen, Karibus   Skorpione, Tapire, Termiten, Reptilien

d Diese Wörter schreibt man nicht mit *ie*, weil es sich nicht um zweisilbige Wörter handelt.

ß oder *ss*?

1 Mögliche Reimwörter:

fließen	außen	die Straße	heißen	die Soße
gießen	draußen	die Maße	beißen	der Große
küssen	hassen	essen	wissen	
müssen	lassen	messen	vermissen	
	fassen	fressen	das Kissen	

2 Die Wörter, nach Zeilen geordnet:
1 fassen; 2 Kasse, Fässer; 3 küssen; 4 wissen; 5 Klasse; 6 Gasse; 7 Kissen; 8 Masse;
9 Tasse; 10 müssen; 11 missen (zwölf Wörter)

3 b Wenn in zweisilbigen Wörtern die erste Silbe geschlossen ist, schreibt man *ss*.

12.3 Fit in …! – Rechtschreibung

4 a/b Möglicher Hefteintrag:

Wörter mit *ss*	Wörter mit *ß*
passt – wir passen	heißt – wir heißen
fasst – wir fassen	beißt – wir beißen
küsst – wir küssen	reißt – wir reißen
nässt – wir nässen	gießt – wir gießen
misst – wir messen	fließt – sie fließen

S. 210 Texte überarbeiten – Strategien und Regeln anwenden

1 Der Text handelt davon, dass Muscheln vom Aussterben bedroht sind, weil der Mensch sie gerne isst. Deshalb werden sie gezüchtet.
Mögliche Überschrift: „Gefährdete Muscheln" oder „Muschelzucht"

2 a/b Hefteintrag:
In allen Ländern der Erde gibt es Menschen, die leidenschaftlich gerne Muscheln **essen**. Zu den **beliebten** Speisemuscheln gehören die Miesmuscheln, die Venusmuscheln, die **Messermuscheln** und vor **allem** die Austern.
Muscheln **stellen** aber auch in Küstenorten und auf Inseln eine wichtige Nahrungsquelle dar. Weil sie gerne **gesammelt** werden, sind **viele** Arten schon vom **Aussterben** bedroht.
Die **großen Muscheln** sind so **beliebt**, dass man angefangen hat, sie auf **Austernbänken** zu züchten. Austern brauchen einen festen **Untergrund**, an dem sie sich festhalten können. Sind die Austern ausgewachsen, **kann** man sie einfach aus dem Wasser ziehen und abernten.

c beliebt – beliebig, Untergrund – die Untergründe, kann – können

4 a–c Perlen zur *Herstellung* für Schmuck waren immer schon sehr *beliebt*. Weil man aber in der

Natur nur wenige Perlen findet, *kam* man im 19. Jahrhundert auf die Idee, Perlen zu züchten.

Heute passiert das in großen *Betrieben* in China und Japan.

Ihr *fragt* euch, wie das gehen *kann*?

Ganz einfach: Man züchtet die Muscheln auf großen *Muschelbänken*, wie man das auch mit den

essbaren Muscheln macht. Aber bevor die Muscheln in das *Wasser* gesetzt werden, ritzt man sie an

und setzt ihnen einen *Fremdkörper* ein. Dann wehren sich die Muscheln dagegen, indem sie ihn mit

Perlmutt umgeben. So entsteht die Perle. Das *Gute* daran ist, dass die Ernte einfach ist, und man

kann manche Muscheln an mehreren Stellen mit Fremdkörpern versehen. Dann entstehen bis zu

50 Perlen in einer Muschel. Das Problem: Nicht alle Perlen werden schön *rund* und *glatt*.

12 Rechtschreibstrategien erarbeiten – Regeln finden

6 Was haben Muscheln und *Schne__ck__en* gemeinsam? Sie alle haben einen *wa__bb__eligen* weichen Körper und gehören zu den Mollusken. *Land-* und Seeschnecken gehören zu den Gastropoden. Das bedeutet *Bauchfüßler*, weil *di__e__se* Mollusken auf dem Bauch zu gleiten scheinen.
Das sieht aber nur so aus. In Wirklichkeit handelt es sich um einen muskulösen *Fuß*, dessen Muskeln sich *we__ll__enartig* vor- und zurückbewegen.
Dabei sondern sie eine *Schleimspu__r__* ab und *ko__mm__en* dadurch leichter vorwärts.
Gärtner ke__nn__en vor allem die Gartenschnecke. Nach einem schweren Regenschauer tauchen die Schnecken wie aus dem Nichts in der feuchten Umgebung auf und bahnen sich ihren *Weg* durch die Pflanzen im Garten und *fre__ss__en* sie kahl.

7 Die Schnecken überwintern die kalte Jahreszeit und übersommern bei zu trockenem Wetter. Dazu ziehen sie sich in ihr Haus zurück und dichten den Eingang ab.

8 **Schnecken bauen und öffnen Türen**

Schnecken *kommen* in allen Teilen der Meere und in fast *allen* Lebens*räumen* des Festlandes vor.

Sie brauchen *viel* Feuchtigkeit, um überleben zu *können*. Wenn das Wetter im Sommer zu trocken ist,

dichten die Schecken ihr Haus mit Schleim ab, der sich zu einer Tür *verhärtet*.

Bei feuchterem Wetter brechen sie die Tür *wieder* auf. Auf *diese* Weise kommen *viele* Schnecken

auch durch den Winter. Sie überwintern und übersommern also.

Nacktschnecken sind Schleimer

Nacktschnecken sehen aus, als hätten sie ihr schützendes Haus verloren. Sie erzeugen *große* Mengen

eines sehr klebrigen Schleims. Der Schleim *hält* viele *Tiere* ab, sie zu verspeisen. Der Schleim schützt

die Schnecken auch vor dem Austrocknen.

Einigen Vögeln macht der Schleim aber nichts aus, sie *fressen* trotzdem *liebend* gerne *große* Mengen

dieser Schnecken.

Drosseln knacken auch Schnecken mit *Gehäuse*. Sie schlagen sie gegen einen harten *Gegenstand*,

bis die Schale zerbricht. Dann *futtern* sie die schutzlosen Schnecken mit *Genuss* auf.

S. 212 Mit den „Schreibwörtern" üben

2 Beispiel für einen Hefteintrag:

⌣	↬	⋎	⚡
Patenonkel	Paukenschlag	Pastell | farbe	prächtig
Patentante	Pa**ss**	Pack | esel	Päckchen
Papageien	pla**tt**	Päck | chen	Pappelblätter
purpur	prächti**g**	Papp | plakat	Paukenschläger
Pampelmuse		Platt | fisch	

282

Material zu diesem Kapitel

Klassenarbeit
- Schwingen und Verlängern: Die Mücke, ein Plagegeist (mit Bewertungsbogen und Förderempfehlung auf der DVD-ROM)
- Alle Rechtschreibstrategien anwenden: Singvögel kündigen den Frühling an (mit Bewertungsbogen und Förderempfehlung auf der DVD-ROM; diese Klassenarbeit kann auch als *Diagnose* verwendet werden)

Fordern und fördern
- Schwingen, Verlängern und Zerlegen (●●● und ●○○ mit Lösungshinweisen auf der DVD-ROM)
- Wörter schwingen und Silben bestimmen (○○○ mit Lösungshinweisen auf der DVD-ROM)
- Alle Rechtschreibstrategien anwenden (●●●, ●○○ und ○○○ mit Lösungshinweisen auf der DVD-ROM)
- Strategiekarte (zur ständigen Verwendung im Unterricht; nur auf der DVD-ROM)

PPT-Folien (auf der DVD-ROM)
- Rechtschreibstrategien
- Im Wörterbuch nachschlagen

Deutschbuch Arbeitsheft 5
- Rechtschreibstrategien anwenden – Fehler vermeiden, S. 78–89
  Strategie Schwingen – Wörter in Silben sprechen
  Besondere Buchstaben – sp, st, qu
  Strategie Verlängern – Einsilber
  Strategie Verlängern – Zweisilber
  Strategie Zerlegen – Zusammengesetzte Wörter
  Strategie Ableiten – Wörter mit ä und äu
  Im Wörterbuch nachschlagen
  Fehler und Fehlerschwerpunkte finden
  Teste dich! – Strategien anwenden
- Regeln zum Rechtschreiben – Auf Nummer sicher, S. 90–101
  Silben unterscheiden – offene und geschlossene
  Doppelte Konsonanten – Achte auf die erste Silbe
  Merkwörter – Wörter mit aa, ee oder oo
  i oder ie? – Achte auf die erste Silbe
  Wörter mit h – Hören oder merken
  s oder ß? – Stimmhaft oder stimmlos
  Doppel-s oder ß? – Achte auf die erste Silbe
  Doppel-s und ß in einer Wortfamilie – Erste Silbe offen oder geschlossen
  Teste dich! – Die s-Schreibung
- Groß- und Kleinschreibung – Das riesige Riesenrad, S. 102–107
  Satzanfänge und Nomenproben
  Nomen durch Proben erkennen – Das riesige Riesenrad (Teil 1 ●○○)
  Nomen durch Proben erkennen – Das riesige Riesenrad (Teil 2 ●●●)
  Nomenendungen
  Teste dich! – Groß- oder Kleinschreibung?
- Trainingsmöglichkeiten bietet auch die Übungssoftware auf der CD-ROM zum „Deutschbuch Arbeitsheft" sowie www.deutschbuch.de/onlinediagnose.

Deutschbuch Förderheft 5
- Die Rechtschreib-Strategien, S. 33–47
  Schwingen, Ableiten, Verlängern, Zerlegen

12 Rechtschreibstrategien erarbeiten – Regeln finden

Deutschbuch

Klassenarbeit – Schwingen und Verlängern

Aufgabenstellung

1. In dem folgenden Text sind dem Schreiber viele Fehler unterlaufen. Überarbeite diesen Text. Gehe so vor:

Korrigiere die markierten Fehler.
Schreibe sie richtig in die Spalte daneben.

Die Mücke, ein Plagegeist

Mücken *könen* echte *Plagegeistr* sein. Die gemeine *Stechmüke* *schwirt* herum und stört nicht nur unsere Ruhe, sie sticht uns auch noch und *hinterläst* dicke Mückenstiche, die gemein jucken können. Und *Kener* wissen: Wo Wasser ist, *gipt* es
5 auch Mücken.
Aber warum stechen die Mücken überhaupt? *Jedenfals* nicht, um sich zu ernähren. Da sind sie friedlich und leben von Pollen und Fruchtsäften.
Sie brauchen unser Blut, damit sie sich *fortpflazen* können.
10 Ohne die Proteine* aus Blut *kan* keine Mücke Eier bilden, also können sich auch *kene* neuen Mücken entwickeln. Das bedeutet aber auch: Die Männchen stechen uns nicht, das tun nur die Weibchen.

2. In diesem Abschnitt musst du die Fehler selber finden. Markiere und korrigiere sie. Nutze den Spickzettel von Aufgabe 3.

Mücken stechen nicht nur die Menschn, sondern auch andere Tiere. Dabei stechen sie mit einem Saukrüssel, der scharf wie eine Rasierklinge ist. Damit rizen sie die Blutgefäße ihrer Opfer an. Außer dem Saukrüssel ist der Speichel für drei Aufga-
5 ben wichtik:
Er gibt ein bisschen Betäubungsmittel auf die Stickstelle, damit das Opfer von der Bohrung nichts merkt. Außerdem verhindert der Speichel noch, dass unser Blut gerint und den Saukrüssel verstopft. Und dann erweitert der Speichel auch
10 noch die angestochene Ader, sodass die Mücke schnel sat wird und gefahrlos trinken kann. Erst wenn sie schon getrunken hat, merkn wir meistens, dass wir gestochen worden sind. Gut für die Mücke, denn sonst würden wir sie bestimt erschlagen. So könen wir uns nur freuen, dass
15 diese Mücken von anderen Tieren gerne gefrssen werden.

* das Protein: ein Eiweißkörper

Kopiervorlage

Klassenarbeit 1, Seite 1

3 Für eine Fehleranalyse kannst du folgenden „Spickzettel" benutzen:

	Schwingen	**Verlängern**
Wie geht das?	deutlich in Silben sprechen	eine Silbe anhängen
Bei welchen Wörtern hilft es?	bei zwei- und mehrsilbigen Wörtern	bei Einsilbern und Wörtern mit unklarem Auslaut
Was findet man heraus?	ob alle Buchstaben richtig sind, ob es zu viele oder zu wenige Buchstaben gibt	ob man Wörter am Ende mit doppelten Konsonanten, mit *d*, *b* oder *g* schreibt

Nimm jetzt eine Fehleranalyse vor:
Trage die Fehlerwörter in richtiger Schreibweise in die Spalte der hilfreichen Strategie ein.

Schwingen	**Verlängern** (mit Beweiswort)

4 Ein Wort muss man zerlegen, um die richtige Schreibweise zu erklären. Es kommt dreimal vor

und heißt _____.

Beweise die Schreibweise mit *g*: _____

Klassenarbeit – Alle Rechtschreibstrategien anwenden

Aufgabenstellung

1 In dem folgenden Text sind dem Schreiber viele Fehler unterlaufen. Überarbeite diesen Text. Gehe so vor:

Korrigiere die markierten Wörter. Schreibe sie richtig in die Spalte daneben.

Sinkvögel kündigen den Frühling an

Kenst du das? Du wirst morgens früh wach, **reipst** dir verwundert die Augen, weil es noch so früh ist, und du **frakst** dich, was dich **gewekt** hat. Dann hörst du es: **Draussen** geben die **vögel** ein **ohrenbeteubendes**
5 **konzert**.
Nach dem **winter** sind es die Singvögel, die mit ihren **Gesengen** ankündigen, dass es Frühling **wirt**. Das machen sie mit einer **Lautsterke**, dass manche Menschen aus dem Schlaf geholt werden.
10 **Dum** ist, dass die Vögel schon weit vor Sonnenaufgang damit anfangen.

2 In diesem Abschnitt musst du die Fehler selber finden. Markiere und korrigiere sie.

Gerade in läntlichen Gebieten fellt auf, wie laut die Vögel singen. Aber warum tun sie das überhaupt? Singen tun nur die Mänchen, und zwar aus zwei Gründen: Erstens wollen sie den Weibchen zeigen, wie prachtvol
5 sie doch sind. Zweitens wollen sie den anderen Mennchen demonstrieren, dass sie stark und kreftig sind und dass ihnen das Revier* gehört und sie der Chef sind. Vertreibung zwecklos! Ohne eine entsprechende Lautsterke würde niemant bemerken, wie tol sie sind.
10 Damit ihr ruf weit erschalt, suchen sie sich hohe baumgipfel und Häuserdecher als Plätze für das Singen, und so unscheinbare Vögel wie die Hekenbraunelle, die man leicht übersieht, kann man so nicht überhören. Sie fängt morgens fast
15 immer an mit ihrem gesang. Ist das Brüten vorbei, also Ende Juni, ist alles wieder ruhig.

* Revier: Gebiet, in dem die Tiere leben

3 Nimm eine Fehleranalyse vor:
Trage die korrigierten Wörter in die richtige Spalte ein.

⌢	⌒	⚡
_____	_____	_____
_____	_____	_____
_____	_____	_____
_____	_____	_____
_____	_____	_____
_____	_____	_____
_____	_____	_____

⋎	⊗
_____	_____
_____	_____
_____	_____
_____	_____
_____	_____
_____	_____
_____	_____

4 Erkläre, wie man Nomen mit Hilfe von Proben erkennen kann.

_____

_____

_____

_____

12 Rechtschreibstrategien erarbeiten – Regeln finden

Schwingen, Verlängern und Zerlegen

> Wand   Junge   krumm   klebt   Hunger   Waldweg   dünn   Mauer   Gott   Weg   Pflanze
> Schiff   halb   Moment   Null   Rad   Bussardfedern   Puppe   Bett   bellt   Himmel   Körper
> Ringe   mild   Abendstern   Berg   wild   Kalb   Meter   Krieg   Hemden   Kamm
> Montag   Freund   Morgen   Kleid   Windkraft   Punkte   hebt

1 Lies die Wörter deutlich in Silben und ziehe die Silbenbögen.
  a Markiere unklare Stellen mit dem Verlängerungszeichen:
  b Markiere die Wörter, die du zerlegen musst, mit dem Strategiezeichen:
  c Ordne die Wörter in die entsprechenden Kästen ein und schreibe bei den Verlängerungswörtern jeweils das Beweiswort daneben.

Wörter, die man schwingen kann:
_____
_____
_____
_____

Verlängerungswörter mit *b*:
_____
_____

Verlängerungswörter mit *d*:
_____
_____

Verlängerungswörter mit *g*:
_____
_____

Verlängerungswörter mit doppelten Konsonanten:
_____
_____

2 Vier Wörter musst du zerlegen: _____
_____
_____

Deutschbuch — 12 Rechtschreibstrategien erarbeiten – Regeln finden

Schwingen, Verlängern und Zerlegen

1 Kreuze an, welche Wörter du schwingen kannst.

die Wand ☐	der Junge ☐	krumm ☐	das Kleid ☐	das Rad ☐
die Puppe ☐	dünn ☐	platt ☐	die Mauer ☐	der Gott ☐
der Weg ☐	der Hunger ☐	der Freund ☐	der Meter ☐	das Kleid ☐

2 Verlängere die restlichen Wörter und schreibe sie hier auf.

_____

_____

_____

_____

3 Kreuze die richtigen Aussagen an.
☐ Wörter, die man schwingen kann, haben meistens zwei Silben.
☐ In Wörtern, die man schwingen kann, hört man beim genauen Sprechen jeden Laut.
☐ Wörter, die man verlängern muss, haben meistens zwei Silben.
☐ Wörter, die man verlängern muss, haben meistens eine Silbe.
☐ In Wörtern, die man verlängern muss, hört man jeden Laut.
☐ In Wörtern, die man verlängern muss, hört man am Ende nicht jeden Laut.
☐ Verlängern heißt, am Wortende eine Silbe anfügen.

4
a Schwinge die folgenden zusammengesetzten Wörter.
b Ziehe den Trennstrich zwischen den Wörtern.
c Markiere, wo du anders sprichst, als du schreibst.
d Beweise die Schreibweise durch Verlängern.

Beispiel: die Schreib | weise, weil: schreiben

Waldweg _____

Bussardfedern _____

Windkraft _____

Abendstern _____

Klebstoff _____

5 Vergleiche deine Ergebnisse mit denen deines Lernpartners/deiner Lernpartnerin, der/die dieselbe Aufgabe bearbeitet hat. Suche dir dann einen Lernpartner mit einer anderen Aufgabe. Erklärt euch, was ihr gemacht habt.

Wörter schwingen und Silben bestimmen

Sommerrodelschlitten		Wintermantel	
Entdeckeraufgabe		Forschernotizen	
Rechtschreibstrategien		Schuluniformen	
Schweineringelschwanz		Nilkrokodil	
Warteschlangenlänge		Fensterscheibe	
Benzinkanister		Polizeisirene	
Krankenhauspersonal		Schokoladenosterhasen	

1 Schwinge die Wörter.
    a Zähle die Silben und trage die Zahl in die Tabelle ein.
    b Markiere das Wort mit den meisten Silben gelb.
    c Markiere alle offenen Silben rot.

Auf die erste Silbe kommt es an!

der Garten	die Berge	die Blume
der Moment	die Runde	die Wege
das Fenster	die Räder	die Wände
die Hose	die Kleider	die Schulter
das Feuer	die Frage	der Hunger
die Freunde	der Name	der Beruf

2 Schwinge die Wörter und untersuche die erste Silbe.
    – Markiere sie grün, wenn sie offen ist.
    – Markiere sie orange, wenn sie geschlossen ist.

3 Bei sechs Nomen kannst du eine einsilbige Form finden. Schreibe sie neben die Wörter.

4 Markiere den Buchstaben, den man dann nicht eindeutig hört.

Alle Rechtschreibstrategien anwenden

1 Beim Schreiben der folgenden Wörter sind Fehler aufgetreten.
  a Markiere die Fehlerstelle im Wort.
  b Setze über die Fehlerstelle das Zeichen der Strategie, die dir hilft, den Fehler zu korrigieren.
  c Streiche den falschen Buchstaben durch und schreibe den richtigen darüber.

kan   Könik   Teichrohrsenger   Dünschnabelmöwe   Hekenbraunellen   Felsenshwalbe   Liet

sat   Grauschnepper   das Mennchen   krechzen   Grauamer   Rauchschwlbe   Waseramsel

Gebirksstelze   die Streucher   amsel   strophe   forscher   Blaumisen   garten

lieder   arten   rent   dächer   Nachtigalen   Misteldrosel

die Gesenge   Weissstorch   der Baumleufer   wil

Goltammer   Schuz   Feltsperling   Zwerkohreule

2 Nimm eine Fehleranalyse vor:
Trage die korrigierten Wörter in die Spalte der Strategie ein, die dir beim Korrigieren geholfen hat.

Alle Rechtschreibstrategien anwenden

1 Die Fehler in diesen Wörtern sind mit einem Kreis markiert.

a Markiere die Fehler und zeichne in jeden Kreis das passende Strategiezeichen.

b Streiche jeweils den falschen Buchstaben durch und schreibe den richtigen unter das Wort.

kan   Könik   Teichrohrsenger   Dünschnabelmöwe

Hekenbraunellen   Felsenshwalbe   Liet   sat   Grauschnepper

das Mennchen   krechzen   Grauamer   Rauchschwlbe   Waseramsel

Gebirksstelze   die Streucher   amsel   strophe   forscher   Blaumisen   garten   lieder   arten

rent   dächer   Nachtigalen   Misteldrosel   die Gesenge   Weissstorch   der Baumleufer   wil

Goltammer   Schuz   Feltsperlink   Zwerkohreule

2 Nimm eine Fehleranalyse vor:
Trage die korrigierten Wörter in die Spalte der Strategie ein, die dir beim Korrigieren geholfen hat.

⌒	⤳	⚡
He cken brau nel len,	König – Könige,	Teichrohrsänger, weil: Gesang

⚘	⊗
Gold|ammer – golden	Amsel – die Amsel

Alle Rechtschreibstrategien anwenden

1 In den folgenden Vogelnamen sind Fehler markiert.
   a Schreibe die Wörter richtig auf die Zeilen.

   He**k**enbraunellen   Nachtiga**l**en   Blaum**i**sen   Felsen**sh**walbe
   Graua**m**er   Misteldro**s**el   Rauchschw**l**be   Wa**s**eramsel

   _____

   _____

   b Trage in das Kästchen das Zeichen für die hilfreiche Strategie ein.

2 **a** Überprüfe die folgenden Wörter und schreibe sie richtig auf die Zeilen darunter:

   Gol**t**ammer   Fel**t**sperling   Gebir**k**sstelze   Zwer**k**ohreule   Wei**ss**storch   Dü**n**schnabelmöwe

   _____

   _____

   b Trage in das Kästchen das Zeichen für die hilfreiche Strategie ein.

3 **a** Prüfe, ob diese Wörter richtig geschrieben sind. Korrigiere die Fehler.

   der Teichrohrsenger   der Baumleufer   der Grauschnepper   krechzen   die Gesenge   das Mennchen   die Streucher

   _____

   _____

   b Trage in das Kästchen das Zeichen für die hilfreiche Strategie ein.

4 **a** Kreuze an, welche Wörter Nomen sind:
   ☐ AMSEL   ☐ STROPHE   ☐ FORSCHER   ☐ HELL
   ☐ GARTEN   ☐ LIEDER   ☐ PFEIFEN   ☐ SCHÖN   ☐ DÄCHER

   b Trage in das Kästchen das Zeichen für die hilfreiche Strategie ein.

5 **a** Um welches Problem geht es bei diesen Wörtern?

   Lie**d**   sa**tt**   ka**nn**   wi**ll**   ren**nt**   Kö**nig**   Schu**tz**

   b Trage in das Kästchen das Zeichen für die hilfreiche Strategie ein.

13 Erfolgreich lernen! – Arbeitstechniken beherrschen

Konzeption des Kapitels

Konzentriertes, länger währendes Lernen fällt Kindern und Jugendlichen zunehmend schwer. Ihnen wird eigenständiges Lernen abverlangt, zu dem sie aber erst befähigt werden müssen. Neben der Anerkennung der Individualität jedes Lernens ist es deshalb wichtig, den Lernenden ein „Handwerkszeug" in Form von Arbeitstechniken und methodischen Vorgehensweisen mitzugeben. So werden sie in die Lage versetzt, einerseits bestimmte Lerninhalte eigenständig zu erschließen, z. B. durch Anwendung bestimmter Lese- und Verstehenstechniken, und andererseits das Lernen selbstständig und sinnvoll zu organisieren, wie z. B. das Anfertigen von Hausaufgaben. In diesem Sinn stellt das Kapitel Arbeitstechniken und Lernmethoden vor, die nicht nur für den Deutschunterricht eine wichtige Arbeitsgrundlage bilden.

Im ersten Teilkapitel (**„Alles im Griff? – Ordnen, planen, konzentrieren"**) nimmt die Organisation des Lernens sowohl in der Schule als auch zu Hause eine zentrale Stellung ein. Das Einrichten des eigenen Arbeitsplatzes, Zeit- und Hausaufgabenorganisation sowie das sinnvolle Anlegen und Gestalten von Heften werden thematisiert, reflektiert und eingeübt. Konzentrationsspiele dienen der Förderung der allgemeinen Aufmerksamkeit und dem Training des persönlichen Durchhaltevermögens. In einem abschließenden Test in Form eines Fragebogens prüfen die Schülerinnen und Schüler ihr erworbenes Wissen und Können.

Das zweite Teilkapitel (**„Sachtexte verstehen – Lesetechniken anwenden"**) hat die Fünf-Schritt-Lesemethode als bewährte Arbeitstechnik zur Erschließung von Sachtexten zum Inhalt. Die jeweiligen Schritte zur Texterschließung werden in differenzierten Anforderungsbereichen vorgestellt und geübt. Gerade das Verstehen von Sachtexten stellt eine basale Fertigkeit dar, die immer wieder reflektiert und vertiefend eingeübt werden muss.

Das dritte Teilkapitel (**„Informationen veranschaulichen – Arbeitsergebnisse präsentieren"**) zeigt Methoden zum Visualisieren und Präsentieren von Ideen und (Sach-)Texten auf. Hierbei kann sowohl Bezug auf den Sachtext des Teilkapitels genommen werden als auch auf andere Texte des Schülerbands. Die in diesem Teilkapitel vorgestellten Methoden sind nicht auf eine bestimmte Abfolge angelegt, sondern lassen sich jeweils bei der Behandlung anderer Kapitel erarbeiten und in den Deutschunterricht generell sowie auch in andere Fächer integrieren.

Literaturhinweise

- Ein Weg zur Methodenkompetenz. In: Politik & Unterricht. Hg. v. d. Landeszentrale für politische Bildung. Baden-Württemberg 3/2002
- *Habeck, Heinfried:* Jedes Kind fordern und fördern. In: Attraktive Grundschule (Sammelordner). Raabe, Berlin 2004
- *Keller, Gustav:* Lerntechniken von A–Z. Huber, Bern ²2011
- *Kliebisch, Udo/Schmitz, Peter:* Methodentrainer. Arbeitsbuch für die Sekundarstufe I. Cornelsen, Berlin 2001
- *Klippert, Heinz:* Eigenverantwortliches Lernen und Arbeiten. Bausteine für den Fachunterricht. Beltz, Weinheim/Basel 2001
- Leseleistung – Lesekompetenz. Praxis Deutsch 176/2002
- Lesestrategien. Praxis Deutsch 187/2004

Inhalte	Kompetenzen
	Die Schülerinnen und Schüler
S. 214 **13.1 Alles im Griff? – Ordnen, planen, konzentrieren**	
S. 214 Geordnete Arbeitsplätze	– erkennen und berücksichtigen die Organisation des Arbeitsplatzes als Teil erfolgreichen Lernens – erkennen, wie ein Arbeitsplatz zu Hause und in der Schule eingerichtet sein sollte
S. 215 Mäppchen, Schultasche und Schließfach auf dem Prüfstand	– überprüfen Bestand, Vollständigkeit und Zustand ihrer Arbeitsmaterialien
S. 216 Heftführung leicht gemacht	– entwickeln Kriterien für eine ordentliche und sinnvolle Heftführung und wenden diese an
S. 217 So gelingen Hausaufgaben	– planen mit Hilfe eines Hausaufgabenhefts die Erledigung ihrer Hausaufgaben und legen deren Reihenfolge nach bestimmten Kriterien fest – reflektieren den eigenen Lernprozess – teilen Arbeitszeit und Pausen sinnvoll ein und eignen sich zeitökonomisches Lernen an
S. 218 Konzentrationsspiele	– steigern durch gezielte Übungen ihre Konzentrationsfähigkeit
S. 220 Teste dich!	– prüfen ihr Ordnungswissen
S. 221 **13.2 Sachtexte verstehen – Lesetechniken anwenden**	
S. 223 **Fordern und fördern – Die Fünf-Schritt-Lesemethode einüben**	– nutzen die 5-Schritt-Lesemethode als Strategie zur Erschließung von Sachtexten – formulieren Fragen zum Text und teilen ihr Textverständnis anderen mit – markieren Schlüsselwörter und gliedern einen Text in Sinnabschnitte – geben Textinhalte wieder und stellen Bezüge zu sprachlichen Gestaltungselementen her
S. 225 **13.3 Informationen veranschaulichen – Arbeitsergebnisse präsentieren**	
S. 225 Der Uhu – Einen Vortrag vorbereiten	– nutzen unterschiedliche Methoden (Ideenstern, Stichwortkarten, Flussdiagramm, Plakat) zur Präsentation und Veranschaulichung von Arbeitsergebnissen

13 Erfolgreich lernen! – Arbeitstechniken beherrschen

S. 213 Auftaktseite

1 Die Schülerinnen und Schüler werden die unterschiedlichen Arbeitsmedien (Buch, PC) benennen sowie den Lernort (Hausflur, Zimmerboden) beschreiben. Dabei kann thematisiert werden, ob man ungestört allein oder etwa zusammen mit Geschwistern oder Freunden arbeiten sollte. Zusätzlich werden Haustiere (Hund) in den Blick genommen, die Aufmerksamkeit einfordern und möglicherweise den Lernprozess beeinflussen.

2 a Die Beschreibung der häuslichen Lernumgebung kann zunächst in Partnerarbeit erfolgen, bevor darüber in der Großgruppe gesprochen wird. Wenn die Schülerinnen und Schüler zu Hause nicht über einen geeigneten Lernort verfügen (etwa: Küchentisch oder Wohnzimmertisch in Großfamilien), sollte der/die Unterrichtende sehr sensibel darauf eingehen.

b Vor der individuellen Erarbeitung der Aufgabe können in Partner- oder Gruppenarbeit Beiträge gesammelt werden; auch ein gemeinsames Tafelbild in dualistischer Form ist möglich, z. B.:

Das gefällt uns	Das stört
– Ruhe bei der Arbeit – heller, luftiger Arbeitsplatz – genügend Bücher/Medien zum Nachschlagen – ordentliche Arbeitsmaterialien – …	– Lärm durch Familienmitglieder – Laufen des Fernsehers im Hintergrund – Straßen-, Außengeräusche – familiäre Aufgaben, Hausarbeit, Geschwister beaufsichtigen – …

3 Die Tippliste kann bereits aus dem Tafelbild zu Aufgabe 2b erstellt werden, z. B. in Schönschrift als Lernplakat für den Klassenraum.

13.1 Alles im Griff? – Ordnen, planen, konzentrieren

S. 214 Geordnete Arbeitsplätze

Siehe hierzu auch die **Folie** „Geordnete Arbeitsplätze" auf der DVD-ROM.

1 a/b Links: Schülerarbeitsplätze in der Schule; rechts: Arbeitsplatz zu Hause
Vorschlag für ein Tafelbild:

	Vorteile	Nachteile
Arbeitsplätze in der Schule	Partnerarbeit bzw. Absprache mit Mitschüler/-in möglich, mit Tischnachbarn/-nachbarin kann gemeinsam Ordnung hergestellt werden	Tischnachbar/-in ist unordentlich, passt vermutlich nicht auf, stört
Arbeitsplatz zu Hause	Arbeit in gewohnter Umgebung, allein, von anderen Kindern ungestört	Fernseher läuft im Hintergrund; keine ruhige Arbeitsumgebung; Spielzeug (Ball) und Haustier (Katze) lenken ab; Sitzhaltung ist unbequem

2 a–c Diese kreative und motivierende Partnerarbeitsaufgabe stellt sicher eine willkommene Abwechslung im „Sitzalltag" der Schülerinnen und Schüler dar. Der Musterarbeitsplatz sollte zunächst für den Deutschunterricht zusammengestellt werden; arbeitsteilig ließen sich aber auch für andere Unterrichtsfächer „Musterarbeitstische" einrichten.

13.1 Alles im Griff? – Ordnen, planen, konzentrieren

3 Die Zuordnungsaufgabe ist eine weitere Lernhilfe für die Lerngruppe; sie ergibt bei richtiger Zusammenstellung ein weiteres Lernplakat für den Unterrichtsraum.

   a Die richtigen Zuordnungen lauten: A 3; B 1; C 2.

4 Die Zeichnungen könnten besprochen und für eine kurze Zeit ausgehängt werden.

S. 215 Mäppchen, Schultasche und Schließfach auf dem Prüfstand

1 a–c Es ist sinnvoll, die Mäppchen mindestens einmal im Monat anhand der Checkliste überprüfen zu lassen. „Missstände" in einzelnen Mäppchen sollten festgehalten und an den Folgetagen auf „Abstellung des Missstands" überprüft werden.

2 a Mit dieser Aufgabe üben die Schülerinnen und Schüler gleichzeitig die Gegenstandsbeschreibung. Mögliche Kriterien für einen Vergleich: Aussehen, Füllmenge, Anzahl der Fächer, Tragekomfort, Gewicht (leer)

   b Richtige Ergänzungen: Ordnung – Stundenplan – Tag – Schultasche – Vorabend – packst – Federmäppchen, Mitteilungsheft, Hausaufgabenheft, Pausenbrot, Getränk

3 a In der Pause, in der Klassen- oder Verfügungsstunde, auch vor und nach einem langen Wochenende oder in den Ferien lohnt sich ein Blick in die Schülerschließfächer, Kisten oder Körbchen mit den Unterrichtsmaterialien. Hier lagern erfahrungsgemäß häufig unnütze Gegenstände und manchmal auch verderbliche Produkte.

   b Die „goldenen Regeln" könnten heißen:
- Verderbliche Produkte (Lebensmittel, Getränke) gehören nicht in das Schließfach.
- In meinem Schließfach soll immer Ordnung herrschen.
- An der Innenseite des Schließfachs hängt ein ausgefüllter Stundenplan.
- Gegenstände, die für die Schule unnütz sind, gehören nicht ins Schließfach.
- Das Schließfach muss in regelmäßigen Abständen aufgeräumt werden.
- In einem gut sortierten Schließfach befinden sich auf jeden Fall: Ersatzstifte, leere Blätter, Malkasten/Malstifte, Zeichenblock.

S. 216 Heftführung leicht gemacht

1 a Mögliche Kritikpunkte:
- unübersichtlich
- unsauber (Tintenklecks)
- „Bandwurm"-Anordnung
- nichts unterstrichen/hervorgehoben
- Absätze fehlen
- Datum falsch platziert

   c Mögliche Tabelle:

Wie ich mein Heft richtig führe	
Datum	Das Datum schreibe ich immer an den äußeren Rand, wenn ich einen neuen Eintrag beginne.
Schrift	Ich muss gut leserlich und sauber schreiben.
Überschrift	Jeder Eintrag bekommt von mir eine eigene Überschrift, die ich mit einem Lineal unterstreiche.
Rand	Ich schreibe nicht über den Zeilenrand hinaus. Bei Platzmangel trenne ich das Wort.
Abschnitte	Um den Text übersichtlich zu gestalten, mache ich Abschnitte.
Farben	Wichtige Dinge unterstreiche ich farbig.

13 Erfolgreich lernen! – Arbeitstechniken beherrschen

2 a Der Schüler hat bei der übersichtlichen Gestaltung der Heftseiten sowie bei Datumseinträgen noch Schwierigkeiten.

b Mögliche Tipps:
- Jeden Hefteintrag mit einem Datum versehen.
- Vor jedem Hefteintrag die Tipps zur Heftführung lesen.
- Mit einem Lernpartner/einer Lernpartnerin regelmäßig Heftkontrollen durchführen.

3 a–c Es empfiehlt sich, mindestens einmal im Monat während einer Deutschstunde die Heftführung zu thematisieren. Wird die Checkliste im Querformat in das Heft übertragen, kann sie mehrmals als Kontrollblatt herangezogen werden; außerdem wird die Entwicklung der individuellen Heftführung sichtbar. Verschiedene Farben für unterschiedliche „Prüfer" (Lernpartner, Eltern) lassen zusätzlich deren besondere Schwerpunktsetzung und Bewertung erkennen.

S. 217 So gelingen Hausaufgaben

1 Hausaufgabenhefte gibt es in verschiedenen Ausführungen; sie sollten regelmäßig geführt werden. Im Unterricht sollte genügend Zeit für die Heftführung eingeplant werden, damit die Schülerinnen und Schüler Zeit haben, ihre Einträge vorzunehmen.

a Die Schülerin muss am Mittwoch besonders viele Hausaufgaben machen. Dafür braucht sie am Freitag keine zu erledigen.

b Abkürzungen für die Unterrichtsfächer:
RE = Religion
FÖ = Fördern
M = Mathematik
D = Deutsch
BIO = Biologie
E = Englisch
SP = Sport
KU = Kunst
MU = Musik
CH = Chemie
GE = Geschichte
AG = Arbeitsgemeinschaft
Andere Abkürzungen:
AB = Arbeitsblatt – Nr. = Nummer – S. = Seite

c Streichung und Häkchen bedeuten, dass die Schülerin diese Hausaufgaben bereits erledigt hat.

2 Grundsätzlich sollte geklärt werden, ob die Schülerinnen und Schüler die Hausaufgaben auf die Seite mit dem Tag schreiben, *an dem* sie die Hausaufgabe gestellt bekommen, oder auf die Seite des Tages, *für den* sie die Aufgaben erledigen müssen. Entscheidet man sich für die letztere Variante, kann ein möglicher „Berg" an Hausaufgaben für einen bestimmten Tag frühzeitig erkannt und abgebaut werden.

3 Ratschläge für die Schülerin: Überprüfen, was auf jeden Fall am nächsten Tag bearbeitet sein muss. Bei der Erledigung der Hausaufgaben sollte die Schülerin zwischen leichten und eher schweren Aufgaben und Fächern abwechseln. „Fördern" hat sie erst wieder am nächsten Montag, sodass sie diese Hausaufgabe auch noch am Donnerstag oder Freitag abarbeiten kann. Auf keinen Fall sollte sie das Abhaken bzw. Streichen von erledigten Hausaufgaben vergessen.

4 A: Eintrag unter „Mitteilungen"
B: Eintrag unter „Montag/Mathe"
C: Eintrag unter „Mitteilungen" oder unter „Mittwoch/AG"

5 a Die richtige Zuordnung lautet: A 2; B 1; C 4; D 3.

b Die Tippliste kann auch als Lernplakat für den Klassenraum gestaltet und aufgehängt werden oder als Merkseite für das Lerntagebuch dienen.

13.2 Sachtexte verstehen – Lesetechniken anwenden

S. 218 Konzentrationsspiele

Siehe auch die **Folie** „Konzentrationsspiele" auf der DVD-ROM.

Es empfiehlt sich, mit der Lerngruppe regelmäßige kleine Unterrichtspausen zu vereinbaren, um Konzentrationsspiele durchzuführen. Auf jeden Fall sollten die Schülerinnen und Schüler dazu befähigt werden, dass sie manche Übungen allein absolvieren können.

3 a HAUSMEISTER – HAUSAUFGABENHEFT – KLASSENZIMMER – TAFELLAPPEN

b Dieses Konzentrationsspiel lässt sich auch zwischen verschiedenen Gruppen durchführen; zugleich wird dabei die Rechtschreibung reflektiert.

4 „Buchstaben suchen auf Zeit" ist ein motivierendes Spiel, das sich auch abwandeln lässt, z. B. durch:
– Zahlen statt Buchstaben
– Wörter mit gleichen Anfangsbuchstaben

S. 220 Teste dich!

Der Fragebogen gibt den Kindern die Möglichkeit, ihre Fähigkeit, Ordnung zu halten und schulische Belange organisieren zu können, zu überprüfen. So können Zeitdiebe aufgespürt und Lerntipps noch einmal ins Bewusstsein gerufen werden. Eine Wiederholung des Tests nach einem gewissen Zeitabstand hält mögliche Veränderungen fest und kann ggf. zu einer neuen Schwerpunktsetzung führen. Vergleiche mit einem Lernpartner/einer Lernpartnerin oder auch im Klassenverband zeigen der Lehrkraft, welche Arbeits- und Lerntechniken zu vertiefen sind.

13.2 Sachtexte verstehen – Lesetechniken anwenden

S. 221 Der Uhu

Schülerinnen und Schüler der Klasse 5 befassen sich stets gern mit Tieren und bevorzugen Sachtexte, die sich mit der Tierwelt beschäftigen. Der Uhu ist sicherlich den meisten in der Lerngruppe bekannt; vielleicht hat der eine oder andere auch schon einmal einen Uhu im Zoo oder in der freien Natur gesehen. Der Sachtext ist überschaubar und inhaltlich klar strukturiert; fehlende Bilder machen neugierig.

1 a Die leuchtend orangefarbenen Augen (Z. 6) und die Fähigkeit, den Kopf fast einmal ganz herumdrehen zu können (Z. 7 f.), könnten die Kinder am meisten überraschen. Nicht näher ausgeführt sind z. B. die Beutetiere des Uhus und sein Nestbau.

2 a Der Uhu (Z. 1), ein nachtaktiver Vogel (Z. 1 f.), Uhus (Z. 3, 7, 9), sie (Z. 4, 7, 8)

c Ergänzte Tabelle:

1. Fall: Wer …? oder Was …?	der Uhu	die Uhus
2. Fall: Wessen …?	des Uhus	der Uhus
3. Fall: Wem …?	dem Uhu	den Uhus
4. Fall: Wen …? oder Was …?	den Uhu	die Uhus

3 Die Aussage C bringt das Thema am besten zum Ausdruck.

4 a/b Mögliche Formulierungen:

Zu Bild A passt Textabschnitt 2, weil dort beschrieben wird, wo der Uhu überall vorkommt.
Zu Bild B passt Textabschnitt 1, weil hier das Aussehen des Uhus anschaulich beschrieben wird und dies auf dem Bild gut zu überprüfen ist.

Siehe hierzu auch die **Folie** „Informationen in Wort und Bild" auf der DVD-ROM.

S. 223 Fordern und fördern – Die Fünf-Schritt-Lesemethode einüben

Die Fünf-Schritt-Lesemethode hilft den Schülerinnen und Schülern, selbstständig Texte sinnerfassend lesen und auswerten zu können. In unterschiedlichen Themenkapiteln des Buches (z. B. Kap. 4.1 „Tiere beschreiben"; Kap. 10.2 „Einen Sachtext mit der Fünf-Schritt-Lesemethode erschließen") bieten sich hierzu Übungsmöglichkeiten an. Der/Die Unterrichtende kann bei der Erarbeitung dieser Methode Schwerpunkte setzen, um bestimmte Schritte nachhaltig einzuüben.

Zusätzlich wird auf der DVD-ROM der **Hörtext** „Ohne Handy in der Tasche läuft nichts mehr" zur Übung des Hörverstehens angeboten.

1 a Beispiel:
  – In dem Text geht es um Uhus.
  – Der Text liefert viele Informationen rund um den Uhu.

  b Hier können die Lernenden mögliches Vor- bzw. Hintergrundwissen einbringen.

2 Im 3. Schritt der Lesemethode steht nach intensiver Lektüre das genaue Textverständnis im Zentrum der Betrachtung.

  b Um das Verbreitungsgebiet des Uhus zu lokalisieren, ist es ratsam, einen Atlas zur Verfügung zu haben. Zwei Worterklärungen sind bereits in Fußnoten gegeben; sollte es dennoch Probleme bei der Erschließung der Begriffe geben, kann auf folgende Methoden zurückgegriffen werden:
  – **Kontext-Methode:** Begriffe aus dem Zusammenhang erklären lassen
  – **Expertenwissen:** in einem Biologiebuch/Tierlexikon nachschlagen oder z. B. den Biologielehrer fragen
  – **Sinnverwandte Wörter suchen:** aus der allgemeinen Sprachkenntnis ableiten

3 Methodische Varianten bei der Arbeit mit Schlüsselwörtern:
  – Schlüsselwörter vorgeben (evtl. auch überflüssige, falsche oder doppelt so viele wie benötigt, die Schülerinnen und Schüler wählen begründet aus)
  – Schlüsselwörter nicht in der Reihenfolge des Textes, sondern alphabetisch geordnet vorgeben
  – „Galgenmännchen" mit Schlüsselwörtern

  a Mögliches Tafelbild:

2. Abschnitt:	Mitteleuropa; in vielen Regionen verschwunden; gejagt
3. Abschnitt:	Uhus lauern; ergreifen blitzschnell; tragen fort, töten, fressen
4. Abschnitt:	Feinde: Mensch, Hochspannungsmasten, Fuchs und Habicht

Die Schlüsselwörter A passen besser zum 2. Abschnitt. Sie eignen sich, um das Wichtigste des Abschnitts zusammenzufassen.

4 b Mögliche Zwischenüberschriften bzw. richtige Zuordnung:

1. Abschnitt:	Steckbrief: Uhu	Das Aussehen
2. Abschnitt:	Vorkommen des Uhus	Verbreitungsgebiet
3. Abschnitt:	Jagdverhalten des Uhus	Jagd
4. Abschnitt:	Bedrohungen für den Uhu	Feinde des Uhus

13.3 Informationen veranschaulichen – Arbeitsergebnisse präsentieren

5 **a/b** Satz C fasst den 4. Abschnitt am besten zusammen, weil alle vier Feinde des Uhus genannt werden.
Mögliche Zusammenfassungen:

1. Abschnitt:	Der Uhu ist ein nachtaktiver Vogel, der durch sein Gefieder hervorragend getarnt ist. Mit seinem drehbaren Kopf hat er seine Umgebung im Blick.
2. Abschnitt:	Sein Verbreitungsgebiet erstreckt sich über ganz Europa bis Indien. In Mitteleuropa leben aber nur noch wenige Hundert Uhus, da sie häufig gejagt wurden.
3. Abschnitt:	Der Uhu ist ein besonders guter Jäger, der ausdauernd lauert, schnell zuschlägt und seine Beute an einem sicheren Platz auffrisst.
4. Abschnitt:	Die natürlichen Feinde des Uhus sind Fuchs und Habicht; der größte Feind ist aber der Mensch und seine Technik.

a–c Richtige Reihenfolge und Ergänzungen:

D/Kopf – A/Europa, Uhu-Paare – C/Beute – B/Feinde, Fuchs

13.3 Informationen veranschaulichen – Arbeitsergebnisse präsentieren

S. 225 Der Uhu – Einen Vortrag vorbereiten

1 Mögliches Tafelbild:

Schüler/-in	Arbeitstechnik	Schüler/-in	Arbeitstechnik
Kerim	Ideenstern	Janina	Stichwortkarten
Anna	Plakat	Yunus	Flussdiagramm

2 Als Lern- und Merkhilfe sollten die Schülerinnen und Schüler auf einem Notizblatt Skizzen machen dürfen, um ihren Lernpartnern die Methoden zu erklären.

3 Mögliches Tafelbild:

	Vorteile	Nachteile
Ideenstern	– Ergänzungen jederzeit möglich – auf einen Blick zu erfassen	– Platzprobleme – passende Stichworte notwendig
Plakat	– übersichtlich, ansprechend – zum Aushängen geeignet	– Auswahl der Stichwörter und Anordnung oft schwierig – Platzprobleme
Stichwortkarten	– geben Sicherheit beim Vortrag – Formulierungshilfen stets greifbar	– Klammern an der Vorlage – Karten können durcheinandergeraten
Flussdiagramm	– sehr anschaulich – Zusammenhänge, Abläufe werden deutlich	– Reihenfolge nicht immer eindeutig – ohne Erläuterungen nicht immer verständlich

Material zu diesem Kapitel

Test
- Einen Sachtext nach der Fünf-Schritt-Lesemethode bearbeiten: Das rote Riesenkänguru (mit Bewertungsbogen auf der DVD-ROM)
- Einen Sachtext nach der Fünf-Schritt-Lesemethode bearbeiten: Spielecke und Lernplatz im Kinderzimmer trennen (mit Bewertungsbogen auf der DVD-ROM)

Fordern und fördern
- Einen Sachtext untersuchen: Nicht ohne meinen Hund (●●○/●○○ mit Lösungshinweisen auf der DVD-ROM)
- Schultasche und Mäppchen auf dem Prüfstand (○○○ Inklusionsmaterial)

Diagnose
- Arbeitstechniken beherrschen (mit Lösungshinweisen und Förderempfehlung auf der DVD-ROM)

PPT-Folien (auf der DVD-ROM)
- Geordnete Arbeitsplätze
- Konzentrationsspiele
- Informationen in Wort und Bild

Hörtext (auf der DVD-ROM)
- Jessica Kirschbaum: Ohne Handy in der Tasche läuft nichts mehr

Deutschbuch Arbeitsheft 5
- Arbeitstechniken: Das Heft gestalten, S. 5 f.
- Sachtexte lesen und verstehen: Der Fernseheinkaufswagen, S. 27–30
- Test A1: Sachtexte lesen und verstehen, S. 108 f.
- Trainingsmöglichkeiten bietet auch die Übungssoftware auf der CD-ROM zum „Deutschbuch Arbeitsheft" sowie www.deutschbuch.de/onlinediagnose.

Deutschbuch Förderheft 5
- Sachtexte lesen und verstehen, S. 4–11
  Was weißt du über Eisbären?

Test – Einen Sachtext nach der Fünf-Schritt-Lesemethode bearbeiten

Aufgabenstellung

1. Lies den Text sorgfältig durch und bearbeite anschließend die Aufgaben.

Das rote Riesenkänguru

_____

Das rote Riesenkänguru lebt ausschließlich in Australien, wo es im trockenen Steppen- und Buschland vorkommt. Die Männchen haben eine rot-braune, die Weibchen eine blau-graue Färbung. Die Schwanzlänge beträgt bei den
5 Männchen bis zu 120 cm und bei den Weibchen bis zu 85 cm. Der muskulöse Schwanz dient den Riesenkängurus als Stütze beim Stehen sowie zum Balancieren beim Springen. Deshalb wird der Schwanz auch „dritter Fuß" genannt.

© Smileus/fotolia.com

_____

10 Sie sind reine Pflanzenfresser. Ihren Bedarf an Wasser decken sie hauptsächlich aus der Nahrung und können so längere Zeit ohne Trinken auskommen. Känguruweibchen bringen nach 33 Tagen meist ein Jungtier zur Welt. Obwohl es bei der Geburt nur 25 mm groß ist, klettert es
15 selbstständig in den Beutel der Mutter. Dort saugt es sich an einer Zitze fest. Nach 150 Tagen streckt es neugierig sein Köpfchen aus dem Beutel und verlässt ihn auch mal für kurze Zeit. Erst nach 240 Tagen ist das Jungtier für den Beutel zu groß geworden und zieht aus.

© Capnord/fotolia.com

_____

20 Riesenkängurus können beim Laufen Geschwindigkeiten bis zu 60 km pro Stunde erreichen. Dabei springen sie bis zu 3 Meter hoch und bis zu 8 Meter weit. Sie werden ungefähr 18 bis 22 Jahre alt. Zur Verteidigung trommeln oder boxen die Tiere mit den Vorderpfoten auf ihre Geg-
25 ner ein oder teilen mit den kräftigen Hinterbeinen gezielte Tritte aus. Ausgewachsene, gesunde Riesenkängurus haben keine natürlichen Feinde. Sie werden aber von Schafzüchtern verfolgt und häufig von Autos überfahren.

© bwhatnall/fotolia.com

Spurenjagd in Sydney. Abenteuer und Wissen für Kids.
Calidus 8/2011, S. 9, geändert.

2 Welche der folgenden Aussagen fasst am besten das Thema des Textes zusammen? Kreuze an:
- ☐ **A** Der Text beschäftigt sich mit den Besonderheiten der Riesenkängurus.
- ☐ **B** Der Text beschreibt Verbreitung und Ernährungsweise des Riesenkängurus.
- ☐ **C** Der Text hat die Entwicklung eines Kängurubabys zum Inhalt.
- ☐ **D** In dem Text geht es um Vorkommen, Aussehen, Fortpflanzung und Besonderheiten des australischen Riesenkängurus.

3 Vier der folgenden Wörter sind die Schlüsselwörter des 1. Abschnitts. Unterstreiche sie.

> Riesenkänguru – Buschland – Australien – Schwanzlänge 120 cm / 85 cm – Stütze – Balancieren – dritter Fuß

4 Beantworte die folgenden W-Fragen in ganzen Sätzen. Schreibe in dein Heft.

a)	Wo lebt das rote Riesenkänguru?
b)	Wozu dient der muskulöse Schwanz?
c)	Wie alt können die Riesenkängurus werden?
d)	Wovon ernähren sie sich?
e)	Wie viele Tage verbringt das Jungtier im Beutel der Mutter?
f)	In welchen Situationen „boxen" Riesenkängurus?

5 Entscheide: Zu welchen Textabschnitten passen die nachfolgenden Zwischenüberschriften?

Ernährung und Aufzucht   Vorkommen und Aussehen

a Übertrage die Überschriften auf die Linien über den passenden Textabschnitten.
b Formuliere die fehlende Zwischenüberschrift und trage sie ebenfalls ein.

6 Ordne die Fotos den passenden Textabschnitten zu und begründe deine Wahl. Schreibe in dein Heft.

7 Ergänze das Flussdiagramm zur Aufzucht der Jungtiere.

Nach 33 Tagen
Sofort klettert
Nach 150 Tagen
Nach 240 Tagen

8 Fasse den Inhalt des letzten Textabschnitts in deinen eigenen Worten zusammen. Schreibe in dein Heft.

Test – Einen Sachtext nach der Fünf-Schritt-Lesemethode bearbeiten

Aufgabenstellung

1 Lies den folgenden Text sorgfältig durch und bearbeite anschließend die Aufgaben.

Spielecke und Lernplatz im Kinderzimmer trennen

© Jürgen Fälchle/fotolia.com

Kinder [...] müssen lernen, ruhig am Schreibtisch zu arbeiten. Daher sollten Eltern im Kinderzimmer Lernplatz und Spielecke trennen, sagt Innenarchitekt Andreas Franke. Doch zu hart sollte der Übergang nicht sein. „Der Arbeitsplatz könnte wie ein Fremdkörper im Raum wirken.
5 [...]" Ein Regal eigne sich als [...] Raumteiler. Eine Verbindung schaffe dann eine Farbe ab der Wand des Lernplatzes, die auch in der bunten Tapete der Spielecke vorkomme. Damit das Kind sich wohlfühlt, sollte es die Farbwahl der Wand mitbestimmen dürfen, rät Franke.

Wünschenswert sei ein Lernplatz in Fensternähe, doch das Kind sollte
10 beim Hausaufgabenmachen nicht geblendet werden. Poster oder Bilder sind erlaubt, solange sie nicht zu sehr vom Lernen ablenken. Der Schreibtisch selbst sollte nicht bunt, sondern neutral sein. „Wir Erwachsenen gehen zum Arbeiten aus dem Haus und können das Private und Berufliche klar trennen", sagt Franke. Bei Kindern hingegen – mit Spiel, Schlaf
15 und Lernen in einem Raum – verschwinden so die Grenzen schnell.

Der Innenarchitekt empfiehlt, für die Möbel natürliche Materialien und helle Farben zu wählen. Der Schreibtisch sollte nicht nur genügend Platz für eine Lampe und Arbeitsmaterialien bieten, sondern auch zum Ausbreiten beim Lernen. Ideal ist ein verstellbarer Stuhl: „Der ist nicht gera-
20 de preisgünstig, jedoch eine sinnvolle Anschaffung für mehrere Jahre", findet Franke.

Neben einem Regal sollte es ein Schubladensystem oder einen Rollcontainer geben, rät der Experte. „Wenn eine gewisse Ordnung geschaffen ist, kann man sich besser sortieren, organisieren und auf einzelne Aufga-
25 ben besser konzentrieren." Grundsätzlich sollten die Eltern und das Kind sich Zeit für die Einrichtung nehmen: „Man muss davon ausgehen, dass ein Kind einen Großteil seiner Zeit in diesem Zimmer auch zum Arbeiten verbringt."

Gespräch: Özlem Yilmazer, dpa/20.06.2011

2 Welche der folgenden Aussagen fasst am besten das Thema des Textes zusammen? Kreuze an:
- ☐ **A** Der Text beschäftigt sich mit Büromöbeln für Schülerarbeitsplätze.
- ☐ **B** Der Text beschreibt die Ideen eines Architekten von der Einrichtung eines Kinderzimmers.
- ☐ **C** Der Text gibt Empfehlungen, wie im Kinderzimmer Lernplatz und Spielecke getrennt werden können und wie ein gut ausgestatteter Lernplatz aussehen sollte.
- ☐ **D** In dem Text geht es um die Probleme der Schüler bei den Hausaufgaben.

3 Unterstreiche in den einzelnen Textabschnitten die Schlüsselwörter.

4 Beantworte die folgenden W-Fragen in ganzen Sätzen in deinem Heft.
Nutze dazu den Text.

- a Was sollten Eltern im Kinderzimmer voneinander trennen?
- b Wodurch lässt sich z. B. die Arbeitsecke vom Spielbereich abtrennen?
- c Wann lenken Poster nicht vom Lernen ab?
- d Wozu sollte der Schreibtisch genügend Platz bieten?
- e Wie gelingt es, Ordnung am Arbeitsplatz zu halten?
- f Was gelingt besser, wenn der Arbeitsplatz ordentlich ist?

5 Entscheide, welche Zwischenüberschrift zu welchem Textabschnitt passt.
Trage dann die passenden Überschriften auf den Linien über dem Textabschnitt ein.

Ordnungsmöglichkeiten   Der beste Lernplatz
Spielen und Lernen trennen   Die beste Ausstattung

6 Wähle zwei Textabschnitte aus und fasse sie in eigenen Worten kurz zusammen.
Nutze dazu die Schreiblinien am rechten Rand des Textes.

7 Wie denkst du über die Trennung zwischen Arbeitsecke und Spielbereich im Kinderzimmer?
Schreibe mindestens zwei Begründungen für deine Meinung.

Ich bin ☐ für / ☐ gegen eine Trennung von Arbeitsecke und Spielbereich im Kinderzimmer,

(1) weil _____

_____

_____

(2) da _____

_____

_____

Einen Sachtext untersuchen

Nicht ohne meinen Hund

Der Hund als _____

Man sagt, der beste Freund des Menschen sei der Hund. Seit etwa 14 000 Jahren wird der Nachfahre des Wolfes domestiziert und gezüchtet, sein Leben erinnert kaum noch an das seiner Urahnen. Die Beziehung Mensch und Hund basiert vor allem auf Vertrautheit und Loyalität. Hunde sind heute viel mehr als Weggefährten des Menschen. So gibt es besondere Ausbildungsprogramme, um die Vierbeiner als Betreuer für Behinderte fit zu machen. Sie ersetzen Hände, Ohren und Augen. Selbst epileptische[1] Anfälle können sie frühzeitig erkennen und so ihre Besitzer warnen. […]

© Boris Djuranovic/fotolia.com

Die _____

Die Ausbildungsmethoden sind für alle Arten von Begleithunden sehr ähnlich: Wiederholung und Belohnung sind die wichtigsten Grundlagen. Trainiert werden zuerst einfache Kommandos, wie Drücken, Ziehen, Bellen, Holen. Erst später werden diese dann zu schwierigeren Aufgaben zusammengesetzt.

Die _____

Die Entscheidung, ob ein Hund für eine Ausbildung als Begleittier geeignet ist, fällt bereits im Welpenalter von sechs bis acht Wochen. Außer der körperlichen Verfassung spielen der Charakter und das Temperament des Tieres eine entscheidende Rolle. […] Hunde lernen selbst kleinste Veränderungen im Verhalten eines Menschen zu erkennen, wie erweiterte Pupillen, ein Zucken der Finger oder andere typische Merkmale, die einem epileptischen Anfall vorausgehen.

www.geo.de/GEO/kultur/geo_tv/3625.html [14.12.2011]

---

[1] **epileptischer Anfall:** Krämpfe, die plötzlich auftreten und nach wenigen Minuten wieder verschwinden

1 Formuliere für jeden Abschnitt **ein** passendes Schlüsselwort.

1. Abschnitt	
2. Abschnitt	
3. Abschnitt	

2 Ergänze die Zwischenüberschriften auf den Linien über den einzelnen Abschnitten.

3 Schreibe in deinem Heft auf, was bei der Ausbildung eines Begleithundes für behinderte Menschen wichtig ist. Nutze dazu die Wortbausteine aus dem Kasten:

> einfache Kommandos – Ausbildungsprogramme – epileptischer Anfall –
> Charakter und Temperament – ein treuer Weggefährte – schwierigere Aufgaben –
> von sechs bis acht Wochen – Begleithund für Behinderte

Einen Sachtext untersuchen

Nicht ohne meinen Hund

© Boris Djuranovic/fotolia.com

Der Hund als _____

Man sagt, der beste Freund des Menschen sei der Hund. Seit etwa 14 000 Jahren wird der Nachfahre des Wolfes domestiziert und gezüchtet, sein Leben erinnert kaum noch an das seiner Urahnen. Die Beziehung Mensch und Hund basiert vor allem auf Vertrautheit und Loyalität. Hunde sind heute viel mehr als Weggefährten des Menschen. So gibt es besondere Ausbildungsprogramme, um die Vierbeiner als Betreuer für Behinderte fit zu machen. Sie ersetzen Hände, Ohren und Augen. Selbst epileptische[1] Anfälle können sie frühzeitig erkennen und so ihre Besitzer warnen. […]

Die _____

Die Ausbildungsmethoden sind für alle Arten von Begleithunden sehr ähnlich: Wiederholung und Belohnung sind die wichtigsten Grundlagen. Trainiert werden zuerst einfache Kommandos, wie Drücken, Ziehen, Bellen, Holen. Erst später werden diese dann zu schwierigeren Aufgaben zusammengesetzt.

Die _____

Die Entscheidung, ob ein Hund für eine Ausbildung als Begleittier geeignet ist, fällt bereits im Welpenalter von sechs bis acht Wochen. Außer der körperlichen Verfassung spielen der Charakter und das Temperament des Tieres eine entscheidende Rolle. […] Hunde lernen selbst kleinste Veränderungen im Verhalten eines Menschen zu erkennen, wie erweiterte Pupillen, ein Zucken der Finger oder andere typische Merkmale, die einem epileptischen Anfall vorausgehen.

www.geo.de/GEO/kultur/geo_tv/3625.html [14.12.2011]

[1] **epileptischer Anfall:** Krämpfe, die plötzlich auftreten und nach wenigen Minuten wieder verschwinden

1 Kreuze für jeden Abschnitt **ein** passendes Schlüsselwort an:

1. Abschnitt	☐ Weggefährte	☐ Vierbeiner	☐ epileptischer Anfall
2. Abschnitt	☐ Kommando	☐ Welpenalter	☐ Ausbildungsmethoden
3. Abschnitt	☐ Temperament	☐ Pupillen	☐ Veränderungen im Verhalten

2 Ergänze die Zwischenüberschriften. Schreibe auf die Linien im Text.

3 Ergänze den folgenden Text:

Der Hund ist _____ des Menschen. Besondere _____

_____ machen ihn fit, damit er seine Aufgabe als _____

erfüllen kann. Hunde lernen zunächst _____, bevor sie _____

_____ bewältigen müssen. Ob ein Hund für eine Ausbildung geeignet ist, entscheidet

sich im Welpenalter _____ und hängt außer von der körperlichen Verfassung

von seinem _____ ab. Begleithunde

können sogar durch kleinste Veränderungen im Verhalten eines Menschen einen

_____ vorausahnen.

Schultasche und Mäppchen auf dem Prüfstand

1 Sieh dir die abgebildeten Gegenstände genau an und entscheide, was in eine ordentlich gepackte Schultasche gehört und was nicht.
  a Streiche alles, was **nicht** hineingehört, rot durch.
  b Male anschließend die Gegenstände farbig aus, die in die Schultasche gehören.

2 Ein Schüler hat den Inhalt seines Mäppchens geprüft. Sieh dir seine Checkliste genau an.
  a Trage deine Ratschläge für den Schüler in die rechte Spalte ein.
  b Kontrolliere dein eigenes Mäppchen. Übertrage die Checkliste in dein Heft und fülle sie aus.

Checkliste: Mäppchen				
Gegenstände	**fehlt**	**vorhanden**	**Zustand**	**Was ist zu tun?**
Bleistift		✘	nicht gespitzt	
Lineal		✘	zerbrochen	
Radiergummi	✘			
Buntstifte		✘	einige stumpf; Rot fehlt	
Spitzer		✘	Trommel voll	
Füller		✘	Patrone leer	
Ersatzpatrone	✘			
Schere	✘			
Klebestift		✘	eingetrocknet	

Diagnose – Arbeitstechniken beherrschen

TÜV-Prüfbogen für den Umgang mit Schultasche, Arbeitsplatz und Hausaufgaben

TÜV-Station: Schultasche

1 Ordne den Fragen den jeweils geeigneten Ratschlag zu:

A	Was mache ich, wenn mir die Zeit fehlt, die Schultasche ordentlich zu packen?	1	Kontrolliere den Inhalt mit dem Stundenplan.
B	Welche Gegenstände gehören nicht hinein?	2	Erledige das Packen am Vorabend.
C	Woher weiß ich, ob ich alles dabeihabe?	3	Gleiche mit dem Hausaufgabenheft ab.
D	Sind alle Hausaufgaben gemacht?	4	Sortiere Überflüssiges mit dem Stundenplan aus.

TÜV-Station: Arbeitsplatz

2 Trage in die Kästchen die Nummern der passenden Sätze oder Satzteile ein.

So wie du am Fahrrad deinen Sattel genau einstellst, kannst du auch deinen Arbeitsplatz sinnvoll einrichten und für eine angenehme Lernumgebung sorgen.

Der Schreibtisch steht am besten ☐, damit genügend Licht darauf fällt und deine Augen sich nicht quälen müssen.

Ein Regal ☐ ist auch praktisch, da du dort deine ☐ griffbereit ablegen kannst. Vielleicht lässt sich die Arbeitsecke vom Freizeitbereich abtrennen, damit du nicht auf Dinge schaust, die dich ablenken können.

☐ Spielzeug, Computerspiele, Musik, Kälte oder zu große Wärme.

(1) am Fenster
(2) in einer dunklen Zimmerecke
(3) neben dem Fernseher
(4) neben dem Schreibtisch
(5) Pullover, Strümpfe, nach Größen sortiert
(6) Nachschlagewerke, Schulbücher und Arbeitshefte nach Fächern geordnet
(7) Folgende Dinge solltest du griffbereit in deiner Nähe haben:
(8) Folgende Störfaktoren solltest du unbedingt vermeiden:

TÜV-Station: Hausaufgaben

3 Welche der folgenden Aussagen sind richtig, welche falsch? Streiche die falschen durch.

Hausaufgaben …

1	mache ich erst in den Abendstunden vor dem Fernseher.
2	erledige ich regelmäßig zu bestimmten Zeiten an einem ruhigen Ort.
3	mache ich nur, wenn ich Lust habe.
4	unterbreche ich durch kleine Pausen, um mich auszuruhen.
5	hake ich als erledigt im Hausaufgabenheft ab.

TÜV-Station: Schließfach/Kiste für die Schulmaterialien

4 Ziehe einen Kreis um die Aussagen, die auf das Regelposter „Goldene Regeln für ein ordentliches Schließfach/eine ordentliche Materialkiste" gehören.

a) In dem Schließfach sollte immer Ordnung herrschen.

b) Essensreste werden im Schließfach aufgehoben.

d) In den Ferien bleiben alle Schulsachen im Schließfach.

c) An der Innenseite klebt ein Stundenplan.

e) Für jede Stunde wird das Schließfach vollständig geleert.

f) Im Schließfach befindet sich nichts Überflüssiges.

g) Im Schließfach ist ein kleiner Vorrat an Heften, Stiften, Blättern usw.

h) In regelmäßigen Abständen wird das Schließfach aufgeräumt.

Bedienungshinweis für die DVD-ROM

MS Windows®:
Legen Sie die DVD-ROM in Ihr DVD-ROM-Laufwerk. Sollte das Programm nicht automatisch starten, doppelklicken Sie bitte auf „Start.exe" im Dateiverzeichnis der DVD-ROM, um sie mit Ihrem Browser zu öffnen.

Systemvoraussetzungen:
Windows®-PC ab 600 MHz
Arbeitsspeicher mind. 256 MB
Freier Festplattenplatz ca. 80 MB
Bildschirmauflösung 1024 x 768
Farbtiefe 16 Bit
16-Bit-Soundkarte
Microsoft® Office Word 2003, 2007, 2010
DVD-ROM-Laufwerk
Microsoft® Windows® XP, Vista, Windows 7

Apple® Macintosh®:
Legen Sie die DVD-ROM in Ihr DVD-ROM-Laufwerk und doppelklicken Sie bitte auf die Datei „index.html".

Systemvoraussetzungen:
Apple® Macintosh®-Systeme
Mac® mit DVD-ROM-Laufwerk
Mac® OS X ab Version 10.2.8
Microsoft® Office Word 2004, 2008, 2011
Der Arbeitsblattgenerator ist in Apple®Macintosh®-Systemen nicht verfügbar.